Bürgerliche
und kleinbürgerliche
ökonomische Theorien
über den Sozialismus

(1917–1945)

AKADEMIE DER WISSENSCHAFTEN DER DDR

Schriften des Zentralinstituts für Wirtschaftswissenschaften

Nr. 16

Bürgerliche und kleinbürgerliche ökonomische Theorien über den Sozialismus

(1917–1945)

Herausgegeben in deutscher Sprache
von Werner Krause

AKADEMIE-VERLAG · BERLIN
1978

Titel der russischen Originalausgabe:
Буржуазные и мелкобуржуазные экономические теории социализма
Москва 1975 · Издательство «Наука»

Ins Deutsche übersetzt von Günter Wermusch

Leiter des Autorenkollektivs: S. A. Chavina

Einleitung: S. A. Chavina
1. Kapitel: S. A. Chavina
2. Kapitel: S. A. Chavina
3. Kapitel: I. N. Dvorkin
4. Kapitel: W. Krause
5. Kapitel: S. Ja. Osipova
6. Kapitel: A. M. Vaščišin
7. Kapitel: W. Krause
8. Kapitel
Teil 1: L. G. Čižova
N. K. Figurovskaja
Teil 2: L. G. Čižova
Teil 3: Ja. A. Fajnberg
Teil 4: L. G. Čižova
Teil 5: L. G. Čižova
Teil 6: N. K. Figurovskaja
Teil 7: N. K. Figurovskaja
unter Verwendung von
Materialien Ja. A. Fajnbergs
9. Kapitel: G. G. Ter-Grigorjan
10. Kapitel: A. I. Šein
11. Kapitel: E. Szigeti
12. Kapitel: F. Ja. Poljanskij
13. Kapitel: M. I. Suvorova

Erschienen im Akademie-Verlag, Berlin, Leipziger Str. 3–4

Lizenznummer: 202 · 100/50/78
Umschlaggestaltung: Nina Striewski
Gesamtherstellung: IV/2/14 VEB Druckerei »Gottfried Wilhelm Leibniz«,
445 Gräfenhainichen/DDR · 4966
Bestellnummer: 753 352 5 (2158/16) · LSV 0305
Printed in GDR
DDR 24,– M

INHALTSVERZEICHNIS

EINLEITUNG

In die Periode der zwanziger bis Ende der dreißiger Jahre fällt fast die gesamte erste Etappe der allgemeinen Krise des Kapitalismus, die durch den ersten Weltkrieg und die Große Sozialistische Oktoberrevolution ausgelöst worden war. Der erste Weltkrieg hatte die tiefen Widersprüche des Kapitalismus bloßgelegt und außerordentlich verschärft und erschütterte die Grundfesten des Imperialismus. Dieser Krieg hatte alle Formen imperialistischer Unterdrückung der Werktätigen in den kapitalistischen Ländern auf die Spitze getrieben, die Krise der kapitalistischen Weltwirtschaft hervorgerufen und in der Kette imperialistischer Länder vielfach eine revolutionäre Situation geschaffen. Mit der Großen Sozialistischen Oktoberrevolution wurde diese Kette an ihrer schwächsten Stelle durchbrochen. Der Kapitalismus hörte auf, ein einheitliches Wirtschaftssystem zu sein. Ein neues Zeitalter begann: das Zeitalter des Übergangs vom Kapitalismus zum Sozialismus.

In den Thesen des Zentralkomitees der KPdSU zum 100. Geburtstag Wladimir Iljitsch Lenins heißt es dazu: „Die Große Sozialistische Oktoberrevolution gab der Welt ein Modell für die Lösung der grundlegenden sozialen Probleme: Sturz der Macht der Ausbeuter und Errichtung der Diktatur des Proletariats; Verwandlung des Privateigentums, des Eigentums der Bourgeoisie und der Gutsbesitzer, in gesellschaftliches, in sozialistisches Eigentum; gerechte Lösung der Agrarfrage zugunsten der Bauern; Befreiung der abhängigen Völker vom kolonialen und nationalen Joch; Schaffung der politischen und ökonomischen Voraussetzungen für den Aufbau des Sozialismus."[1]

Die Haupttriebkräfte der allgemeinen Krise des Kapitalismus, seine inneren Widersprüche im Stadium des Imperialismus und die Entwicklung des revolutionären Weltprozesses, bilden einen dialektischen Zusammenhang. Die Erschütterung der Grundlagen des Kapitalismus bewirkte einen Aufschwung der revolutionären Bewegung, die unter dem Einfluß der siegreichen Großen Sozialistischen Oktoberrevolution auch in Deutschland und Ungarn zur Revolution führte. In beiden Ländern wurde sie jedoch vom internationalen Kapital mit Unterstützung der rechten Sozialdemokratie erstickt.

Mit dem Ausscheiden Rußlands aus der Kette imperialistischer Länder ent-

[1] Zum 100. Geburtstag Wladimir Iljitsch Lenins. Thesen des Zentralkomitees der Kommunistischen Partei der Sowjetunion, Berlin 1970, S. 16.

standen für die internationale Arbeitsteilung, die Produktion und den Austausch grundsätzlich neue Bedingungen, die durch die Existenz von zwei sozialökonomisch gegensätzlichen Systemen, des Kapitalismus und des Sozialismus, und durch die Teilnahme des ersten sozialistischen Landes an den internationalen Wirtschaftsbeziehungen gekennzeichnet waren. Der Bereich der kapitalistischen Weltwirtschaft hat sich dabei nicht nur eingeengt. Die Erfolge beim sozialistischen Aufbau, das krisenfreie und außerordentlich rasche Wachstum der sozialistischen Produktion, die guten Ergebnisse der planmäßig betriebenen Wirtschaft und die Beseitigung der Arbeitslosigkeit in der UdSSR beeinflußten stark die Außen- und Innenpolitik der bürgerlichen Staaten und machten ein ganzes System von Maßnahmen zur Stabilisierung der kapitalistischen Wirtschaft notwendig.

Die Zuspitzung der Widersprüche des Kapitalismus, vor allem des Grundwiderspruchs zwischen dem gesellschaftlichen Charakter der Produktion und der privatkapitalistischen Aneignung, war bereits in der ersten Etappe der allgemeinen Krise des Kapitalismus ein Ausgangspunkt für grundlegende Strukturwandlungen in der Wirtschaft. Aus den Bedingungen und Erfordernissen dieser Entwicklungsetappe des Monopolkapitalismus folgte die Notwendigkeit, die Einflußnahme des bürgerlichen Staates auf die Wirtschaft zu verstärken, die Notwendigkeit der staatsmonopolistischen Wirtschaftsregulierung. Der staatsmonopolistische Kapitalismus entstand in zwei Formen. Eine Form war die des militanten staatsmonopolistischen Kapitalismus, der die faschistische Diktatur im Interesse der reaktionärsten Gruppierungen der Monopolbourgeoisie ausnutzte (Deutschland, Italien). Die andere Form des staatsmonopolistischen Kapitalismus war der Versuch, die Produktionsverhältnisse durch die staatliche Wirtschaftsregulierung im Interesse der Monopole sowie durch gewisse Zugeständnisse an die Arbeiterbewegung mit Hilfe einiger bürgerlicher Reformen der neuen Stufe der kapitalistischen Vergesellschaftung der Produktion anzupassen. Diese Spielart des staatsmonopolistischen Kapitalismus entstand in Ländern mit parlamentarischer Ordnung (ihren deutlichsten Ausdruck fand sie in Roosevelts „New Deal" in den USA).[2]

Unter dem Einfluß der Erfolge des sozialistischen Landes und seiner wachsenden wirtschaftlichen Macht zeichnete sich bereits in der ersten Etappe der allgemeinen Krise des Kapitalismus die Tendenz ab, bürgerliche Reformen und Teilzugeständnisse an die Arbeiterklasse zu einer entscheidenden Form des Kampfes der herrschenden Klassen um die Erhaltung ihrer Positionen und um die Rettung des Kapitalismus zu machen. Der bürgerliche Reformismus wurde zu einem Hauptinstrument des ideologischen Kampfes des Kapitalismus gegen den Sozialismus. Die Zuspitzung der inneren Widersprüche des Kapitalismus, die strukturellen Wandlungen in Wirtschaft und Politik der kapitalistischen Länder und die Veränderung des Kräfteverhältnisses zwischen Kapitalismus und Sozialismus

[2] Vgl. Politische Ökonomie des heutigen Monopolkapitalismus, Berlin 1972, S. 27.

fanden ihren Ausdruck in einer entsprechenden Evolution der bürgerlichen und kleinbürgerlichen politischen Ökonomie.

Die rasche Entwicklung des staatsmonopolistischen Kapitalismus verlangte eine theoretische Fundierung dieses Prozesses. So entstanden bereits in der ersten Etappe Konzeptionen über die staatliche Wirtschaftsregulierung, die gegen Ende dieser Etappe zur vorherrschenden Tendenz in der bürgerlichen politischen Ökonomie wurden. Die deutlichste Erscheinungsform der zunehmenden Krise der bürgerlichen politischen Ökonomie war der Niedergang und Verfall des klassischen Wirtschaftsliberalismus. Es kam zu Veränderungen in der sozialen Basis des Liberalismus: Der Liberalismus entwickelte sich von einer Ideologie der kleinen und mittleren Unternehmer zu einem Sprachrohr bestimmter Gruppen des Großkapitals, die aus diesen oder jenen Gründen die Einmischung des Staates in die Wirtschaft zurückdrängen wollten. Auch der Inhalt des Liberalismus veränderte sich, hielt man doch die Konkurrenz in ihren monopolistischen Formen durchaus mit der freien Konkurrenz für vereinbar.

Der Reformismus in der bürgerlichen politischen Ökonomie breitete sich mit der Entwicklung ihrer kleinbürgerlichen Richtung aus, deren Repräsentanten die Monopole aus bürgerlich-liberaler Sicht angriffen. Sie zeigte sich auch in der Weiterentwicklung des Institutionalismus, der den Boden für das Entstehen der sozial-rechtlichen oder soziologischen Richtung in der bürgerlichen politischen Ökonomie bereitete. Außerdem gehörten zum bürgerlichen Reformismus auch die „Wohlstandslehre“, die höchstmöglichen Wohlstand durch gleichmäßigere Einkommensverteilung und gesellschaftliche Kontrolle über die Wirtschaft propagierte, sowie die Theorie von der „Transformation“ des Kapitalismus, zu deren Spielarten Schumpeters Theorie von der „Selbstauflösung“ des Kapitalismus zählte.

Der Mythos, daß der Kapitalismus die einzige und „natürliche“ Wirtschaftsordnung und die spontane Marktkonkurrenz der beste Mechanismus sei, der automatisch zum volkswirtschaftlichen Optimum führe, war zusammengebrochen. Dieser Zusammenbruch war vor allem eine Folge der schwersten zyklischen Wirtschaftskrise, die die Geschichte kannte, nämlich die von 1929-1933, die die kapitalistische Welt erfaßte und ihre Wirtschaft in einen Strudel von Arbeitslosigkeit und Produktionsflaute hineinzog. Die Industrieproduktion der kapitalistischen Länder war 1932 auf 63 Prozent des Standes von 1929 zurückgegangen. Und kaum war im Jahre 1937 der Vorkrisenstand wieder erreicht, fiel der Index der Industrieproduktion der von einer erneuten zyklischen Krise erfaßten Länder im Jahre 1938 auf 92,7 Prozent.[3] Im gleichen Jahr gab es in den kapitalistischen Ländern 18 Millionen Arbeitslose.[4] Die Störung der Weltwirtschaftsbeziehungen drückte sich in zunehmenden Autarkietendenzen und in der Untergrabung der Stabilität des internationalen Währungssystems aus.

[3] Vgl. Socialističeskoe stroitel'stvo Sojuza SSR (1933–1938), Moskva-Leningrad 1939, S. 32.

[4] Ebenda, S. 20.

Vor dem Hintergrund der fortschreitenden und sich vertiefenden allgemeinen Krise des Kapitalismus und der sie widerspiegelnden Evolution der bürgerlichen politischen Ökonomie entwickelten sich bürgerliche und kleinbürgerliche ökonomische Konzeptionen vom Sozialismus. Ihre Evolution war von den Haupttriebkräften der allgemeinen Krise des Kapitalismus geprägt: von der Zuspitzung der inneren Widersprüche des Kapitalismus und vom Antagonismus zwischen Kapitalismus und Sozialismus.

Mit dem Sieg der Großen Sozialistischen Oktoberrevolution, dem Wiederaufbau der vom Krieg zerstörten Volkswirtschaft und ihrer sozialistischen Rekonstruktion wurde es möglich, die ökonomischen Vorzüge des Sozialismus, wie sie von den Begründern des Marxismus-Leninismus theoretisch nachgewiesen worden waren, Wirklichkeit werden zu lassen. Das hatte Lenin im Jahre 1923 gemeint, als er schrieb, daß die von der Revolution geborene neue Ordnung bei friedlichem sozialistischem Aufbau die Möglichkeit gehabt hätte, „sofort einen solchen Schritt vorwärts zu tun, der die Voraussagen der Sozialisten gerechtfertigt hätte, der es den Sozialisten ermöglicht hätte, mit ungeheurer Schnelligkeit die Produktivkräfte zu entwickeln, alle jene Möglichkeiten zu entfalten, die sich zum Sozialismus verdichtet hätten, und aller Welt anschaulich, augenfällig den Beweis zu liefern, daß der Sozialismus gigantische Kräfte in sich birgt und daß die Menschheit jetzt in ein neues Entwicklungsstadium eingetreten ist, das überaus glänzende Perspektiven eröffnet".[5]

In den Fünfjahrplanperioden nach dem Krieg wurde die Frage „Wer wen" im Inneren des Sowjetlandes endgültig entschieden. Nachdem das sozialistische Wirtschaftssystem den Kapitalismus besiegt hatte, übernahm es in der Wirtschaft der UdSSR die ungeteilte Herrschaft. Im Jahre 1937 betrug sein Anteil am Nationaleinkommen 99,1 Prozent, an der industriellen Bruttoproduktion 99,8, an der landwirtschaftlichen Bruttoproduktion 98,6 und am Umsatz der Einzelhandelsbetriebe 100 Prozent.[6] Die UdSSR lieferte den Beweis für die Lebensfähigkeit und hohe ökonomische Effektivität des Sozialismus. So stieg ihr Nationaleinkommen im Zeitraum von 1929 bis 1937 auf das 3,3fache und die Industrieproduktion auf das 4,3fache.[7]

Angesichts der tiefen Krise des kapitalistischen Systems, die einen schroffen Gegensatz zu den Erfolgen der sozialistischen Wirtschaft bildete, angesichts der Unmöglichkeit, den Kapitalismus weiter mit den veralteten Methoden der kompromißlosen Apologie zu verteidigen, konzentrierten sich die Ideologen des Antikommunismus darauf, die „Uneffektivität" und „Undurchführbarkeit" des Sozialismus nachzuweisen.

[5] W. I. Lenin, Lieber weniger, aber besser, in: Werke, Bd. 33, Berlin 1962, S. 486.

[6] Itogi vypolnenija vtorogo pjatiletnego plana razvitija narodnogo chozjajstva Sojuza SSR, Moskva 1939, S. 69.

[7] Socialističeskoe stroitel'stvo Sojuza SSR (1933–1938), Moskva-Leningrad 1939, S. 18–32.

Im Mittelpunkt der bürgerlichen Wirtschaftsliteratur über den Sozialismus, die in der Zeit zwischen dem ersten und zweiten Weltkrieg erschien, stehen die Schriften, die während der Diskussion um die effektive Nutzung der Ressourcen – bekannt geworden als „Debatte üder die Wirtschaftsrechnung im Sozialismus" – entstanden. Angeregt worden war die Diskussion durch einen Aufsatz von Ludwig Mises, dem Haupt der sogenannten Wiener Schule des Antisozialismus.[8] Diese Diskussion zog sich bis in die ersten Nachkriegsjahre hin und fand ihren Abschluß in einem Aufsatz des amerikanischen Ökonomen Abram Bergson, der die verschiedenen Gesichtspunkte systematisierte und Bilanz zog.[9] An der Diskussion hatten sich viele Ökonomen der verschiedensten Schulen und Richtungen der bürgerlichen politischen Ökonomie beteiligt.

In gewisser Weise war diese Diskussion die Widerspiegelung der allgemeinen Krise des Kapitalismus in den bürgerlichen Sozialismustheorien. Sie drückte indirekt die Besorgnis der bürgerlichen Ideologen um das Schicksal des Kapitalismus aus. Im Vorwort zu dem Buch „Über die ökonomische Theorie des Sozialismus" von Oskar Lange und Fred Taylor charakterisierte der amerikanische Professor B. Lippincott die Diskussion als Anzeichen für eine Wandlung in der Art der ideologischen Auseinandersetzung zwischen Kapitalismus und Sozialismus. „Der Schwerpunkt wird darauf verlegt, nachzuweisen, weshalb die kapitalistische Wirtschaft nicht von der sozialistischen Wirtschaft verdrängt werden darf, wenn deren Realisierbarkeit und Vorzüge offenkundig sind. Die Erklärung dafür ist auch in der drängenden Frage zu suchen, ob das kapitalistische System künftig einen ebenso raschen wirtschaftlichen Fortschritt bieten kann wie in der Vergangenheit".[10]

Wenn sich viele bedeutende bürgerliche Ökonomen den Problemen der sozialistischen Wirtschaft widmeten, so war das sehr bezeichnend. Der wissenschaftliche Sozialismus war aus einer Theorie zur Wirklichkeit geworden, und die bürgerlichen Theoretiker der verschiedensten Prägung konnten sich dem Wirken der objektiven Gesetze, die die unvermeidliche Ablösung des Kapitalismus durch den Sozialismus bewirken, nicht länger verschließen und die generelle Tendenz der geschichtlichen Entwicklung mit Schweigen übergehen.

Mit der Diskussion begann eine neue Etappe in der Entwicklung der bürgerlichen Theorien über die sozialistische Wirtschaft. Der britische Ökonom H. Dickinson schreibt, Mises habe ein neues Kapitel im langjährigen ideologischen Kampf zwischen Sozialismus und Kapitalismus aufgeschlagen. Der Streit ging schon nicht mehr darum, ob der Sozialismus erstrebenswert sei, sondern

[8] Vgl. Ludwig v. Mises, Die Wirtschaftsrechnung im sozialistischen Gemeinwesen, in: Archiv für Sozialwissenschaft und Sozialpolitik, 47. Bd., Tübingen 1920/1921.

[9] Abram Bergson, Socialist Economics, in: A Survey of Contemporary Economics, New York 1948.

[10] Oskar Lange, Fred M. Taylor, On the Economic Theory of Socialism, Minnesota 1938, S. 24.

darum, ob die Wirtschaftsrechnung (die rationelle Nutzung der Ressourcen – d. Verf.) in einer total geplanten Wirtschaft möglich sei.[11]

Die Diskussion trug einen formalen, scholastischen Charakter. Bürgerliche Wissenschaftler haben dies später selbst eingeräumt. Benjamin Ward, ein amerikanischer Ökonom und Soziologe, schreibt, daß die Diskussionsteilnehmer mit Ausnahme von Maurice Dobb (einem fortschrittlichen britischen Ökonomen, der auf marxistischen Positionen steht) nur in sehr nebelhaften Begriffen die sozialistische Sowjetwirtschaft erwähnten.[12] Dem realen Aufbau des Sozialismus in der UdSSR trug die Diskussion nicht Rechnung, aber im Grunde war ihre Spitze gegen das damals einzige sozialistische Land gerichtet. Die weitaus meisten Diskussionsteilnehmer leugneten die sozialistische Form grundlegender Umgestaltungen und weigerten sich, selbst den Aufbau des Sozialismus in der UdSSR anzuerkennen.

Die Fruchtlosigkeit dieser Diskussion geben heute auch ihre aktivsten Teilnehmer zu. Voll Bitterkeit stellt H. Dickinson fest, daß alle Teilnehmer der Diskussion, die sich über einen Zeitraum von 20 Jahren hingezogen hatte, rückschauend zugeben mußten, daß sie fruchtlos war.[13]

Den Problemen, die in der Diskussion erörtert wurden, sind mehrere Bücher sowie Aufsätze in theoretischen Zeitschriften gewidmet worden. Dabei war der Diskussionsgegenstand in keiner Weise genau abgegrenzt. Erörtert wurde die theoretische und praktische Realisierbarkeit der „Wirtschaftsrechnung“, also die Möglichkeit des effektiven Wirkens des Sozialismus. Aber eine solche Fragestellung verlangt in erster Linie, den realen Wirtschaftsmechanismus zu analysieren, mit dem die Ressourcen der sozialistischen Gesellschaft rationell genutzt werden sollen. Die bürgerliche politische Ökonomie aber konnte diese Frage weder klären noch richtigstellen. Der britische Sowjetologe Alec Nove sieht sich heute zu dem Eingeständnis gezwungen, daß die in der Diskussion vorgebrachten Konzeptionen für die Analyse des realen sozialistischen Wirtschaftssystems untauglich sein mußten, weil sie auf den künstlich konstruierten Voraussetzungen der orthodoxen (d. h. „neoklassischen“ – d. Verf.) Theorie des Westens beruhten.[14]

Bürgerliche Ökonomen wie Mises leugneten im Prinzip die Existenz eines objektiven Wirtschaftsmechanismus des Sozialismus. Die Autoren einiger bürgerlicher Sozialismusmodelle, wie zum Beispiel die deutschen Ökonomen Kläre Tisch und Herbert Zassenhaus, hatten versucht, ein System von Gleichungen aufzustellen, die die Preise der Produktionsfaktoren bestimmen, dabei aber die Frage nach den objektiven ökonomischen Formen und Methoden, mit denen diese Preise eine effektive Nutzung der Ressourcen gewährleisten können, so gut wie nicht

[11] Vgl. The Economic Journal, 304/1966, S. 880.

[12] Benjamin Ward, The Socialist Economy, New York 1967, S. 15.

[13] Vgl. The Economic Journal, 304/1966, S. 880.

[14] Vgl. Alec Nove, Knappheit, Allokation und Macht, in: Macht und ökonomisches Gesetz, Berlin (West) 1973, S. 66.

berücksichtigt. Diese Betrachtungsweise ist auch für die ökonometrische Richtung der bürgerlichen politischen Ökonomie typisch. Schon die mathematischen Modelle von Vilfredo Pareto und Enrico Barone enthielten einen Widerspruch: Untersucht wurde ein System von Gleichungen, die die Bedingungen des wirtschaftlichen Gleichgewichts beschreiben; aber der Wirtschaftsmechanismus, der sie verwirklicht, wurde nicht analysiert.

Obwohl die Frage nach dem sozialistischen Wirtschaftsmechanismus überhaupt nicht gestellt wurde, ließ die Diskussion doch deutlich werden, daß zwischen der wirtschaftlichen Effektivität und dem Wirtschaftsmechanismus ein untrennbarer Zusammenhang besteht. Sie zeigte, daß sich das Problem der rationellen Nutzung der Ressourcen nicht lösen läßt, wenn die mit der Entwicklung des Wirtschaftsmechanismus verbundenen Probleme unbeachtet bleiben. Diese Schlußfolgerung aus der Diskussion findet sich auch in jüngeren bürgerlichen Untersuchungen über die wirtschaftliche Effektivität. Der westdeutsche Ökonom Ch. Watrin schreibt, daß am Beispiel der Diskussion über die wirtschaftliche Kalkulation, die Mises eröffnet hatte, der enge Zusammenhang des Effektivitätsproblems mit den Organisations- und Leitungsformen der Wirtschaft besonders offen zutage trete.

Da die bürgerliche Wirtschaftswissenschaft die optimalen Bedingungen für die Nutzung knapper Güter zu ihrem Gegenstand erklärt hat, beansprucht sie auch die Priorität bei der Lösung des Problems, wie die Ressourcen der sozialistischen Gesellschaft rationell genutzt werden können. Deshalb maßt sie sich an, eine Wirtschaftstheorie des Sozialismus schaffen zu wollen. Unter diesem Aspekt wertete man auch die Bedeutung der Diskussion für die Entwicklung der bürgerlichen politischen Ökonomie. Alle an der Diskussion Beteiligten, auch die Gegner von Mises, schrieben ihm das Verdienst zu, das Problem der rationellen Verteilung der Ressourcen der sozialistischen Gesellschaft auf die Tagesordnung gesetzt zu haben.

Die meisten Diskussionsteilnehmer leugneten den Beitrag der Begründer des Marxismus-Leninismus zur Klärung der mit der wirtschaftlichen Effektivität verbundenen Probleme und folglich auch zur Entstehung der politischen Ökonomie des Sozialismus. Mises hat in seinen Schriften wiederholt erklärt, daß der Marxismus den Prinzipien des utopischen Sozialismus folge und sich mit den über die Grenzen der Expropriation der Expropriateure hinausgehenden Problemen nicht befasse.[15] George Halm, ein Anhänger von Mises, schrieb, der Marxismus sei keine Theorie des Sozialismus, sondern eine Theorie des Kapitalismus, die den Sozialismus voraussage. „Über das Wesen der zukünftigen Wirtschaft finden sich bei Marx nur wenige Bemerkungen".[16]

Behauptungen dieser Art offenbaren sowohl den maßlosen Haß der Für-

[15] Vgl. Ludwig v. Mises, Die Wirtschaftsrechnung im sozialistischen Gemeinwesen, in: Archiv für Sozialwissenschaft und Sozialpolitik, 47. Bd., Tübingen 1920/1921, S. 114.
[16] George N. Halm, Wirtschaftssysteme, Berlin (West) 1960, S. 4.

sprecher des „freien“ Unternehmertums gegenüber dem Sozialismus als auch das völlige Unvermögen, ihn zu begreifen. Ihre Verfechter meinen, sich den Umstand zunutze machen zu können, daß der wissenschaftliche Sozialismus jedes utopische Vorhaben, vor dem Sieg der sozialistischen Revolution „Projekte“ für die sozialistische Gesellschaft aufzustellen, ausschließt. Gerade das gehört zu den grundsätzlichen Momenten, durch die sich der wissenschaftliche Sozialismus vom utopischen und kleinbürgerlichen Sozialismus unterscheidet. Zu der Frage, wie Marx die Entwicklungstheorie auf die Entwicklung des künftigen Kommunismus angewandt hat, schrieb Lenin: „Bei Marx findet sich auch nicht die Spur eines Versuchs, Utopien zu konstruieren, ins Blaue hinein Mutmaßungen anzustellen über das, was man nicht wissen kann.“[17]

Die ökonomische Lehre von Marx, die aus der Analyse des Kapitalismus und seiner Entwicklungstendenzen entstanden ist, enthält auch die allgemeinen methodologischen Prinzipien, die für die wissenschaftliche Analyse der sozialistischen Wirtschaft notwendig sind, und erklärt die Gesetze ihrer Funktionsweise. Die Gegner des Marxismus zeigen sich auf jede Weise bemüht, dieser unwiderlegbaren Tatsache auszuweichen.

So sind für die Untersuchung des Wirtschaftsmechanismus und der wirtschaftlichen Effektivität des Sozialismus unter anderem folgende Prinzipien der marxistischen Methodologie von entscheidender Bedeutung:

- Die Verhältnisse des Eigentums an den Produktionsmitteln müssen in unlösbarem Zusammenhang mit dem Wirtschaftsmechanismus untersucht werden, wobei die Eigentumsverhältnisse das bestimmende Moment sind.
- Der spezifische Charakter des durch die Eigentumsverhältnisse bedingten Wirtschaftsmechanismus ist klarzustellen.
- Der Wirtschaftsmechanismus ist als Gesamtheit der vom Charakter der gesellschaftlichen Produktion und Arbeit bedingten objektiven ökonomischen Formen zu betrachten.
- Die materielle Ursache für die Ablösung der Produktionsweise ist in der höheren wirtschaftlichen Effektivität der nächstfolgenden Produktionsweise zu suchen.
- Die Planmäßigkeit ist gegenüber der Spontaneität der Wirtschaft als höhere Form zu betrachten.

Mit der Aufdeckung der Grundlagen, der Basis der kommunistischen Produktionsweise und ihrer beiden Phasen, des Sozialismus und Kommunismus, haben die Klassiker des Marxismus auch einen unschätzbaren Beitrag zur Klärung der Probleme der Effektivität und des Wirtschaftsmechanismus im Sozialismus geleistet.

Die Schlußfolgerung von Marx, daß der Kapitalismus dem Sozialismus weichen muß, beruhte darauf, daß er den Sozialismus als das effektivere Wirtschaftssystem betrachtete. Die Ursachen für die höhere Effektivität der sozialistischen Wirtschaft sahen die Begründer des Marxismus unter anderem im gesellschaft-

[17] W. I. Lenin, Staat und Revolution, in: Werke, Bd. 25, Berlin 1970, S. 471.

lichen Eigentum an den Produktionsmitteln, in der planmäßigen Führung der Volkswirtschaft, die Krisen und Arbeitslosigkeit ausschließt, in der planmäßigen Verteilung der gesellschaftlichen Arbeit entsprechend den gesellschaftlichen Bedürfnissen, und in der Beseitigung überflüssiger Kosten (faux frais), die sich aus der kapitalistischen Form der Zirkulation des Produkts ergeben. Bei den Klassikern des Marxismus finden wir auch eine Analyse der Grundzüge des sozialistischen Wirtschaftsmechanismus. Ein wesentliches Merkmal, durch das sich der Sozialismus von Karl Marx vom kleinbürgerlichen Sozialismus Lassalles unterscheidet, ist die „nüchterne Berechnung, wie die sozialistische Gesellschaft zu wirtschaften gezwungen sein wird“ [18]. Von den Grundzügen des sozialistischen Wirtschaftsmechanismus, die wir in den Werken von Marx und Engels finden, seien genannt: die zentrale Planung und Leitung der Volkswirtschaft; die materielle Stimulierung der Werktätigen auf der Grundlage der Verteilung des Fonds für die individuelle Konsumtion, die sich nach der Menge und Qualität der aufgewandten Arbeit richtet; die gesellschaftliche Rechnungsführung; der Ausdruck und die Messung der für die Produktion verausgabten Arbeit, um auf die Einsparung von Arbeit hinzuwirken und die gesellschaftliche Arbeit entsprechend den Bedürfnissen zu verteilen, sowie zur Verteilung nach der Leistung.

Da die Diskussionsteilnehmer die Priorität bei der Klärung des Problems der rationellen Verteilung der Ressourcen im Sozialismus beanspruchten, leugneten sie den Beitrag, den Lenin hierzu geliefert hat. Jene Form des Wirtschaftsmechanismus, die seinerzeit der objektiv notwendigen Politik des Kriegskommunismus entsprach, konnte den Aufbau der Grundlagen des Sozialismus nicht vorantreiben. Beim Übergang zur Neuen Ökonomischen Politik sah Lenin die Hauptaufgabe darin, „wirtschaften zu lernen“, eine rationelle Wirtschaftsführung zu sichern. Die Arbeiten, die Lenin in jener Zeit verfaßt hat, zeichnen sich dadurch aus, daß sie in die Spezifik des Wirtschaftsmechanismus der Übergangsperiode tief eindringen und dessen Zusammenhang mit den Problemen der effektiven Nutzung der materiellen Ressourcen und des Arbeitskräftepotentials herausstellen. In dieser Zeit wies Lenin auch nach, daß die wirtschaftliche Rechnungsführung eine spezifische Form für das Wirken der staatlichen sozialistischen Betriebe ist. Bereits in den Jahren 1921–1922 war Lenin zu dem Schluß gekommen, daß in der Übergangsperiode vom Kapitalismus zum Sozialismus die Ware-Geld-Beziehungen genutzt werden können und müssen. Mit seinem ausgeprägten Verständnis für die geschichtliche Entwicklung konnte der große Theoretiker feststellen, daß sich das Wesen der Ware und der Ware-Geld-Kategorien in der Übergangsperiode in dem Maße wandelt, wie sich ihr Inhalt, die in ihnen ausgedrückten Produktionsverhältnisse, verändern.

Während der Diskussion über die „Wirtschaftsrechnung im Sozialismus“ teilten sich die Diskussionsteilnehmer in zwei Gruppen. Eine Gruppe, die sich aus den „orthodoxen“ oder „Alt-“Liberalen zusammensetzte, vertrat die Auffassung

[18] Ebenda, S. 478.

daß Wirtschaftsrechnung im Sozialismus unmöglich sei. Ihre Vertreter wollten die traditionellen Dogmen der bürgerlichen politischen Ökonomie aufrechterhalten, indem sie die Notwendigkeit der spontanen Marktkonkurrenz „vom Gegensatz“ herleiteten und die Unmöglichkeit einer effektiven Verteilung der Ressourcen im Sozialismus nachzuweisen suchten, wo dieser Mechanismus nicht vorhanden ist. Auf sie geht auch die Interpretation der sozialistischen Planwirtschaft als „zentrale Verwaltungswirtschaft“ oder „Befehlswirtschaft“ zurück, die zu Beginn der vierziger Jahre in den neoliberalen Konzeptionen über die sozialistische Wirtschaft weiterentwickelt wurde und heute die theoretische Plattform der reaktionärsten Formen des Antikommunismus und Antisowjetismus bildet.

Die Vertreter der zweiten Gruppe lehnten die Auffassung, daß Wirtschaftsrechnung im Sozialismus nicht möglich sei, ab und konstruierten hypothetische Modelle vom sozialistischen Wirtschaftsmechanismus, wobei sie ihre Vorstellungen dem Kapitalismus der freien Konkurrenz entlehnten. Sie stellten eine „neoklassische Theorie von der Wirtschaft des Sozialismus“ auf, bei der sie sich von der Konzeption Paretos und Barones leiten ließen, und gründeten die sogenannte neue sozialistische Schule. Die Gründung dieser Schule war Ausdruck des bürgerlich-reformistischen Suchens nach Wegen zur „Transformation“ des Kapitalismus, nach einer Alternative zum realen Sozialismus.

Die Kritik des Modells vom „Konkurrenzsozialismus“ der „neuen sozialistischen Schule“ ist heute besonders aktuell. Denn die heutigen bürgerlichen Modelle vom „Marktsozialismus“ stellen eine Art Synthese der „neoklassischen Theorie von der Wirtschaft des Sozialismus“ mit Elementen des Keynesianismus dar. Sie bauen auf den Vorstellungen vom „Konkurrenzsozialismus“ auf, die man modernisiert und dem Gedankengut angepaßt hat, das während der Nachkriegsentwicklung der bürgerlichen politischen Ökonomie entstanden ist.

Ein enger Zusammenhang besteht auch zwischen den jüngsten rechtsrevisionistischen Modellen, die eine „Synthese von Plan und Markt“ herstellen wollen, und der „neoklassischen Theorie von der Wirtschaft des Sozialismus“. Deshalb verlangt der Kampf gegen den Rechtsrevisionismus, die ideologischen Quellen dieser Modelle, die Konzeptionen vom „Konkurrenzsozialismus“, die von den Repräsentanten der „neuen sozialistischen Schule“ aufgestellt wurden, gründlich zu untersuchen und einer kritischen Analyse zu unterziehen. Es ist ebenso notwendig, die Kritik der bürgerlichen Konzeptionen vom entwickelten Sozialismus, in denen die Wirtschaftsreformen in der UdSSR und in anderen sozialistischen Ländern als Realisierung des Modells vom „Konkurrenzsozialismus“ hingestellt werden, zu analysieren.

Besondere Bedeutung gewinnt angesichts des erbitterten Kampfes zwischen der bürgerlichen und der marxistisch-leninistischen Ideologie die Wahl der richtigen, wissenschaftlich fundierten Positionen für die Kritik der Konzeptionen der „neuen sozialistischen Schule“. Die „Neue Linke“, die sich aus Vertretern des „linken“ Revisionismus rekrutiert, kritisiert die Theorie vom „Konkurrenzsozialismus“ von Positionen aus, die die Notwendigkeit von Ware-Geld-Beziehungen im Sozialismus leugnen. So sieht der amerikanische Ökonom P. Roberts den Hauptmangel des Modells vom „Konkurrenzsozialismus“ darin, daß es auf den Verhältnissen der Warenproduktion beruht.

Von derart unrealistischen Positionen aus ist die Wirksamkeit der Kritik am „Konkurrenzsozialismus“ sehr zweifelhaft. Deshalb verlangt die heutige Etappe der Kritik an der „neoklassischen Theorie von der Wirtschaft des Sozialismus“ und an der rechtsrevisionistischen Konzeption vom „Marktsozialismus“ zugleich den Kampf gegen den „linken“ Revisionismus.

Trotz der unterschiedlichen sozialen, klassenmäßigen Basis hat sich der bürgerliche Reformismus bei der Interpretation der Probleme des Sozialismus seinem ideologisch-theoretischen Inhalt nach dem rechtssozialistischen Reformismus angenähert. Einige Rechtssozialisten waren auch an der Diskussion beteiligt und schlossen sich der „neuen sozialistischen Schule“ an·

In der hier betrachteten Periode gaben sich die Ideologen der Sozialdemokratie in der Regel als Marxisten aus. Zugleich aber unternahmen sie einen neuen Schritt, um das Wesen der marxistischen Lehre in den Fragen der sozialistischen Wirtschaft zu revidieren. Das zeigte sich besonders daran, wie sie die sozialökonomische Struktur der sozialistischen Gesellschaft und ihren Wirtschaftsmechanismus darstellten.

Schon Mitte der zwanziger Jahre hatten sozialdemokratische Theoretiker den Verzicht auf die staatliche Form des Volkseigentums verkündet. Sie identifizierten die Übertragung der wichtigsten Produktionsmittel an den sozialistischen Staat mit der Errichtung eines dem Wesen nach bürokratischen „Staatssozialismus“. Auf dem Heidelberger Parteitag der SPD im Jahre 1925 sagte Rudolf Hilferding: „Zunächst mußten wir abrücken und sind abgerückt von jener alten Anschauung des Staatssozialismus, die noch bei einem großen Teil von uns eine Rolle gespielt hatte.“[19]

Von einer unhistorischen Interpretation des Staates ausgehend, die seinen Klassencharakter leugnete und ihn als Apparat interpretierte, der stets über dem Volk stand, stellten die Ideologen der Sozialdemokratie den sozialistischen Staat als Antipoden der Gesellschaft und des Volkes, als unabhängigen Eigentümer der Produktionsmittel hin. Hilferding hielt das staatliche Eigentum und die staatliche Verwaltung der Wirtschaft nur während der Übergangsperiode vom Kapitalismus zum Sozialismus für unerläßlich, weil er meinte, daß sie bereits im sozialistischen Stadium absterben müßten.

Mit der These „Demokratie bedeutet aber für uns noch etwas anderes im Gegensatz zum Obrigkeitsstaat“[20], erklärte Hilferding die sozialistische Wirtschaftsdemokratie für unvereinbar mit dem staatlichen Eigentum an den Produktionsmitteln.

[19] Das Heidelberger Programm, in: Schriftenreihe Demokratie und Sozialismus. Sozialistische Dokumente, Offenbach am Main 1947, S. 11.

[20] Ebenda, S. 13.

Den Worten nach grenzten sich Rudolf Hilferding und Karl Kautsky, dessen Programmentwurf dem Heidelberger Programm der SPD zugrunde lag, von einer anarchosyndikalistischen Interpretation des gesellschaftlichen Eigentums an den Produktionsmitteln ab. In der Tat aber reduzierten sie die Sozialisierung, also die sozialistische Vergesellschaftung der Produktionsmittel, auf die Selbstverwaltung der Produzenten.[21] Der Verzicht der Sozialdemokratie auf Interpretation der staatlichen Form des Volkseigentums an den Produktionsmitteln als ökonomische Grundlage des Sozialismus stand in engem Zusammenhang mit ihrem Antikommunismus und Antisowjetismus, der bereits in den zwanziger und dreißiger Jahren in hoher Blüte stand.

Hilferding und Kautsky stellten das staatliche Eigentum (Volkseigentum) an den Produktionsmitteln, seine Entwicklung zur führenden und vorherrschenden Form des Eigentums an den Produktionsmitteln, das Entstehen einer qualitativ neuen, der staatlichen Form der Wirtschaftsleitung in der UdSSR als Herausbildung eines „Sozialismus der Despotie" hin.[22]

Die Evolution der Sozialdemokratie in der Grundfrage der Wirtschaftstheorie des Sozialismus bestätigte ein weiteres Mal die Richtigkeit und den Weitblick von Lenins Kritik an den opportunistischen Entstellungen der Lehre von Marx und Engels über den Staat. Lenin schrieb, daß die Begründer des Marxismus im bestimmten Sinne Zentralisten waren, aber sie faßten den demokratischen Zentralismus „keineswegs in dem bürokratischen Sinne auf, in dem die bürgerlichen und die kleinbürgerlichen Ideologen, darunter auch die Anarchisten, diesen Begriff gebrauchen"[23].

Im Sozialismus bildet der Staat keinen Gegensatz zur Gesellschaft und zum Volk, sondern er realisiert die Verhältnisse des Volkseigentums im Namen der Gesellschaft, in ihrem Auftrag und in ihrem Interesse.

Die staatliche Leitung der Volkswirtschaft ist eine unabdingbare Voraussetzung für die planmäßige Funktion der im gesamtgesellschaftlichen Volkseigentum zusammengefaßten Produktionsmittel. Die Ideologen der Sozialdemokratie stellten in der hier betrachteten Periode drei Konzeptionen für den sozialistischen Wirtschaftsmechanismus auf. Ausgehend davon, daß man die Notwendigkeit der Warenproduktion und des Wertgesetzes im Sozialismus leugnete, stellten einige dieser Ideologen (wie zum Beispiel der deutsche Sozialdemokrat Otto Neurath) das Modell einer sozialistischen „Naturalwirtschaft" auf, das die Kompliziertheit der ökonomischen Verhältnisse des Sozialismus völlig außer acht ließ.

Andere Theoretiker, wie Karl Kautsky, kamen zu dem Schluß, daß der Sozialismus wohl den Wert und andere Ware-Geld-Formen, aber keine Warenproduktion kenne. Diese Konzeption interpretierte die Ware-Geld-Kategorien im Sozialismus als rechnerische Formen, die nicht Ausdruck von Ware-Geld-Beziehungen seien.

[21] Ebenda, S. 14. [22] Ebenda, S. 11.
[23] W. I. Lenin, Staat und Revolution, in: Werke, Bd. 25, Berlin 1970, S. 461.

Weitere sozialdemokratische Ökonomen schließlich (wie der Labourist Evan Durbin und der französische Rechtssozialist Robert Mossé) reproduzierten in ihren Modellen von der sozialistischen Wirtschaft den Mechanismus der spontanen Marktkonkurrenz.

So hatten die Ideologen der Sozialdemokratie bereits in den zwanziger und dreißiger Jahren die Grundlagen für die heutigen opportunistischen Konzeptionen rechter als auch „linker" Prägung über die Wirtschaft des Sozialismus gelegt.

Die vorliegende Monographie setzt die Untersuchungen fort, die in dem Buch „Bürgerliche und kleinbürgerliche ökonomische Konzeptionen des Sozialismus (Kritische Beiträge). 1848–1917" dargestellt wurden. Der erste Abschnitt analysiert die beiden Hauptrichtungen der bürgerlichen Konzeptionen von der Wirtschaft des Sozialismus, die aus der Diskussion über die Wirtschaftsrechnung im Sozialismus hervorgegangen sind: die Theorie von der „logischen und praktischen Undurchführbarkeit des Sozialismus", Walter Euckens „neoklassische Theorie" von der Wirtschaft des Sozialismus sowie Joseph A. Schumpeters Modell von der sozialistischen Wirtschaft. In diesem Abschnitt werden auch Thorstein Veblens „technokratische Sozialismuskonzeption" und James Burnhams „Managermodell" vom Sozialismus kritisch beleuchtet.

Der zweite Abschnitt ist der sozialen Demagogie gewidmet, mit der sich die reaktionärsten Vertreter der bürgerlichen Ideologie, die den militanten staatsmonopolistischen Kapitalismus faschistischer Prägung für Sozialismus ausgaben, gewappnet hatten. Hier wird auch Werner Sombarts Modell vom „deutschen Sozialismus" analysiert, das zum theoretischen Fundament des Nationalsozialismus und der „sozialistischen" Phraseologie des deutschen Faschismus wurde.

Der dritte Abschnitt der Monographie befaßt sich mit der Kritik an den Konzeptionen, die in den zwanziger Jahren von russischen bürgerlichen und kleinbürgerlichen Ökonomen unterschiedlicher politischer und theoretischer Orientierung ausgearbeitet wurden. In diesem Abschnitt werden die Anschauungen der Ideologen der konterrevolutionären Bourgeoisie entlarvt, die in verschiedenen antisowjetischen Schriften, vor allem in der Emigrantenliteratur, den „unvermeidbaren Untergang der Sowjetmacht, den Ruin der Sowjetwirtschaft" prophezeit hatten. Zudem werden hier die Konzeptionen jener russischen Ökonomen kritisiert, die zwar in den verschiedenen sowjetischen Institutionen und Organisationen tätig und an der Lösung der operativen Wirtschaftsprobleme beteiligt waren, jedoch die Grenzen der bürgerlichen Weltanschauung nicht verließen und die Probleme des sozialistischen Aufbaus allgemein von bürgerlich-liberalen Positionen aus interpretierten.

Der Kritik der ökonomischen Sozialismuskonzeptionen, die von Reformisten sozialdemokratischer Prägung entwickelt wurden, ist der vierte Abschnitt dieser Arbeit gewidmet.

Er befaßt sich auch mit dem antimarxistischen Wesen der revisionistischen

Auffassungen von der sozialistischen Wirtschaft und mit dem Kampf W. I. Lenins, der Kommunistischen Partei der Sowjetunion und der ganzen internationalen kommunistischen Bewegung gegen die von rechts- und „links“revisionistischen Elementen verbreitete Ideologie.

Das vorliegende Buch geht nicht auf alle antimarxistischen Sozialismustheorien ein, die von bürgerlichen und kleinbürgerlichen Theoretikern zwischen dem ersten und zweiten Weltkrieg aufgestellt worden sind. Auch hat sich das Autorenkollektiv nicht das Ziel gestellt, die bürgerlichen, reformistischen und revisionistischen Konzeptionen aus rein historischer Sicht, vom Standpunkt der Geschichte des ökonomischen Denkens, zu analysieren. Es wollte vor allem darstellen, wie die Entwicklung der bürgerlichen und kleinbürgerlichen Konzeptionen von der Wirtschaft des Sozialismus in dem betreffenden Zeitraum das Aufkommen und die spätere Evolution der heutigen bürgerlichen Anschauungen auf diesem Gebiet vorbereitet hat. Die vorliegende Arbeit will die theoretischen und ideologischen Quellen der neueren und neuesten Konzeptionen von der Wirtschaft des Sozialismus sowie ihren engen Zusammenhang mit den bürgerlichen und kleinbürgerlichen Theorien nachweisen, die von den zwanziger bis zu den vierziger Jahren in Umlauf waren.

1. ABSCHNITT

1. KAPITEL

Die bürgerliche Theorie von der „logischen und praktischen Undurchführbarkeit des Sozialismus" und ihr Scheitern

Zu den Begründern und aktivsten Verfechtern der Theorie von der „logischen und praktischen Undurchführbarkeit des Sozialismus" gehörten neben dem bereits erwähnten Ludwig Mises der österreichische Ökonom Friedrich A. Hayek, der britische Ökonom Lionel Robbins, der Schweizer Ökonom Wilhelm Röpke, der deutsche Soziologe, Historiker und Ökonom Max Weber, der deutsche Ökonom Adolf Weber sowie andere Theoretiker, die überwiegend der Österreichischen Schule in der bürgerlichen politischen Ökonomie angehörten. Die anerkannten Führer dieser Gruppe von Diskussionsteilnehmern waren L. Mises und F. Hayek.

Im Jahre 1936 veröffentlichte Mises ein Buch mit dem Titel „Socialism", in dem er seine früher geäußerten Ideen darlegte, nach denen eine sozialistische Wirtschaft nicht imstande sein sollte, ihre Ressourcen rationell zu nutzen und effektiv zu fungieren.[1] Die Vertreter der antikeynesianischen liberalen Richtung erhoben dieses Opus von Mises in den Rang „neuzeitlicher Klassik". Der amerikanische Ökonom Henry Hazlitt pries es als „ausführlichste Analyse des Sozialismus, die in der Weltliteratur nicht ihresgleichen findet"[2]. Und der französische Ökonom Louis Baudin schrieb, Mises habe den Sozialismus wissenschaftlich begründet, um ihm dann eine Niederlage beizufügen.[3] Die Leitsätze von Mises wurden zum Rüstzeug dieser Gruppe von Teilnehmern an der Debatte über die „Wirtschaftsrechnung im Sozialismus".

F. Hayek trat im Jahre 1935 mit zwei Aufsätzen an die Öffentlichkeit, in denen er sich bemühte nachzuweisen, daß das volkswirtschaftliche Optimum im Sozialismus unerreichbar sei.[4]

Die „orthodoxen" Liberalen L. v. Mises und F. Hayek repräsentierten in ihren theoretischen Auffassungen wie auch in ihren politischen Sympathien den rechten Flügel der bürgerlichen Wirtschaftswissenschaft.

Unter der Herrschaft der Monopole wurde der „orthodoxe" Liberalismus

[1] Vgl. Ludwig v. Mises, Socialism. An Economic and Sociological Analysis, London 1951.
[2] Henry Hazlitt, Two of Ludwig von Mises Most Important Works, in: On Freedom and Free Enterprise, New York 1956, S. 35.
[3] Louis Baudin, French Socialism, ebenda, S. 311.
[4] Vgl. Friedrich A. Hayek, The Nature and History of the Problem; The Present State of the Debate, in: Collectivist Economic Planning, ed. by F. Hayek, S. 1–47, 201–205.

objektiv zum Interessenvertreter der Monopolbourgeoisie. Deshalb war sein Eintreten für das freie Unternehmertum, seine antimonopolistische Haltung, vielfach nur ein demagogisches Lippenbekenntnis. Hinter der Apologie des freien Unternehmertums verbarg sich das Eintreten für eine durch nichts eingeschränkte freie Konkurrenz zwischen den Monopolgruppen. Der „orthodoxe" oder „Alt-" Liberalismus war nicht das, für was er sich ausgab: nicht der direkte Nachfolger des Liberalismus des 19. Jahrhunderts, sondern das Produkt seines Zerfalls, ein Produkt der allgemeinen Krise des Kapitalismus.[5] Die antimonopolistische Demagogie des „orthodoxen" Liberalismus war weniger gegen die kapitalistischen Monopole, deren Existenz die Vertreter dieser Richtung als „natürliches Resultat der Knappheit der Ressourcen und zufälliger Übergriffe" betrachteten, als gegen die Arbeiterklasse, ihre Organisationen und sozialen Errungenschaften gerichtet.

Ebenso stand es um die antietatistische (antistaatliche) Haltung des „Altliberalismus". Gegen die Ausnutzung der Staatsmacht und der öffentlichen Finanzen im Interesse der Monopole hatte er nichts einzuwenden. Aber selbst aus der Sicht der Interessen der Monopolbourgeoisie agierte er kurzsichtig und engstirnig, indem er jede soziale Reform attackierte, zu der sich der bürgerliche Staat um der Erhaltung und Festigung der allgemeinen Bedingungen für die Herrschaft der Finanzoligarchie, um der Stabilisierung der kapitalistischen Wirtschaft willen gezwungen sah.

Die Grundzüge der Theorie von der „logischen und praktischen Undurchführbarkeit des Sozialismus"

Offene Apologie des Kapitalismus und des Privateigentums an den Produktionsmitteln. Der neoklassischen Tradition folgend, stellte L. v. Mises das freie Unternehmertum als die effektivste Form der Wirtschaftsführung dar. Er behauptete, daß über die Spontaneität des Marktes die optimale Proportionalität in der Verteilung der Ressourcen hergestellt, die Reproduktion des Kapitals und die Befriedigung der konsumtiven Nachfrage am besten gewährleistet werden könnten. Er erklärte das Privateigentum zu einer unabdingbaren Voraussetzung für eine leistungsfähige Wirtschaft, für leistungsgerechte Einkommen und für den allgemeinen Wohlstand. „Wer die Gesellschaft und ihre Fortbildung will, muß auch, ohne Einschränkungen und Vorbehalte, das Sondereigentum an den Produktionsmitteln wollen"[6], versicherte Mises.

Mises glaubte an die „soziale Funktion des Sondereigentums", eine Theorie, die der Liberalismus schon im 18. Jahrhundert propagiert hatte und die in den zwanziger Jahren in der deutsch-österreichischen juristischen Literatur weit ver-

[5] Vgl. K. M. Kozlova, Monopolii i ich buržuaznye kritiki, Moskva 1966, S. 175.

[6] Ludwig v. Mises, Die Gemeinwirtschaft. Untersuchungen über den Sozialismus, Jena 1932, S. 479.

breitet war. Nach dieser Theorie bringt das „Sondereigentum“ an den Produktionsmitteln „die Güter in die Verfügungsgewalt derjenigen, die sie am besten zu verwenden wissen . . .“[7]. Die Verfechter dieser Theorie vertraten die Ansicht, daß das Privateigentum vom Standpunkt des Glücks der Gesellschaft, des Friedens, der Freiheit und der Effektivität die am besten geeignete Form sei und weniger im Interesse der Eigentümer selbst, sondern des Gemeinwohls liege.[8]

Unter Verschleierung der kapitalistischen Ausbeutung stellten die Verfechter der Theorie von der sozialen Funktion des „Sondereigentums“ das Wesen des grundlegenden Produktionsverhältnisses des Kapitalismus in völlig falschem Licht dar. Sie beschönigten die Rolle, die das Privateigentum im Wirtschaftsapparat des modernen Kapitalismus spielt, und abstrahierten dabei von seiner historischen Tendenz, die von der Entwicklung der Produktivkräfte bestimmt wird.

Deutlicher Beweis für die makroökonomische Uneffektivität des Privateigentums ist die zunehmende Kluft zwischen den potentiellen Möglichkeiten in der Nutzung der modernen Produktivkräfte und dem Grad, in dem diese Möglichkeiten genutzt werden. Die Länder, in denen das kapitalistische Privateigentum an den Produktionsmitteln in seinen heutigen monopolistischen Formen herrscht, haben durch Wettrüsten, Umweltverschmutzung, durch Parasitismus und Fäulnis in den verschiedensten Formen kolossale Verluste zu tragen. Die makroökonomische Uneffektivität des Privateigentums zeigt sich weiterhin darin, daß dem hohen Niveau der kapitalistischen Vergesellschaftung der Produktion, den riesigen Ausmaßen der in der kapitalistischen Welt gebildeten nationalen Reichtümer eine Verschärfung des Elends, der Arbeitslosigkeit und der Inflation, ein erhebliches Zurückbleiben der Sozialleistungen, der Kultur und des Bildungswesens, die Krise der Städte und des öffentlichen Verkehrswesens gegenüberstehen.

Die mikroökonomische Uneffektivität dieser Eigentumsverhältnisse zeigt sich in der weitgehenden Übertragung der operativen Leitungsfunktionen an lohnabhängiges Personal verschiedener Rangordnung, in der Trennung der unmittelbaren Leitung der Produktion und des Absatzes vom Privateigentum an den Produktionsmitteln. Bei dem heutigen Stand der kapitalistischen Vergesellschaftung und angesichts der wissenschaftlich-technischen Revolution, die die Kompliziertheit der Technologie und Organisation der Produktion anwachsen läßt und hochqualifizierte Spezialisten erfordert, wird mehr als je zuvor deutlich, wie nutzlos die Kapitalistenklasse und somit das Privateigentum an den Produktionsmitteln, das sie verkörpert, für die Wirtschaftsführung ist.

Auch die Vergesellschaftung des Eigentums, wie sie sich im Kapitalismus vollzieht, belegt das; das individuelle Privateigentum an den Produktionsmitteln

[7] Ebenda, S. 282.

[8] Vgl. Henry Hazlitt, Two of Ludwig von Mises Most Important Works, in: On Freedom and Free Enterprise, New York 1956, S. 36.

wird durch kollektive Formen (das Eigentum der Aktiengesellschaften und des bürgerlichen Staates) abgelöst.

Ebenso wie Mises setzten auch die anderen Verfechter des freien Unternehmertums die volkswirtschaftlichen Effektivitätskriterien mit den Triebkräften der Privatwirtschaft gleich. Zwischen der Rentabilität des kapitalistischen Unternehmens und der tatsächlichen volkswirtschaftlichen Effektivität, die sich im Wachstum des Nationaleinkommens und der gesellschaftlichen Produktivität der Arbeit ausdrückt, besteht jedoch ein antagonistischer Widerspruch. Dieser Widerspruch resultiert aus der Existenz des Privateigentums an den Produktionsmitteln und dem ihm innewohnenden Primat des Privatinteresses vor dem Interesse der Gesellschaft. Das Streben des Kapitals nach Profitmaximierung geht in starkem Maße zu Lasten der Entwicklung der gesamten Volkswirtschaft.

Diese Tatsache erkennen auch manche bürgerliche Ökonomen an. Sie kommen zu dem Schluß, daß die Jagd nach Maximalprofit aus verschiedenen Gründen die optimale Nutzung der Ressourcen verhindere. Völlig zu Recht sehen sie diese Gründe in der Herrschaft der Monopole, die die Produktion willkürlich einschränken, in der unzureichenden Stimulierung der neuen Technik durch den privaten Profit sowie in den Schwierigkeiten, über die Marktwirtschaft eine rationelle Verbrauchsstruktur herzustellen.[9] So ist es auch kein Zufall, daß die bürgerliche politische Ökonomie, insbesondere die Lehre vom „wirtschaftlichen Wohlstand“, von „inneren“ und „äußeren“ Kosten spricht. Auf diese Weise sollen die Kosten für die Produktion einer Ware im jeweiligen Unternehmen von den Kosten auseinandergehalten werden, die der Gesellschaft, unter anderem durch die Umweltverschmutzung, entstehen. Diese Kosten erscheinen nicht in der Bilanz des kapitalistischen Unternehmens.

Der Apologie des Kapitalismus und des Privateigentums an den Produktionsmitteln war auch die von Mises entwickelte und von Hayek unterstützte Doktrin von der sogenannten Souveränität des Verbrauchers gewidmet. Nach dieser Doktrin sollte das unmittelbare Ziel der kapitalistischen Produktion die Befriedigung der konsumtiven Nachfrage sein, sollten die Proportionen in der Verteilung der Ressourcen von der Aktivität der Verbraucher auf dem Markt bestimmt werden.

Methodologisch geht die Doktrin von der „Souveränität der Verbraucher“ vom Primat der Konsumtion aus. In dem heutigen komplizierten Marktmechanismus spielt der Verbraucher tatsächlich eine aktive Rolle, Charakter und Struktur der produktiven wie auch der individuellen Bedürfnisse aber hängen in erster Linie vom Entwicklungsstand der Produktion ab.

Die These, daß die kapitalistische Produktion, die in Wirklichkeit vom Profitstreben beherrscht wird, auf die Befriedigung der Verbraucherbedürfnisse

[9] Vgl. Peter J. D. Wiles, The Political Economy of Communism, Oxford 1962, S. 77; Alec Nove, Knappheit, Allokation und Macht, in: Macht und ökonomisches Gesetz, S. 69.

gerichtet sei, beruht auf völlig absurden Unterstellungen, nach denen die kaufkräftige Nachfrage im Kapitalismus den gesellschaftlichen Bedürfnissen absolut adäquat sei und die Produktion unmittelbar der kaufkräftigen Nachfrage folge.

In der kapitalistischen Gesellschaft bildet sich jedoch die kaufkräftige Nachfrage, die eine Erscheinungsform der gesellschaftlichen Bedürfnisse ist, auf der Grundlage antagonistischer Ausbeutungsverhältnisse, also der Verhältnisse der Produktion und Aneignung von Mehrwert, von Profit heraus. Deshalb enthält die kaufkräftige Nachfrage hier bereits die Faktoren, die die Abweichung dieser Nachfrage von den absoluten Bedürfnissen der Gesellschaft bewirken. Solange das kapitalistische Eigentum an den Produktionsmitteln besteht, können Korrekturen in der Einkommensverteilung diese verzerrte Widerspiegelung der Bedürfnisse in der kaufkräftigen Nachfrage keineswegs beseitigen.

Ferner ist folgendes zu beachten: Die Unternehmer berücksichtigen zwar bei ihren Entscheidungen über Investitionen die Dynamik der kaufkräftigen Nachfrage, doch die von der Profitjagd stimulierte kapitalistische Produktion hat die Tendenz, sich über die Grenzen der kaufkräftigen Nachfrage hinaus auszudehnen. Diese Tendenz bleibt durch den technischen Fortschritt und die damit verbundene Jagd nach Surplusprofiten, durch die Entwicklung des Kredits und andere Faktoren, die der Produktion im Kapitalismus unabhängig von der Dynamik der kaufkräftigen Nachfrage gewisse Möglichkeiten zur Erweiterung bieten, erhalten.

Unmittelbarer Zweck der kapitalistischen Produktion ist der Profit. Seine Maximierung erfolgt teilweise auch zu Lasten des Verbrauchers. Hinter der „Souveränität der Verbraucher" auf dem heutigen kapitalistischen Markt verbirgt sich die Konkurrenz in ihren verschiedenen, der Epoche der Monopolherrschaft innewohnenden preislichen und nichtpreisgebundenen Formen. Zu den letzteren gehört vor allem die Konkurrenz auf dem Gebiet der Erzeugnisqualität, die Konkurrenz zwischen neuen Formen von Dienstleistungen für die Bevölkerung und bei der Produktion neuer Erzeugnisse.

In einer Situation erbitterten Konkurrenzkampfes, in der man sich weitgehend der verschiedensten Druckmittel auf den Verbraucher (Reklame, Mode, Forcierung des moralischen Verschleißes von langlebigen Konsumgütern usw.) bedient, nimmt die Fetischisierung von Dingen, ihre Erhebung zu gesellschaftlichen Prestigesymbolen immer größere Dimensionen an. Unter diesen Verhältnissen ist die „Souveränität" des Verbrauchers nichts anderes als eine Fiktion. Die Struktur der individuellen Konsumtion wird vom kapitalistischen Business bestimmt, das die individuellen Bedürfnisse deformiert und den Verbrauchern einen bestimmten Verhaltensstereotyp aufzwingt.

Mises und Hayek priesen den Kapitalismus aus der Sicht des „orthodoxen Liberalismus" und waren gegen jede Einmischung des Staates in die Wirtschaft. Für sie gab es keinen Unterschied zwischen staatlicher Regulierung der kapitalistischen Wirtschaft und sozialistischer Planung, zwischen „Interventionismus" und Planwirtschaft, zwischen staatsmonopolistischem Kapitalismus und Sozialismus.

Die feindselige Haltung selbst gegenüber den kapitalistischen Formen der staatlichen Wirtschaftsregulierung zeigt, wie reaktionär die Positionen von Mises, Hayek und ihrer Nachbeter waren. Noch deutlicher wird dies, wenn man bedenkt, daß die hier analysierten Arbeiten dieser Theoretiker in den zwanziger und dreißiger Jahren geschrieben wurden, als die bürgerliche Wirtschaftswissenschaft vor der Aufgabe stand, den Kapitalismus zu retten.

Dieser Aufgabe hatten sich die Theoretiker des Keynesianismus angenommen, die nachwiesen, daß die spontan wirkenden inneren Kräfte des Kapitalismus nicht in der Lage waren, die materiellen und Arbeitskräfteressourcen voll zu nutzen, und nach staatlichen Eingriffen in die Wirtschaft (in den Formen der staatsmonopolistischen Regulierung) verlangten.

Das Buch von Mises „Socialism" und der Keynessche Titel „The General Theory of Employment, Interest and Money"[10] erschienen fast gleichzeitig. Mises verkörperte den Rückschritt und das Nichtbegreifen der wirtschaftlichen Entwicklungsprozesse, die im Sozialismus oder auch im Kapitalismus stattfinden. Auch die Haltung von John Maynard Keynes entsprach den Interessen des Monopolkapitals, aber er apologetisierte den Kapitalismus doch auf realistischere Weise.

So erklärt sich auch die gehässige Einstellung von Mises und seinen Anhängern zur UdSSR, die damals das einzige Land des Sozialismus war. Sie negierten die historische Bedeutung des Sieges der Großen Sozialistischen Oktoberrevolution für Theorie und Praxis des Sozialismus. Mises behauptete, daß Bismarcks „Sicherungsplan" und Hindenburgs Kriegsprogramm Theorie und Praxis des Sozialismus weitaus mehr bereichert hätten als die Nationalisierung der Industrie und die Fünfjahrpläne in der UdSSR. Angesichts der Tatsache, daß die Entstehung und erfolgreiche Entwicklung der sozialistischen Wirtschaft in der UdSSR die Hirngespinste, nach denen die Wirtschaft im Sozialismus scheitern müsse, widerlegte, ging Mises zum historischen Agnostizismus über. So erfand er schnell die These, daß die sowjetische Praxis kein Argument zugunsten des Sozialismus sein könne, weil sich die Geschichte verschieden interpretieren lasse und für sich allein noch gar nichts besage.[11]

Als erbitterte Gegner des historischen Fortschritts standen die Verfechter der Theorie von der „logischen und praktischen Undurchführbarkeit des Sozialismus" in ihren politischen Anschauungen rechtsgerichteten Strömungen nahe, wurden sie objektiv zu deren ideologischen Inspiratoren.

[10] John Maynard Keynes, The General Theory of Employment, Interest and Money, London 1936 (Allgemeine Theorie der Beschäftigung, des Zinses und des Geldes, erste deutsche Auflage, München und Leipzig 1936).

[11] Ludwig v. Mises, Socialism. An Economic and Sociological Analysis, London 1951, S. 583. „Ob die Gesellschaft ein Gut oder ein Übel ist, mag verschieden beurteilt werden" (Ludwig Mises, Die Gemeinwirtschaft. Untersuchungen über den Sozialismus, Jena 1932, S. 479).

Der streitbare Antisowjetismus von Mises und Hayek, der sich auf die theoretische Plattform des Antisowjetismus stützte, hat ihre Namen bei vielen heutigen ideologischen Gegnern des Sozialismus und Kommunismus populär gemacht. So schreibt der französische Ökonom Peter Kende, daß sich viele hervorragende Ökonomen im Westen damit befaßt hätten, Mises' Argumente zu widerlegen. Doch hätten diese in gewissem Maße ihre Aussagekraft bis heute gewahrt.[12]

In der marxistischen Wirtschaftsliteratur ist die Konzeption von Mises und Hayek wiederholt Gegenstand von Kritiken gewesen. Dennoch ist die systematische Analyse dieser Theorie angesichts des oben Dargelegten aktuell geblieben. Sie ist um so notwendiger, als verschiedene Thesen dieser Theorie, die darauf gerichtet sind, die „Unmöglichkeit" einer rationellen Verwendung der Ressourcen in der sozialistischen Wirtschaft „nachzuweisen", auch heute noch von Ideologen des Antikommunismus, von Sowjetologen verschiedenster Prägung, die die hohe wirtschaftliche Effektivität des Sozialismus zu leugnen suchen, in Umlauf gesetzt werden.

Die subjektivistisch-individualistische Methodologie der Analyse

Die methodologische Grundlage der Theorie von der „logischen und praktischen Undurchführbarkeit des Sozialismus" waren die subjektivistische, individualistische Betrachtungsweise bei der Analyse der ökonomischen Erscheinungen, die Gleichsetzung von Objektivität und Spontaneität und damit die Leugnung der Existenz der planmäßigen Form der Wirtschaft sowie die Vorstellung vom Primat der Zirkulation und Konsumtion vor der Produktion.

Das System der Anschauungen von Mises, Hayek und ihrer Gesinnungsgenossen zur Wirtschaft des Sozialismus beruhte somit voll und ganz auf den methodologischen Positionen der subjektiven Schule der bürgerlichen politischen Ökonomie. Dafür spricht vor allem die Interpretation des Analysegegenstandes selbst: das Verhältnis des Individuums zur Sache, das Verhalten der Wirtschaftssubjekte, das von der Knappheit der Vorräte im Vergleich zu den Bedürfnissen bestimmt wird. Und so ist es keineswegs ein Zufall, daß bis heute die von Lionel Robbins, einem der aktivsten Verfechter der These von der „praktischen Undurchführbarkeit des Sozialismus", stammende Definition des Gegenstands der politischen Ökonomie als klassisch hingestellt wird. Nach dieser Definition soll die politische Ökonomie die Wissenschaft sein, die „menschliches Verhalten als Beziehung zwischen Zielen und knappen, aber mehrseitig verwendbaren Mitteln untersucht" [13].

Hayek stellte den Verzicht auf „die Suche nach einer illusorischen Wertsubstanz" und den Übergang zur Analyse der Umstände, die die besonderen Ver-

12 Vgl. Peter Kende, Logique de l'économie centralisée. Un exemple: la Hongrie, Paris 1964, S. 491, 492,

13 Zitiert in: Roy F. Harrod, Dynamische Wirtschaft, Wien-Stuttgart 1949, S. 14.

haltensformen der Individuen zu den Dingen bedingen und zur Lösung des allgemeinen Problems, das sich jedesmal stellt, wenn mit knappen Gütern einer Vielzahl von Zielen genügt werden soll, als entscheidend für den Fortschritt der Wirtschaftswissenschaft hin.[14]

Indem man die Analyse der Produktionsverhältnisse durch die Analyse des Verhaltens der Menschen zu Dingen und der daraus resultierenden Probleme, die „allen Formen der wirtschaftlichen Organisation der Gesellschaft" gemeinsam sind, ersetzte, funktionierte man die politische Ökonomie zu einer allgemeinen Wissenschaft von der Wirtschaftsführung um, die auf die Wirtschaft des einsamen Jägers Robinson ebenso anwendbar ist wie auf eine Gesellschaft assoziierter sozialistischer Produzenten.

Typisch für die Autoren dieser Konzeption war die individualistische Betrachtungsweise der ökonomischen Erscheinungen. Nach Mises ist der Mensch kein soziales, sondern eher ein antisoziales Wesen. Er erklärte das Privateigentum an den Produktionsmitteln zur einzig möglichen Grundlage für eine effektive Wirtschaftsführung, weil nach seiner Meinung die vom Privateigentum ausgehenden individualistischen Triebkräfte allein die maximale Nutzung der Mittel gewährleisten könnten. Rationelles Wirtschaften, d. h. das Wirtschaften mit knappen Mitteln, sollte vor allem den individualistischen Aktivitäten vorbehalten bleiben.[15] Zu den Hauptverdiensten von Mises zählten seine Anhänger die Interpretation der Wirtschaftstheorie als Teil einer universellen Wirtschaft – der Praxeologie (so bezeichnete man die Lehre von der allgemeinen Logik jedes rationellen Wirtschaftens, das auf die Maximierung irgendeiner Größe gerichtet war – d. Verf.).[16]

Im Grunde genommen „verbannten" Mises und seine Gesinnungsgenossen mit ihrer unsozialen, individualistischen Interpretation des Untersuchungsobjekts aus der politischen Ökonomie den eigentlichen Gegenstand, nämlich die ökonomischen Verhältnisse der Menschen, sie trennten die politische Ökonomie von ihrer spezifischen sozialen Materie.

Das „Um und Auf der Wirtschaft" sah Mises in der „Durchführung von Tauschoperationen", der der Vergleich des Nutzens der Güter und des „Arbeitsleids" zugrunde liege. Die Einheit dieses Vergleichs, der indirekten Messung der subjektiven Wertschätzungen, das Maß für die Wirtschaftlichkeit der Betriebe sei der Tauschwert, „der aus dem Zusammenspiel der subjektiven Wertschätzungen aller am Tauschverkehr teilnehmenden Wirte entsteht"[17]. Nach Mises sollte

[14] Vgl. Friedrich A. Hayek, The Nature and History of the Problem, in: Collectivist Economic Planning, ed. by F. Hayek, S. 24.

[15] Vgl. Ludwig v. Mises, Die Gemeinwirtschaft. Untersuchungen über den Sozialismus, Jena 1932, S. 91.

[16] Henry Hazlitt, Two of Ludwig von Mises Most Important Works, in: On Freedom and Free Enterprise, New York 1956, S. 37.

[17] Ludwig v. Mises, Die Gemeinwirtschaft. Untersuchungen über den Sozialismus, Jena 1932, S. 92–93.

dieser objektive Tauschwert, dessen Ausdrucksmittel in der Warenwirtschaft das Geld sei, nur elementar, auf der Grundlage des Privateigentums an den Produktionsmitteln zustandekommen. Daraus folgte dann der Schluß: Da es unter der Herrschaft des Gemeineigentums an den Produktionsmitteln keinen freien Markt gebe, auf dem allein, im Prozeß der Konkurrenz, der Anteil der Produktionsfaktoren am Wert der Gebrauchsgüter und folglich ihr Preis bestimmt werden könnten, fehle es im Sozialismus an einem objektiven Maßstab für den Vergleich der Kosten mit den Ergebnissen der Produktion, und die Entscheidungen der Planungsorgane seien willkürlicher Art.[18]

Mises, Hayek und andere Vertreter dieser Strömung identifizierten die objektiven ökonomischen Verhältnisse mit den Beziehungen des spontan wirkenden, also des kapitalistischen Marktes in der Form, in der sie sich im Bewußtsein der privaten Warenproduzenten widerspiegelten. Deshalb verneinten sie die Möglichkeit der planmäßigen Ausnutzung der ökonomischen Gesetze, die die Bewegung der Ware-Geld-Beziehungen steuern, und der diese Verhältnisse ausdrückenden Kategorien.

Auf den hier dargestellten methodologischen Voraussetzungen der Konzeption von der „logischen und praktischen Undurchführbarkeit des Sozialismus" basieren im wesentlichen die Theorien aller Vertreter der bürgerlichen Wirtschaftswissenschaft, die die ökonomischen Probleme des Sozialismus von den Positionen der Grenznutzentheorie, der subjektiven Schule in der bürgerlichen politischen Ökonomie, interpretieren.

Ein Wesensmerkmal der hier analysierten Konzeption bestand darin, daß sie den Zusammenhang des Eigentums an den Produktionsmitteln mit dem Wirtschaftsmechanismus hervorhob. Trotz des ihr anhaftenden Ahistorismus anerkannte sie die vom gesellschaftlichen Eigentum an den Produktionsmitteln bedingte Spezifik der sozialistischen Wirtschaft. Hieraus ergab sich auch die zutiefst widersprüchliche und inkonsequente Einstellung der Vertreter dieser Konzeption zum sozialistischen Wirtschaftsmechanismus. Wohl erkannten sie die Spezifik dieses Mechanismus an. Da sie aber die Dialektik von Allgemeinem und Spezifischem entstellt wiedergaben, sahen sie diese Spezifik darin, daß die allgemeinen ökonomischen Gesetze und die sie ausdrückenden ökonomischen Formen zu wirken aufhören und daß im Sozialismus kein wirklicher Wirtschaftsmechanismus fungieren könne.

Die gleichen Ansichten wie Mises vertrat in dieser Frage der bekannte deutsche Soziologe Max Weber. In seinen Arbeiten verbanden sich die methodologischen Hauptprinzipien der Historischen Schule in eklektizistischer Weise mit den Grundsätzen der Österreichischen Schule.

Auch Max Weber leitete die Spezifik des kapitalistischen Wirtschaftsmechanismus aus dessen Institutionen ab, die er in idealistischer Weise als Erscheinungsform des „kapitalistischen Geistes" interpretierte. Zu diesen Institutionen

[18] Ebenda, S. 96–101.

zählte er das Privateigentum, die Trennung der Arbeiter von den Produktionsmitteln, die Möglichkeit, die Produktionskosten zu berechnen, das System wirtschaftlicher Sanktionen und ein rationelles Geldsystem. Ebenso räumte Weber ein, daß es unter den Bedingungen der sozialistischen Vergesellschaftung der Produktion eines spezifischen Mechanismus bedürfe, dessen Möglichkeit er ebenso wie Mises verneinte.[19]

Auf die Inkonsequenz in der Methodologie von Mises und seiner Anhänger hatten auch ihre Gegner in der Debatte aufmerksam gemacht. Sie kritisierten Mises, weil er die universellen Grundsätze der Wirtschaftstheorie, unter denen sie die künstlichen Konstruktionen der Grenznutzentheorie verstanden, auf den Sozialismus für unanwendbar erklärt hatte. Ungerechtfertigt von einer Gleichheit zwischen Marxismus und Historischer Schule ausgehend, warfen ihm diese Opponenten in der Diskussion über die „Wirtschaftsrechnung im Sozialismus" in der Frage nach dem Charakter der Gesetze Zugeständnisse an den Marxismus und an die Historische Schule vor.

Besonders deutlich zeigte sich der Unterschied in den methodologischen Konzeptionen der beiden Richtungen bei der Interpretation des Produktionsmittelpreises unter sozialistischen Verhältnissen. Während Mises den Preis als Ausdruck der realen Verhältnisse im Warenaustausch betrachtete (natürlich in der mystifizierten Form, in der sich diese Verhältnisse in den Vorstellungen der kapitalistischen Produktionsagenten widerspiegeln und in den Theorien der Österreichischen Schule reproduziert werden), trennten seine Kontrahenten den Preis von dem sozialen Inhalt, indem sie den Preis als einfachen Index der Gütersubstitution, als Koeffizienten der Alternativkombinationen der Produktionsfaktoren interpretierten. Sie warfen Mises vor, er verwechsle das Wesen des Preises mit seinen historischen Erscheinungsformen. So wurden Mises und seine Anhänger gerade für das kritisiert, was in ihrer Konzeption der historischen Wahrheit am nächsten kam: für die Feststellung des Zusammenhangs des Wirtschaftsmechanismus mit dem Eigentum an den Produktionsmitteln.

Die marxistisch-leninistische politische Ökonomie des Sozialismus löst die Probleme des spezifisch sozialistischen Wirtschaftsmechanismus auf grundsätzlich andere Weise. Sie sucht die Lösung nicht im Verzicht auf die Ausnutzung der den verschiedenen sozialökonomischen Formationen gemeinsamen ökonomischen Formen, sondern in der planmäßigen Anwendung dieser Formen, die, in

[19] In einem im Jahre 1922 postum veröffentlichten Buch, das fast gleichzeitig mit Mises' Aufsatz „Die Wirtschaftsrechnung im sozialistischen Gemeinwesen" erschien, schrieb Weber: „Mit der Annahme, daß sich ein Rechnungssystem ‚schon finden' bzw. erfinden lassen werde, wenn man das Problem der geldlosen Wirtschaft nur resolut anfasse, ist hier nicht geholfen: das Problem ist ein Grundproblem aller ‚Vollsozialisierung', und von einer rationalen ‚Planwirtschaft' jedenfalls kann keine Rede sein, solange in dem alles entscheidenden Punkt kein Mittel zur rein rationalen Aufstellung eines Planes bekannt ist" (Max Weber, Grundriß der Sozialökonomik, III. Abteilung, Wirtschaft und Gesellschaft, Tübingen 1947, S. 55–56).

organischer Einheit mit den vom gesellschaftlichen Eigentum an den Produktionsmitteln hervorgebrachten und die bestimmende Rolle im sozialistischen Wirtschaftsmechanismus spielenden spezifischen ökonomischen Gesetzen und Kategorien, neue, sozialistische Produktionsverhältnisse ausdrücken.

Die Grundlage des sozialistischen Wirtschaftsmechanismus bildet die zentrale Planung der Volkswirtschaft, deren objektive Notwendigkeit durch das allgemeine (staatliche) Volkseigentum an den Produktionsmitteln bedingt wird. Bei dieser Form des gesellschaftlichen Eigentums sind die Produktionsmittel in der ganzen Gesellschaft direkt mit der Arbeitskraft verbunden. Die Produktion erfolgt auf Rechnung der Gesellschaft, die sich das gesellschaftliche Produkt unmittelbar aneignet und daraus die Reproduktionsfonds bildet. Deshalb legt die ganze Gesellschaft und nur sie allein von einem Zentrum aus die entscheidenden stofflichen und wertmäßigen Proportionen der Reproduktion fest. In diesem Prozeß werden die Ware-Geld-Kategorien ausgenutzt, die hier zwar eine wichtige, doch untergeordnete Rolle spielen.

„Das Zentralkomitee der Partei und die Sowjetregierung gehen davon aus, daß das Führende und Maßgebende eine richtungweisende Planung ist und daß die Ware-Geld-Beziehungen zur Festigung der planmäßigen Leitung der Volkswirtschaft und zur Förderung der Initiative der Betriebe und Vereinigungen nach den Grundsätzen der wirtschaftlichen Rechnungsführung genutzt werden können und müssen. Die Ware-Geld-Beziehungen haben bei uns einen neuen, dem Sozialismus eigenen Inhalt“.[20]

Die Leugnung der Möglichkeit einer relativen ökonomischen Verselbständigung der Betriebe bei allgemeinem Volkseigentum an den Produktionsmitteln

Zu den Grundmängeln der Theorie von der „logischen und praktischen Undurchführbarkeit des Sozialismus“ gehörte, daß sie die realen ökonomischen Prozesse negierte und von primitiven, vereinfachten Vorstellungen vom Sozialismus ausging. Deshalb grenzen sich auch viele bürgerliche Theoretiker von ihr ab. So schrieb der amerikanische Ökonom Walter Buckingham, der die Diskussion analysierte, daß das „ökonomische System von Mises und Hayek allgemein zu Recht abgelehnt wird, weil es die reale Welt zu sehr vereinfacht“[21].

Die Begrenztheit der bürgerlichen politischen Ökonomie, ihre Unfähigkeit, zum Wesen der Erscheinungen vorzudringen, tritt in der betrachteten Theorie besonders klar zutage. Das wird sehr deutlich, wenn man analysiert, wie die bürgerlichen Ökonomen die Struktur des gesellschaftlichen Eigentums interpretieren.

[20] Direktiven des XXIV. Parteitages der KPdSU zum Fünfjahrplan für die Entwicklung der Volkswirtschaft der UdSSR in den Jahren 1971–1975. Referat von A. N. Kossygin, Moskau/Berlin 1971, S. 57.

[21] Walter S. Buckingham, Theoretical Economic Systems, New York 1958, S. 346.

Lenin, der den Marxismus auf die neuen Bedingungen angewandt und schöpferisch weiterentwickelt hatte, begründete in den Jahren 1921 und 1922 die Notwendigkeit, daß die staatlichen sozialistischen Betriebe wirtschaftlich selbständig handeln und verhältnismäßig wirtschaftlich verselbständigt sein müßten. Wiederholt hat Lenin betont, wie wichtig es sei, den Großbetrieben und wirtschaftlichen Vereinigungen größtmögliche finanzielle und wirtschaftliche Selbständigkeit zu gewähren.[22]

Dieser Leninsche Leitgedanke, der in der marxistisch-leninistischen politischen Ökonomie des Sozialismus weiterentwickelt und auf die Verhältnisse des reifen Sozialismus angewandt wurde, blieb den Autoren der Theorie von der „logischen und praktischen Undurchführbarkeit des Sozialismus" ein Brief mit sieben Siegeln. In den in der ersten Hälfte der dreißiger Jahre erschienenen oder neu aufgelegten Arbeiten behaupteten diese Theoretiker nach wie vor, daß die gesellschaftliche Aneignung der Produktionsmittel jede wirtschaftliche Selbständigkeit der sozialistischen Betriebe ausschließe. Eine bestimmte wirtschaftliche Verselbständigung der Volkseigentum darstellenden sozialistischen Betriebe war für sie gleichbedeutend mit der Übergabe der Betriebe in Gruppeneigentum, wie sie der Syndikalismus forderte.

Mises und seine Anhänger stellten sich die Alternative so vor: Entweder Selbstverwaltung der Betriebe und Zweige und Gruppeneigentum oder eine Unterstellung der Betriebe unter ein Obrigkeitsorgan, bei der die Betriebe jede wirtschaftliche Selbständigkeit aufgeben.[23] Bei allgemeinem Volkseigentum sei die ganze Wirtschaft einzig und allein dem Willen eines allwissenden und allumfassenden zentralen Organs unterworfen.

Die ökonomische Selbständigkeit der sozialistischen Betriebe ist die spezifische Bewegungsform des allgemeinen Volkseigentums, die Form, in der seine nichtantagonistischen Widersprüche gelöst werden. Sie unterscheidet sich grundlegend von der Arbeitsweise solcher Betriebe, die auf der Basis des Gruppeneigentums an den Produktionsmitteln, also nach den Prinzipien des Syndikalismus, handeln. Die ökonomische Selbständigkeit der sozialistischen Betriebe ist relativer Art. Das bedeutet, daß es ökonomische Selbständigkeit der Betriebe nur in den Grenzen des zentralen Plans gibt, daß die Tätigkeit der einzelnen Betriebe und ihrer Vereinigungen dem allgemeinen Volksinteresse untergeordnet ist.

Zugleich gibt es infolge der nichtantagonistischen Widersprüche des allgemeinen Volkseigentums neben und in Verbindung mit den gesamtgesellschaftlichen Interessen die relativ selbständigen ökonomischen Interessen der Betriebe und ihrer Kollektive. Um diese Interessen zu realisieren, müssen die wirtschaftlichen

[22] Vgl. W. I. Lenin, Entwurf einer Resolution: zu den Fragen der Neuen Ökonomischen Politik, in: Werke, Bd. 32, Berlin 1961, S. 455.

[23] Vgl. Ludwig v. Mises, Die Gemeinwirtschaft. Untersuchungen über den Sozialismus, Jena 1932, S. 248; Lionel C. Robbins, The Great Depression, London 1934, S. 147.

Grundeinheiten des allgemeinen Volkseigentums in gewissem Maße ökonomisch selbständig sein. Der Funktionsmechanismus des allgemeinen Volkseigentums stellt sich somit als ein kompliziertes System dar, das von der Einheit der zentralen Leitung und der ökonomischen Selbständigkeit der Betriebe und ihrer Vereinigungen bei führender Rolle des zentralen Plans gekennzeichnet ist.

Leugnung des untrennbaren Zusammenhangs von Distribution und Produktion sowie der objektiven Distributionsgesetze

Auch in der Darstellung der Distributionsprobleme gingen die Vertreter der These von der „logischen und praktischen Undurchführbarkeit des Sozialismus" von falschen methodologischen Voraussetzungen aus, die die wissenschaftliche Unhaltbarkeit dieser Theorie deutlich machen. Sie bestanden erstens in der Trennung der Distributionsverhältnisse von den Produktionsverhältnissen und zweitens in der Behauptung, daß die Distributionssphäre in der sozialistischen Gesellschaft das Primat vor der Produktionssphäre habe.

Die Verfechter dieser Theorie stellten die These auf, daß ein spezifisches Hauptmerkmal des Sozialismus in der Unabhängigkeit der Distribution von der Produktion bestehe. So schrieb der norwegische Ökonom Trygve Hoff in seinem 1938 erschienenen Buch „Die Wirtschaftsrechnung in der sozialistischen Gesellschaft", Produktion und Distribution seien in der sozialistischen Wirtschaft zwei Sphären, die nicht unbedingt miteinander zusammenhängen.[24] Er räumte sogar die Möglichkeit zweier unterschiedlicher Geldeinheiten für Produktion und Distribution ein.

Auf diese Weise leitete man ab, daß das Privateigentum an den Produktionsmitteln eine unabdingbare Voraussetzung und das spontane Zustandekommen der Preise auf dem Markt die einzig mögliche Form für die Verbindung von Produktion und Distribution seien. Dabei unterstellte man eine Form dieses Zusammenwirkens, bei der die Distribution jede selbständige Bedeutung verliert.

Vorstellungen dieser Art, die der Apologie des freien Unternehmertums dienen, beruhen auf der Produktionsfaktoren- und der Grenznutzentheorie. Die Vertreter der subjektiven Schule betrachteten die Einkommen der Produktionsfaktoren (Arbeit, Kapital und Boden) als Preis für deren Leistung und behaupteten, daß die auf dem Markt unter der Wirkung von Nachfrage und Angebot zustande kommenden Preise der Produktionsfaktoren deren Grenzprodukten entsprächen. Auf diese Weise entstehe der unlösbare Zusammenhang von Distribution und Produktion und werde das Distributionsprinzip bestimmt.

Bei diesem Versuch, Kapital und Boden als der Arbeit gleichwertige Wertschöpfer hinzustellen und auf diese Weise die kapitalistischen Ausbeutungsver-

[24] Vgl. Trygve J. B. Hoff, Economic Calculation in the Socialist Society, London 1949, S. 33.

hältnisse zu verschleiern, waren die Verfechter der „logischen und praktischen Undurchführbarkeit des Sozialismus“ von der Oberfläche der Erscheinungen, statt von deren Wesen ausgegangen. Sie warfen den Arbeitsprozeß und seine kapitalistische Form, Dinge und gesellschaftliche Verhältnisse in einen Topf und entstellten so den Charakter des Zusammenhangs von Produktion und Distribution im Kapitalismus. Für die Interpretation dieses Zusammenhangs im Sozialismus konnten diese Anschauungen keine theoretische Grundlage bieten.

Der objektive Mechanismus des Zusammenwirkens von Produktion und Distribution wird durch das spezifische System ökonomischer Interessen und Stimuli der sozialistischen Gesellschaft hergestellt, das unmittelbar im Produktionsprozeß entsteht und von ihm bestimmt wird, das in der Distributionssphäre in Erscheinung tritt und zusätzliche Merkmale annimmt.

Auch die These vom Primat der Distributionssphäre in der sozialistischen Gesellschaft ist unhaltbar. Mises meinte, daß die Distribution nur in der sozialistischen Gesellschaft eine selbständige Bedeutung erhalte und zum ökonomischen Hauptproblem werde.

Diese „Verteilungs-“ Konzeption, die bereits auf den englischen Ökonomen John Stuart Mill (Mitte des 19. Jahrhunderts) zurückgeht, ist für die bürgerliche politische Ökonomie zur Tradition geworden. Sie lag auch dem Vulgärsozialismus zugrunde, der den Sozialismus hauptsächlich als Problem der „gerechten“ Verteilung interpretierte. Und in diesem Fall beriefen sich die Verfechter der Theorie von der „logischen und praktischen Undurchführbarkeit des Sozialismus“ auf reformistische Sozialismuskonzeptionen, wie sie von Theoretikern der rechten Sozialdemokratie entwickelt worden waren. In diesen Konzeptionen wurde das Wesen der sozialistischen Umgestaltung der Gesellschaft vor allem auf Veränderungen in den Distributionsverhältnissen reduziert, während das Privateigentum und der bürgerliche Staat erhalten bleiben sollten.

Auf diese Weise entstellten Mises, Hayek und ihre Nachbeter bei der „Untersuchung“ der Probleme der sozialistischen Wirtschaft das Verhältnis von Allgemeinem und Besonderem, Allgemeinem und Spezifischem. Sie waren davon ausgegangen, daß die allgemeinen methodologischen Prinzipien auf den Sozialismus nicht anwendbar seien und die allgemeinen soziologischen und ökonomischen Gesetze (die sie natürlich im Sinne der subjektiven Schule auslegten) im Sozialismus nicht wirken.

Im wirklichen Wirtschaftsprozeß bilden alle Reproduktionsphasen einen untrennbaren Zusammenhang. Es war „überhaupt fehlerhaft“, schrieb Marx, „von der sog. *Verteilung* Wesens zu machen und den Hauptakzent auf sie zu legen. Die jedesmalige Verteilung der Konsumtionsmittel ist nur Folge der Verteilung der Produktionsbedingungen selbst; letztere Verteilung aber ist ein Charakter der Produktionsweise selbst“.[25]

[25] Karl Marx, Kritik des Gothaer Programms, in: Karl Marx/ Friedrich Engels, Werke, (im folgenden MEW) Bd. 19, Berlin 1969, S. 22.

Die Produktion liefert das Produkt und bestimmt die Formen seiner Verteilung. Dieser Grundsatz trifft auf die allgemeinen Kategorien zu, die auf allen Entwicklungsstufen der gesellschaftlichen Produktion und damit auch im Sozialismus wirken. So, wie die Verhältnisse der kapitalistischen Produktion und ihre Gesetze, vor allem das Mehrwertgesetz, die kapitalistischen Verteilungsgesetze bestimmen, so bestimmen auch die sich in der sozialistischen Produktion herausbildenden Verhältnisse und die sie steuernden Gesetze den Charakter und die objektiven Formen der Verteilung des gesellschaftlichen Produkts und des Nationaleinkommens.

Aus der absurden These, daß im Sozialismus die Verteilung unabhängig von der Produktion sei, zogen die Autoren der hier analysierten Theorie den ebenso unbegründeten Schluß, daß es in der sozialistischen Gesellschaft keine Gesetze gebe, die die Verteilung der lebensnotwendigen Güter regeln. Die planmäßige Wirkungsweise der Distributionsgesetze im Sozialismus war für sie Verdrängung der objektiven Gesetze durch willkürliche Handlungen. Aus ihrer Sicht war die Distribution die einzig objektive Form, die auf der Bestimmung der auf die einzelnen Produktionsfaktoren entfallenden Teile des Produkts durch die Konkurrenz beruhte. Und da es im Sozialismus keine vom Markt bestimmte spontane Verteilung der Arbeitskräfte und Lohnregelung gibt, kamen Mises und seine Nachbeter zu dem Schluß, daß es im Sozialismus überhaupt unmöglich sei, „zwischen der Bedeutung einer Arbeitsleistung für die Gesellschaft und ihrer Beteiligung am Ertrag des gesellschaftlichen Produktionsprozesses eine Verbindung herzustellen“. Sie behaupteten, daß ohne freien Markt keine wirtschaftlich begründete Differenzierung des Arbeitsentgelts nach Menge und Qualität der Arbeit vorgenommen werden könne. Deshalb müsse die Vergütung der Arbeit willkürlich sein.[26]

In Wirklichkeit aber verfügt der Sozialismus über einen spezifischen Mechanismus für die Herstellung der Übereinstimmung zwischen den Anteilen jedes Werktätigen am Fonds für die individuelle Konsumtion und der geleisteten Arbeit. Dieser Mechanismus enthält Formen, über die die Gesetze der Verteilung des gesellschaftlichen Einkommens sowie die Kategorien vor allem der unmittelbaren Produktion wie notwendiges Produkt, gesellschaftliche und individuelle materielle Stimuli der Produktion und andere realisiert werden.

Das notwendige Produkt, das die Bedingungen für die Reproduktion der Arbeitskraft bildet, kommt den Beschäftigten der materiellen Produktion in verschiedenen Formen zu: in Form der Löhne und Gehälter, der Vergütung der genossenschaftlich arbeitenden Bauern, der Leistungen aus den Prämienfonds und aus den Fonds für die gesellschaftliche Konsumtion.

Diese objektiven ökonomischen Formen stellen zwischen dem Wohlstand des Werktätigen und seiner persönlichen Arbeitsleistung in der Produktion sowie an

[26] Ludwig v. Mises, Die Gemeinwirtschaft. Untersuchungen über den Sozialismus, Jena 1932, S. 135–136.

die Gesamtergebnisse des Betriebes und der Volkswirtschaft einen engen Zusammenhang her. Indem die sozialistische Gesellschaft die persönlichen Stimuli planmäßig anwendet, macht sie das Ausmaß, in dem die Bedürfnisse des Individuums befriedigt werden, direkt von der Quantität und Qualität der Arbeit abhängig, die der Werktätige geleistet hat. Auf diese Weise werden alle Mitglieder der Gesellschaft an der Entwicklung der gesellschaftlichen Produktion und der Erhöhung ihrer Effektivität materiell interessiert.

Die Ideologen des Antikommunismus machten keinen Unterschied zwischen der Verteilung nach der Arbeitsleistung und dem Wirken des Wertgesetzes. Sie offenbarten ihr absolutes Unverständnis für das Gesetz der Verteilung nach der Arbeitsleistung. Sie meinten, daß sich das Wertgesetz schon deshalb nicht als Verteilungsprinzip anwenden lasse, weil die Arbeiten unterschiedlich seien und die verschiedenen Qualitäten der Arbeit sich in Arbeitsstunden nicht ausdrücken ließen.[27]

Aber die Differenzierung des Lohnes nach Quantität und Qualität der Arbeit hat mit der vom Wertgesetz diktierten Äquivalenz gar nichts zu tun, sie macht vielmehr den Anteil des Werktätigen am individuellen Konsumtionsfonds von seiner Arbeitsleistung abhängig. Im Sozialismus unterscheiden wir zwei Prozesse: den Wertbildungsprozeß und die Verselbständigung des Teils vom neugeschaffenen Wert, der zur Befriedigung der individuellen Bedürfnisse der Produzenten entsprechend der Menge und Qualität ihrer Leistungen und der Arbeitsbedingungen sowie in gewissem Maße entsprechend den Endergebnissen der Arbeit der Betriebe dient.

Die Vergleichbarkeit der sozial ungleichartigen Arbeiten, die für die Erzeugung des Produkts aufgewandt werden, wird über den Wert und seine Formen hergestellt. Die Verteilung nach der Arbeitsleistung ist nicht Ausdruck der Warenbeziehungen zwischen der sozialistischen Gesellschaft und ihren einzelnen Mitgliedern und wird deshalb auch nicht vom Wertgesetz geregelt. Da die Arbeit kollektiven Charakter trägt, wird die Verteilung nach der Qualität, den Bedingungen und Ergebnissen der Arbeit des einzelnen Werktätigen von der Verteilung nach den Endergebnissen der Leistung des Betriebskollektivs, also nach dem Wert des erzeugten Produkts, ergänzt. Zugleich aber muß, da die Ware-Geld-Beziehungen weiterbestehen, die Verteilung nach der Leistung in Geld erfolgen, also unter Ausnutzung der Ware-Geld-Formen.

Die Leugnung der Möglichkeit eines echten Wirtschaftsmechanismus im Sozialismus

Bei der Behandlung des Wirtschaftsmechanismus gingen die Theoretiker der „logischen und praktischen Undurchführbarkeit des Sozialismus“ von der Alternative „Plan oder Markt“ aus. So schrieb Mises: „Die Alternative ist die: ent-

[27] Ebenda, S. 112–113.

weder Sozialismus oder Verkehrswirtschaft". Das Hauptziel des Sozialismus sah er in der Liquidierung des Marktes.[28]

Die Alternative „Plan oder Markt" fußt darauf, daß der Markt als freies Spiel der kapitalistischen Konkurrenz aufgefaßt wird. In der Tat ist ein solcher Markt mit der sozialistischen Planung der Volkswirtschaft, mit dem Sozialismus unvereinbar. Die Alternative von Mises aber ist von Grund auf falsch, weil sie die planmäßige Bewegungsform der Ware-Geld-Beziehungen, der Marktbeziehungen, und deren Ausnutzung in der sozialistischen Wirtschaft ausschließt.

Für Mises und seine Anhänger, die nur die Existenz von spontanen Ware-Geld-Beziehungen zuließen, war eine planmäßige Form der Wirtschaftsdynamik unvorstellbar. Für sie war der wissenschaftliche Sozialismus eine naturalwirtschaftliche Theorie.

Ein solches „naturalwirtschaftliches" Sozialismusmodell war von einigen deutschen und österreichischen Theoretikern des Reformismus entwickelt worden. Einem der bekanntesten Modelle, das von Otto Neurath stammt, lag die These zugrunde, daß die sozialistische Gesellschaft ihren Volkswirtschaftsplan nur in Naturalgrößen aufstellen und alle Berechnungen nur in Naturalform anstellen könne.

„Im Wirtschaftsplan der sozialistischen Gesellschaft fehlt selbst die Einheit, auf welche alles bezogen werden kann", schrieb O. Neurath. „Es kann eine genaue zahlenmäßige Feststellung aller vorhandenen Bestandteile des Lebensbodens vorgenommen werden, es können die Lebenslagenbestandteile zahlenmäßig bestimmt werden, aber man kann eine solche Naturalrechnung niemals auf eine Einheit reduzieren ..."[29].

Der Amerikaner Paul M. Sweezy, der seinerzeit das gesellschaftliche Eigentum an den Produktionsmitteln noch mit der Warenproduktion für vereinbar hielt, schrieb 1949 zu Recht, Mises habe einen Fehler gemacht, indem er wenig durchdachte Sozialismusvorstellungen, die die Vorzüge der reinen „Naturalwirtschaft" beschrieben, mit dem Sozialismus schlechthin identifiziert habe.[30]

Das Modell von der sozialistischen „Naturalwirtschaft" drückte einige reale Prozesse aus, die für die Sowjetwirtschaft zur Zeit des Kriegskommunismus typisch waren: eine infolge der zerstörten volkswirtschaftlichen Verflechtungen und der Geldentwertung beträchtliche Naturalisierung der Wirtschaft. In die-

[28] Ludwig v. Mises, Socialism. An Economic and Sociological Analysis, London 1951, S. 141–142.

[29] Otto Neurath, Wirtschaftsplan und Naturalrechnung, Berlin 1925, S. 42.

[30] Vgl. Paul M. Sweezy, Socialism, New York 1949, S. 223–224. Im Jahre 1970 schreibt Sweezy schon anders: „Wer sich für den Markt einsetzt, statt ihn zu bekämpfen, fördert den Kapitalismus und nicht den Sozialismus, gleich welche Absichten er auch hege" (Paul Sweezy, Charles Bettelheim, Lettres sur quelques problèmes actuels du socialisme, Paris 1970, S. 15). Für ihn sind die Ware-Geld-Formen dem entwickelten Sozialismus wesensfremde Kategorien, die sein effektives Wirken verhindern.

sem Modell wurde völlig ignoriert, daß die Politik des Kriegskommunismus eine notgedrungene Maßnahme war; es trug auch der Dynamik der realen Prozesse überhaupt nicht Rechnung. In ihm wurden die Naturalbeziehungen verabsolutiert, und ohne jede Beweisführung wurde die Möglichkeit einer Naturalrechnung deklariert; es stellte somit die Beziehungen und Verflechtungen der Übergangswirtschaft und des Sozialismus in völlig falschem Licht dar.

In Wirklichkeit ist die primitive Naturalwirtschaft dem Sozialismus wesensfremd. Die planmäßige Verteilung der gesellschaftlichen Arbeit auf die Zweige, der Ergebnis-Kosten-Vergleich in der Produktion verlangen die einheitliche Erfassung und den einheitlichen Ausweis des Arbeitsaufwands; das erfolgt im Sozialismus mit Hilfe der Ware-Geld-Formen.

Mises und seine Anhänger ignorierten die Entwicklung des sowjetischen ökonomischen Denkens jener Zeit. In Übereinstimmung mit der marxistischen Betrachtung des Wirtschaftsprozesses unter dem Aspekt der Arbeitswerttheorie und mit der These, daß Gebrauchswerte, die unterschiedliche Bedürfnisse befriedigen, nicht vergleichbar sind, suchte die sowjetische Wirtschaftstheorie nach Formen für die ökonomischen Bindungen zwischen dem sozialistischen Sektor und den anderen sozialökonomischen Sektoren sowie innerhalb des sozialistischen Sektors. Diskutiert wurden auch die Formen und Einheiten für die gesellschaftliche Messung der Arbeit.

Die Ideologen des Antisozialismus ignorierten in ihren spekulativen Überlegungen die Wirklichkeit, die Praxis des sozialistischen Aufbaus in der UdSSR. Aus der Verallgemeinerung der Wirklichkeit hatte Lenin auch die Theorie der Ware-Geld-Beziehungen für die Übergangsperiode vom Kapitalismus zum Sozialismus entwickelt. Die schöpferische Weiterentwicklung der Leninschen Methodologie für die Analyse der Ware-Geld-Beziehungen führte die marxistisch-leninistische politische Ökonomie des Sozialismus zu dem Schluß, daß es auch im entwickelten Sozialismus Warenproduktion geben würde.

Da Mises davon ausging, daß es im Sozialismus weder Warenproduktion noch Warenzirkulation geben könne, interpretierte er die Ware-Geld-Hebel (wie zum Beispiel den Preis), deren sich die Praxis des sozialistischen Aufbaus weitgehend bediente, als dem Kapitalismus entlehnte Formen. Er schrieb, daß die volkswirtschaftlichen Berechnungen in der UdSSR auf den Produktionsmittelpreisen beruhe, wie sie auf dem kapitalistischen Weltmarkt zustande kommen.[31] Der Logik seiner Konzeption entsprechend betrachtete er die realen Ware-Geld-Beziehungen als etwas dem Sozialismus Fremdes, ihm von außen Aufgedrängtes.

Doch ist die Behauptung von Mises, daß der Sozialismus die Ware-Geld-Formen, insbesondere das Preissystem, dem Kapitalismus einfach entlehnt habe, von der Wirklichkeit ebenso widerlegt worden, wie seine ganze theoretische

[31] Vgl. Ludwig v. Mises, Die Gemeinwirtschaft. Untersuchungen über den Sozialismus, Jena 1932, S. 116.

Konstruktion. Die Preisstruktur in der UdSSR unterscheidet sich bekanntlich sehr wesentlich von der auf dem kapitalistischen Markt.

Das historisch entstandene, den spezifischen Bedingungen entsprechende Preissystem des Sowjetlandes war durch einen beständigen Unterschied im Preisniveau für Konsumgüter und Produktionsmittel gekennzeichnet. Dabei lagen die Konsumgüterpreise über und die Produktionsmittelpreise unter dem Wert. Im entwickelten Sozialismus, mit der Vervollkommnung des Planpreissystems verringert sich diese Kluft allmählich, nähern sich die Preise dem gesellschaftlich notwendigen Arbeitsaufwand.

Der planmäßige Charakter des Preissystems und der Preisbildung ermöglicht, die Verteilungs- und Umverteilungsfunktion des Preises aktiv anzuwenden, um in bestimmten Grenzen jene konkreten Abweichungen des Preises vom Wert festzulegen, die den Interessen der Volkswirtschaft und der Lösung der sozialen Aufgaben am besten entsprechen. Das betrifft die Senkung der Preise für technisch hochqualifizierte Waren, die Differenzierung der Preise für lebensnotwendige Waren, langlebige Gebrauchsgüter und Luxusartikel und die verhältnismäßige Erhöhung der Preise für gesundheitsschädliche Waren.

Mises und seine Anhänger behaupteten, daß es in den Beziehungen zwischen den in gesellschaftlichem Eigentum befindlichen Betrieben keine Ware-Geld-Beziehungen (und damit auch keine Preise) geben könne.[32] Sie vertraten die Ansicht, daß derartige Beziehungen nur auf der Basis des Privateigentums oder des gesellschaftlichen Gruppeneigentums möglich seien.

In den letzten Jahren hat sich in der sowjetischen Wirtschaftsliteratur immer mehr der Standpunkt durchgesetzt, daß die Existenz von Verhältnissen der Warenproduktion und -zirkulation, damit auch von Ware-Geld-Beziehungen zwischen den staatlichen (volkseigenen) Betrieben, von den Besonderheiten des Volkseigentums an den Produktionsmitteln im sozialistischen Stadium und des von ihnen geprägten Charakters der unmittelbar gesellschaftlichen Arbeit hervorgerufen wird.[33] Die sozialökonomische Ungleichartigkeit der Arbeit, die deren materielle Stimulierung notwendig macht, verlangt, daß die sozialistischen Betriebe die Arbeitsprodukte nach dem Äquivalenzprinzip austauschen. Diese Äquivalenz in den Austauschbeziehungen zwischen den Betrieben ist nur durch deren relative Verselbständigung möglich, bei der sie den Ersatz-, Lohn- und Akkumulationsfonds aus dem Wert der von ihnen hergestellten Erzeugnisse bilden. Dieser äquivalente Austausch der Arbeitsprodukte zwischen

[32] Vgl. Ludwig v. Mises, Die Wirtschaftsrechnung im sozialistischen Gemeinwesen, in: Archiv für Sozialwissenschaft und Sozialpolitik, 47. Bd., Tübingen 1920/1921, S. 105; Ludwig Mises, Die Gemeinwirtschaft. Untersuchungen über den Sozialismus, Jena 1932, S. 111; Lionel C. Robbins, The Great Depression, London 1934, S. 152–153.

[33] Vgl. V. M. Batyrev, Tovarno-denežnye otnošenija, finansy i kredit v socialističeskom chozjajstve (Voprosy teorii), gl. I, II, Moskva 1970; Ja. A. Kronrod, Zakon stoimosti i socialističeskaja ėkonomika, razdel I, Moskva 1970; A. W. Batschurin, Planung und Wirtschaftsleitung, Berlin 1975, Kap. 9.

den relativ verselbständigten Betrieben läßt sich infolge der nichtantagonistischen Widersprüche der unmittelbar gesellschaftlichen Arbeit nur über die Produktion und den Austausch dieser Arbeitsprodukte in Warenform realisieren.

Im Sozialismus verändert sich das Wesen der Verhältnisse der Warenproduktion und -zirkulation, so ihre Wirkungsweise, ihr Wirkungsbereich und ihre Stellung in der ökonomischen Struktur der Gesellschaft von Grund auf. Die sozialistischen Bedingungen äußern sich in den indirekten Ware-Geld-Beziehungen zwischen den sozialistischen Betrieben, im Absatz ihrer Erzeugnisse und in der Versorgung mit Produktionsmitteln; zwischen den sozialistischen Betrieben und den Mitgliedern der Gesellschaft im Konsumgüterhandel; zwischen den Mitgliedern der Gesellschaft im Handel mit Erzeugnissen der individuellen Nebenwirtschaften. Diese Verhältnisse sind den direkten, nicht an den äquivalenten Austausch gebundenen Beziehungen untergeordnet und ergänzen sie. Der Wirkungsbereich der Verhältnisse der Warenproduktion ist begrenzt. Ihre Bewegung trägt planmäßigen Charakter. Einen zentralen Platz in der Konzeption von Mises nahm die These ein, daß es im Sozialismus keinen Markt und keine Preise für Produktionsmittel gäbe, während sie für Konsumgüter diese Möglichkeit einräume. Die Einheit von Reproduktionsprozeß und Umschlag des gesellschaftlichen Gesamtprodukts bedingt jedoch, daß all seine Teile, unabhängig von ihrer ökonomischen Zweckbestimmung, Warenform besitzen. Sie bedingt folglich auch das einheitliche Wesen des Geldes, eine spezifische Ware, nämlich allgemeines Äquivalent in allen Bereichen der sozialistischen Wirtschaft zu sein.

Im Sozialismus repräsentieren sich die Warenaustauschbeziehungen im wesentlichen als organisierter Markt, also als sich planmäßig entwickelnde sozialistische Warenzirkulation, die auf dem gesellschaftlichen Eigentum an den Produktionsmitteln in seinen beiden Formen, dem staatlichen und dem genossenschaftlichen Eigentum, beruht, und die den Übergang der Konsumgüter aus dem gesellschaftlichen in persönliches Eigentum vermittelt. Die konkreten Formen und der Grad der Planmäßigkeit der verschiedenen Warenströme des organisierten Marktes sind unterschiedlich. Die Bewegung der Produktionsmittel in der Zirkulationssphäre weist bekanntlich gegenüber der Bewegung der Konsumgüter einige spezifische Merkmale auf. Doch sind beide Ausdruck von Warenaustauschbeziehungen.

Am deutlichsten zeigt sich der Marktcharakter des Umschlags der Erzeugnisse der sozialistischen Betriebe im Einzelhandel mit Konsumgütern, wo der Verbraucher ihre Übereinstimmung mit den Bedürfnissen unmittelbar prüft. Beim System der kontingentierten Materialversorgung ist er am stärksten verborgen, obgleich auch diese in Ware-Geld-Form stattfindet und Ausdruck der realen Zirkulation der Produktionsmittel, eines realen Wechsels der Wertformen ist.

Für Mises waren Produktionsmittelmarkt und Produktionsmittelpreise Instrumentarien, die nur der kapitalistischen Gesellschaft immanent seien, da es hier Konkurrenz um die Produktionsfaktoren gäbe. Bei dieser Fragestellung, die sich in den meisten Fällen nicht gerade durch Exaktheit und Präzision ausdrückte, warf Mises Produktionsmittel und Produktionsfaktoren in einen Topf.

Um aber die Spezifik der Wirkungsweise der sozialistischen Gesellschaft zu begreifen, ist es sehr wichtig, den Unterschied zwischen beiden zu sehen. Als Resultat der Produktion, als Teil des gesellschaftlichen Gesamtprodukts sind die Produktionsmittel eine Ware, die einen Preis hat und in den spezifischen Formen des organisierten Marktes realisiert wird. Die im Produktionsprozeß verwendeten Produktionsmittel nehmen als Träger der sozialistischen Produktionsverhältnisse die sozialökonomische Form von gesellschaftlichen Produktionsfonds an. Die Produktionsgrundfonds sind ebensowenig Waren wie die anderen Produktionsfaktoren (Arbeitskräfte und Boden). Dennoch vollzieht sich ihr Verbrauch und ihr Ersatz in Wertform, weil diese mit der Warenbewegung (Realisierung der Fertigproduktion: Produktionsmittel und Konsumgüter) einhergeht. Die Erfassung des übertragenen Grundfondswertes auf den Erzeugniswert, in Gestalt der Abschreibungen, und die Fondsabgabe sind die ökonomischen Formen, die der Gesellschaft ermöglichen, den Aufwand an vergegenständlichter Arbeit für die Produktion zu berechnen und ihre Einsparung zu stimulieren.

Im Verlauf der Diskussion über die „Wirtschaftsrechnung im Sozialismus" präzisierten die Anhänger von Mises einige Formulierungen zur Markt- und Preisfrage. L. Robbins, G. Halm und andere stellten die Frage schon nicht mehr nach dem Markt und den Preisen für Produktionsmittel, sondern nach dem Markt für Produktionsfaktoren (Kapital, Boden, Arbeit) und den auf diesem Markt zustande kommenden Preisen in Gestalt von Zins, Rente, Lohn und Profit. Sie betrachteten den elementaren Produktionsfaktorenmarkt und den damit verbundenen Mechanismus des Kapitalflusses zwischen den Zweigen als einzig möglichen Mechanismus zur Regulierung der Proportionen. Und da sie davon ausgingen, daß ein solcher Markt im Sozialismus ebenso fehle wie der Kapitalfluß zwischen den Zweigen, zogen sie den Schluß, daß es hier überhaupt keinen ökonomischen Mechanismus gäbe.

Aber wenn der Sozialismus auch die Warenform und den Markt für Produktionsfaktoren abschafft, so erzeugt er doch seinen eigenen ökonomischen Mechanismus. Die Hauptrolle in diesem Mechanismus spielt die zentrale Verteilung der Produktionsfaktoren, die planmäßige Festlegung der Grundproportionen der Reproduktion entsprechend den Bedürfnissen der Gesellschaft. In diesem ökonomischen Mechanismus spielen die Ware-Geld-Beziehungen nicht die bestimmende Rolle. Da aber die Warenform die allgemeine Form des Produkts ist, vermitteln die Ware-Geld-Kategorien auch die planmäßige Bestimmung der volkswirtschaftlichen Grundproportionen und deren Realisierung. Die wichtigsten Proportionen des Volkswirtschaftsplanes, die die Produktion und Verteilung des gesellschaftlichen Gesamtprodukts und des Nationaleinkommens betreffen, werden in Wertform geplant. Zugleich vermitteln die Ware-Geld-Formen nicht nur die Bewegung der Produktionsfaktoren, sie sind auch ein wesentliches Element des wirtschaftlichen Funktionsmechanismus und haben eigenständige Bedeutung. Sie spielen bei der Verteilung und Stimulierung der gesellschaftlichen Arbeit, bei der Ermittlung und Einhaltung der volkswirtschaftlichen Proportionalität eine sehr wesentliche Rolle. Die planmäßig gestalteten Ware-Geld-Beziehungen ermöglichen eine zusätzliche objektive Kontrolle über die Übereinstimmung der planmäßig produzierten Erzeugnisse mit den gesellschaftlichen Bedürfnissen.

Ausgehend von einer dogmatischen Auslegung der Marxschen Lehre über Zins, Profit, Lohn und Rente zogen die Ideologen des Antisozialismus den Schluß, daß diese Kategorien im Sozialismus nicht wirken könnten. Für sie war die grundlegende Veränderung des sozialen Inhalts dieser Kategorien, der Form ihrer Anwendung und ihrer Rolle im Wirtschaftsmechanismus gleichbedeutend mit deren völliger Liquidierung oder mit ihrer Verwandlung in rein formale, rechnerische Kategorien ohne realen ökonomischen Inhalt. In seinem Buch „Socialism" schrieb Mises, die Sozialisten hätten keinerlei klare Vorstellung von der Bildung der Einkommen der Produktionsfaktoren. Daraus erkläre sich auch die Schlußfolgerung von Marx, daß im Sozialismus die Kategorien Lohn, Profit und Rente undenkbar seien.[34]

Natürlich interpretieren die Begründer des Marxismus diese Kategorien als spezifisch kapitalistische Kategorien. Profit, Zins und Rente, die verwandelte Formen des Mehrwerts sind, drücken im Kapitalismus Beziehungen zwischen den verschiedenen Gruppen der Bourgeoisie sowie zwischen den Ausbeuterklassen aus, und damit Verhältnisse der Ausbeutung der Arbeit durch das Kapital. Marx und Engels hatten sich nicht das Ziel gestellt, den Funktionsmechanismus der sozialistischen Wirtschaft detailliert wiederzugeben. Und so haben sie auch nichts über die konkreten Bewegungsformen des Mehrprodukts und des notwendigen Produkts geschrieben, obgleich sie wiederholt die Notwendigkeit dieser Einteilung in der sozialistischen Gesellschaft hervorgehoben haben. Da Gewinn, Rente und Zins, die Einkommen der sozialistischen Gesellschaft, Geldform haben, konnten sie in den Werken der Begründer des Marxismus schon deshalb nicht erscheinen, weil diese von Verhältnissen ausgegangen waren, unter denen es keine Ware-Geld-Beziehung mehr geben würde.

Durch die schöpferische Weiterentwicklung der marxistisch-leninistischen politischen Ökonomie des Sozialismus, durch die Verallgemeinerung der Erfahrungen aus dem Aufbau des Sozialismus wurde die objektive Notwendigkeit der Existenz solcher Kategorien wie Gewinn, Rente und Zins im Sozialismus nachgewiesen. Der sozialistische Staat nutzt diese ökonomischen Hebel bei der planmäßigen Leitung der Volkswirtschaft in breitem Maße aus.

Die Abschaffung des Mehrwerts und der von ihm ausgedrückten Ausbeutungsverhältnisse verändert grundlegend sowohl den sozialen Inhalt als auch die

[34] Vgl. Ludwig v. Mises, Socialism. An Economic and Sociological Analysis, London 1951, S. 154–155.

Verwendungsformen von Gewinn, Rente und Zins. Im Sozialismus repräsentieren sie Verhältnisse der unmittelbar gesellschaftlichen Produktion und Aneignung des Mehrprodukts. Die konkrete spezifisch sozialistische Form von Gewinn, Rente und Zins, die darin besteht, daß sie spezifische Geldeinkommen der sozialistischen Gesellschaft und ihrer Betriebe, verselbständigte Teile der Produktionskosten sind, ergibt sich aus dem Zusammenwirken der Gesetze der sozialistischen Produktion, Distribution und Zirkulation.

Die Notwendigkeit, die Kategorien Gewinn, Rente und Zins im Sozialismus auszunutzen, ergibt sich daraus, daß die sozialistischen Betriebe nach den Grundsätzen der wirtschaftlichen Rechnungsführung arbeiten. In der sozialistischen Wirtschaft bestehen die Funktionen von Gewinn, Zins und Rente darin, daß sie die rationelle Wirtschaftsführung und den effektiven Einsatz der lebendigen Arbeit, der in den Produktionsmitteln vergegenständlichten Arbeit sowie der Naturvorräte durch die Betriebe stimulieren.

Aus der Negierung der Möglichkeit und Notwendigkeit, Gewinn, Zins und Rente als ökonomische Hebel auszunutzen, folgte logischerweise die These der bürgerlichen Ökonomen, daß die sozialistischen Betriebe keine wirtschaftliche Rechnungsführung betreiben könnten. Mises behauptete, daß es ohne einen freien Markt, ohne die auf ihm zustande kommenden Produktionsmittelpreise unmöglich sei, die Kosten zu ermitteln und die Ergebnisse mit den Aufwendungen zu vergleichen.

Mises und die anderen Verfechter der Konzeption von der „logischen und praktischen Undurchführbarkeit des Sozialismus“ entstellten die Arbeitswerttheorie, indem sie ihr Wesen auf die unmittelbare Messung des Arbeitsaufwands in Arbeitszeiteinheiten reduzierten.[35] Aus der Unmöglichkeit dieser Messung schloß man, daß die wirtschaftliche Rechnungsführung unmöglich sei.

Die unmittelbare Erfassung des Arbeitsaufwands in Arbeitszeiteinheiten wird erst in der höchsten Phase der kommunistischen Formation möglich sein, wenn die Bedingungen entfallen, die die Ausnutzung der Ware-Geld-Beziehungen und des Wertgesetzes notwendig machen. Im Sozialismus werden Aufwand und Ergebnis der Produktion über die Planpreise aneinander gemessen, die auf der planmäßigen Ausnutzung des Wertgesetzes beruhen.

Wenngleich das Wertgesetz im Sozialismus nicht mehr Hauptregulator der Proportionen ist, wirkt es hier doch als preisregulierendes Gesetz, als Gesetz der Preise; zugrunde liegen muß dem Preis der gesellschaftlich notwendige Arbeitsaufwand. Je mehr die Warenpreise diesem Aufwand angenähert sind, um so genauer wird die real erzeugte Wertmasse wiedergegeben, und um so günstiger sind die Bedingungen für die wirtschaftliche Rechnungsführung der Betriebe.

[35] Vgl. Ludwig v. Mises, Wie Wirtschaftsrechnung im sozialistischen Gemeinwesen, in: Archiv für Sozialwissenschaft und Sozialpolitik, 47. Bd., Tübingen 1920/1921, S. 106; Trygve J. B. Hoff, Economic Calculation in the Socialist Society, London 1949, S. 54–55

Die Ideologen des Antisozialismus wollten nachweisen, daß von den sozialistischen Betrieben kein „Antrieb zu Reformen und Verbesserungen der Produktion" ausgehe, daß sie „ein totes Glied im Organismus der Volkswirtschaft"[36] darstellen. Für sie waren das Privateigentum an den Produktionsmitteln sowie die privatwirtschaftlichen Interessen und Stimuli unabdingbare Voraussetzungen für die effektive Arbeit der Betriebe, für ihre materielle Verantwortlichkeit und wirtschaftliche Initiative. Auch diese These der bürgerlichen Ökonomen war eine Folge simplifizierter Vorstellungen vom Sozialismus, des Negierens der spezifischen ökonomischen Interessen der sozialistischen Betriebe und ihrer Kollektive, des mangelnden Verständnisses für das komplizierte Zusammenwirken dieser Interessen mit denen der ganzen Gesellschaft und ihrer einzelnen Mitglieder.

Die Wechselbeziehungen zwischen den Interessen der Gesellschaft, der Betriebe und ihrer Kollektive sowie den Interessen der einzelnen Mitglieder der Gesellschaft tragen planmäßigen Charakter und werden durch die Pläne für die Entwicklung der Volkswirtschaft garantiert. Eine zusätzliche Form für ihre Realisierung bildet die wirtschaftliche Rechnungsführung der Betriebe. Sie ist die Form der Bewegung und Lösung der nichtantagonistischen Widersprüche. Die wirtschaftliche Rechnungsführung stellt die direkte Verbindung zwischen den Einkommen des Betriebes, seines Kollektivs und seiner einzelnen Beschäftigten mit den Ergebnissen der Wirtschaftstätigkeit her, sie bringt den individuellen Arbeitsaufwand in Übereinstimmung mit dem gesellschaftlich notwendigen Aufwand und dient auf diese Weise der bestmöglichen Erfüllung des Plans, d. h. den Interessen des ganzen Volkes. Die effektive Erfüllung der Auflagen des Volkswirtschaftsplans wird über das System der individuellen, gesellschaftlichen und kollektiven Stimuli gewährleistet, die die Interessen der einzelnen Mitglieder der Gesellschaft, der Betriebe und ihrer Kollektive realisieren. Solche Stimuli sind heute der Lohn, der Prämienfonds und der Investitionsfonds, die Fondszuführung, die die rationelle Nutzung der Produktionsfonds stimuliert, und andere Instrumente der wirtschaftlichen Rechnungsführung.

Die Negierung der Möglichkeit einer effektiven Wirtschaft im Sozialismus

Von der These, daß eine wirtschaftliche Rechnungsführung der Betriebe im Sozialismus nicht möglich sei, kam Mises zu dem Schluß, daß der Sozialismus auf betrieblicher Ebene nicht effektiv sein könne. Indem er die spontan zustande kommenden Preise und Gewinne als einzig mögliche Regulatoren für die Verteilung und effektive Nutzung der Produktionsfaktoren hinstellte, wollte er „nach-

[36] Ludwig v. Mises, Die Wirtschaftsrechnung im sozialistischen Gemeinwesen, in: Archiv für Sozialwissenschaft und Sozialpolitik, 47. Bd., Tübingen 1920/1921, S. 111.

weisen", daß auch auf der Ebene der Volkswirtschaft der Sozialismus uneffektiv sein müsse. Unter der Herrschaft des Volkseigentums könne das Prinzip, mit minimalen Kosten bestmögliche Ergebnisse zu erzielen, nicht verwirklicht werden: „Sozialismus ist Aufhebung der Rationalität der Wirtschaft".[37] Mises prophezeite Kapitalaufzehrung, Zerstörung der normalen gesellschaftlichen Kooperation der Arbeit und andere Schrecken. Der Sozialismus sei „Zertrümmerer dessen, was Jahrtausende der Kultur mühsam geschaffen haben".[38]

Viele bürgerliche Ökonomen, darunter auch einige Anhänger von Mises, sahen sich gezwungen, die Unhaltbarkeit dieser Thesen zuzugeben. So schrieb G. Halm, daß die Voraussetzungen, von denen ausgehend Mises nachweisen wollte, daß jeder Versuch, eine funktionsfähige, rationelle sozialistische Wirtschaft zu schaffen, zum Scheitern verurteilt sei, extrem gewesen wären.[39] Und A. Bergson schrieb in einem Resumee über die Ergebnisse der Diskussion, daß die Praxis die Schlußfolgerungen von Mises über den Haufen geworfen habe: „Heute ist allgemein anerkannt, daß Mises' Argumente haltlos sind".[40]

F. Hayek versuchte, den Standpunkt von Mises zu präzisieren, indem er versicherte, daß dessen These von der „Unmöglichkeit des Sozialismus" ungewollt sei und Mises damit die Unmöglichkeit einer Wirtschaftsrechnung im Sozialismus gemeint habe.[41]

Hayek sowie Robbins und Halm zogen sich, um mit O. Lange zu sprechen, in die zweite Verteidigungslinie zurück. Sie verneinten nicht mehr die theoretische Möglichkeit einer rationellen Verteilung der Ressourcen in der sozialistischen Gesellschaft, sondern deren praktische Durchführbarkeit. Unter theoretischer Möglichkeit verstanden sie die Möglichkeit, ein System von Gleichungen zu finden, das die Statik der sozialistischen Gesellschaft beschreibe; als praktische Undurchführbarkeit bezeichneten sie die angebliche Unmöglichkeit, dieses Gleichungssystem auf die Bedingungen des gesellschaftlichen Eigentums an den Produktionsmitteln, unter denen es keinen freien Markt für die Produktionsfaktoren gebe, anzuwenden. Robbins schrieb, theoretisch sei die Möglichkeit, daß auf mathematischem Wege ein Preissystem für die Produktionsfaktoren gefunden und die relative Effektivität ihrer verschiedenen Kombinationen ermittelt werden könne, nicht ausgeschlossen. „Aber in der Praxis ist diese Lösung nicht realisierbar. Sie erforderte, daß Millionen Gleichungen auf der Grundlage von Millionen statistischen Tabellen aufgestellt werden, die auf

[37] Ebenda, S. 104.

[38] Ludwig v. Mises, Die Gemeinwirtschaft. Untersuchungen über den Sozialismus, Jena 1932, S. 424.

[39] Vgl. George N. Halm, Wirtschaftssysteme, Berlin (West) 1960, S. 169–170.

[40] Abram Bergson, Socialist Economics, in: A Survey of Contemporary Economics, New York 1948, S. 412.

[41] Vgl. Friedrich A. Hayek, The Nature and History of the Problem, in: Collectivist Economics Planning, ed. by F. Hayek, S. 36.

Millionen Gleichungen beruhen. Aber bis zu der Zeit, da die Gleichungen gelöst sind, veralten die Informationen, auf die sie sich gründeten, und es muß erneut gerechnet werden".[42]

Ebenso wie Mises erkannten Hayek, Robbins, Halm und andere bürgerliche Ökonomen zwar die Spezifik des Sozialismus an, doch verneinten sie zugleich die Möglichkeit eines echten Wirtschaftsmechanismus im ökonomischen System des Sozialismus. Dshalb konnten sie das Problem der rationellen Verteilung der Ressourcen nicht einmal stellen, von seiner Lösung ganz zu schweigen.

Mit der raschen Entwicklung der elektronischen Rechentechnik in der Gegenwart werden die Voraussetzungen für die Anwendung moderner mathematisch-ökonomischer Methoden in der Planung der Volkswirtschaft geschaffen. Die Vorzüge der sozialistischen Planwirtschaft eröffnen dem Aufbau eines Systems der automatisierten Produktionsleitung weite Perspektiven und demonstrieren so die praktische Möglichkeit, viele komplizierte Aufgaben bei der Ermittlung des wirtschaftlichen Optimums zu lösen.

Obgleich aber die effektive Nutzung der Ressourcen mathematisch-ökonomische Modelle für die Berechnung der quantitativen Seite des Reproduktionsprozesses, für die Ermittlung seiner Parameter verlangt, kann sie mit diesen Mitteln allein nicht gewährleistet werden. Sie erfordert vor allem einen dem sozialistischen gesellschaftlichen Eigentum adäquaten Wirtschaftsmechanismus. An die Stelle der spontanen Verteilung der Produktionsfaktoren mit Hilfe des Marktes tritt im Sozialismus ihre planmäßige und unmittelbare Verteilung durch die Gesellschaft; die elementare Schaffung einer gesellschaftlichen Proportionalität durch den Markt weicht einer planmäßig geregelten Verteilung der gesellschaftlichen Arbeit auf die Zweige und Bereiche der Volkswirtschaft entsprechend den gesellschaftlichen Bedürfnissen. Diese planmäßigen Direktbeziehungen, die nur für den Sozialismus typisch sind, werden mit Hilfe der Ware-Geld-Formen realisiert und verflechten sich mit den planmäßig geregelten Ware-Geld-Beziehungen, die die Bewegung des gesellschaftlichen Produkts vermitteln.

Bei der Konkretisierung der These von der praktischen Undurchführbarkeit der Wirtschaftsrechnung im Sozialismus stellten Hayek, Robbins, Halm und andere die These auf, daß die Effektivität der sozialistischen Produktion niedriger sei als die der kapitalistischen. So schrieb Hayek: „Es gibt keinerlei Anlaß zu erwarten, daß die Produktion zurückgeht oder die Planungsorgane die Ressourcen überhaupt nicht nutzen können, oder daß das Produktionsvolumen niedriger sein wird als vor Beginn der Planung. Aber es kann gesagt werden, daß dort, wo die Verwendung der Ressourcen von einer Zentralstelle bestimmt wird, die Produktion bei sonst gleichen Bedingungen niedriger sein wird als unter dem Marktpreismechanismus."[43]

[42] Lionel C. Robbins, The Great Depression, London 1934, S. 151.

[43] Friedrich A. Hayek, The Present State of the Debate, in: Collectivist Economic Planning, ed. by F. Hayek, S. 204.

Wenn wir Angaben über die langfristige Entwicklung der sozialistischen Wirtschaft heranziehen, dann wird deutlich, wie unhaltbar die verleumderische These der Ideologen des Antisozialismus von der im Vergleich zum Kapitalismus niedrigeren wirtschaftlichen Effektivität des Sozialismus ist. Diese Angaben beweisen, daß die Vorzüge des Sozialismus die Möglichkeit eröffnen, die gesellschaftlichen Ressourcen bestmöglich zu nutzen und langfristig optimale Effekte zu erzielen.[44]

Den Beweis für die gegenüber dem Kapitalismus höhere Effektivität der sozialistischen Wirtschaft liefern die gleichbleibend hohen Wachstumsraten des Nationaleinkommens und der Arbeitsproduktivität in den Ländern des Sozialismus. Im Jahre 1971 hatte das Nationaleinkommen der UdSSR das 49fache und die Stundenleistung in der Industrie das 29fache des Standes von 1913 erreicht.[45] Derartige Wachstumsraten kennt kein kapitalistisches Industrieland. Wenn das Produktionsaufkommen der russischen Industrie im Jahre 1913 nur 12,5 Prozent von dem der USA-Industrie betragen hatte, so erzeugte die sowjetische Industrie 1971 bereits über 75 Prozent des Ausstoßes der USA-Industrie. Und die Relation in der Arbeitsproduktivität in der Industrie veränderte sich von 11 auf 54 Prozent.[46]

Die These von der im Vergleich zum Kapitalismus niedrigeren Effektivität des Sozialismus gehörte bei den Theoretikern des „älteren" Liberalismus zur Apologie des spontanen Marktes. In seinem Buch „The Road to Serfdom", das 1945 erschien, setzte Hayek noch immer seine Hoffnungen auf die „unsichtbare Hand" – auf die inneren Kräfte des Kapitalismus –, indem er erklärte, daß, verglichen mit dem unpersönlichen Mechanismus des Preissystems, „der die Kenntnis der bedeutungsvollen Wirtschaftsdaten übermittelt, alle Einzelaktionen aufeinander abstimmt", die „Methode der zentralen Steuerung unglaublich plump, primitiv und unzureichend"[47] sei. So verneinten die Vertreter der Theorie von der „logischen und praktischen Undurchführbarkeit des Sozialismus" die Effektivität jeder, auch in kapitalistischen Formen praktizierten, staatlichen Regulierung.

Die Praxis in den kapitalistischen Ländern hat jedoch gezeigt, daß die langfristige staatsmonopolistische Regulierung in ihren verschiedenen Formen zu einem bedeutsamen Faktor für die Einwirkung auf den Reproduktionsprozeß geworden ist. Die Wirtschaftsprogrammierung, die höchste Form der staats-

[44] Eine eingehende kritische Analyse der die hohe wirtschaftliche Effektivität des Sozialismus leugnenden bürgerlichen Konzeptionen findet sich in folgenden Arbeiten: S. A. Chavina, Kritika buržuaznych vzgliadov na zakonomernosti socialističeskogo chozjastvovanija, Moskva 1968, Kap. VIII; Ju. Ja. Ol'sevič Effektivnost' ėkonomiki socializma. Kritika buržuaznych i reformistskich koncepcij, Moskva 1972, Kap. II.

[45] Narodnoe chozjajstvo SSSR. 1922–1972, Moskva 1972, S. 48.

[46] Ebenda, S. 64.

[47] Friedrich A. Hayek, Der Weg zur Knechtschaft, Erlenbach-Zürich 1952, S. 75.

monopolistischen Regulierung, stellt den Versuch dar, die kapitalistischen Produktionsverhältnisse dem gegenwärtigen Entwicklungsstand der Produktivkräfte anzupassen und den zunehmenden Widersprüchen des Kapitalismus unter den Verhältnissen seiner allgemeinen Krise entgegenzuwirken. Die indikativen Pläne beinhalten nicht nur die laufende, sondern auch die langfristige strukturelle Regulierung der kapitalistischen Wirtschaft. Sie fördern die Konzentration der Produktion sowie die Entwicklung der strategisch wichtigen Wirtschaftzweige und -bereiche.

Der staatsmonopolistische Inhalt dieser Wirtschaftsprogrammierung macht sie jedoch widersprüchlich und setzt ihr Grenzen. Die kapialistische Planifikation ist an den spontanen Marktmechanismus gebunden, der auch weiterhin die Rolle des Hauptregulators der Proportionen spielt, so daß der Wirtschaftsprozeß im wesentlichen spontan abläuft. Das Monopolkapital nutzt die Vorteile der staatlichen Programmierung, um seine Positionen zu festigen und die Ausbeutung der Werktätigen zu intensivieren.

In Weiterentwicklung der Alternative „Plan oder Markt“ stellte Mises im Jahre 1940 die These von der Unvereinbarkeit von Kapitalismus und Sozialismus auf, die er besonders präzise in seinem Lehrbuch „Nationalökonomie“ formulierte. Hier schrieb Mises, theoretisch sei es nicht schwierig, die Verkehrswirtschaft von der Planwirtschaft, den Kapitalismus vom Sozialismus genau abzugrenzen. Diese beiden Systeme einer auf Arbeitsteilung beruhenden Wirtschaft seien leicht voneinander zu unterscheiden. Zwischen ihnen gebe es keine Zwischenstufen, keine Mischsysteme.[48]

Natürlich sind Kapitalismus und Sozialismus entgegengesetzte, einander ausschließende Wirtschaftssysteme. Und wenn die Verfechter der gegenwärtigen Konvergenztheorie diese These angreifen, dann ist dies kein Zufall. Denn diese bürgerlichen Theoretiker, die eine aus Elementen des Kapitalismus und Sozialismus bestehende „Mischwirtschaft“ für möglich halten, beschuldigen Mises der unrealistischen „Schwarz-Weiß-Malerei“.[49]

Aber wenn Mises von der Alternative „Kapitalismus oder Sozialismus“ sprach, dann verstand er unter Sozialismus jede Einmischung des Staates in die Wirtschaft, die automatisch den Übergang zur planmäßigen Leitung von Produktion und Distribution nach sich ziehe.

Doch schließt der Kapitalismus die Einmischung des bürgerlichen Staates in die Wirtschaft, die letzlich im Interesse der Monopole erfolgt, keineswegs aus, und sie führt in den kapitalistischen Ländern auch nicht zur planmäßigen Entwicklung der Wirtschaft. Obgleich die staatmonopolistische Regulierung die materiellen Voraussetzungen des Sozialismus im Kapitalismus schafft, ändern

48 Vgl. Ludwig v. Mises, Nationalökonomie, Genf 1940, S. 646.

49 Vgl. Hannelore Hamel, Konvergenz der Wirtschaftssysteme. Thesen pro und contra, in: F. Blaich, J. Bog, G. Gutmann, K. P. Hensel, Wirtschaftssysteme zwischen Zwangsläufigkeit und Entscheidung, Stuttgart 1971, S. 128.

doch selbst ihre höchsten Formen – Programmierung und Planifikation – nichts an der Natur des Kapitalismus, können sie seine ihm innewohnenden Mängel und Widersprüche nicht beseitigen.

Die sozialistische Planung der Volkswirtschaft unterscheidet sich grundlegend von der Wirtschaftsprogrammierung in den kapitalistischen Ländern. Diese Unterschiede werden vom grundsätzlich verschiedenen Klasseninhalt des sozialistischen und des bürgerlichen Staates, von den prinzipiellen Unterschieden zwischen den sozialistischen und den kapitalistischen Produktionsverhältnissen und den sie regelnden Gesetzen bestimmt.

An die Stelle der spontanen Verteilung der Ressourcen durch den Markt setzt der Sozialismus die planmäßige Festlegung der Proportionen der Reproduktion entsprechend den gesellschaftlichen Bedürfnissen auf der Grundlage der bewußten Ausnutzung des Systems der ökonomischen Gesetze. Auf diese Weise werden die für den Kapitalismus typischen riesigen unproduktiven Verluste, die Vergeudung von lebendiger und vergegenständlichter Arbeit, beseitigt und die Voraussetzungen für eine rationelle Nutzung der Naturvorräte sowie für den sparsamen Einsatz von lebendiger und vergegenständlichter Arbeit geschaffen.

Die Konfrontation von Planung und wirtschaftlicher Freiheit der Persönlichkeit

Zu Recht verbanden die Autoren der Konzeption von der „logischen und praktischen Undurchführbarkeit des Sozialismus“ das gesellschaftliche Eigentum an den Produktionsmitteln mit der zentralen Leitung der Volkswirtschaft. Aber sie setzten die grundsätzlich verschiedenen (sozialistischen und kapitalistischen) Formen der staatlichen Einwirkung auf die Wirtschaft einander gleich, identifizierten sie mit Totalitarismus. So verbrämte Hayek in seinem Buch „Der Weg zur Knechtschaft“ das Wesen des Nationalismus und stellte ihn als Spielart des Kollektivismus, also einer Gesellschaft hin, die auf dem gesellschaftlichen Eigentum beruht. Um die Unhaltbarkeit und den verleumderischen Charakter derartiger Behauptungen zu erkennen, braucht man nur an das soziale Wesen des Faschismus, die Diktatur der reaktionärsten Schichten der Monopolbourgeoisie, an die Beibehaltung des kapitalistischen Großbesitzes und des Mechanismus der Marktkonjunktur im faschistischen Deutschland zu denken[50].

Mit ihren Grundthesen wurde die Konzeption von der „logischen und praktischen Undurchführbarkeit des Sozialismus“ zum Vorläufer der Theorie von der „Befehlswirtschaft“, die in der Sowjetologie weite Verbreitung erfahren hat. Mises und Hayek waren es, die die Grundgedanken für die Darstellung der sozialistischen Wirtschaft als „Befehlswirtschaft“ geäußert hatten. In dieser Wirtschaft gibt es, dieser Theorie zufolge, keinen Wirtschaftsmechanismus, die Beziehungen

[50] Vgl. dazu auch das siebente Kapitel des vorliegenden Buches.

zwischen den Zweigen und Betrieben werden durch „Befehl“ der Zentralstellen hergestellt und sind so rein administrativer Art. Zusammen mit Max Weber sind Mises und Hayek die Begründer der Theorie vom bürokratischen Sozialismus. Die ganze Nation, behauptete Mises, bilde ein einziges Arbeiterheer im Zwangsdienst.[51]

All diese Verleumdungen des Sozialismus basieren auf der Entstellung des Wesens der sozialistischen Planung, die von den bürgerlichen Theoretikern als Gegensatz zur Anwendung der ökonomischen Gesetze, zu den ökonomischen Leitungsmethoden und den materiellen Stimuli hingestellt wird.

Theorie und Praxis haben die Unhaltbarkeit solcher Alternativen wie „Plan oder Markt“, „Bedürfnisse und Interessen der ganzen Gesellschaft oder Bedürfnisse und Interessen des Einzelnen“, „staatliche Wirtschaftslenkung oder Freiheit der Persönlichkeit“ längst erwiesen.

Die Kategorien und Verhältnisse, die sie enthalten, schließen einander nicht aus; unter der Herrschaft des Volkseigentums bilden sie eine organische Einheit. Die Widersprüche zwischen den Interessen der ganzen Gesellschaft und denen der einzelnen Kollektive und Mitglieder der Gesellschaft, zwischen der Notwendigkeit, die Volkswirtschaft von einem Zentrum aus zu leiten, und der ökonomischen Selbständigkeit der Struktureinheiten der Wirtschaft, zwischen der zentralen Wirtschaftsleitung und der Entwicklung der gesellschaftlichen Selbstverwaltung sowie der wirtschaftlichen Freiheit der Persönlichkeit tragen nichtantagonistischen Charakter. Das Mittel, mit dem sie gelöst werden, ist die sozialistische Demokratie, also die Form, in der die Leitung von Wirtschaft und Gesellschaft ausgeübt wird.

Die sozialistische Wirtschaftsdemokratie verbindet die Teilnahme der Werktätigen an der Wirtschaftsleitung mit den zentralisierten Formen der Koordinierung des Wirtschaftslebens. In Gestalt ihrer Vertreter in den staatlichen Machtorganen entscheiden die Werktätigen über die wichtigsten Fragen des politischen und wirtschaftlichen Lebens. In den verschiedensten Formen sind die Werktätigen in den Betrieben an der Leitung der gesellschaftlichen Produktion beteiligt.

Die sozialistische Wirtschaftsdemokratie verbindet die Unterordnung jedes einzelnen Mitglieds der Gesellschaft unter die Autorität des Staates in Wirtschaft und Politik mit der wirtschaftlichen Freiheit der Persönlichkeit, die durch den unmittelbar gesellschaftlichen Charakter der Produktion und der Arbeit, durch die Nichtexistenz von Ausbeutung sowie dadurch garantiert ist, daß sich die Werktätigen das Mehrprodukt direkt oder indirekt selbst aneignen. Daraus ergibt sich auch der spezifisch sozialistische Charakter der wirtschaftlichen Freiheit des Individuums als Produzent und Konsument.

Die zentrale Festlegung der wichtigsten Proportionen der Reproduktion

[51] Vgl. Ludwig v. Mises, Socialism. An Economic and Sociological Analysis, London 1951, S. 529.

verlangt die planmäßige Aus- und Weiterbildung der Arbeitskräfte entsprechend den Bedürfnissen der Volkswirtschaft, ihres steigenden Niveaus und ihrer sich verändernden Struktur. Einen beträchtlichen Teil der dafür notwendigen Kosten trägt die Gesellschaft. Auf diese Weise wird die Beschäftigung der gesamten arbeitsfähigen Bevölkerung in der gesellschaftlichen Produktion garantiert.

Die unmittelbar gesellschaftliche Aneignung der Produktionsmittel bewirkt und verlangt, daß alle Mitglieder der Gesellschaft die gleichen Bedingungen für den Zugang zu den volkseigenen Produktionsmitteln und für die Einbeziehung ihrer Arbeitskraft in die gesellschaftliche Produktion erhalten. Die Gesellschaft garantiert die allgemeine Vollbeschäftigung und sichert jedem Werktätigen die freie Wahl des Berufs und Arbeitsplatzes entsprechend seinen Neigungen, seiner körperlichen und geistigen Entwicklung und nach dem gesellschaftlichen Ansehen dieser oder jener Art der Betätigung.

Zugleich aber muß dem erreichten Stand der gesellschaftlichen Arbeitsteilung entsprechend die Ausübung der in Art, Qualität und Bedingungen verschiedenen Arbeitsfunktionen bestimmten Menschengruppen übertragen werden. Die sozialökonomischen Unterschiede in der Arbeit machen es notwendig, daß eine materielle Vergütung gewährt und der Lebensstandard der Mitglieder der Gesellschaft von ihrer gesellschaftlich nützlichen Arbeitsleistung abhängig gemacht wird.

Die materiellen Stimuli, eine Art ökonomischen Anreizes zur Arbeit, deren sich die sozialistische Gesellschaft neben der moralischen Stimulierung bedient, bilden indirekte Formen der planmäßigen Verteilung der Arbeitskräfte. Zu ihnen gehören die Lohndifferenzierung entsprechend der Qualifikation des Werktätigen, der Kompliziertheit der Arbeit und der Arbeitsbedingungen nach Zweigen und Regionen sowie die Differenzierung der Zuführungsnormative für die Prämienfonds.

So erfolgt die planmäßige Verteilung der Arbeitskräfte auf die Bereiche und Zweige der Volkswirtschaft sowie auf die Betriebe auf der Grundlage der ökonomischen Gesetze des Sozialismus. Diese Gesetze determinieren die Verteilung des gesamten Arbeitskräfteaufkommens in den notwendigen Proportionen und stellen jedem Einzelnen die Wahl seines Berufes und Arbeitsplatzes frei.[52]

Die Unterordnung der sozialistischen Produktion und die Befriedigung der materiellen und kulturellen Bedürfnisse der Menschen, die planmäßige Entwicklung der Volkswirtschaft, die Verteilung nach der Arbeitsleistung, die in Geldform erfolgt, sowie das Wirken des Wertgesetzes und des Gesetzes von Nachfrage und Angebot in der sozialistischen Wirtschaft bilden die ökonomische Grundlage für die Freiheit der Mitglieder der Gesellschaft als Konsumenten.

Die im Sozialismus herrschende Direktbeziehung zwischen Produktion und Konsumtion bedeutet, daß sich die Struktur der sozialistischen Produktion nicht

[52] Vgl. I. Ja. Oblomskaja, Sistema ličnych materialnych stimulov pri socializme, Moskva 1972, S. 51–53.

über spontane Wert-Preis-Differenzen gestaltet, sondern auf der Grundlage der Erkenntnis und Ausnutzung der ökonomischen Gesetze des Sozialismus. Bei der Aufstellung der Volkswirtschaftspläne wird auch die Dynamik der kaufkräftigen Nachfrage analysiert und zugrunde gelegt. Die Direktbeziehung zwischen Produktion und Konsumtion, Produktion und kaufkräftiger Nachfrage wird durch eine indirekte Beziehung ergänzt. Sie drückt darin aus, daß entsprechend der Marktlage, dem Verhältnis von Nachfrage und Angebot, das in den Preisen berücksichtigt wird, Korrekturen an den Produktionsplänen vorgenommen werden.

Die sozialistische Gesellschaft plant die Gesamtbedürfnisse und die Gesamtnachfrage über die Berechnung der Nachfrage der Wirtschaftsregionen und sozialen Gruppen nach den einzelnen Waren und Warengruppen. Aber auf die individuelle Konsumtion und die Entwicklung der individuellen Bedürfnisse wirkt sie nur indirekt ein, nämlich über die planmäßige Verteilung der Einkommen, die planmäßige Preisbildung und die Entwicklung der Konsumgüterproduktion. Auf diese Weise wird jedem einzelnen Mitglied der Gesellschaft die freie Konsumwahl gewährleistet.

Die Theorie von der „logischen und praktischen Undurchführbarkeit des Sozialismus“ stand im Widerspruch zur Wirklichkeit. Die Erfolge, die die UdSSR bereits von den ersten Schritten des sozialistischen Aufbaus an aufweisen konnte, sind deutlicher Beweis für diese Feststellung. Die aller Welt bekannten wirtschaftlichen und sozialen Errungenschaften des sozialistischen Weltsystems und der zu ihm gehörenden Ländern liefern immer neue Beweise für den Bankrott dieser Konzeption.

2. KAPITEL

Kritik der „neoklassischen ökonomischen Theorie des Sozialismus"

Die sozialen, klassenmäßigen Positionen der Vertreter der „neoklassischen ökonomischen Theorie des Sozialismus". Ihre Einschätzung des Kapitalismus und ihr Verhältnis zur UdSSR

In Opposition zu den Anhängern der Theorie von der „logischen und praktischen Undurchführbarkeit des Sozialismus" in der Diskussion über die „Wirtschaftsrechnung im Sozialismus" stand eine Gruppe von Wirtschaftstheoretikern, die in ihren sozialen, klassenmäßigen Positionen, politischen Überzeugungen und allgemeinen theoretischen Auffassungen inhomogen war und die eine „über den Klassen stehende ökonomische Theorie des Sozialismus" propagierte. Sie stand im großen und ganzen auf den Positionen der bürgerlichen Demokratie, also auf dem linken Flügel des bürgerlichen ökonomischen Denkens und vertrat die Interessen unterschiedlicher Schichten der bürgerlichen Gesellschaft. Zu dieser Gruppe gehörte auch Arthur Pigou, ein Ideologe der nichtmonopolistischen Bourgeoisie und Vertreter eines sehr gemäßigten Reformismus. Zu den Sprechern der Zwischenschichten, des Kleinbürgertums und der demokratisch gesinnten Intelligenz, zählten solche Vertreter des radikalen bürgerlichen Reformismus wie Henry Dickinson und Robert Hall. Sie selbst standen den Ideologen des sozialdemokratischen Reformismus nahe, der den Einfluß der bürgerlichen Ideologie in der Arbeiterbewegung widerspiegelte (Robert Mossé, Eduard Heimann).

Diese Theoretiker kritisierten den Kapitalismus von bürgerlich-reformistischen Positionen aus. Obgleich sie meist eine optimale Verteilung der Ressourcen im Kapitalismus theoretisch für möglich hielten, erkannten sie doch, daß in der kapitalistischen Praxis das volkswirtschaftliche Optimum nicht realisiert wird.

Der britische Wirtschaftstheoretiker A. Pigou, der zur Cambridger Schule gehörte und im Jahre 1937 das Buch „Sozialismus versus Kapitalismus" veröffentlichte, sah die Ursache in der Herrschaft der Monopole, in der mit dem Reklamerummel verbundenen Verschwendung, in der ungleichen Verteilung der Einkommen und Ressourcen zugunsten der begüterten Klassen sowie in den Unterschieden zwischen den Produktionskosten in den kapitalistischen Unternehmen und den gesellschaftlichen Produktionskosten[1]. Pigou erkannte an, daß der Sozialismus auf dem Gebiet der Stimulierung der Arbeit, der Vollbeschäftigung, der Mobilisierung der Ressourcen für die Akkumulation und im Bildungs- und Gesundheitswesen dem Kapitalismus überlegen ist. Im Gegensatz zu vielen anderen Repräsentanten der „neoklassischen" ökonomischen Theorie vom Sozialismus berief er sich auf den sozialistischen Aufbau in der UdSSR, sprach er von der Notwendigkeit, diese Erfahrungen auf verschiedenen Gebieten zu nutzen.

Aber als echter Vertreter des bürgerlichen Reformismus glaubte Pigou, daß die Mängel des Kapitalismus beseitigt und einige Wesenszüge des Sozialismus übernommen werden könnten, ohne den Kapitalismus abzuschaffen. Wenn die Übergriffe der Monopole bekämpft werden müssen, so meinte er, so heiße das noch nicht, daß der Kapitalismus dem Sozialismus weichen müsse.[2] „Ich wäre für die allgemeine Struktur des Kapitalismus, würde sie aber über das Steuersystem allmählich so verändern, daß die Ungleichheit im Besitz und in den Möglichkeiten abgebaut wird; ich würde eine Seite aus dem Buch ‚Sowjetrußland' heranziehen und die Investitionen im Gesundheits- und Bildungswesen erhöhen."[3]

Um den Kapitalismus zu „transformieren", schlug Pigou auch eine Reihe anderer Maßnahmen vor: gesellschaftliche Kontrolle über die Monopole; Nationalisierung der Bank von England und einiger Industriezweige und Steuerung der Investitionen. Aber auch diese Maßnahmen gingen über die Grenzen bürgerlich-demokratischer Umgestaltungen nicht hinaus. Reformistisch waren auch Pigous Illusionen, daß einige Vorzüge des Sozialismus in einem regulierten Kapitalismus realisierbar wären.

Pigous Überzeugungen und politische Sympathien kam der amerikanische Wirtschaftstheoretiker Abba Lerner, sehr nahe, der bei bürgerlichen Ideologen noch heute als typischer Repräsentant dieser Richtung gilt[4]. Er interpretierte den Funktionsmechanismus der kapitalistischen Wirtschaft und dessen innere Widersprüche von keynesianischen Positionen aus. So stellt Lerner in seinem 1944 veröffentlichten Buch „Die kontrollierte Wirtschaft" die Wirtschaft der kapitalistischen Länder und besonders der USA als „antikollektivistisch" dar, „weil sie die Frage ignoriert, wie die bestehenden ökonomischen Institute den gesellschaftlichen Interessen dienen"[5]. Mit dem von ihm konstruierten Modell einer „kontrollierten Wirtschaft" wollte er drei Hauptaufgaben lösen: die Auslastung aller Ressourcen, vor allem des Arbeitskräfteaufkommens; die Verringe-

[1] Vgl. Arthur C. Pigou, Socialism versus Capitalism, London 1937, S. 37–44.

[2] Ebenda, S. 45.

[3] Ebenda, S. 137–138.

[4] Vgl. Joseph A. Schumpeter, Kapitalismus, Sozialismus und Demokratie, Bern 1946, S. 281; Peter Kende, Logique de l'économie centralisée. Un exemple: la Hongrie, Paris 1964, S. 437.

[5] Abba P. Lerner, The Economics of Control. Principles of Welfare Economics, New York 1944, S. 2.

rung der enormen Ungleichheit in den Einkommen und Vermögen; die Beseitigung der Monopole mit der für sie typischen Ausbeutung und Verschwendung.[6]

Lerner übte Kritik am Liberalismus, der gegen jegliche Einmischung des Staates in die Wirtschaft war und für den Schutz des Privatinteresses eintrat, sowie an der Weigerung, die Wirtschaftstätigkeit als Mittel zur Befriedigung der Bedürfnisse des Volkes zu sehen. Zugleich aber attackierte er den wissenschaftlichen Sozialismus, den er wegen der Forderung nach „hundertprozentigem Kollektivismus“ und Abschaffung der Privatunternehmen als „dogmatisch“ bezeichnete.

In seiner Theorie von der „kontrollierten Wirtschaft“ verlangte Lerner, in der Wirtschaft die „Vorzüge des Kapitalismus mit denen des Kollektivismus zu verbinden“ (Lerner bezeichnete den Sozialismus als „Kollektivismus“). Diese Theorie war eine der ersten Varianten der Konvergenztheorie, die zwei Jahrzehnte später weite Verbreitung fand.

In Lerners „kontrollierter Wirtschaft“ wurde der Verzicht auf theoretische Prinzipien zum Grundsatz erhoben. Die Theorie sollte praktischen Nutzenserwägungen weichen. Deshalb bezeichnete Lerner die „kontrollierte Wirtschaft“ auch als „pragmatischen Kollektivismus“. „Der Angelpunkt dieser Konzeption besteht darin, daß weder der Kollektivismus noch das Privatunternehmertum als Organisationsprinzipien der Gesellschaft betrachtet und beide als gleich geeignete Mittel anerkannt werden. Das Hauptprinzip für die Organisation dieser Wirtschaft ist, daß jeweils das Prinzip angewandt wird, das der Gesellschaft am besten dient.“[7]

Hinter Lerners Absicht, über den Kapitalismus und Sozialismus zu hinwegzusehen und sich nur von praktischen Nutzenserwägungen leiten zu lassen, stand die dürftig bemäntelte Forderung nach Schutz des Privateigentums und des blindwirkenden Mechanismus der kapitalistischen Konkurrenz. Deshalb stellte er sich die Kontrolle über die Wirtschaft als eine im Vergleich zur staatsmonopolistischen Regulierung der Kriegswirtschaft vereinfachte und abgeschwächte staatliche Regulierung vor. Und so war es auch kein Zufall, daß er die enge Verwandtschaft des „pragmatischen Kollektivismus“ mit dem „liberalen Kapitalismus“ hervorhob. „Der erstere setzt eine kollektivistische Organisation voraus, mit Ausnahme der Bereiche, in denen die Konkurrenz dem gesellschaftlichen Interesse besser dient. Letzterer ist dort zugunsten der freien Konkurrenz ausgerichtet, wo dies möglich ist, und er läßt die kollektive Organisation dort zu, wo die Konkurrenz aus technischen Gründen nicht möglich ist. Beide bewirken ein und dasselbe.“[8]

Alles bisher Dargelegte kennzeichnet die Positionen dieses vielzitierten Vertreters der „neoklassischen ökonomischen Theorie des Sozialismus“ als bürgerlichen Reformismus mit kleinbürgerlichem Einschlag, der sie dem sozialdemo-

[6] Ebenda, S. 3. [7] Ebenda, S. 5.
[8] Ebenda, S. 4.

kratischen Reformismus annähert. Auf Lerners „pragmatischen Kollektivismus“ trifft voll und ganz das zu, was Marx seinerzeit über den kleinbürgerlichen Sozialismus Proudhons gesagt hatte: „Die Philanthropen (Marx meinte damit die Vertreter der kleinbürgerlichen Schule der ökonomischen Romantik – d. Verf.) wollen ... die Kategorien erhalten, welche der Ausdruck der bürgerlichen Verhältnisse sind, ohne den Widerspruch, der ihr Wesen ausmacht und der von ihnen unzertrennlich ist. Sie bilden sich ein, ernsthaft die bürgerliche Praxis zu bekämpfen, und sie sind mehr Bourgeoisie als die anderen.“[9]

Kleinbürgerlich war auch die Konzeption von der „Wohlstandswirtschaft“, die Lerner, Pigou folgend, entwickelt hatte. Beide Theoretiker meinten, daß das Maximum an Wohlstand gleich dem Maximum des Nutzens sei, das heißt der Gesamtbefriedigung der subjektivistisch interpretierten Bedürfnisse aller Individuen bei einer solchen Verteilung ihrer Einkommen sei, die deren Grenznutzen nivelliere. Der Mechanismus, der dies automatisch bewirke, sollte die „vollkommene“, durch nichts beeinträchtigte Konkurrenz sein. Wohlstand wie auch wirtschaftliche Gleichheit wurden von den Produktionsverhältnissen getrennt und als klassenlose, moralisch-ethische Kategorien hingestellt. Die Umverteilung der Einkommen wurde zum Hauptfaktor erhoben, der das Nutzensmaximum gewährleiste.

Als typischer Repräsentant der radikal gesinnten bürgerlichen Intelligenz beteiligte sich auch der Oxforder Professor H. Dickinson, Verfasser mehrerer Aufsätze und eines Buches mit dem Titel „Die Wirtschaftstheorie des Sozialismus“, an der Diskussion über die „Wirtschaftsrechnung im Sozialismus“. Dickinson ging davon aus, daß der Marktmechanismus für das Problem der optimalen Verteilung der Ressourcen eine gewisse Lösung sei, der jedoch Klassenprivilegien und Ausbeutung im Kapitalismus entgegenwirkten. Er zählte sich zu den Reformisten, die im Privateigentum an allen stofflichen Produktionsmitteln, darunter auch an den Naturreichtümern, ein Hindernis für die vollständige Nutzung der Weltressourcen zum Wohl der Menschheit sahen.[10] Auch in Dickinsons Absicht, die Mängel, die „schlechtesten“ Seiten des Kapitalismus abzuschaffen und seine „starke“ Seite, die spontane Marktkonkurrenz, beizubehalten, trat die der „neoklassischen ökonomischen Theorie des Sozialismus“ innewohnende kleinbürgerliche „Romantik“ deutlich zutage.

Mit seinem Modell von einem Sozialismus, der auf der Grundlage der „Willensfreiheit“ geleitet werden sollte, ignorierte Dickinson in seinem Buch die sowjetischen Erfahrungen. In einer nachträglichen Wertung der Diskussion berief er sich im Jahre 1966 auf den angeblichen Mangel an zuverlässigen Daten über die Planwirtschaft in der UdSSR. Dabei gab er zu, daß die Diskussion rein theoretisch und viel zu abstrakt geführt worden war.[11]

9 Karl Marx, Das Elend der Philosophie, in: MEW, Bd. 4, Berlin 1969, S. 143.
10 Vgl. Henry D. Dickinson, Economics of Socialism, Oxford 1939, S. 5–6.
11 Vgl. The Economic Journal, 304/1966, S. 880.

Ein weiterer britischer Teilnehmer an der Diskussion, Professor R. Hall, behauptete, daß der Konkurrenzmechanismus im staatsmonopolistischen Kapitalismus das volkswirtschaftliche Optimum nicht automatisch herstellen könne. Aber wenn Hall diesen Mechanismus seinem Modell von der sozialistischen Wirtschaft zugrunde legte, hüllte er sich, im Gegensatz zu Dickinson, über die sowjetische Praxis nicht in Schweigen, sondern stellte der Sowjetwirtschaft sein Modell gegenüber. Er räumte ein, daß es der Sowjetgesellschaft gelungen war, bei ihren Menschen gewaltige Energien zu wecken, bezeichnete jedoch die direkte Volkswirtschaftsplanung als unrationell und behauptete, sie schließe die Wirtschaftsrechnung aus. Entgegen den vom Leben selbst bestätigten unleugbaren Fakten schrieb er vom Mißerfolg des russischen Experiments, der auf den Mangel an einem effektiven Wirtschaftsmechanismus zurückzuführen sei.[12]

Die rechtssozialistischen Diskussionsteilnehmer setzten die Sowjetwirtschaft mit der Rüstungswirtschaft in Hitlerdeutschland gleich. So schrieb Robert Mossé, Professor an der Universität von Grenoble und eifriger Verfechter der „neoklassischen ökonomischen Theorie des Sozialismus", von der „realen Planwirtschaft in der UdSSR und im faschistischen Deutschland"[13].

So zeigte sich die Verwandtschaft der ideologischen und theoretischen Positionen der verschiedenen Vertreter der sogenannten neuen sozialistischen Schule, der reformistischen Ideologen bürgerlicher und sozialdemokratischer Prägung bei der Beurteilung der Sowjetwirtschaft mit aller Deutlichkeit. Die einen wie die anderen verleumdeten den sozialistischen Charakter der Sowjetwirtschaft und setzten die staatsmonopolistische Regulierung im faschistischen Deutschland mit der sozialistischen Planung gleich.

Von den übrigen Verfechtern der „neoklassischen ökonomischen Theorie des Sozialismus" abweichende politische Auffassungen vertrat der polnische Wissenschaftler O. Lange, der seinerzeit zu den führenden Vertretern dieser Theorie gehörte. In der Zeit von 1939 bis 1945 lehrte Lange an der Universität von Chicago (USA). Er gehörte damals zum linken Flügel der Sozialdemokratischen Partei Polens.[14] Langes Aufsatz „Zur Wirtschaftstheorie des Sozialismus", den er in einem gleichnamigen Sammelband veröffentlichte, wurde bald weithin bekannt: Lange stellte hier drei Varianten für die Beseitigung der Widersprüche des Kapitalismus dar: den Übergang zum Sozialismus, die Rückkehr zum Kapitalismus der freien Konkurrenz und die staatliche Kontrolle über die Produktion und die Investitionen. Die Rückkehr zum Kapitalismus der freien Konkurrenz

[12] Vgl. Robert L. Hall, The Economic System in a Socialist State, London 1937, S. 233 bis 255.

[13] Robert Mossé, The Theory of Planned Economy. A Study of Some Recent Works, in: International Labour-Review, Bd. XXXVI, 3/1937, S. 373.

[14] Später wurde O. Lange zu einem aktiven Funktionär der Polnischen Vereinigten Arbeiterpartei und des polnischen Staates. Von 1957 bis 1962 war er Vorsitzender des Wirtschaftsrates der polnischen Regierung. Seine Ansichten hatten sich zu dieser Zeit grundlegend gewandelt.

sei wegen der Ausmaße der modernen Unternehmen unmöglich, stellte Lange fest. Staatliche Kontrolle über die Produktion und die Investitionen hieße Produktionsplanung ohne Abschaffung des Privateigentums. Allerdings hegte Lange zu Recht Zweifel am Erfolg einer solchen Planung, weil sie schließlich darauf hinauslaufen würde, daß die Kapitalgesellschaften und Banken zu ihren Gunsten die Kontrolle über die Planungsorgane ausüben. Deshalb können die „Monopole, die Restriktions- und Interventionspolitik nur abgeschafft werden, wenn das Privateigentum an den Produktionsmitteln beseitigt wird, das zur Fessel des wirtschaftlichen Fortschritts geworden ist ... Der Sozialismus ist die einzig akzeptable Lösung".[15]

Im Unterschied zu anderen Anhängern der „neoklassischen Theorie von der sozialistischen Wirtschaft" trat Lange für den revolutionären Widerstand gegen die herrschenden Klassen, für die unverzügliche Sozialisierung der Großindustrie und der Banken ein.

Die methodologischen Grundlagen der „neoklassischen Theorie von der sozialistischen Wirtschaft"

Die Vertreter der „neoklassischen Theorie von der sozialistischen Wirtschaft" bauten ihre Sozialismusmodelle auf der Grundlage der bürgerlichen politischen Ökonomie auf. Sie wollten die wirtschaftliche Effektivität des Sozialismus mit Hilfe des gleichen theoretischen Apparats nachweisen, dessen sich die Ideologen des Liberalismus bedient hatten, um den Sozialismus zu diskreditieren und die Unmöglichkeit einer rationellen Wirtschaft im Sozialismus nachzuweisen. So wurden die Konzeptionen der sogenannten neoklassischen Schule der bürgerlichen politischen Ökonomie, die Grenznutzen- und Grenzproduktivitätstheorie, die Produktionsfaktorentheorie, die Theorie vom wirtschaftlichen Gleichgewicht und von der Wohlstandswirtschaft, für den Sozialismus zurechtgestutzt. Das Bemühen, die ökonomische Theorie des Sozialismus auf dem Marginalismus (der Grenznutzentheorie und den damit zusammenhängenden Lehren) aufzubauen, den Sozialismus mit bürgerlichem ökonomischen Gedankengut zu verbinden, war für die Vertreter der „neoklassischen Theorie von der sozialistischen Wirtschaft" bezeichnend, die sich in der sogenannten neuen sozialistischen Schule vereinigten, in deren Namen diese Wirtschaftstheoretiker auftraten.

Für die „neoklassische Theorie von der sozialistischen Wirtschaft" war die Methodologie der subjektiven Schule der bürgerlichen politischen Ökonomie typisch. Ihre Grundzüge bestanden in der subjektiv-psychologischen Deutung der wirtschaftlichen Vorgänge und Erscheinungen, im Individualismus, in der Verabsolutierung allgemeiner ökonomischer Gesetze und Kategorien, im Primat der Kon-

[15] Oskar Lange, Fred M. Taylor, On the Economic Theory of Socialism, Minnesota 1938, S. 120–121.

sumtion vor der Produktion und in der Trennung der ökonomischen und sozialen Verhältnisse.

Sehr deutlich zeigte sich der Subjektivismus in der normativen Betrachtung des Sozialismus, die von der „neuen sozialistischen Schule" eingeführt worden war. Die Vertreter dieser Schule gaben zu, daß die von den Neoklassikern verfochtene Theorie des allgemeinen wirtschaftlichen Gleichgewichts, die als Modell des „reinen" Kapitalismus der freien Konkurrenz vorgestellt worden war, nur sehr entfernt an die wirkliche kapitalistische Wirtschaft erinnere. So schrieb Dickinson: „Die kapitalistische Gesellschaft gleicht dem Wirtschaftsideal nur unvollkommen. Die großartigen Systeme des wirtschaftlichen Gleichgewichts, wie sie von Böhm-Bawerk, Wieser, Marshall und Cassel beschrieben wurden, beschreiben die Wirtschaft nicht wie sie ist, sondern als prophetische Erscheinung einer künftigen sozialistischen Wirtschaft." [16]

Die Anhänger der Theorie vom wirtschaftlichen Gleichgewicht gaben zu, daß ihre Lehre nicht von der Wirklichkeit, sondern von Wunschvorstellungen ausging. „Die Theorie erweist sich . . . als außerordentlich fruchtbar, wenn man sie normativ auffaßt. Sie ist in der Tat unwiderlegbar, wenn sie als Doktrin dessen verstanden wird, was zur Vermehrung der Gesamtbefriedigung getan werden könnte und sollte."[17]

Aus der Tatsache, daß im Sozialismus die bewußte Anwendung der ökonomischen Gesetze und die planmäßige Gestaltung der ökonomischen Verhältnisse möglich und notwendig wird, zogen die Vertreter der „neuen sozialistischen Schule" den Schluß, daß erst der Sozialismus den Weg zur schöpferischen Anwendung der theoretischen Leitsätze vom wirtschaftlichen Gleichgewicht als Normen freilege, die von der Politik des sozialistischen Staates unmittelbar realisiert werden. So schrieb Eduard Heimann: „Die ‚unsichtbare Hand' wird sichtbar gemacht . . . Das System des allgemeinen Gleichgewichts erreicht hier seine logische Vollendung." [18]

Die Normativmethode, die sich die Anhänger der „neoklassischen Theorie von der sozialistischen Wirtschaft" anstelle der „alten" Kausalmethode und der „jüngeren" formal-funktionellen Methode auserkoren hatten, bestand darin, daß die gesellschaftlichen, insbesondere die ökonomischen Verhältnisse als vom Bewußtsein erzeugte logische „Normen" und „Wertungen" aufgefaßt wurden. Diese subjektivistisch-teleologische Methode basiert auf der Leugnung des objektiven Charakters der sozialistischen Produktionsverhältnisse und der sie ausdrückenden Gesetze und Kategorien.

Da man die planmäßig ausnutzbaren ökonomischen Gesetze des Sozialismus als „Normen" hinstellte, die von der Wirtschaftspolitik realisiert werden, kam es

[16] Henry D. Dickinson, Economics of Socialism, Oxford 1939, S. 205.

[17] Eduard Heimann, Geschichte der volkswirtschaftlichen Lehrmeinungen, Frankfurt/Main 1949, S. 239.

[18] Ebenda, S. 240.

zur subjektivistischen Gleichsetzung von „Planmäßigkeit“ und „Normativismus“. Auf diese Weise stellten die Vertreter der „neoklassischen Theorie von der sozialistischen Wirtschaft“ die planmäßige Organisation der Produktionsverhältnisse und deren bewußte Kontrolle als vom Willen und Bewußtsein der Menschen abhängig dar. R. Hall charakterisierte die Produktionsverhältnisse des Sozialismus so: „Es liegt auf der Hand, daß es in einem kollektivistischen Staat keine *notwendigen* ökonomischen Verhältnisse gibt und daß diese völlig willkürlicher Art sein können und sich keiner deduktiven Analyse unterziehen lassen. Denn wenn eine Zentralstelle die Formen der wirtschaftlichen Aktivität der Gesellschaft aufzwingt, dann *kann* sie ihr alles aufzwingen, was sie in der Lage ist, durchzuführen.“ [19]

Der Versuch, die Kausalmethode der ökonomischen Analyse durch die Normativmethode zu ersetzen, war völlig unhaltbar. Ebenso wie in jeder sozialökonomischen Ordnung tragen die ökonomischen Verhältnisse auch im Sozialismus objektiven Charakter. Die Art der Verhältnisse, die sich zwischen den Mitgliedern der sozialistischen Gesellschaft in der materiellen Produktion gestaltet, wird vom Entwicklungsstand der Produktivkräfte bestimmt. Die planmäßige Organisation der Verhältnisse zwischen den Menschen, die voraussetzt, daß die Gesellschaft die Entwicklungsgesetze dieser Verhältnisse erkennt und ausnutzt, ändert nichts an deren objektivem Charakter. Sie bedeutet, daß die Verhältnisse in den materiellen Produktionsprozessen bewußt reguliert werden.

Besonders deutlich zeigte sich der Psychologismus der „neoklassischen Theorie von der sozialistischen Wirtschaft“ in ihrem Hedonismus[20]. So bestimmten die Vertreter dieser Theorie mit Hilfe ihrer psychologisch definierten Nutzenskategorien das Ziel der sozialistischen Gesellschaft als maximalen Gesamtnutzen oder durchschnittlichen Nettonutzen je Einwohner. Dieses Maximum sollte sich im Zustand des Gleichgewichts von selbst ergeben und Kriterium für den optimalen Gang des Wirtschaftsprozesses sein. R. Mossé schrieb, daß die Planwirtschaft nach dem von der neoklassischen Theorie konstruierten Modell das „hedonistische Ziel und den Mechanismus des Grenzgleichgewichts“ erhalte.[21]

Eine Voraussetzung für die hedonistische Interpretation des Ziels der sozialistischen Gesellschaft war das Postulat, daß die Intensität der verschiedenarti-

[19] Robert L. Hall, The System in a Socialist State, London 1937, S. 44–45.

[20] Hedonismus ist ein der Ehtik entlehnter Begriff, nach dem das Genießen als höchstes Gut gilt und Motiv und Ziel allen Handelns ist. In bürgerlichen Wirtschaftstheorien, vor allem in der Grenznutzentheorie, dient der Hedonismus zur Lobpreisung egoistischer Handlungsweisen der „Wirtschaftssubjekte“. Indem jedes einzelne „Wirtschaftssubjekt“ in der Jagd nach maximalem Nutzen die bestmögliche Ausnutzung der ihm zur Verfügung stehenden Produktionsfaktoren sichere, trage es zum Wohl der ganzen Gesellschaft bei.

[21] Robert Mossé, The Theory of Planned Economy. A Study of some Recent Works, in: International Labour-Review, Bd. XXXVI, 3/1937, S. 393.

gen individuellen Bedürfnisse vergleichbar sein müßte.[22] Der Methodologie der subjektiven Schule folgend, betrachteten die Vertreter der „neuen sozialistischen Schule" die Bedürfnisse als psychologische Empfindungen und den Nutzen als Maßeinheit dieser Empfindungen.

Indessen lassen sich die als subjektive Empfindungen der verschiedenen Individuen definierten Bedürfnisse nicht messen. Es gibt keine Möglichkeit, die Intensität unterschiedlicher Bedürfnisse vergleichbar zu machen, auch nicht über deren Bewertung in Nutzeneinheiten. Die Marxsche Lehre vom Doppelcharakter der Arbeit und der von ihr produzierten Ware hat nachgewiesen, daß die Bedürfnisse ebenso qualitativ unterschiedlich und auf kein einheitliches Maß reduzierbar sind wie die Gebrauchswerte, mit denen sie befriedigt werden. Marx schrieb, daß die Verschiedenheit der gesellschaftlichen Maße für die Quantität der nützlichen Dinge „aus der verschiedenen Natur der zu messenden Gegenstände..." entspringt.[23]

Mittels eines objektiven Kriteriums, nämlich des Geldes, läßt sich zwar die kaufkräftige Nachfrage messen, aber nicht die Intensität unterschiedlicher Bedürfnisse vergleichbar machen. Der Geldausdruck der Bedürfnisse könnte höchstens die Dynamik und Struktur der Einkommen sowie die Preisdynamik ausdrücken. Aber er könnte den Einfluß der sowohl die Konsumtion als auch die Produktion betreffenden sozialökonomischen Faktoren auf die Intensität der Bedürfnisse nicht eliminieren.

Der Hedonismus der „neoklassischen Theorie von der sozialistischen Wirtschaft" war eng mit der individualistischen und konsumorientierten Betrachtungsweise bei der Analyse der sozialistischen Wirtschaft verbunden. In einer gewissen Zusammenfassung der Ansichten der Verfechter dieser Theorie schrieb Mossé, daß, wenn man der hedonistischen Lösung der Probleme der sozialistischen Gesellschaft zustimme, also einräume, daß das Ziel des Sozialismus der mit maximalem Grenznutzen, minimalem Aufwand und Gleichheit des Grenznutzens aller Güter und Leistungen erreichbare maximale Wohlstand sei, dann müßten die in der Nachfrage zum Ausdruck kommenden vorrangigen Bedürfnisse der Konsumenten das ökonomische Hauptkriterium bei den Entscheidungen sein.[24]

Damit hatten die Vertreter der „neuen sozialistischen Schule" in der Diskussion über die „Wirtschaftsrechnung im Sozialismus" die Waffen von L. Mises, F. Hayek und anderer ihrer Opponenten – die hedonistische Doktrin von der „Souveränität des Verbrauchers" – auf ihre Urheber selbst gerichtet. Diese Doktrin geht vom Primat des Individuums, seiner Bedürfnisse gegenüber der Gesellschaft und den gesamten gesellschaftlichen Bedürfnissen, vom Primat der Konsumtion vor der Produktion aus. Deshalb ist sie methodologisch unhaltbar

[22] Vgl. Oskar Lange, Fred M. Taylor, On the Economic Theory of Socialism, Minnesota 1938, S. 100.

[23] Karl Marx, Das Kapital, Erster Band, in: MEW, Bd. 23, Berlin 1974, S. 50.

[24] Vgl. Robert Mossé, The Theory of Planned Economy. A Study of some Recent Works, in: International Labour-Review, Bd. XXXVI, 3/1937, S. 377.

und weder auf den Kapitalismus und erst recht nicht auf den Sozialismus anwendbar.

Die bestimmende Rolle im Reproduktionsprozeß spielt die unmittelbare Produktion, ihre Verhältnisse prägen die Verhältnisse in allen anderen Reproduktionssphären und damit auch in der Konsumtion. Wie Marx feststellte, produziert die Produktion „Gegenstand der Konsumtion, Weise der Konsumtion, Trieb der Konsumtion“[25]. Dieser auf alle Produktionsweisen zutreffende Zusammenhang von Produktion und Konsumtion kam in einem grundlegenden methodologischen Prinzip der politischen Ökonomie des Marxismus-Leninismus zum Ausdruck: im Primat der Produktion vor der Konsumtion.

Auf den Sozialismus angewandt, bedeutet dieses Prinzip, daß bei der Herausbildung und Befriedigung der individuellen Bedürfnisse Charakter und Niveau der Entwicklung und Struktur der Produktivkräfte der sozialistischen Gesellschaft sowie die Vervollkommnung der ökonomischen Verhältnisse im Produktionsprozeß die bestimmende Rolle spielen. Das Maß, in dem die individuellen und kollektiven Bedürfnisse und Interessen befriedigt werden, hängt von der Befriedigung der Bedürfnisse und Interessen der ganzen Gesellschaft ab, also vom Stand der sozialistischen Produktion. Je größere Ausmaße die Produktion der materiellen Güter annimmt, je höher die Wachstumsraten der Produktion sowie der Produktivität der gesellschaftlichen Arbeit sind, um so mehr Ressourcen kann die sozialistische Gesellschaft unter sonst gleichen Bedingungen für die Konsumtion bereitstellen. In den Sozialismusmodellen, die von der individualistischen Wohlstandskonzeption ausgehen, wird unterstellt, daß die gesellschaftlichen Ressourcen auf der Grundlage der „individuellen Präferenzen von Millionen Wirtschaftssubjekten“ verteilt werden; die Vertreter der „neoklassischen Theorie von der sozialistischen Wirtschaft“ stellten den Sozialismus als eine Gesellschaft dar, die „erstmals in der Geschichte einen wirklichen Individualismus verwirklichen kann“[26]. Der Individualismus verlange eine mikroökonomische Betrachtung des Wirtschaftsprozesses, die den Interessen der einzelnen Wirtschaftseinheiten, den Familien und Unternehmen, die Hauptrolle zuschriebe. Damit aber werde unmöglich, die optimale Makrostruktur der sozialistischen Gesellschaft herzustellen, die Wachstumsraten und Proportionen zu bestimmen, die dem allgemeinen gesellschaftlichen Interesse entsprechen und die gestatten würden, die nicht antagonistischen Widersprüche zwischen den individuellen und kollektiven Interessen einerseits und den Interessen der Gesellschaft andererseits zu lösen.

Wie bereits erwähnt wurde, war es für die Methodologie der „neoklassischen Theorie von der sozialistischen Wirtschaft“ typisch, die ökonomischen Verhältnisse von den sozialen zu trennen und sie miteinander zu konfrontieren.

[25] Karl Marx, Einleitung zur Kritik der Politischen Ökonomie, in: MEW, Bd. 13, Berlin 1972, S. 624.

[26] Henry D. Dickinson, Economics of Socialism, Oxford 1939, S. 26–27.

Die Vertreter dieser Theorie stellten die ökonomischen Verhältnisse so dar, als wären sie von den sozialen Verhältnissen unabhängig. Die Kategorien, über die sie sich äußerten, interpretierten sie als Kategorien der „allgemeinen Logik wirtschaftlichen Verhaltens", die unabhängig von der sozialen Form der Produktion seien. Im Wirtschaftsprozeß, der als Nutzung des knappen Angebots an Ressourcen für die Befriedigung der Bedürfnisse eines gegebenen Systems interpretiert wurde, hätten die Kategorien bei der Sicherung der optimalen Nutzung der Produktionsfaktoren besonders technische Funktionen. Davon ausgehend schrieb E. Heimann, daß die „Nationalökonomie" ein technischer Wissenszweig sei und die Produktivität des Kapitals technischen Charakter trage.[27]

Ein bezeichnendes Beispiel für die Trennung der ökonomischen von den sozialen Verhältnissen war die Interpretation des Preises als quantitativer Ausdruck der Verbindung zwischen den Einheiten unterschiedlicher Waren, der die Funktion ihres Knappheitsgrades sei.[28] Der „neoklassischen Theorie von der Wirtschaft des Sozialismus" zufolge ist der Preis nicht Ausdruck der realen Ware-Geld-Beziehungen in ihrer spezifischen Form und nicht von ihnen abhängig.

Lenin hat wiederholt darauf hingewiesen, wie falsch die Trennung der ökonomischen von den sozialen Verhältnissen ist. In einer Kritik an der von Tugan-Baranovskij praktizierten Unterscheidung zwischen den „soziologischen" und „ökonomischen" Kategorien bei Peter Struve schrieb Lenin: „Ich verstehe absolut nicht: welchen *Sinn* kann eine solche Unterscheidung haben?? wie kann das Ökonomische außerhalb des Sozialen stehen???"[29]

Als Geldform des Wertes drückt der Preis die Verhältnisse der Warenproduktion und des Austauschs in historisch bestimmter Form aus. Auch im Sozialismus bleibt der Preis die spezifische Wertkategorie, die den indirekten quantitativen und qualitativen Ausdruck der individuellen und kollektiven Arbeit als abstrakte, gesellschaftlich notwendige Arbeit vermittelt. Zugleich aber verändern sich Inhalt und Form des Preises sowie seine Rolle in der Volkswirtschaft von Grund auf; denn im Sozialismus drückt er völlig andersgeartete Verhältnisse aus, nämlich Verhältnisse, die durch das gesellschaftliche Eigentum assoziierter sozialistischer Warenproduzenten geprägt sind.

Da die Vertreter der „neoklassischen Theorie von der sozialistischen Wirtschaft" einen Trennungsstrich zwischen den ökonomischen und sozialen Verhältnissen zogen und die ökonomischen Verhältnisse als nicht sozial determiniert betrachteten, leugneten sie auch den spezifischen Charakter der ökono-

27 Vgl. Eduard Heimann, Geschichte der volkswirtschaftlichen Lehrmeinungen, Frankfurt/Main 1949, S. 200.

28 Vgl. Henry D. Dickinson, Economics of Socialism, Oxford 1939, S. 115.

29 W. I. Lenin, Brief vom 27. Juni 1899 an A. N. Potressow, in: Werke, Bd. 24, Berlin 1962, S. 23.

mischen Verhältnisse des Sozialismus sowie die entsprechenden Kategorien und Gesetze, die ihre Bewegung bestimmen. Sie behaupteten, daß die Spezifik des Sozialismus nicht in die eigentliche ökonomische Sphäre, sondern in die der sozialen Verhältnisse gehöre. Folglich sei sie nicht Gegenstand der politischen Ökonomie, sondern anderer Lehren von der Gesellschaft und vom Menschen (der Soziologie, der Psychologie usw.). So schrieb Heimann, die Diskussion habe bekräftigt, „daß der Unterschied der beiden Systeme mehr auf gesellschaftlichen Einrichtungen und psychologischen Antriebskräften als auf wirtschaftlichen Streitfragen beruht“[30].

Daraus ist eine grundlegende These der „neuen sozialistischen Schule“ abgeleitet, nämlich die These von der „Identität der wirtschaftlichen Funktionen im Kapitalismus und Sozialismus“. Diese These, die zuerst von dem Vertreter der Österreichischen Schule F. Wieser ausgesprochen worden war, wurde in der Diskussion über die „Wirtschaftsrechnung im Sozialismus“ weiterentwickelt. So ist die Schlußfolgerung der heutigen bürgerlichen Theoretiker über die damalige Diskussion, daß deren „eigentlicher Rahmen von Wiesers Positionen abgesteckt worden war“[31], durchaus berechtigt.

Die Vertreter der „neoklassischen Theorie von der Wirtschaft des Sozialismus“ verabsolutierten einige reale funktionelle Zusammenhänge allgemeiner Art (zum Beispiel die funktionelle Abhängigkeit von Preis, Angebot und Nachfrage), die den Ware-Geld-Beziehungen in jeder Produktionsweise eigen sind, und setzten sie an die Stelle der kausalen Zusammenhänge. Sie interpretierten die funktionellen Zusammenhänge in subjektiv-psychologischer Weise, erhoben sie zu „allgemeinen“ Gesetzen, die allen ökonomischen Systemen eigen seien, und leugneten die Existenz spezifischer ökonomischer Gesetze des Sozialismus. An die Konzeption von Wieser anknüpfend, schrieb Heimann: „Auch ein sozialistisches System, wenn es wirklich rational, d. h. frei von willkürlicher und tyrannischer Verzerrung ist, muß in spezifischer Form die allgemeinen Regeln der Wirtschaftstheorie zur Anwendung bringen.“[32]

A. Lerner wollte die ökonomischen Gesetze durch die „Regel der optimalen Nutzung der Ressourcen“ ersetzen, die der „kollektivistischen kontrollierten und der nicht kontrollierten Wirtschaft“ gemeinsam seien. In einer kollektivistischen Wirtschaft sollten diese „Regeln“ für das optimale Funktionieren des ganzen Systems bewußt angewandt und den Inhalt des allgemeinen Plans der wirtschaftlichen Entwicklung bilden. In einer nicht kontrollierten Wirtschaft dagegen, die keinen derartigen Plan habe, könne das Wohlstandsmaximum nur mit-

30 Eduard Heimann, Geschichte der volkswirtschaftlichen Lehrmeinungen, Frankfurt/Main 1949, S. 235.

31 Benjamin Ward, The Socialist Economy, New York 1967, S. 25.

32 Eduard Heimann, Geschichte der volkswirtschaftlichen Lehrmeinungen, Frankfurt/Main 1949, S. 234.

tels eines kostspieligen und komplizierten, korrigierend eingreifenden Regulierungsapparates realisiert werden.[33]

Wenn sowohl die Vertreter der „neoklassischen Theorie von der sozialistischen Wirtschaft" als auch ihre Opponenten in der Diskussion über die „Wirtschaftsrechnung im Sozialismus" die Existenz spezifischer ökonomischer Gesetze des Sozialismus leugneten, so erklärt sich dies dadurch, daß beide Objektivität mit Spontaneität verwechselten. Da die bürgerlichen Theoretiker nur die spontan wirkenden Marktbeziehungen für objektiv hielten, formulierten sie diese in ihren Wirtschaftsmodellen des Sozialismus als „Regeln", an die sich die Unternehmensleitungen halten sollten. Diese „Regeln" waren die subjektivistisch-normative Widerspiegelung der Funktionsbedingungen privatkapitalistischer Unternehmen.

Die den verschiedenen Wirtschaftssystemen gemeinsamen funktionellen Zusammenhänge zwischen Preis, Nachfrage und Angebot, zwischen den im Preis ausgedrückten Aufwendungen und Ergebnissen der Produktion sind die äußere Erscheinungsform des Wirkens der allgemeinen wirtschaftlichen Entwicklungsgesetze (Wertgesetz, Gesetz von Nachfrage und Angebot usw.). Diese Gesetze stehen in Wechselwirkung mit den spezifischen Gesetzen, die die spezifischen ökonomischen Verhältnisse der jeweiligen Produktionsweise ausdrücken und im System der ökonomischen Gesetze jeder Produktionsweise die bestimmende Rolle spielen.

Im Sozialismus wirken die allgemeinen ökonomischen Gesetze nicht nur in besonderer, nämlich planmäßiger Form. Indem sie die historisch bestimmten sozialistischen Produktionsverhältnisse ausdrücken, bilden sie einen untrennbaren Teil des spezifischen Systems der ökonomischen Gesetze des Sozialismus. Die Wechselwirkung mit den spezifischen ökonomischen Gesetzen verändert den Bereich und die sozialen Folgen des Wirkens dieser Gesetze sowie ihre Rolle in der Wirtschaft des Sozialismus von Grund auf.

Das Ziel der Produktion und die sozialökonomischen Bedingungen des Sozialismus

Die subjektivistisch-psychologische Interpretation der ökonomischen Verhältnisse durch die Vertreter der „neoklassischen Theorie von der sozialistischen Wirtschaft" und der für ihre Methodologie typische Hedonismus waren ursächlich für die teleologische Konzeption vom Ziel der sozialistischen Produktion. Nach dieser Konzeption wird das Ziel der sozialistischen Produktion vom zentralen Planungsorgan vorgegeben, und es existiert danach unabhängig vom System der Produktionsverhältnisse.

[33] Abba P. Lerner, The Economics of Control. Principles of Welfare Economics, New York 1944, S. 64–65.

Die Leugnung der objektiven Bedingtheit des Ziels lag auch der These von der „Mannigfaltigkeit" der Entwicklungsziele der Wirtschaft im Sozialismus zugrunde. Obgleich sich die meisten Vertreter der „neoklassischen Theorie von der sozialistischen Wirtschaft" hinsichtlich der hedonistischen Lösung einig waren, postulierten sie alle die Möglichkeit, daß das zentrale Planungsorgan der wirtschaftlichen Entwicklung die verschiedenartigsten Ziele vorgibt.

Natürlich sind die laufenden und perspektivischen Ziele, die konkreten wirtschaftlichen Aufgaben in der Entwicklungsetappe der sozialistischen Wirtschaft unterschiedlich. Diese Ziele können auch nicht willkürlich vorgegeben werden. Bei ihrer Festlegung gehen die Planungsorgane vom Wirken der ökonomischen Gesetze des Sozialismus unter den konkreten historischen Bedingungen der jeweiligen Etappe, von der Analyse der realen Prozesse und Tendenzen der wirtschaftlichen Entwicklung aus. Auch die Bedingungen des Optimums, die auf den verschiedenen Entwicklungsetappen der sozialistischen Wirtschaft entstehen, tragen konkreten historischen Charakter.

Allerdings dürfen die laufenden und perspektivischen Aufgaben der Wirtschaftspolitik nicht mit dem Ziel der gesellschaftlichen Produktion verwechselt werden. Letzteres ist die Form, in der die Seite der materiellen Prozesse zum Ausdruck kommt, die von den Produktionsverhältnissen der betreffenden Produktionsweise und den sie lenkenden Gesetzen gebildet wird. Im Sozialismus besteht das Ziel der Produktion darin, die Bedürfnisse der Mitglieder der Gesellschaft bestmöglich zu befriedigen. Deshalb sind die Bedingungen des Optimums vor allem die Bedingungen, unter denen langfristig der maximal mögliche Konsumtionsfonds erreicht wird. Die Optimierung des Konsumtionsfonds wird durch die Aufrechterhaltung der maximal möglichen Wachstumsraten der erweiterten Reproduktion, also durch die unter den jeweiligen Bedingungen notwendige und hinreichende Akkumulationsrate und maximale Wachstumsraten der gesellschaftlichen Arbeitsproduktivität gewährleistet.

Aus der These von der „Mannigfaltigkeit der Ziele" leiteten die bürgerlichen Theoretiker den Leitsatz von einer „Vielfalt der Sozialismusmodelle" ab. So behauptete R. Hall: „Je nach den Zielen, die sich diese (sozialistische – d. Verf.) Gesellschaft stellt, wird eine Vielfalt von Systemen möglich sein." [34]

Auch Pigou vertrat die These von der „Vielfalt der Sozialismusmodelle". Er ging davon aus, daß sowohl der Kapitalismus als auch der Sozialismus zahlreiche Modelle einschließe, die sich in ihren Grundzügen voneinander unterscheiden[35].

Da die Verfechter der Konzeption von der „Vielfalt der Sozialismussysteme und -modelle" den objektiven Charakter der ökonomischen Gesetze und Kategorien des Sozialismus leugneten, konstruierten sie diese Modelle als einfache mechanische Gesamtheit dieser oder jener willkürlich ausgewählten Merkmale.

[34] Robert L. Hall, The Economic System in a Socialist State, London 1937, S. 44–45.
[35] Arthur C. Pigou, Socialism versus Capitalism, London 1937, S. 135.

R. Mossé meinte hierzu daß sich theoretisch zwei Typen der Planwirtschaft unterscheiden lassen, nämlich mit gesellschaftlichem Eigentum und ohne dieses.[36] Die verschiedenen Ziele wurden mit unterschiedlichen Formen des Eigentums an den Produktionsmitteln und verschiedenen Wirtschaftsmechanismen verbunden.

O. Lange und F. Taylor untersuchten in ihrem Buch „Zur Wirtschaftstheorie des Sozialismus" drei Modelle für die Regulierung der Proportionen der Produktion. Im ersten Modell sollten die Proportionen in der Produktion, ausgehend von der „Souveränität des Verbrauchers" und der auf dem Konsumgütermarkt zustande kommenden realen Preise, festgelegt werden; im zweiten unterstellten sie freie Wahl der Verbraucher, die Verteilung der Konsumgüter sollte über die Marktpreise erfolgen, jedoch die Proportionen in der Produktion und Verteilung sollten nicht nach diesen Preisen, sondern nach kalkulierten Preisen und nach der Präferenzskala des zentralen Planungsorgans ermittelt werden. Im dritten Modell war die freie Wahl der Verbraucher und des Arbeitsplatzes ausgeschlossen und sollte es nur Kalkulationspreise geben. Die Ressourcen sollten nach den Entscheidungen und Urteilen des zentralen Planungsorgans und die Konsumgüter über Normen und Rationierung verteilt werden.[37]

Natürlich nutzt jedes sozialistische Land das System der ökonomischen Gesetze und Kategorien in den konkreten Formen aus, die den wirtschaftlichen und politischen Bedingungen des jeweiligen Landes in einer bestimmten Entwicklungsetappe entsprechen. Doch bedeutet die Mannigfaltigkeit der konkreten Erscheinungsformen und der planmäßigen Ausnutzung der ökonomischen Gesetze und Kategorien des Sozialismus in dessen verschiedenen Etappen und in den verschiedenen sozialistischen Ländern keineswegs, daß es wesentlich unterschiedliche Systeme des Sozialismus gäbe.

Als Produktionsweise, als Phase der kommunistischen sozialökonomischen Formation ist der Sozialismus von einheitlichem Wesen, das von den allen sozialistischen Ländern gemeinsamen Produktionsverhältnissen verursacht ist. Diese gemeinsamen und unumgänglichen Verhältnisse sind das allgemeine Volkseigentum an den entscheidenden Produktionsmitteln, der planmäßige Verlauf des Wirtschaftsprozesses, wirtschaftliche Gleichheit und wirtschaftliche Freiheit der Persönlichkeit, die organische Einheit der allgemeinen gesellschaftlichen Interessen und der individuellen und kollektiven Interessen, das Primat der gesamtgesellschaftlichen Interessen vor denen der Individuen und Kollektive in den einzelnen Betrieben, die daraus folgende zentrale Festlegung der Hauptproportionen der Produktion, die Verteilung des Fonds der individuellen Konsumtion entsprechend der Menge und Qualität der aufgewandten Arbeit, die Ware-Geld-Beziehungen für den Umsatz des erzeugten Produkts und andere.

36 Vgl. Robert Mossé, The Theory of Planned Economy. A Study of some Recent Works, in: International Labour-Review, Bd. XXXVI, 3/1937, S. 379.

37 Vgl. Oskar Lange, Fred M. Taylor, On the Economic Theory of Socialism, Minnesota 1938, S. 95–96.

Die meisten Anhänger der „neoklassischen Theorie von der sozialistischen Wirtschaft" sahen im gesellschaftlichen Eigentum an den Produktionsmitteln die notwendige Grundlage für die industrielle Großproduktion. Von diesem Postulat gingen Heimann, Dickinson, Hall und andere Theoretiker in ihren Modellen aus.

Doch glaubten diese Wirtschaftstheoretiker, daß das gesellschaftliche Eigentum an den Produktionsmitteln für den Funktionsmechanismus der sozialistischen Gesellschaft nicht die entscheidende Rolle spiele. Das gesellschaftliche Eigentum an den Produktionsmitteln allein, so stellten sie fest, sei nicht entscheidend für die Verteilung der Konsumgüter und der Arbeitskräfte auf die Volkswirtschaftszweige sowie für die Grundsätze, nach denen die Warenproduktion geregelt wird. Man unterstellte, daß die sich auf dem Konsumgütermarkt spontan herausbildenden Preise auch unter der Herrschaft des gesellschaftlichen Eigentums das bestimmende Kriterium in der Produktion und Verteilung bleiben.

So verwundert es auch nicht, wenn der amerikanische Sowjetologe Nicolas Spulber bei der Analyse des Diskussionsmaterials zu der Feststellung kam: „Die westlichen Sozialismustheorien postulierten die Nationalisierung der Produktionsmittel, was der marxistischen Grundauffassung vom Sozialismus entsprach. Zugleich aber wurde in der westlichen Diskussion nachdrücklich festgestellt, daß die Eigentumsform (d. h. das gesellschaftliche oder private Eigentum an den Produktionsmitteln) in keiner unmittelbaren Beziehung zur Wirtschaftsrechnung stehe und diese von anderen Elementen abhänge."[38]

In der Leugnung der Tatsache, daß das Eigentum an den Produktionsmitteln für den Wirtschaftsmechanismus der sozialistischen Gesellschaft ausschlaggebend ist, waren sich alle Anhänger der „neoklassischen Theorie von der sozialistischen Wirtschaft" einig. Die meisten von ihnen sprachen sich *de facto* gegen die entscheidende Rolle des gesellschaftlichen Eigentums an den Produktionsmitteln aus, den Worten nach aber hoben sie deren Notwendigkeit hervor. Nur wenige bürgerliche Ökonomen machten den Versuch, diese ablehnende Haltung theoretisch zu begründen. Schon in den dreißiger Jahren wandten sie die von den amerikanischen Wirtschaftstheoretikern Adolf Berle und Gardiner Means für den Kapitalismus aufgestellte These, daß das Eigentum an den Produktionsmitteln von der Leitungsfunktion zu trennen sei und die Macht an das Management übergehe, auf den Sozialismus an.[39]

Von dieser These ausgehend, zogen die bürgerlichen Theoretiker den Schluß, daß bei einer wirksamen zentralen Kontrolle über die Wirtschaft das gesell-

[38] Nicolas Spulber, The Soviet Economy. Structure, Principles, Problems, New York 1969, S. 193.

[39] Vgl. Adolf A. Berle, Gardiner C. Means, The Modern Corporation and Private Property, New York 1933.

schaftliche Eigentum an den Produktionsmitteln für die kollektive Aneignung entweder überhaupt nicht notwendig sei oder nur sekundäre Bedeutung habe. Ausschlaggebend sei allein der Übergang der Leitungsfunktionen an die Gesellschaft. So setzte Herbert Zassenhaus, ein deutscher Vertreter der „neuen sozialistischen Schule", die kollektive Aneignung mit der Kontrolle über die Wirtschaftstätigkeit gleich. Entscheidend sei der Übergang der Unternehmerfunktion an ein wirtschaftliches Verwaltungsorgan, die Tatsache des Privateigentums werde mehr oder weniger unerheblich.[40]

Noch deutlicher machte sich Lerner zum Fürsprecher des Privateigentums. In seinem Modell vom „pragmatischen Kollektivismus" stellte er die Kontrolle des Staates über die Wirtschaft als eigenständigen, von der Form des Eigentums an den Produktionsmitteln unabhängigen Faktor hin, der das Wirken der Privatunternehmen dem gesellschaftlichen Interesse unterordnen könne. Der Staat müsse die Kontrolle dazu benutzen, in jedem Einzelfall die Herrschaft derjenigen Eigentumsformen (privater oder gesellschaftlicher Art) festzulegen, die dem Interesse der Gesellschaft am besten diene.[41]

Die Spezialisierung der Leitungsfunktionen, die Trennung der Leitung vom Eigentum an den Produktionsmitteln, auf die schon Marx hingewiesen hatte, hat nichts damit zu tun, daß die Eigentümer der Produktionsmittel wirtschaftlich machtlos sind, keine Kontrolle über die Produktion ausüben und sich folglich das erzeugte Produkt nicht aneignen. Der Kapitalist eignet sich den Mehrwert mit Hilfe von ihm bezahlter Manager an, deren Oberschicht selbst zur herrschenden Klasse gehört. Im Kapitalismus prägt die Herrschaft des Privateigentums an den Produktionsmitteln das Wesen der staatlichen Regulierung und Kontrolle.

Im Sozialismus gehört die wirtschaftliche Macht der ganzen Gesellschaft, weil das Volk Eigentümer der Produktionsmittel ist. Der sozialistische Staat, der diese wirtschaftliche Macht ausübt, realisiert sie im Namen, im Auftrag und im Interesse des Eigentümers, d. h. der Gesellschaft. Der Antagonismus zwischen körperlicher und geistiger Arbeit (die Leitungstätigkeit ist eine Form der geistigen Arbeit) ist beseitigt. Die Mitglieder der Gesellschaft, die Leitungsfunktionen ausüben, sind nicht mehr Träger von Ausbeutungsverhältnissen. Die werktätigen Massen selbst beteiligen sich aktiv an den verschiedenen Formen der Produktionsleitung.

Selbst die Theoretiker der „neuen sozialistischen Schule", die in der Ablösung des Privateigentums durch das gesellschaftliche Eigentum den wichtigsten Strukturwandel bei der sozialistischen Umgestaltung der Gesellschaft sahen, wollten das Privateigentum an den Produktionsmitteln konservieren.

[40] Zitiert nach: Robert Mossé, The Theory of Planned Economy. A Study of some Recent Works, in: International Labour-Review, Bd. XXXVI, 3/1937, S. 378.

[41] Vgl. Abba P. Lerner, The Economics of Control. Principles of Welfare Economics, New York 1944, S. 2.

In ihren Modellen sollte dem Privateigentum in allen Entwicklungsstadien der sozialistischen Wirtschaft eine wesentliche Rolle in der Kleinindustrie, im Handwerk und in der Landwirtschaft vorbehalten bleiben. So setzte sich R. Hall dafür ein, daß staatlicherseits kontrollierte kapitalistische Kleinunternehmen erhalten bleiben sollten, die mit den staatlichen Betrieben konkurrieren könnten, um so „die Lücke im Wirtschaftsmechanismus auszufüllen“[42].

Die Repräsentanten dieser Schule behaupteten, daß die Unternehmen nicht sozialisiert werden dürften, die drei Bedingungen erfüllen. Das sollte erstens die Herrschaft der freien Konkurrenz, zweitens das Privatkapital kleineren Ausmaßes und drittens die Erzeugnisse der Kleinunternehmen betreffen, die nicht teurer seien als die der Großunternehmen. Diesen Kriterien entspreche, so meinten diese Wirtschaftstheoretiker, die Kleinindustrie und das Handwerk.

In der „neoklassischen Theorie von der Wirtschaft des Sozialismus“ wurde das gesellschaftliche Eigentum an den Produktionsmitteln nur in einer Form, nämlich in der des staatlichen Eigentums dargestellt. Natürlich kann man theoretisch unterstellen, daß das Volkseigentum in der staatlichen Form die einzige Form des gesellschaftlichen Eigentums ist. Aber das setzt voraus, daß die Produktivkräfte in der Landwirtschaft ebensoweit entwickelt sind wie in der Industrie und die Landwirtschaft zu einem Zweig der mechanisierten Großproduktion geworden ist. In manchen Ländern kann dieser Entwicklungsstand der Produktivkräfte in der Landwirtschaft bereits im Kapitalismus oder in der Übergangsperiode erreicht werden. In anderen Ländern dagegen wird dies erst auf einer gewissen, sehr hohen Entwicklungsstufe des Sozialismus möglich. Und wie die historischen Erfahrungen der UdSSR und anderer sozialistischer Staaten beweisen, nimmt in diesem Fall das gesellschaftliche Eigentum an den Produktionsmitteln zwei Formen an: das allgemeine Volkseigentum und das genossenschaftliche Eigentum, wobei das Volkseigentum (das staatliche Eigentum) die führende Rolle hat.

Das Privateigentum an den Produktionsmitteln dagegen existiert unter den Verhältnissen der Übergangsperiode vom Kapitalismus zum Sozialismus sowohl in der Form des gewerblichen Kleineigentums als auch in Form des kapitalistischen Eigentums. Unter bestimmten historischen Gegebenheiten kann das private Kleineigentum an Produktionsmitteln in begrenztem Maße auch im Sozialismus, besonders in dessen Anfangsperiode, noch längere Zeit fortbestehen. In dem Maße aber, wie das allgemeine Volkseigentum (staatliches Eigentum) die sozialökonomischen Reproduktionsbedingungen bestimmt, wird auch die Möglichkeit ausgeschlossen, die vom Privateigentum hervorgebrachten Ausbeutungsverhältnisse zu erweitern.

Kleine, auf der persönlichen Arbeit des Eigentümers beruhende Privatbetriebe können in einigen wenigen Volkswirtschaftszweigen wie zum Beispiel im Handel und in der Dienstleistungswirtschaft, wo sie mithelfen, bestimmte

42 Robert L. Hall, The Economic System in a Socialist State, London 1937, S. 146.

gesellschaftliche Bedürfnisse zu befriedigen, noch längere Zeit erhalten bleiben. Allerdings müssen dem kleingewerblichen Privateigentum bestimmte, enge Grenzen gesetzt werden, weil sonst die Bedingungen erhalten blieben, die Elemente der wirtschaftlichen Ungleichheit, der Differenzierung der materiellen Lage der Werktätigen hervorbringen. Auch die Effektivität der kleinen Privatbetriebe, die nur beschränkte Möglichkeiten des Finanzaufkommens und der Realisierung der Ergebnisse des wissenschaftlich-technischen Fortschritts haben, ist verhältnismäßig gering. Mit der Gestaltung seines eigenen Wirtschaftsmechanismus schafft der Sozialismus grundsätzlich andere materielle und moralische Stimuli für den technischen und wirtschaftlichen Fortschritt, als sie die freie Konkurrenz zu bieten vermag.

Die Verteilungstheorie der „neuen sozialistischen Schule"

Da die Vertreter der „neoklassischen Theorie von der sozialistischen Wirtschaft" die sozialen Verhältnisse von den ökonomischen trennten und die Hauptunterschiede zwischen Sozialismus und Kapitalismus auf die sozialen Unterschiede reduzierten, sahen sie die Spezifik des Sozialismus in den Distributionsverhältnissen. O. Lange, der die Vorzüge des Sozialismus hervorhob, sprach von zwei Hauptmerkmalen, die den Sozialismus von einer Wirtschaft unterschieden, die auf dem Privateigentum beruht. Für ein Hauptmerkmal hielt er die Einkommensverteilung.[43] Lange stellte fest, daß gerade deshalb die Analogie der Verteilung der Ressourcen im Kapitalismus der freien Konkurrenz und im Sozialismus formalen Charakters sei. „Formell sind die Prinzipien der Verteilung der Ressourcen die gleichen, die wirkliche Verteilung aber kann ganz anders sein."[44]

Die Verfechter dieser Konzeption hoben zu Recht hervor, daß ein wesentlicher Vorzug des Sozialismus, der die Voraussetzungen für die wirtschaftliche Gleichstellung aller Mitglieder der Gesellschaft schafft, darin besteht, daß es im Sozialismus nichterarbeitete Einkommen – die ökonomische Form der Realisierung des Privateigentums an den Naturschätzen, am Grund und Boden, an den Produktionsfonds und am finanziellen Aufkommen (also an den objektiven Produktionsfaktoren) – nicht gibt. Aber ebenso wie die zu dieser Gruppe zählenden Ökonomen interpretierten auch ihre Opponenten in der Diskussion die

43 Den zweiten grundsätzlichen Unterschied zwischen Sozialismus und Kapitalismus sah Lange in der Zugänglichkeit der Informationen und in der Möglichkeit, auf dieser Basis alle potentiellen Kombinationen der Produktionsfaktoren vorzunehmen. Daraus leitete er die Möglichkeit kumulativer Abschwächungen von Nachfrage und Produktion und das Fehlen zyklischer Schwankungen im Sozialismus ab (vgl. Oskar Lange, Fred M. Taylor, On the Economic Theory of Socialism, Minnesota 1938, S. 103–106).

44 Oskar Lange, Fred M. Taylor, On the Economic Theory of Socialism, Minnesota 1938, S. 99.

Distributionsprozesse von der Theorie der Produktionsfaktoren aus. Deshalb gaben sie den grundlegenden Unterschied zwischen Sozialismus und Kapitalismus als die Ursache aus, die das Mißverhältnis zwischen Produktion und Distribution im sozialistischen Wirtschaftssystem bedinge. Da diese Theoretiker die Spezifik des Sozialismus in den Distributionsverhältnissen suchten, behaupteten sie, in der Planwirtschaft werde die Einkommensverteilung zu einer „unabhängigen und sogar überwiegenden Tätigkeit“[45].

Die Vertreter der „neuen sozialistischen Schule“ trennten die Distribution von der Produktion, sie leugneten den objektiven Charakter der Distributionsverhältnisse und -gesetze und meinten, die sozialistische Gesellschaft könne auf dem Gebiet der Verteilung willkürlich, nach Gutdünken handeln. Diese These beruhte auf dem Gedanken von J. St. Mill. Mill hatte gemeint, daß im Gegensatz zur Produktion, deren Gesetze für alle Gesellschaftsformen gleich seien (womit er die Gesetze der kapitalistischen Produktion meinte), die Menschen sich in der Verteilung jede Freiheit erlauben. Marx hatte diesen Gedanken scharf attackiert und von einem „rohen Auseinanderreißen von Produktion und Distribution“ geschrieben, das ihr wirkliches Verhältnis entstellt.[46]

Die Vertreter der „neoklassischen Theorie von der sozialistischen Wirtschaft“ konstruierten ein Zweistufenschema der Verteilung des Nationaleinkommens. Nach diesem Schema sollte das Nationaleinkommen zunächst zwischen den Produktionsfaktoren verteilt werden (die sogenannte funktionelle Verteilung); dann sollten die Einkommen, die die ökonomische Realisierungsform des Eigentums der Gesellschaft am Geldkapital, an den Natur- und Produktionsressourcen darstellen, in der Gesellschaft und zwischen ihren Mitgliedern umverteilt werden. Nach Abzug des Akkumulationsfonds stehen sie als soziale Dividende, also unabhängig vom Arbeitsbeitrag jedes Mitglieds der Gesellschaft, zur individuellen Verfügung.

Die innere Widersprüchlichkeit dieser Konstruktion zeigt sich vor allem in der „funktionellen“ Darstellung der Distribution. Einerseits stellten ihre Verfechter das Wesen der Primärverteilung des Nationaleinkommens verzerrt dar, da sie davon ausgingen, daß zwischen Produktion und Distribution kein Zusammenhang bestehe. Sie leugneten den objektiven Charakter der Primärverteilungsprozesse und sahen in den Einkommen der Werktätigen der sozialistischen Produktion rein rechnerische Kategorien, die keine realen ökonomischen Verhältnisse ausdrücken. H. Dickinson zum Beispiel zog aus dem richtigen Gedanken, daß nach der Enteignung der Grundeigentümer und Kapitalisten die ganze Gesellschaft die Produktionsmittel in Besitz nimmt und verwaltet und sich das erzeugte Produkt aneignet, den falschen Schluß, daß die Aufglie-

[45] Vgl. Robert Mossé, The Theory of Planned Economy. A Study of some Recent Works, in: International Labour-Review, Bd. XXXVI, 3/1937, S. 393.

[46] Vgl. Karl Marx, Einleitung zur Kritik der Politischen Ökonomie, in: MEW, Bd. 13, Berlin 1961, S. 619.

derung des Nationaleinkommens in die Primäreinkommen nur auf dem Papier zustande komme (ein „Schattendasein" führen, wie die bürgerlichen Ökonometriker von heute sagen würden). So schrieb Dickinson: „Analytisch besteht das gesellschaftliche Produkt aus folgenden Elementen: Vergütung der Arbeit, des Bodens, der Erwartung und des Risikos. Hinsichtlich der Verteilung aber bildet es einen einheitlichen unteilbaren Fonds, der nach beliebigen Prinzipien aufgeteilt werden kann."[47]

Andererseits stellten die Vertreter der „neoklassischen Theorie von der sozialistischen Wirtschaft" die Verteilung des Nationaleinkommens der kapitalistischen Gesellschaft in der Form dar, wie sie sich in den Oberflächenerscheinungen zeigt und die der bürgerlichen Vulgärökonomie die Handhabe gibt, die Einkommen als natürliches Produkt und Entgelt der Produktionsfaktoren hinzustellen.

In dieser Inkonsequenz drückte sich der Widerspruch zwischen der These von der „Identität" der Produktionsfaktoren im Produktionsprozeß und der Anerkennung der Spezifik aus, die der Verteilung des erzeugten Produkts innewohnt. Die Produktionseinkommen seien im Kapitalismus und Sozialismus die gleichen, verteilt aber würden sie auf unterschiedliche Weise. Folglich, so wollen diese bürgerlichen Ökonomen glauben machen, können diese Einkommen die reale Bewegung der materiellen Güter und die Verhältnisse, unter denen sie stattfindet, nicht widerspiegeln. E. Heimann schrieb, daß das Kapital seine ihm eigene ökonomische Funktion in allen Wirtschaftssystemen ausübe. Die ökonomischen Funktionen der Produktionsfaktoren seien es, die die Unterschiede zwischen den beiden Einkommensströmen (Lohn und Profit) hervorbringen, selbst wenn sie keine entsprechenden Unterschiede in den sozialen und klassenmäßigen Positionen ihrer Empfänger bedeuten.[48]

Dieser falschen Interpretation des tatsächlichen Prozesses der Nationaleinkommensverteilung und der Bildung der Primäreinkommen lag eine fehlerhafte Konzeption von den ökonomischen Stimuli zugrunde. Für die Theoretiker der „neuen sozialistischen Schule" war sie lediglich eine Kategorie der Verteilung. Sie leiteten die Spezifik der materiellen Stimuli nicht aus den Verhältnissen ab, wie sie sich im unmittelbaren Produktionsprozeß gestalten, sondern nur aus den Besonderheiten der Verteilung. Heimann schrieb dazu: „Kapital existiert und Gewinn entsteht in beiden (Systemen – d. Red.). Kapital gehört und Gewinn erwächst einer besonderen Klasse von Privateigentümern im kapitalistischen und der Gesamtheit – wie diese auch immer organisiert sein mag – im sozialistischen System. Dieser Unterschied in der Einkommensverteilung bedingt in beiden Systemen andersartige Antriebskräfte und kann so zu einem Unterschied in Leistungsfähigkeit und Stabilität führen. . . ."[49]

47 Henry D. Dickinson, Economics of Socialism, Oxford 1939, S. 98.

48 Eduard Heimann, Geschichte der ökonomischen Lehrmeinungen, Frankfurt/Main 1949, S. 198.

49 Ebenda.

Da die Vertreter der „neuen sozialistischen Schule" die Spezifik der materiellen Stimuli aus den Verteilungsprozessen herleiteten, setzten sie die persönchen Stimuli im Sozialismus mit denen in der privatkapitalistischen und einfachen Warenwirtschaft gleich. So sah Dickinson in den finanziellen Stimuli eine Methode, die für eine Tauschwirtschaft charakteristisch sei.[50]

Wenn die bürgerlichen Wirtschaftstheoretiker Stimuli und Produktion voneinander trennten, so war dies unter anderem darauf zurückzuführen, daß sie keinen Zusammenhang zwischen den materiellen Stimuli und den ökonomischen Interessen sahen – eine Folge der Widersprüche in der Analyse der Struktur des gesellschaftlichen Eigentums an den Produktionsmitteln. Einerseits verabsolutierte die „neoklassische Theorie von der sozialistischen Wirtschaft" die Selbständigkeit der Wirtschaftsebenen (Betriebe, Vereinigungen), um andererseits ihre tatsächliche wirtschaftliche Verselbständigung unter der Herrschaft des gesellschaftlichen Eigentums an den Produktionsmitteln zu leugnen.

Im Sozialismus findet diese Verselbständigung in den Grenzen des allgemeinen Volkseigentums an den Produktionsmitteln statt, das alle Bereiche, Zweige und Betriebe der Volkswirtschaft zu einem einheitlichen Ganzen vereint. Es bringt keinen anderen Eigentümer an den Produktionsmitteln hervor.

Zugleich ist die relative ökonomische Verselbständigung der wirtschaftlichen Grundeinheiten, also der Betriebe und ihrer Vereinigungen, eine ganz reale strukturelle Bewegungsform des einheitlichen Volkseigentums. Sie bringt spezifische, nur dem Sozialismus eigene Formen der ökonomischen Interessen hervor: die Interessen der Wirtschaftseinheiten und ihrer Kollektive. Die ersteren werden über den Gewinn und die aus ihm gebildeten Fonds für die Entwicklung der Produktion materialisiert. Die Interessen der Kollektive der Grundeinheiten der Volkswirtschaft materialisieren sich in den aus dem Gewinn gebildeten Prämienfonds. Somit stellt sich die Verteilung des Nationaleinkommens und die Bildung der Primäreinkommen in Prozessen dar, die die realen Verhältnisse ausdrücken. Diese Prozesse lassen sich ohne Analyse des Systems der ökonomischen Interessen der sozialistischen Gesellschaft nicht begreifen. Das gleiche trifft voll und ganz auch auf die Umverteilung des Nationaleinkommens und die Bildung der Sekundäreinkommen zu wie beispielsweise die Fondsabgabe, den Zins und die Rentenabgaben, die als materielle Stimuli für die rationelle Nutzung der Produktions- und Geldfonds sowie der natürlichen Ressourcen dienen.

Infolge schwerwiegender methodologischer Fehler konnten die Vertreter der „neoklassischen Theorie von der sozialistischen Wirtschaft" hinsichtlich des Problems der ökonomischen Stimuli nicht vorankommen. Zwei Jahrzehnte später stellte B. Ward fest: „Das Problem der Stimuli wurde zwar oft aufgeworfen, blieb aber im Hintergrund der Diskussion"[51]. A. Nove bestätigt dies,

[50] Vgl. Henry D. Dickinson, Economics of Socialism, Oxford 1939, S. 123.
[51] Benjamin Ward, The Socialist Economy, New York 1967, S. 36.

wenn er schreibt, das daß Konkurrenzmodell, das von der neoklassischen Gleichgewichtstheorie ausgegangen war, der Organisation und den Stimuli der Wirtschaftstätigkeit der Planungsorgane und Betriebsleiter keine Beachtung gezollt hätte.[52]

In den Sozialismusmodellen der „neuen sozialistischen Schule“ galten nur die Einkommen als real, die sich aus der individuellen Verteilung ergaben. Allerdings stellten die meisten Verfechter dieses Modells zu Recht fest, daß das wirtschaftliche Gleichgewicht eine ausgleichende Einkommensverteilung auf die Mitglieder der sozialistischen Gesellschaft verlange. Dabei lehnten sie das Prinzip der Gleichmacherei ab, weil es keine Möglichkeit zur Stimulierung und proportionalen Verteilung der Arbeit auf die Zweige und Berufe böte.

Das Schema der individuellen Verteilung, das in den Sozialismusmodellen am häufigsten anzutreffen war, beruhte auf der Kombination von zwei Prinzipien: der Verteilung nach der Produktivität und Schwere der Arbeit in Form differenzierter Löhne und einer von der Leistung und Art der Arbeit unabhängigen Verteilung in Gestalt einer sozialen Dividende aus gesellschaftlichen Konsumtionsfonds.

Den Grundsätzen der „neoklassischen“ Theorie treu bleibend, betrachteten die Anhänger der sogenannten neuen sozialistischen Schule den spontan wirkenden Markt als den einzig möglichen Regulator für die Verteilung des menschlichen Produktionsfaktors, der zudem auch die freie Wahl des Arbeitsplatzes garantiere. Deshalb sahen sie in ihren Modellen vor, die zentralen Planungsorgane zu bevollmächtigen, in ihren Handlungen den spontanen Marktmechanismus nachzubilden oder zu imitieren, das heißt, diese Organe sollten zwar die Löhne festlegen, sie jedoch entsprechend dem Verhältnis zwischen Nachfrage und Angebot bei den jeweiligen Arbeitsarten verändern. Die „neoklassischen“ Wirtschaftstheoretiker meinten, daß der Nutzen des vom Grenzarbeiter erzeugten Produks bzw. der Nutzen des Grenzprodukts, der das Lohnniveau in jedem Zweig bestimme, bei Ausgewogenheit von Nachfrage und Angebot auf dem Arbeitsmarkt der Arbeitsbelastung des Grenzarbeiters oder dem Grenzaufwand an der Arbeit entspreche, mit der dieses Produkt erzeugt worden sei.

So sollten nach der Konzeption der „neuen sozialistischen Schule“ die Unterschiede in der Grenzleistungsfähigkeit und Grenzlast der Arbeit die Grundlage für' die Differenzierung des Lohns im Sozialismus bilden. A. Bergson hat in seinem Überblick über die Diskussion dieses Prinzip der Lohndifferenzierung so formuliert: „Das Lohngefälle, das dem Leistungsgefälle entsprechend gegeben sein wird, entspricht zugleich auch den Unterschieden in der Arbeitslast.“[53]

52 Vgl. Alec Nove, Knappheit, Allokation und Macht, in: Macht und ökonomisches Gesetz, Westberlin 1973, S. 681 sowie F. Pryor, Property and Industrial Organization in Communist and Capitalist Nations, Indiana University Press, 1973, S. 351.

53 Abram Bergson, Socialist Economics, in: A Survey of Contemporary Economics, New York 1948, S. 437.

Die bürgerlichen Wirtschaftstheoretiker ignorierten im wesentlichen die Tatsache, daß die Arbeitskraft unter den Verhältnissen des gesellschaftlichen Eigentums an den Produktionsmitteln, unter denen sie direkt mit den Produktionsmitteln verbunden ist, aufhört Ware zu sein. Die sozialistische Gesellschaft legt die Proportionen in der Verteilung der Arbeitskräfte auf die Bereiche der Volkswirtschaft, auf die Zweige und Betriebe planmäßig fest. Ebenso planmäßig wird auf der Grundlage dieser direkten Verbindung auch der Konsumtionsfonds auf die Mitglieder der sozialistischen Gesellschaft verteilt. Zum überwiegenden Teil wird dieser Fonds in Form des Lohns verteilt, und zwar nach Normativen, die die Gesellschaft in Abhängigkeit von der Menge und Qualität der Arbeit festlegt. Die sozialistische Form der Einstellung von Arbeitskräften, über die der Werktätige direkt in den Produktionsprozeß eingeschaltet wird, garantiert, daß jeder einzelne seinen Arbeitsplatz frei wählen kann, doch ist sie niemals Kauf und Verkauf von Arbeitskraft.

In der sozialistischen Wirtschaft ist es weder möglich noch notwendig, den spontan wirkenden Arbeitsmarkt, wie er für den Kapitalismus typisch ist, nachzubilden oder seinen Mechanismus zu imitieren, um auf diese Weise das Lohnniveau und die Arbeitskräfteverteilung auf die Zweige zu regulieren.

Unhaltbar war auch der Versuch der bürgerlichen Wirtschaftstheoretiker, der Lohnregelung das Grenzproduktivitätsgesetz zugrunde zu legen, das von dem Amerikaner John Bates Clark stammt. Hier abstrahierten sie von dem Hauptfaktor, der die Lohnbewegung im Sozialismus bestimmt, nämlich von der Steigerung der Arbeitsproduktivität. Den Produktionszuwachs, den der Grenzarbeiter erzeugt, setzten sie einem Produktionszuwachs durch höheren Arbeitsaufwand gleich, also bei unveränderlicher Größe der übrigen Produktionsfaktoren. Ein solcher Weg der Produktionssteigerung ist äußerst fragwürdig, weil selbst bei extensivem Produktionswachstum – bei unveränderter technischer Ausrüstung der Produktion – eine Erhöhung des Produktionsaufwandes einen größeren Produktionsfonds erfordert.

Als zusätzliche Form der Verteilung war in den hier dargestellten Sozialismusmodellen eine soziale Dividende vorgesehen. Sie sollte vor allem ein Hilfsmittel zur Angleichung der Geldeinkommen sein. Jeder Einzelne sollte aus einem von den Produktionsfaktoren gebildeten und der Allgemeinheit gehörenden gesellschaftlichen Konsumtionsfonds seinen Anteil erhalten. Die Einkommen aus dem gesellschaftlichen Konsumtionsfonds sollten verteilt werden, ohne dabei den Zusammenhängen zwischen den individuellen, kollektiven und gesellschaftlichen Interessen Rechnung zu tragen. Auf diese Weise bot die sozialistische Gesellschaft das gleichbleibende Bild einer großen Genossenschaft, in der die wirtschaftliche Gleichstellung durch Angleichung der Geldeinkommen über die Distributionssphäre erreicht werden sollte.

In Wirklichkeit wird in der sozialistischen Gesellschaft die völlige wirtschaftliche Gleichstellung aller ihrer Mitglieder dadurch ermöglicht, daß die Bedingungen und die Art ihrer Arbeit einander angeglichen und die sozialökonomischen

Unterschiede in der Arbeit aufgehoben werden, was wiederum die Unterschiede in der Höhe der Einkommen verringert. Die Verteilung über die gesellschaftlichen Konsumtionsfonds realisiert das individuelle Interesse in dem Maße, in dem sie die individuellen Einkommen jedes Mitglieds der Gesellschaft (in gewissem Maße ohne Bezug auf die Arbeitsleistung) erhöht. Sie trägt dazu bei, das gesellschaftliche Interesse und damit auch das individuelle Interesse zu realisieren, weil sie den sozialen Aufgaben, der allseitigen Entwicklung jedes einzelnen untergeordnet ist.

Die subjektivistische psychologische Methodologie brachte noch einen weiteren circulus vitiosus hervor, dem sich die „neoklassische Theorie von der sozialistischen Wirtschaft" bei der Darstellung des Verteilungsproblems ausgesetzt sah. Einerseits postulierten die Vertreter dieser Theorie die Gleichheit der Gesamteinkommen für alle Mitglieder der Gesellschaft, andererseits behaupteten sie, daß das bei gleichem Grenznutzen der Einkommen aller Individuen erreichbare Wohlstandsmaximum nur bei ungleicher Einkommensverteilung möglich sei, weil die Grenznutzen gleicher Einkommen wegen der unterschiedlichen Intensität der Bedürfnisse für die einzelnen Individuen unterschiedlich sein würden. A. Lerner meinte dazu, die Verteilung nach den Bedürfnissen sei nur möglich, wenn „die Individuen mit mehr Genußfähigkeiten hinreichend hohe Einkommen erhalten, damit der abnehmende Grenznutzen ihrer Einkommen dem Grenznutzen des Einkommens der Individuen mit weniger Genußfähigkeiten (oder Wünschen und Bedürfnissen) und entsprechend niedrigerem Einkommen entspreche"[54]. Lerner gab zu, daß ein solches Verteilungsprinzip Mißbräuche und Ungleichheit zur Folge haben könne und die Grenznutzen der Einkommen verschiedener Individuen nicht vergleichbar seien. Deshalb setzte er sich für die Einkommensverteilung nach dem Gleichheitsprinzip ein, weil davon das Maximum des wahrscheinlichen Gemeinwohls zu erwarten sei.

So waren die Verteilungskonzeptionen „der neuen sozialistischen Schule" in die Zwickmühle gavierender Widersprüche geraten. Diese Widersprüche werden auch von bürgerlichen Theoretikern zugegeben. So schreibt P. Kende, die „neue sozialistische Schule postuliert in einem Atemzug Gleichheit und Differenzierung der Löhne"[55]. Die unlösbaren Widersprüche waren schließlich die Ursache für die Hilflosigkeit und Fruchtlosigkeit dieser Theorie.

Der sozialistische Wirtschaftsmechanismus

Äußerst widersprüchlich und inkonsequent war auch die Konzeption der „neuen sozialistischen Schule" vom Wirtschaftsmechanismus der sozialistischen Gesellschaft. Ihr Hauptwiderspruch bestand darin, daß einerseits behauptet wur-

[54] Abba P. Lerner, The Economics of Control. Principles of Welfare Economics, New York 1944, S. 28.

[55] Peter Kende, Logique de l'économie centralisée. Un exemple: la Hongrie, Paris 1964, S. 437.

de, es gebe keine realen ökonomischen Formen und Zusammenhänge, die einen spezifisch sozialistischen Wirtschaftsmechanismus bildeten, andererseits aber sollte dieser Mechanismus die Proportionen ähnlich und nach der gleichen Art und Weise regeln, wie im Kapitalismus. Die Wurzel dieses Widerspruchs lag in der Trennung zwischen ökonomischen und sozialen Verhältnissen, die, wie bereits erwähnt, für die „neoklassische Theorie von der sozialistischen Wirtschaft" charakteristisch war.

Ebenso wie ihre Opponenten in der Diskussion über die „Wirtschaftsrechnung im Sozialismus" konnten sich auch die Vertreter der „neuen sozialistischen Schule" nicht vorstellen, daß die allgemeinen Gesetze der wirtschaftlichen Entwicklung planmäßig wirken, daß die Ware-Geld-Beziehungen planmäßig ausgenutzt werden können und daß es spezifische Formen ökonomischer Beziehungen gibt, und sie setzten die objektiven ökonomischen Verhältnisse mit den spontanen Marktbeziehungen gleich. Da sie davon ausgingen, daß der Sozialismus keinen Markt der Produktionsfaktoren (Kapital, Boden, Arbeit) kennt, stellten sie den Funktionsmechanismus der Wirtschaft im Sozialismus als Scheinmechanismus hin, der keine realen sozialökonomischen Verhältnisse ausdrücke.

In den Sozialismusmodellen von A. Pigou, R. Hall, F. Taylor, O. Lange und H. Dickinson wurden nur die Ware-Geld-Beziehungen zwischen den Lieferanten und Konsumenten von Konsumgütern für real erklärt. Der in den Produktionsmitteln verkörperte Teil des gesellschaftlichen Produkts, so meinten sie, sei keine Ware. Sie behaupteten, daß im Sozialismus die Produktionsfonds der Produktionsmittel herstellenden Betriebe ebensowenig einen realen ökonomischen Kreislauf vollziehen wie deren Erzeugnisse.

Als Grundeinheit der Wirtschaft galt in diesen Modellen gewöhnlich der Wirtschaftszweig, die Gesamtheit der Betriebe einer Branche. Doch leugneten sie die Realität der relativen ökonomischen Selbständigkeit der Zweigvereinigungen ebenso wie die Tatsache, daß die Beziehungen dieser Vereinigungen mit der gesamten Gesellschaft auf wirtschaftlicher Rechnungsführung beruhen. Auch die Art der Beziehungen zwischen den zu einer Vereinigung gehörenden Betrieben sowie zwischen den Vereinigungen selbst blieb in diesen Modellen ungeklärt. Benjamin Ward stellt dazu fest, daß mit den dort formulierten Regeln zwar das allgemeine Niveau von Produktion und Konsumtion sowie das Niveau der jeweiligen Einzelproduktion und der Nutzung der Produktionsfaktoren bei den Familien und Firmen ermittelt werden könne. Unbeantwortet aber ließen sie die Frage, wie die Waren von Betrieb zu Betrieb oder vom Betrieb zur Familie kommen.[56]

Die Spezifik des Sozialismus sahen die Anhänger der „neoklassischen Theorie von der sozialistischen Wirtschaft" darin, daß es in ihm keinen realen Wirtschaftsverkehr, keine ökonomischen Beziehungen zwischen den Grundeinheiten der Wirtschaft gäbe. Zugleich aber leugneten sie, daß es einen spezifisch

[56] Benjamin Ward, The Socialist Economy, New York 1967, S. 28.

sozialistischen Typus, eine spezifisch sozialistische Wirkungsweise des Wirtschaftsmechanismus gäbe. Die Verabsolutierung der allgemeinen Gesetze und die Darstellung ihrer spontanen Wirkungsweise als ewige und unvergängliche Form drückte sich in den Konzeptionen dieser Wirtschaftstheoretiker in der Verewigung der spontanen Form der Marktbeziehungen und in der Darstellung des Konkurrenzmechanismus als einzig möglicher Regulator der Proportionen aus. Daher werden auch diese Modelle als „Lösung des Problems der optimalen Nutzung knapper Ressourcen durch Konkurrenz" bezeichnet.[57]

Grob verallgemeinert sah die Konstruktion des Wirtschaftsmechanismus in der „neoklassischen Theorie von der sozialistischen Wirtschaft" so aus: Die Konsumgüterpreise sollten über die Marktkonkurrenz auf einem Niveau zustande kommen, das das Gleichgewicht von Nachfrage und Angebot herstelle. Auf diese Weise sollten sich die erforderlichen Proportionen in der Produktion von Konsumgütern sowie die optimale Nutzung des menschlichen Produktionsfaktors automatisch herausbilden.

Da es in den meisten Modellen jedoch keinen spontan wirkenden Markt der Produktionsmittel und der Produktionsfaktoren gab, wurden die Funktionen des Marktes dem zentralen Planungsorgan übertragen. Es sollte in seinen Aktivitäten den Mechanismus der Marktkonkurrenz reproduzieren oder imitieren. So schrieb O. Lange: „In der sozialistischen Wirtschaft gleicht der Preisbildungsprozeß den Prozessen des Konkurrenzmarktes. Die zentrale planmäßige Leitung spielt die Rolle des Marktes."[58]

Die zentrale planmäßige Leitung sollte auf experimentellem Wege, durch Annäherung, durch „Versuche und Fehler", also auf dieselbe Weise, in der auch der spontane Markt wirkt, die Produktionsmittelpreise und den Zins (den Preis des Produktionsfaktors Kapital) auf einem Niveau festlegen, der den Markt „bereinige". Dabei sollte es sich um das Niveau handeln, auf dem die Nachfrage dem Angebot entspreche. Was dann noch zu tun wäre, sollte Angelegenheit der Leiter der Zweigvereinigungen und Betriebe sein, die sich von den Regeln leiten ließen, die die zentralen Planungsorgane festgelegt hätten.

Zu diesen Regeln zählte O. Lange die Minimierung der Produktionsgesamtkosten, um die Produktionsfaktoren optimal zu nutzen, und die Forderung, daß die Preise den Grenzkosten entsprechen sollten, um auf diese Weise optimale Produktionsgrößen zu erreichen. „Taylor und Lange", schreibt der amerikanische Professor Leonid Hurwicz, „meinten, daß die Berechnungen (die für die effektive Verteilung der Ressourcen erforderlich sind – d. Verf.) von den Planungsorganen und den einzelnen Produktionseinheiten auf iterativem Wege vorgenommen werden müßten, durch ein Verfahren, das dem Wirken des Marktes gleichkommt."[59]

57 Der Begriff „Marktsozialismus" kam erst viel später, in den sechziger Jahren, auf.

58 Oskar Lange, Fred M. Taylor, On the Economic Theory of Socialism, Minnesota 1938, S. 83.

59 Leonid Hurwicz, Centralization and Decentralization in Economic Process, in:

Störungen im Verhältnis von Nachfrage und Angebot sollten in diesen Sozialismusmodellen durch die Bildung von Überbeständen oder Engpässen oder aber durch die Auftragslage in den Betrieben bei dem jeweiligen Kostenniveau signalisiert werden.

Wir bemerkten, daß in den Modellen der „neuen sozialistischen Schule" die Proportionen durch Nachahmung des automatisch wirkenden Preismechanismus des spontanen Marktes geregelt werden sollten. Steigende Preise sollten zur Ausdehnung der Produktion führen, weil sie die Möglichkeit böten, mit höheren Grenzkosten zu produzieren. Fallende Preise dagegen hätten einen Produktionsrückgang zur Folge, weil die zulässigen Grenzkosten absinken würden. In den Produktionseinheiten, wo der Preis über den Produktionskosten liege, werde sich die Produktion ausdehnen und umgekehrt. Das bewirke, daß Ressourcen aus den letzteren Produktionseinheiten in die ersteren fließen, behauptete R. Hall.[60] Nach O. Langes Meinung sollte die Gleichheit von Grenzkosten und Preisen in der sozialistischen Wirtschaft die Funktion ausüben, die bei freier Konkurrenz die Kapitalwanderung zwischen den Zweigen spielt.[61]

Der Markt der Ressourcen, der Konkurrenzkampf um ihre Nutzung, war in diesen Modellen ein wichtiger Teil des Wirtschaftsmechanismus. Die Preise sollten die Verteilung der Ressourcen auf die Zweige regulieren. So schrieb O. Lange: „Die Preise für das Kapital und die natürlichen Ressourcen müssen vom zentralen Planungsorgan so festgelegt werden, daß die Ressourcen in die Zweige fließen, die in der Lage sind, diese Preise zu ‚zahlen' . . ."[62]. Da der Zins der Preis für das Kapital ist, sollte ein einheitlicher Zinsfuß die Rolle des Regulators für die Verteilung der Investitionen spielen.

Die Analogie des von den Vertretern der „neoklassischen Theorie von der sozialistischen Wirtschaft" konstruierten Funktionsmechanismus der sozialistischen Wirtschaft zum Kapitalismus der freien Konkurrenz liegt auf der Hand. Sie wird auch von den Vätern dieser Theorie selbst festgestellt und hervorgehoben. H. Dickinson hatte, wie er selbst einräumte, verschiedene, dem „kapitalistischen Individualismus" entlehnte Elemente in das Modell von der sozialistischen Gesellschaft eingebaut.[63] R. Mossé schrieb, daß Planungs- und Konkurrenzwirtschaft einander ähnlich seien.[64] P. Kende stellte fest, daß die Grundsätze der „Souveränität des Verbrauchers" und der freien Konkurrenz noch nie so

Comparison of Economic Systems, Ed. by A. Eckstein, University of California Press 1971, S. 92.

60 Vgl. Robert L. Hall, The Economic System in a Socialist State, London 1937, S. 120.

61 Oskar Lange, Fred M. Taylor, On the Economic Theory of Socialism, Minnesota 1938, S. 77.

62 Ebenda, S. 79.

63 Henry D. Dickinson, Economics of Socialism, Oxford 1939, S. 213.

64 Robert Mossé, The Theory of Planned Economy, A Study of some Recent Works, in: International Labour-Review, Bd. XXXVI, 3/1937, S. 380.

zwingend formuliert worden seien wie in den theoretischen Konstruktionen der „neuen sozialistischen Schule".[65]

Doch kann die spontane Marktkonkurrenz die Proportionen der Reproduktion nie so regeln, wie es das gesellschaftliche Eigentum an den Produktionsmitteln, die sozialistische vergesellschaftete Produktion vermag. Konkurrenz bedeutet, daß sich die Proportionalität erst im Ergebnis von einander überlagernden Abweichungen, das heißt post factum ihren Weg durch die Disproportionalität bahnt. Diese, dem Kapitalismus der freien Konkurrenz innewohnende Art der Proportionalitätsregelung ist mit massenhafter Vergeudung von Arbeit und materiellen Ressourcen verbunden. Sie bringt unvermeidlich zyklische Schwankungen hervor. Deshalb wird sie im Kapitalismus von heute durch ein System der staatlichen Wirtschaftsregulierung ergänzt, das diese Schwankungen mildern soll.

Zu Recht stellte M. Dobb in einer Rezension über das Buch von Lange und Taylor fest, es dränge den Schluß auf, daß ... die Labilität, das charakteristische Merkmal eines anarchischen Produktionssystems (das aus einer atomistischen Art und Weise der Entscheidungsfindung und aus der Konkurrenz hervorgeht), erhalten bleibt, und mit ihr auch die Möglichkeit von Disproportionen, die wir auch heute haben ..."[66].

Auch die optimale Abstimmung der laufenden und perspektivischen Bedürfnisse ist über den spontan wirkenden Markt nicht möglich. Der Markt kann ihnen nur unvollständig Rechnung tragen, weil er lediglich die laufenden zahlungsfähigen Bedürfnisse der Gesellschaft deutlich macht. Damit wird die Lösung der perspektivischen Aufgaben der wirtschaftlichen Entwicklung erschwert und die Möglichkeit ausgeschlossen, die Hauptrichtungen des technischen Fortschritts und der Veränderung der Produktions- und Konsumtionsstruktur planmäßig festzulegen.

Ein untrennbares Element des sozialistischen Wirtschaftsmechanismus sollte, der „neoklassischen Theorie von der sozialistischen Wirtschaft" zufolge, die Konkurrenz auf dem Kapitalmarkt sein. In den Modellen Taylors, Langes, Dickinsons und Pigous sollte das zentrale Planungsorgan diesen Markt imitieren, indem es auf experimentellem Wege das Gleichgewicht zwischen den Produktionsmittelpreisen und dem Zins herstellte. Lerner stellte in seinem Modell den Kapitalmarkt als Markt dar, der die reale Kapitalbewegung repräsentiert. In den Modellen von Kläre Tisch und Herbert Zassenhaus sollte der Zins auf mathematischem Wege als Funktion von Nachfrage und Angebot ermittelt werden.

Die Geschichte der sozialistischen Wirtschaft hat gezeigt, daß der Zins im Sozialismus eine ganz andere Funktion hat als im Kapitalismus. Der Bankzins

[65] Peter Kende, Logique de l'économie centralisée. Un exemple: la Hongrie, Paris 1964, S. 437.

[66] Maurice Dobb, Economic Theory and Socialism, London 1955, S. 125.

ist eine Form des in den sozialistischen Betrieben erzeugten Mehrprodukts. Er drückt die Beziehungen zwischen Gesellschaft und Betrieb aus, Beziehungen direkter, nicht warengebundener Art. Da das gesellschaftliche Eigentum an den Produktionsmitteln ausschließt, daß die finanziellen Akkumulationsfonds, die über das Kreditsystem verteilt werden, Warenform annehmen, nimmt auch der Zins nicht die Form des Preises für die Ware Kapital an. Deshalb gibt es im Sozialismus keinen Kapitalmarkt.

Im Sozialismus ist der Zins weder der einzige noch der ausschlaggebende Regulator für die Verteilung der Kreditmittel auf die Zweige der Volkswirtschaft und die Wirtschaftsregionen des betreffenden Landes. Die Bewegung dieser Mittel ist geplant. Dabei ist der Zins keineswegs nur eine rechnerische Größe. Er drückt die realen Verhältnisse der Umverteilung des Mehrprodukts aus. Als Element des sozialistischen Wirtschaftsmechanismus stellt der Zins eine Kategorie der wirtschaftlichen Rechnungsführung dar, die die effektive Nutzung der Kreditmittel und folglich der vergangenen Arbeit stimuliert.

In allen Modellen, die von den Theoretikern der „neuen sozialistischen Schule" konstruiert worden waren, gab es ein zentrales Planungsorgan. Doch wurde hier die zentrale Leitung des Wirtschaftsprozesses im wesentlichen entweder auf die Nachahmung des spontanen Marktmechanismus oder auf das passive Verfolgen der spontan entstehenden Proportionen reduziert. Heinz-Dietrich Ortlieb, ein Theoretiker der westdeutschen Sozialdemokratie, schrieb über das Modell der „Pseudokonkurrenz" („Pseudo-Competition"): „Einer ihrer ersten Verfechter war *Heimann* ... Er tat einen entscheidenden weiteren Schritt zur marktwirtschaftlichen Verfassung der sozialistischen Ordnung, in der von einer straff durchorganisierten Planwirtschaft keine Rede mehr sein kann. Abgesehen von einer zentralen Einflußnahme lediglich von Kommandohöhen aus herrscht in dieser Ordnung die Marktpreisbildung."[67]

Die „neoklassische Theorie von der sozialistischen Wirtschaft" begrenzte die Funktionen des zentralen Planungsorgans im wesentlichen auf die Aufteilung des Nationaleinkommens in den Akkumulations- und Konsumtionsfonds und auf die Erarbeitung der „Verhaltensregeln" für die Leiter der Firmen. Im Modell von Dickinson, der versuchte, die Planung mit der freien Preisbildung zu verbinden, sollte das zentrale Planungsorgan nur die allgemeinen Direktiven geben und für die meisten Zweige weder die Preise noch die Produktionsgrößen festlegen.[68]

In den Modellen vom „Konkurrenzsozialismus" gab es somit keinen einheitlichen, für alle Wirtschaftssektoren verbindlichen Plan der wirtschaftlichen Entwicklung. Anstelle eines zentralen Plans, der die Bedürfnisse der

[67] Vgl. Heinz-Dietrich Ortlieb, Der gegenwärtige Stand der Sozialisierungsdebatte in Deutschland, in: Untersuchungen zur sozialen Gestaltung der Wirtschaftsordnung, hg. von Walter Weddigen, Westberlin 1950, S. 264.

[68] Henry D. Dickinson, Economics of Socialism, Oxford 1939, S. 194.

Volkswirtschaft berücksichtigt, sollte der Markt und anstelle der nicht an Äquivalente gebundenen Bewegung der Ressourcen die indirekte Ware-Geld-Verbindung fungieren.

Die Beschränktheit der „neoklassischen Theorie von der sozialistischen Wirtschaft“ bestand darin, daß ihre Verfechter die Frage nach den Formen der aktiven zentralen Einflußnahme auf den Reproduktionsprozeß nicht einmal stellten. Sie leugneten nicht nur die Notwendigkeit der zentralen Festlegung der Proportionen, also der direkten Wirtschaftsregulierung, die dem Sozialismus eigen ist und sich auf die nicht an Äquivalente gebundene direkte Bewegung der Produktionsfaktoren stützt, sie befaßten sich auch nicht mit den Mitteln und Methoden der indirekten Wirtschaftsregulierung. Wenn einige Modelle vom „Konkurrenzsozialismus“ dem zentralen Planungsorgan auch eine gewisse Rolle bei der Preisbildung beimaßen, so reduzierten sie diese Rolle doch auf das rein passive Fixieren der Preise, wie sie aus den spontanen Schwankungen von Nachfrage und Angebot entstehen. Die Anforderungen des Marktes sollten durch den Preis auf die Wirtschaftseinheiten übertragen werden.

In den Sozialismusmodellen der „neuen sozialistischen Schule“ gab es keinen anderen Mechanismus zur Abstimmung der partiellen Interessen der Wirtschaftseinheiten auf die Interessen der ganzen Gesellschaft als den imitierten Mechanismus der spontanen Preisbildung. So behauptete Lerner, die Aufgabe des Ministeriums für Wirtschaftsplanung bestehe darin, die entsprechenden Richtlinien zu geben und auf deren Einhaltung sowie auf das reibungslose Wirken des Preismechanismus zu achten. „Der gesellschaftliche Hauptnutzen des Preismechanismus besteht darin, daß er, richtig angewandt, die Mitglieder der Gesellschaft in der Jagd nach dem eigenen Vorteil zwingt, dem allgemeinen gesellschaftlichen Interesse zu entsprechen.“[69]

Wir hatten bereits festgestellt, daß optimale Proportionalität, eine planmäßige und bilanzierte Entwicklung der sozialistischen Wirtschaft bei spontaner Marktwirtschaft nicht möglich sind. Auch die relative Preisstabilität, ein wesentliches Prinzip der planmäßigen Preisbildung, ist mit dem spontan wirkenden Marktmechanismus unvereinbar. Seine Ausnutzung würde ständiges Anwachsen der Preise und Inflation zur Folge haben.

Die Ablehnung der zentralen Planung der Volkswirtschaft war gleichbedeutend mit der Befürwortung einer dezentralisierten Wirtschaftsleitung, die in den meisten der hier erwähnten Sozialismusmodelle auch das typische Merkmal des Wirtschaftsmechanismus war. A. Bergson kam bei einer Analyse dieser Modelle zu dem Schluß, daß dort die Handlungen der einzelnen Betriebe und Familien über den Markt zu einem einheitlichen Ganzen integriert werden.[70] So war

[69] Abba P. Lerner, Economics of Control. Principles of Welfare Economics, New York 1944, S. 64, 67.

[70] Abram Bergson, Socialist Economics, in: A Survey of Contemporary Economics, New York 1948, S. 441.

H. Dickinson in seinem Modell davon ausgegangen, daß die „wirtschaftliche Aktivität dezentralisiert ist und von einer Vielzahl von Einzelorganen der kollektivistischen Wirtschaft betrieben wird . . ., die finanziell voneinander unabhängig sind . . . und ebenso geleitet werden, wie die einzelnen Unternehmen im Kapitalismus“[71]. Diese dezentralisierte Organisation werde über die Preise und Kosten koordiniert. In den heutigen Arbeiten bürgerlicher und reformistischer Wirtschaftstheoretiker werden diese Modelle deshalb auch als „dezentralisierter Sozialismus“[72] bezeichnet.

Die Vorherrschaft der dezentralisierten Form der Wirtschaftsleitung, wie sie in diesen Modellen vorgesehen war, steht in unlösbarem Widerspruch zum gesellschaftlichen Eigentum an den Produktionsmitteln und zu dem dadurch bedingten Primat des allgemeinen wirtschaftlichen Interesses. Um dieses Interesse und die ihm entsprechende Form der direkten wirtschaftlichen Verbindung wirklich realisieren zu können, bedarf es tatsächlich einer zentralisierten Wirtschaft. Das bedeutet, daß die Zentralstelle den volkswirtschaftlichen Bedarf auf alle Wirtschaftseinheiten aufgliedert und für die entsprechende Aufteilung der für die Deckung dieses Bedarfs erforderlichen materiellen Mittel und Arbeitskräfte sorgt. Nur die zentralisierte Form der Wirtschaftsleitung kann die Produktions- und Arbeitsbedingungen ausgleichen und die Proportionen in der Produktion so verändern, daß die Bedürfnisse der ganzen Gesellschaft optimal befriedigt werden.

Selbst bürgerliche Historiker der ökonomischen Lehren waren gezwungen, die Widersprüchlichkeit der Modelle vom „dezentralisierten Sozialismus“ zuzugeben. Der italienische Wirtschaftstheoretiker Claudio Napoleoni sieht die Schwäche der betreffenden Argumentation darin, daß sie die „Lösung des Berechnungsproblems im Rahmen der Planung einem dem Marktmechanismus ähnlichen Mechanismus anvertraut“. Damit verzichtet man „unweigerlich auf einige Vorzüge der zentral verwalteten Wirtschaft, ja setzt . . . den Grundgedanken der geplanten Wirtschaft selbst aufs Spiel“, schreibt Napoleoni. Die in einem solchen Modell beschriebene sozialistische Wirtschaft könne kaum als Planwirtschaft bezeichnet werden, weil die Dezentralisierung der Entscheidungen bis zum Extrem getrieben werde.[73]

Einige Vertreter der „neuen sozialistischen Schule“, wie Kläre Tisch und Herbert Zassenhaus, meinten, das Optimum könne auf rechnerischem Wege gefunden werden, wobei eine zentrale Stelle die von den Betrieben eingehenden Informationen verarbeiten sollte. Ihre Modelle wurden als „zentralistische Sche-

[71] Henry D. Dickinson, Economics of Socialism, Oxford 1939, S. 213.

[72] Vgl. Hans Raupach, Jörn Keck, Wirtschaft und Politik in der Krise der Tschechoslowakei, in: Osteuropa-Wirtschaft, Stuttgart, 4/1968, S. 260–261; Assar Lindbeck, Die Politische Ökonomie der Neuen Linken, Göttingen 1973, S. 47.

[73] Claudio Napoleoni, Grundzüge der modernen ökonomischen Theorien, Frankfurt/Main 1968, S. 105–106.

mata" bezeichnet.[74] Später ist auf der Basis dieser Modelle die heutige Konzeption vom „elektronischen Markt" entwickelt worden. (T. Coopmans, P. Wiles u. a.).

Das „zentralistische Schema" ging von der zentralisierten Leitung des Wirtschaftsprozesses aus. A. Bergson schrieb, daß das „zentralistische Schema" die Handlungen der Betriebe und Familien über die zentrale planmäßige Leitung direkt miteinander verbinde.[75]

Im „zentralistischen Schema" erreichte die Negation der relativen wirtschaftlichen Verselbständigung und der wirtschaftlichen Rechnungsführung der Produktionseinheiten ihre logische Vollendung. Hier wurden die Produktionseinheiten zu Informationsspeichern und -mittlern einer Zentralstelle. Damit wurde die absolute Zentralisierung der Wirtschaftsleitung postuliert, wobei nur die Informationen dezentralisiert werden sollten. Auf dieses Schema berufen sich auch jene bürgerlichen Theoretiker der Gegenwart, die sich mit dem Problem der Zentralisierung und Dezentralisierung befassen und dabei einen Unterschied zwischen der Zentralisierung der Leitung und der Macht einerseits und der Dezentralisierung des Informationsprozesses andererseits nachweisen wollen.[76]

Wenn in den marktimitierenden Modellen der Widerspruch zwischen dem gesellschaftlichen Eigentum an den Produktionsmitteln und dem Wirtschaftsmechanismus der Hauptwiderspruch war, dann war es im „zentralistischen Schema" der Widerspruch zwischen der Zentralisierung der Wirtschaft und den Formen ihrer Verwirklichung. Die Leugnung der materiellen Interessen der Betriebe und ihrer Kollektive sowie der einzelnen Mitglieder der sozialistischen Gesellschaft in diesem Schema hatte zur Folge, daß die Zentralisierung der Wirtschaft zur Überzentralisierung wurde, ohne daß ädaquate Formen zu ihrer Realisierung vorgeschlagen wurden. Darin liegt auch der Hauptgrund für die Lebensunfähigkeit dieses Systems. Und das erklärt auch, weshalb die Hoffnungen der Anhänger der Konzeption vom „elektronischen Markt", die darauf setzten, daß nur die elektronische Rechentechnik weit genug entwickelt werden müsse, um das „zentralistische Schema" in der Praxis zu realisieren, vergeblich sind.

Die Anhänger der „Konkurrenzmodelle" sahen dagegen keinen Zusammenhang zwischen der Realisierung ihrer Modelle und der Entwicklung der Rechentechnik und Mathematik. Deshalb sind die Versuche einiger bürgerlicher und reformistischer Theoretiker von heute, die Irrealität dieser Modelle mit dem unzureichen-

[74] Auch Dickinson hat im ursprünglichen Entwurf seines Modells, den er in dem Aufsatz „Price Formation in a Socialist Community" (in: The Economic Journal, December 1933) dargelegt hat, ein „zentralistisches Schema" vorgeschlagen.

[75] Abram Bergson, Socialist Economics, in: A Survey of Contemporary Economics, New York 1948, S. 441.

[76] Vgl. Leonid Hurwicz, Cenralization and Decentralization in Economic Process, in: Comparison of Economic Systems. Ed. by Alexander Eckstein, University of California Press 1971, S. 96.

den Entwicklungsstand von Wissenschaft und Technik zu erklären, ohne auf ihre wirklichen Mängel einzugehen, völlig unhaltbar.[77]

Bei der Analyse der Modelle, die die Vertreter der „neuen sozialistischen Schule" konstruierten, sei daran erinnert, daß es sich um rein hypothetische Modelle handelte. Sie waren theoretische Konstruktionen eines Wirtschaftsmechanismus, die nie in die Praxis umgesetzt worden sind. Zu Recht stellt der amerikanische Professor Lloyd Reynolds fest, daß ein „Konkurrenzsozialismus", in dem die Preisbildung und die Verteilung der Ressourcen auf die gleiche Weise stattfinden wie im Marktmodell der vollkommenen Konkurrenz, „mit einer realen sozialistischen Wirtschaft nichts gemein hat"[78]. Sein Kollege Alexander Eckstein hält dieses Modell wie auch die Modelle von der „vollkommenen Konkurrenz" und einer „völligen Befehlswirtschaft" für reine Fiktionen.[79]

In der bürgerlichen Literatur der Gegenwart findet sich die Tendenz, die neuen Bedingungen der Wirtschaftspolitik in der UdSSR und den anderen sozialistischen Ländern Europas als Realisierung des Modells vom „Marktsozialismus", d. h. vom „Konkurrenzsozialismus" hinzustellen, das von den Vertretern der „neoklassischen Theorie von der sozialistischen Wirtschaft" aufgestellt worden war. Diesen Standpunkt vertreten insbesondere einige Verfechter der „Konvergenztheorie", die in der Wirtschaftsreform den Versuch sahen, das Modell vom „Marktsozialismus" in die Praxis umzusetzen.[80] Der amerikanische Sowjetologe J. Prybyla zählt den „Konkurrenzsozialismus" zu den möglichen Prototypen der Wirtschaftsreform.[81] Andere bürgerliche Sowjetologen, wie z. B. Abram Bergson, A. Erlich, G. Schröder, meinen, daß diese Einschätzung völlig unhaltbar ist.

Derartige Einschätzungen haben mit dem Wesen der neuen Bedingungen der Wirtschaftsführung in den sozialistischen Ländern nichts gemein. Diese neuen Bedingungen sind darauf gerichtet, sowohl die Ware-Geld-Beziehungen besser auszunutzen als auch – und vor allem – die zentrale planmäßige Leitung der Volkswirtschaft zu vervollkommnen und die wissenschaftliche Begründung der Planung zu verbessern.

Die neuen Bedingungen der Wirtschaftsführung jedes sozialistischen Landes entsprechen den jeweiligen historischen Besonderheiten. In keinem sozialistischen Land aber ist ein spontan wirkender Kapitalmarkt, jenes untrennbare Element der „Konkurrenzmodelle" des Sozialismus geschaffen oder auch nur imitiert

77 Vgl. Jan S. Prybyla, Soviet Economic Reforms in Industry, in: Weltwirtschaftliches Archiv, Bd. 107, 2/1971, S. 278; Assar Lindbeck, The Political Economy of the New Left, S. 50–51.

78 Lloyd G. Reynolds, The Three Worlds of Economics, New Haven 1971, S. 286.

79 Vgl. Alexander Eckstein, Indroduction zu: Comparison of Economic Systems, University of California Press 1971, S. 18.

80 Willem Keizer, The Soviet Quest for Economic Rationality, in: Rotterdam University Press 1971, S. 245.

81 Jan S. Prybyla, Soviet Economic Reforms in Industry, in: Weltwirtschaftliches Archiv, Bd. 107, 2/1971, S. 277.

worden. Der überwiegende Teil des Akkumulationsfonds wird in den sozialistischen Ländern zentral verteilt, ohne die Mittlerrolle eines spontanen Marktes.

Der von der „neoklassischen Theorie der sozialistischen Wirtschaft" vorgeschlagene Mechanismus zur Regulierung der Proportionen ist für die Vervollkommnung des sozialistischen Wirtschaftsmechanismus unbrauchbar, weil er dem Wesen des Sozialismus widerspricht. Die marxistisch-leninistische Theorie lehnt „alle irrigen Konzeptionen ab, die an die Stelle der führenden Rolle der zentralisierten staatlichen Planung die Regelung durch den Markt setzen", heißt es in den Materialien des XXIV. Parteitages der KPdSU.[82] Die von der „neuen sozialistischen Schule", konstruierten Modelle sind auch deshalb ungeeignet, weil sie infolge ihres durch und durch spekulativen Charakters weder nach den realen ökonomischen Formen, die den Wirtschaftsmechanismus bilden, und noch viel weniger nach den konkreten Formen der zentralen Regelung des Wirtschaftsprozesses fragen.

Das Problem der wirtschaftlichen Effektivität

Die Gegner von Mises und Hayek in der Diskussion wollten die Realisierbarkeit der Wirtschaftsrechnung, also die Möglichkeit der rationellen Nutzung der Ressourcen im Sozialismus nachweisen. Sie stellten die wirtschaftliche Effektivität in den Mittelpunkt des Interesses und kamen zu dem Schluß, daß der Sozialismus in dieser Hinsicht dem Kapitalismus überlegen sei oder ihm jedenfalls nicht nachstehe.

Aber weder die Tatsache, daß die „neoklassische Theorie von der sozialistischen Wirtschaft" wichtige Fragen der wirtschaftlichen Effektivität aufwarf, noch die Methoden, die sie zu deren Lösung anbot, können realen Ansprüchen genügen, weil die sozialökonomischen Grundprobleme der sozialistischen Gesellschaft– die Entwicklung der sozialistischen Eigentumsformen und der sozialen Struktur, die Organisation des objektiven Wirtschaftsmechanismus – von den Anhängern der „neuen sozialistischen Schule" in den Hintergrund gedrängt wurden. Zu Recht stellt der bereits erwähnte Ch. Watrin in einer Retrospektive fest: „Man glaubte, Wirtschaftssysteme einzig und allein unter Effizienzgesichtspunkten behandeln zu sollen, und manche Autoren sahen die Aufgabe der Ökonomik darin, jene wirtschaftlichen Organisationsformen zu finden, die den statischen Effizienzbedingungen Genüge leisten."[83]

So wichtig die Probleme der wirtschaftlichen Effektivität für die Analyse

[82] A. N. Kossygin, Die Direktiven des XXIV. Parteitages der KPdSU zum Fünfjahrplan für die Entwicklung der Volkswirtschaft der UdSSR in den Jahren 1971–1975, Moskau-Berlin 1971, S. 57.

[83] Christian Watrin, Kriterien zur Beurteilung der statischen Effizienz von Wirtschaftssystemen, in: Beiträge zum Vergleich der Wirtschaftssysteme, Westberlin 1970, S. 56–57.

und Einschätzung der Wirtschaftsordnung auch sind, so beschränkt sich die politische Ökonomie nicht nur darauf, die Kriterien des volkswirtschaftlichen Optimums und seines Wirkens zu finden. Das volkswirtschaftliche Optimum ist das Ergebnis aus der Wechselwirkung der ökonomischen Verhältnisse und der Gesetze des Sozialismus. Bevor die Wege zu seiner Realisierung analysiert werden können, muß die Gesamtheit der ökonomischen Verhältnisse im Zusammenhang mit der Entwicklung der Produktivkräfte untersucht werden.

Aus der falschen Darstellung der ökonomischen Theorie des Sozialismus als Konzeption des wirtschaftlichen Optimums par excellence, losgelöst von den ökonomischen Verhältnissen und Gesetzen des Sozialismus, ergab sich auch die fehlerhafte Methodologie, deren sich die bürgerlichen Ideologen bei der Untersuchung des Problems der wirtschaftlichen Effektivität bedienten. Das trifft vor allem auf die unterstellten Prinzipien der Güterknappheit, der völligen Substituierbarkeit und Beweglichkeit der Produktionsressourcen und des unmittelbaren Intensitätsvergleichs der individuellen Bedürfnisse zu.

Das Knappheitsprinzip drückt die Tatsache aus, daß die Gesellschaft jeweils nur über begrenzte Ressourcen und Konsumgüter verfügt. Aber da die bürgerliche Wirtschaftswissenschaft dieses Prinzip verabsolutiert und die Güterknappheit neben den Bedürfnissen zur Grundlage des Wirtschaftsprozesses macht, abstrahiert sie von dem, was diesen Prozeß bestimmt, nämlich von der Reproduktion der materiellen Güter. Andererseits muß auch die von den bürgerlichen Ökonomen als Ausgangsbasis angenommene Tatsache, daß Produktionsmittel und Konsumgüter nur begrenzt zur Verfügung stehen, vom Standpunkt der Reproduktion erklärt werden.

Das Aufkommen am materiellen Gütern, das, an den ständig wachsenden gesellschaftlichen Bedürfnissen gemessen, begrenzt ist, ergibt sich aus der relativ selbständigen Bewegung der Bedürfnisse, die mit der Entwicklung der Produktion entstehen. Was den realen Bedarf betrifft, so werden bei proportionaler Verteilung der gesellschaftlichen Arbeit auf die Zweige und Bereiche der Volkswirtschaft die Produktionsmittel und Konsumgüter, die die Gesellschaft braucht, im allgemeinen diesem Bedarf entsprechend produziert.

Unterscheiden müssen wir zwischen der Begrenztheit (Knappheit) der Güter und dem Mangel an ihnen, der infolge der Inkongruenz zwischen der jeweiligen konkreten Struktur der gesellschaftlichen Produktion und den gesellschaftlichen Bedürfnissen entsteht. Derartige Engpässe werden durch die planmäßige Veränderung der Produktionsstruktur entsprechend der dynamischen Konsumtionsstruktur, also im Prozeß der erweiterten sozialistischen Reproduktion beseitigt.

Ebenso wie das Knappheitsprinzip, beruht auch das Prinzip der völligen Substituierbarkeit und der Flexibilität der Produktionsressourcen darauf, daß von der realen Zweigstruktur der Volkswirtschaft und der daraus folgenden Spezialisierung in der Verwendung der Produktionsressourcen abstrahiert wurde. Man kann deshalb nur von einer partiellen Substituierbarkeit und nur von einer relativen Flexibilität der Produktionsressourcen (z. B. einzelner Arten von Umlauffonds und einiger Grundfondselemente) sprechen. Eine völlige Substituierbarkeit und Flexibilität der Produktionsressourcen ist im Wirtschaftsprozeß unmöglich.

Die relative Dringlichkeit, Vorrangigkeit der verschiedenen Bedürfnisse und der relative Nutzen der Güter, die sie befriedigen, wird von den konkreten Bedingungen bestimmt, von denen die Konsumtion geprägt ist.

In den Modellen vom „Konkurrenzsozialismus" sollte das Produktionsvolumen (des Zweiges und Betriebes) entsprechend dem Prinzip der Grenznutzenschule der Kongruenz von Preisen und Grenzkosten geregelt werden. Die Praxis beweist, daß dieses Prinzip schon im Kapitalismus irreal ist; denn die realen Preise nähern sich nicht den Grenzkosten, sondern den gesellschaftlich durchschnittlichen Produktionskosten.

Das Prinzip der Kongruenz von Preisen und Grenzkosten ist statischer Natur. Unter Grenzkosten versteht die bürgerliche Wirtschaftswissenschaft (wenn wir von den subjektivistisch-psychologischen Aspekten der Grenznutzentheorie absehen) den variablen Teil der Produktionskosten, also die Ausgaben für Rohstoffe, Materialien, Lohn usw. Dieser Teil der Produktionskosten ändert sich mit dem Produktionsvolumen, auch wenn die Grundfondsausstattung und Arbeitsproduktivität gleichbleiben. Deshalb ist das Prinzip der Kongruenz von Preisen und Grenzkosten nur unter statischen Bedingungen, also für kurz- oder mittelfristige Zeiträume, in denen keine dynamischen Kräfte wirken, auf die Ermittlung der optimalen Produktionsgrößen anwendbar.[84]

Im Kapitalismus der freien Konkurrenz bilden die Maximalkosten, also die zusätzlichen Produktionskosten und der damit verbundene individuelle Extraprofit, ein Element des Mechanismus, mit dem der individuelle Wert dem gesellschaftlichen Wert, also dem Marktwert, angeglichen, die Profitmasse und -rate reguliert wird. Solange der Marktpreis die mit der Vergrößerung der Produktion auf bisheriger technischer Grundlage verbundenen Mehraufwendungen deckt, dehnt sich die Produktion weiter aus und umgekehrt.

Maximalkosten und Extraprofit sind Element des individuellen Wertes und bilden die Differenz zwischen dem individuellen Wert und dem gesellschaftlichen Wert (dem Produktionspreis) der Erzeugniseinheit. Sie lassen sich also nicht ermitteln, wenn die durchschnittlichen Produktionskosten und der Durchschnittsprofit unbeachtet bleiben. Im dynamischen Prozeß des Ausgleichs der individuellen Werte zum gesellschaftlichen Wert, in dem sich die Produktion auf den gesellschaftlichen Bedarf an der jeweiligen Ware einstellt, wiegen die Schwankungen von Nachfrage und Angebot einander auf, verändern sich die durchschnittlichen Produktionsbedingungen und Produktionskosten, die den Marktwert und den Preis bestimmen. Das wird auch von bürgerlichen Wirt-

[84] Vgl. V. N. Kotov, Monopolističeskije formy chosjajstvennych otnošenij, Moskva 1971, S. 82–83.

schaftstheoretikern zugegeben, die den Preisbildungsprozeß in der Dynamik analysiert haben.

Im Sozialismus ist das Wertgesetz nicht der Hauptregulator der Produktion. Der statische Charakter des Prinzips der Kongruenz von Preisen und Maximalkosten, die Tatsache, daß es lediglich auf kurz- und mittelfristige Zeiträume anwendbar ist, die Unmöglichkeit, die Maximalkosten zu ermitteln, ohne von den Durchschnittskosten auszugehen, die folglich sowohl in der Statik als auch – und ganz besonders – in der Dynamik die bestimmende Rolle spielen –, das alles schließt aus, daß dieses Prinzip im Sozialismus auch als allgemeines Prinzip der Preisbildung angewandt wird.

Die von den Vertretern der „neoklassischen Wirtschaftstheorie des Sozialismus" konstruierten Modelle für die optimale Verteilung der Ressourcen weisen alle Widersprüche der Grenznutzentheorie auf.[85] Das trifft auch auf die Identifizierung der Gesetze der Naturalwirtschaft mit denen der Warenwirtschaft zu. Die subjektivistischen Theorien vom Grenznutzen und von der Grenzleistungsfähigkeit der Produktionsfaktoren sind das Produkt oberflächlicher Beobachtung der Besonderheiten der kapitalistischen Warenwirtschaft. Im Widerspruch zur Realität betrachteten sie die entwickelte Warenwirtschaft als Summe individueller Naturalwirtschaften. Aus dem Abstrahieren von den Ware-Geld-Beziehungen einerseits und der Übertragung der Gesetze der Naturalwirtschaft auf die Warenwirtschaft andererseits resultierte einer von jenen circuli vitiosi, die zu durchbrechen den Anhängern der subjektiven Schule nicht gegeben war.

Sehr deutlich trat dieser Widerspruch in den Modellen vom wirtschaftlichen Optimum zutage, dessen Zielfunktion das absolute Nutzensmaximum sein sollte (also, analog zur Naturalwirtschaft, der maximale Gütervorrat in Naturalform). Als Instrument aber, mit dem diese Zielfunktion verwirklicht werden sollte, hatte man den Preismechanismus ausersehen, wie er für die Warenproduktion und -zirkulation typisch ist.

Ein weiterer Widerspruch der Grenznutzentheorie bestand darin, daß ihre Verfechter in dem Bemühen, eine konsequente monistische Werttheorie zu schaffen, die die Grundlage des Preises aus der subjektiven Wertschätzung ableiten sollte, von der Existenz von Preisen ausgingen und sogar die qualitativen Unterschiede von Nutzen und Preis auslöschten. So bestand das eigentliche Wesen der subjektiven Werttheorie in der vulgären Nachfrage-Angebots-Theorie. Da die Grenznutzentheoretiker die subjektiven Wertungen des Warenproduzenten und des individuellen „Wirtschaftssubjekts", Preis und Grenznutzen in einen Topf warfen, verliehen sie den Bedürfnissen der Menschen und dem Nut-

[85] Eine ausführliche Kritik dieser Widersprüche liefern folgende Werke marxistischer Wirtschaftstheoretiker: I. G. Bljumin, Kritika buržuaznoj političeskoj ėkonomii. Bd. 1, Sub'jektivnaja škola v buržuaznoj političeskoj ėkonomii, Moskva 1962; K. M. Kozlova i R. Entov, Teorija ceny, Moskva 1972.

zen der Güter Eigenschaften, wie sie den subjektiven Wertungen innewohnen, die unter den Verhältnissen der Warenproduktion von den Preisen bestimmt und an ihnen gemessen werden.

Unschwer lassen sich diese Widersprüche der Grenznutzentheorie in den von der „neuen sozialistischen Schule" konstruierten Modellen des Optimums erkennen. Sie waren statischer Art. Der „neoklassischen" Tradition treu bleibend, beschrieben sie die Bedingungen des statischen Gleichgewichts, unter denen, nach den Worten des amerikanischen Professors B. Lippincott, es keine Veränderungen gibt und die Wirtschaftskräfte bilanziert sind.[86] Der statische Charakter dieser Modelle zeigte sich vor allem darin, daß die Verbraucherpräferenzen (die konsumtive Nachfrage) sowie die technischen Koeffizienten (das technische Niveau der Produktion) als unverändert angenommen wurden.

Da die Vertreter dieser Theorie die Verteilung von der Produktion trennten, gingen sie von der gegebenen Bedarfsstruktur aus und betrachteten sie als exogenen Faktor. Doch läßt sich die Aufgabe, den Nutzen oder den Verbrauchereffekt zu maximieren, nicht lösen, ohne der Dynamik des Verhältnisses zwischen Einkommen und Preisen Rechnung zu tragen. Sie bestimmt die Präferenzen der Verbraucher, solange es Ware-Geld-Beziehungen gibt. Das Preissystem, das den maximalen Nutzen, also die optimale Verteilung der Ressourcen, gewährleisten sollte, war seinerseits von den Preisen abhängig. Es lief folglich darauf hinaus, daß man auf eine monistische Preistheorie verzichtete und zur Nachfrage-Angebots-Theorie überging.

Der eigentliche Mangel der statischen Modelle von der optimalen Nutzung der Ressourcen im Sozialismus bestand darin, daß man auch den technischen Fortschritt als exogenen, also unabhängigen Faktor hinstellte. Die Produktionsfonds wurden ebenso wie die lebendige Arbeit zu selbständigen Produktionsfaktoren erhoben und von der technischen Vervollkommnung der Produktion getrennt. Ihre Erweiterung wurde so als rein extensiver Weg zur Entwicklung der Produktion hingestellt: Man stellte die Aufgabe, den Aufwand an lebendiger Arbeit je Erzeugniseinheit in gleichem Maße zu minimieren, wie den Aufwand an vergegenständlichter Arbeit. Doch gerät die dem statischen Optimum entsprechende Verteilung der Ressourcen in Widerspruch zu den Interessen der wirtschaftlichen Entwicklung der sozialistischen Gesellschaft.

Das wird auch von bürgerlichen Theoretikern festgestellt, die an der Diskussion über die „Wirtschaftsrechnung im Sozialismus" beteiligt waren. B. Ward schreibt, daß die merkwürdigste Unterlassungssünde in der Diskussion darin bestanden habe, daß der Einfluß der organisatorischen Veränderungen auf das Tempo und die Art der Neuerungen ignoriert worden sei. Da die Diskussion von statischen Voraussetzungen ausgegangen sei, habe man die Neuerungen als exogene Tätigkeit betrachtet. Doch haben sie entscheidende Bedeutung für die

[86] Vgl. Oskar Lange, Fred M. Taylor, On the Economic Theory of Socialism, Minnesota 1938, S. 6.

langfristige Perspektive, in der sich die Vorzüge des Sozialismus gegenüber dem Kapitalismus mit größerer Intensität realisieren.[87] H. Dickinson räumt heute ein, daß Paretos Optimum nur für die Lösung mikroökonomischer, also lokaler Aufgaben der Marktwirtschaft geeignet, über ihre Grenzen hinaus jedoch unanwendbar sei. Auf der Grundlage des Marktmechanismus können viele wichtige Entscheidungen in der individualistischen oder kollektiven Wirtschaft nicht getroffen werden (zum Beispiel über Fragen der sozialen Struktur und der Einkommensverteilung, des „äußeren Effekts" und der Wachstumsraten).[88]

Die sozialistische Wirtschaft entwickelt sich planmäßig und mit hohen Wachstumsraten. Eine solche Dynamik ist der Wirtschaft der hochentwickelten kapitalistischen Länder fremd. Die sozialökonomischen Vorzüge des Sozialismus eröffnen dem Fortschritt von Technik und Technologie breiteste Möglichkeiten.

Die optimale Entwicklung der Wirtschaft, also das dynamische Optimum, das die Erkenntnisse des technischen Fortschritts realisiert, setzt ein Wachstum der Investitionen, der Produktionsfonds voraus, bei dem auf der Grundlage wachsender Fondsausrüstung je Arbeitskraft die Produktivität der gesellschaftlichen Arbeit noch schneller steigt und sowohl der Gesamtaufwand als auch der Aufwand an lebendiger Arbeit je Erzeugniseinheit sinkt.

Das alles zeigt, weshalb die von den Vertretern der „neuen sozialistischen Schule" konstruierten statischen Modelle der optimalen Nutzung der Ressourcen nicht einmal die notwendige Einstellung zur Lösung der komplizierten Probleme des volkswirtschaftlichen Optimums finden konnten. Die Widersprüchlichkeit dieser Modelle, ihr Abrücken von der sozialistischen Wirklichkeit bedingten die wissenschaftliche Unhaltbarkeit und die praktische Ohnmacht der „neoklassischen" Wirtschaftstheorie des Sozialismus.

[87] Benjamin Ward, The Socialist Economy, New York 1967, S. 37.
[88] The Economic Journal, 304/1966, S. 882.

3. KAPITEL

Kritik der „technokratischen" und „Manager"-Modelle von der Wirtschaft des Sozialismus

Veblens technokratische Theorie

Eine Spielart der bürgerlichen und kleinbürgerlichen Theorie von der sozialistischen Wirtschaft waren die „technokratischen" und „Manager"-Modelle.

Die Ursprünge der technokratischen Theorien liegen schon im 19. Jahrhundert. In Saint-Simons „Industriesystem" waren es die Wissenschaftler und Ingenieure, die Gesellschaft und Produktion lenken sollten. Auch der französische Philosoph und Soziologe Auguste Comte vertrat die Lehre von der Macht der Techniker und Ingenieure wie der Intelligenz überhaupt.

Zu den bekanntesten „technokratischen" Modellen einer vom Kapitalismus unterschiedlichen Wirtschaftsordnung, die in der ersten Etappe der allgemeinen Krise des Kapitalismus aufkamen, gehörte das des amerikanischen Ökonomen Thorstein Veblen, einer äußerst widersprüchlichen Figur in der bürgerlichen politischen Ökonomie.

Veblen war der Begründer und zugleich einer der bedeutendsten Vertreter der institutionalistischen Richtung. Der Institutionalismus bildete die amerikanische Variante und Fortsetzung der jüngeren Historischen Schule in der bürgerlichen politischen Ökonomie, die besonders in Deutschland weit verbreitet gewesen war.

Die Vertreter des Institutionalismus suchten die Gesetzmäßigkeiten der wirtschaftlichen Entwicklung aus der Evolution von subjektiv-psychologischen Institutionen wie Sitten, Gewohnheiten und Denkweisen zu erklären. „Die Institutionen stellen in erster Linie weitverbreitete Denkgewohnheiten dar, die besondere Beziehungen und besondere Funktionen des Individuums und der Gesellschaft betreffen; den Lebensplan, der aus der Gesamtheit der in einer Gesellschaft jeweils wirksamen Institutionen besteht, kann man psychologisch als vorherrschende geistige Einstellung oder als Lebensanschauung bezeichnen."[1] Bei Veblen waren diese Institutionen also die „Denkgewohnheiten", von denen sich die Menschen in ihrem täglichen Leben leiten lassen.[2]

Der Eklektizismus, der für viele bürgerliche Ökonomen typisch ist, trat in Veblens Schriften besonders deutlich hervor. In seinen theoretischen Konstruk-

[1] Thorstein Veblen, Theorie der feinen Leute, München 1971, S. 144.
[2] Ebenda.

tionen verknüpfte sich der für den Institutionalismus charakteristische subjektive Idealismus mit technologischem Fetischismus, Sozialdarwinismus und selbst mit Rassismus.

Der amerikanische Historiker des ökonomischen Denkens Ben Seligman ist der Ansicht, daß Veblens Institutionalismus der Technologismus zugrunde liege. Er schreibt: „Die für Veblen typische Betonung der Technik und der Gewohnheit zur Arbeit läßt die Annahme zu, daß er die Arbeit als Grundlage der institutionellen Veränderungen betrachtete."[3] Nach Seligmans Darstellung ist bei Veblen „der Hauptfaktor, der der Veränderung der Institutionen zugrunde liegt, die Technik, weil die Denkgewohnheit der Menschen von ihrer Lebensgewohnheit bestimmt wird"[4].

Die Klassen standen bei Veblen nicht mit der Produktion und den Produktionsverhältnissen in Zusammenhang. Auf diesen Umstand macht auch Seligman aufmerksam. Er stellt fest, daß für Veblen eine Dichotomie in Metaphysik, grobem Materialismus und Idealismus, Technologie und Institutionen charakteristisch gewesen sei.

Der Technologismus lag der Theorie vom „Industriesystem" zugrunde, deren Begründer Veblen war. Sie war die Vorläuferin der heutigen Konzeptionen von der „Industriegesellschaft". Diese Theorie unterschied zwei Entwicklungsstufen des Kapitalismus. Dabei sollte die erste Stufe von der Herrschaft des Unternehmers und die zweite von der des Finanziers gekennzeichnet sein.

Veblen wollte nachweisen, daß zu Beginn des 20. Jahrhunderts die Finanziers die „Industriekapitäne" verdrängt und die Herrschaft über das Business erobert hätten. Das Eigentum der Kapitalgesellschaften bezeichnete er als „inexistentes" oder „ungreifbares" Eigentum. „Dieses Eigentum ist in all seinen Bedingungen und Geschäften unpersönlich, gleich, ob dies andere Kapitalgesellschaften oder die in der Industrie beschäftigten Arbeiter betrifft. Die Kontrolle und Leitung der Industrie ist die Kontrolle und Leitung durch die Finanzen"[5], schrieb Veblen. Zweck dieser Kontrolle ist das „Geldmachen", der Profit.

Zu Recht verwies Veblen auf den Gegensatz zwischen Profitjagd und den Interessen der gesellschaftlichen Entwicklung, des technischen Fortschritts. Die Motive, die das Handeln der Finanzoligarchie bestimmten, leitete er aus der Herrschaft des Privateigentums ab. „Bei dem heutigen Eigentumssystem ist diese Erwägung (die Produktion materieller Güter – d. Verf.) nicht entscheidend. Der Stimulus des Business ist nicht die Produktion von Gütern, sondern das Geldmachen; für die Kontrolle und Leitung des Industriesystems aber sind die Interessen des Business entscheidend."[6]

[3] Ben B. Seligman, Osnovnye tečenija sovremennoj ėkonomičeskoj mysli, Moskva 1968, S. 63.

[4] Ebenda, S. 68.

[5] Thorstein Veblen, Absentee Ownership and Business Enterprise in Recent Times. The Case of America, New York 1923, S. 83.

[6] Thorstein Veblen, The Theory of Business Enterprise, New York 1923, S. 34–35.

Im Gegensatz zu den meisten bürgerlichen Ökonomen, die die Haupttriebkraft der gesellschaftlichen Entwicklung in der Profitjagd sahen und sehen, zeigte Veblen, daß sie zum Hemmnis für den technischen und sozialen Fortschritt wird. Nach Veblens Theorie hemmen die Businessmen, die die Geschäfte der Unternehmen führen, auch die Entwicklung der Industrie. Hierin sah Veblen die Ursache für die Vergeudung der Ressourcen, für Überproduktion, für die Unterauslastung der Kapazitäten und Arbeitslosigkeit. Die Repräsentanten der Finanzoligarchie, die Monopolherren, bezeichnete er als Profitjäger und Ausbeuter.

Den Hauptwiderspruch der neuen Stufe des Kapitalismus sah Veblen im Widerspruch zwischen Industrie und Business, zwischen dem technischen Fortschritt und dem kapitalistischen System, das diesen Fortschritt in den Dienst des Profitstrebens der Finanzmagnaten stellt. „Das Wachstum der Industrieunternehmen hat die maschinelle Technologie zum Fundament. Die maschinelle Industrie braucht das Business, und dieses kann sich ohne maschinelle Produktion nicht entwickeln. Aber deren Disziplin wirft die institutionelle Grundlage des Business um. Die maschinelle Industrie ist mit seinem schnellen Wachstum unvereinbar; auf lange Sicht kann das Business mit der maschinellen Industrie nicht vorankommen.“[7]

Veblens Auffassung vom Widerspruch zwischen Industrie und Business hatte mit der Marxschen Definition des Grundwiderspruchs des Kapitalismus wenig gemein. Erstens stellte Veblen das Business als Gesamheit psychologischer Beziehungen oder, wie er sich ausdrückte, als Institution, hin. Zweitens betrachtete er die Industrie selbst nicht als Teil der Produktivkräfte, also als Gesamtheit der stofflichen Produktionsfaktoren und der lebendigen Arbeit, sondern lediglich als Technik, über die zu disponieren Aufgabe der Ingenieure und Techniker sei. Sie sollten nach Veblens Ansicht die Seele des modernen „Industriesystems“ und deshalb Gegner des Business oder der Finanzoligarchie sein.

„Obgleich die technischen Spezialisten in zunehmendem Maße eine bedeutsame Rolle in der Technologie gespielt haben und noch spielen, sind sie in keinem Fall die Herren des Industriesystems oder der wirtschaftlichen Lage, weil das heutige Wirtschaftssystem eine Mischung von Industrie und Business darstellt; die Leitung des Business aber ist nicht an die technischen Spezialisten übergegangen.“[8] Die technischen Spezialisten und das Business lösen sich voneinander und werden zu Gegenpolen, stellte Veblen fest.

Der Gedanke, daß in den industriell fortgeschrittenen kapitalistischen Ländern ein Konflikt bestehe zwischen der Entwicklung der Technologie und der Industrie einerseits und dem Wirken der Businessmen, die sich von Habgier und der Jagd nach persönlichen finanziellen Vorteilen leiten lassen, anderer-

[7] Ebenda, S. 375.
[8] Thorstein Veblen, Absentee Ownership and Business Enterprise in Recent Times. The Case of America, New York 1923, S. 256.

seits, zieht sich mehr oder weniger durch alle Arbeiten Veblens hindurch, und zwar beginnend mit dem Buch „Theorie des kommerziellen Unternehmens“, dessen erste Auflage 1904 erschien[9].

Veblens Arbeit „Die Ingenieure und das Preissystem“, die vier Jahre nach der Großen Sozialistischen Oktoberrevolution erschien, gilt unter den bürgerlichen Ökonomen als „Manifest der Technologie“. Hier schrieb Veblen: Die „. . . . Spezialisten, Technologen, Ingenieure bilden den Stab des Industriesystems, und ohne ihre unmittelbare Leitung ist das Industriesystem nicht funktionsfähig. Der materielle Wohlstand der Gesellschaft ist untrennbar an das Wirken des Industriesystems und folglich an die unbedingte Kontrolle seitens der Ingenieure gebunden, die allein fähig sind, es zu leiten.“[10] Die Entwicklung des Industriesystems gerate in Widerspruch zu der Tätigkeit der Finanzmagnaten. Die initiativreichen Leute können sich nicht entfalten, weil „sich der Generalstab der Industriespezialisten der Anordnungen der Beamten unterwerfen und deren Sabotage erdulden muß.“[11]

Wie aber sollte diese technische Intelligenz beschaffen sein, die, nach Veblen, dazu berufen wäre, die Herrschaft der Finanzoligarchie, der „müßigen Klasse“ zu stürzen? Sie sei keine homogene Gruppe, stellte Veblen fest. Ein Teil bestehe aus alten Ingenieuren, die dem System des Business zu sehr verhaftet und nicht in der Lage seien, dagegen zu revoltieren. Auch ein Teil der jungen Ingenieure sei korrumpiert. Beide ließen sich deshalb auch weiterhin von den Ideen der Bankiers gängeln. So setzte Veblen seine Hoffnungen auf die jungen Ingenieure, die noch nicht von der Psychologie des Business infiziert wären. „Die neue Generation von Ingenieuren, die in diesem Jahrhundert in die Industrie gekommen ist, hält nichts mehr von den Traditionen des kommerziellen Ingenieurtums, das aus den Männern der Technik gehorsame Leutnants der Finanziers macht.“[12]

Veblen meinte, daß diese Gruppe von Ingenieuren „von der unerbittlichen Logik der Technologie“ erzogen wäre. Um das „Industriesystem“ auf neue Grundlagen zu stellen, würden sie schließlich einen Generalstreik durchführen, der die Industrie paralysiere und das Business zum Rückzug zwinge.

So war Veblens Theorie vom „Industriesystem“ deutlich antimonopolistisch orientiert. Seine Kritik an den Monopolen enthielt für die damalige Zeit progressive und rationelle Elemente. Indessen trug die Propagierung der „Transformation“ des Kapitalismus durch den Übergang der Macht an die Technokratie sehr verschwommene Züge. Da Veblen die Auffassungen der bürgerlichen und kleinbürgerlichen Intelligenz vertrat, war er kein Revolutionär, sondern ein kleinbürgerlicher Reformator. Schon in seiner nächsten Arbeit, die 1923 erschien[13],

[9] Vgl. Thorstein Veblen, The Theory of Business Enterprise, New York 1904.

[10] Thorstein Veblen, The Engineers and the Price System, New York 1921, S. 69.

[11] Ebenda, S. 55. [12] Ebenda, S. 74.

[13] Vgl. Thorstein Veblen, Ownership and Business Enterprise in Recent Times. The Case of America, New York 1923.

schrieb er, daß ein Generalstreik der Ingenieure wohl kaum realisierbar sei. Veblen wollte das kapitalistische System reformieren, statt es radikal umzugestalten. Ebenso wie andere kleinbürgerliche Theoretiker prangerte auch Veblen viele Mängel des Kapitalismus an, jedoch die wirklichen Wege, die zur Ablösung des Kapitalismus durch eine neue, die sozialistische Gesellschaft, führen, sah er nicht.

Der eigentliche Sinn der Konzeption vom „Industriesystem" und von dem ihr zugrunde liegenden Widerspruch zwischen Business und Industrie, zwischen Finanziers und Technikern bestand darin, daß dem wissenschaftlichen Sozialismus eine kleinbürgerliche Alternative gegenübergestellt werden sollte. Das wird auch aus Veblens Lektionen über den Marxismus deutlich, die er schon 1906 gehalten hatte.[14] Als kleinbürgerlicher Reformist wollte er von der welthistorischen Mission der Arbeiterklasse nichts wissen. Mehr noch, er wollte sogar den Nachweis erbracht haben, daß die Monopolherren und die Arbeiter gemeinsame Interessen hätten. „Die Eigentümer der Syndikate und die (in Gewerkschaften) assoziierten Arbeiter haben die gleichen Besitzinteressen. Die Ingenieure aber bilden zahlenmäßig und in ihren Anschauungen keine inhomogene und aufgeblähte Vereinigung, wie die in Gewerkschaften zusammengeschlossenen Arbeiter, deren Bemühungen durch die Anzahl und verschiedenartigen Interessen im Grunde genommen zum Scheitern verurteilt sind."[15]

Veblen begriff das Wesen der Ausbeutung der Arbeit durch das Kapital nicht. Ebensowenig hatte er begriffen, daß das Proletariat durch seine Stellung in der gesellschaftlichen Struktur der kapitalistischen Produktion die einzige Klasse darstellt, die dazu berufen ist, die Herrschaft des Kapitals zu beseitigen.

Die Bedingung des Kapitals ist die Lohnarbeit, schrieben Marx und Engels. „Der Fortschritt der Industrie, dessen willenloser und widerstandsloser Träger der Bourgeois ist, setzt an die Stelle der Isolierung der Arbeiter durch die Konkurrenz ihre revolutionäre Vereinigung durch die Assoziation. Mit der Entwicklung der großen Industrie wird also unter den Füßen der Bourgeoisie die Grundlage selbst hinweggezogen, worauf sie produziert und die Produkte sich aneignet. Sie produziert vor allem ihren eigenen Totengräber. Ihr Untergang und der Sieg des Proletariats sind gleich unvermeidlich."[16]

Wenn Veblen die revolutionäre Rolle der Arbeiterklasse leugnete, dann deshalb, weil ihm das Wesen der Klassen in der kapitalistischen Gesellschaft verborgen blieb. Das hinderte ihn, die Dialektik der Widersprüche zwischen den gesellschaftlichen Produktivkräften und der kapitalistischen Form der Aneignung zu erkennen. Die Opposition zur Macht der Finanzoligarchie und das

[14] Vgl. Thorstein Veblen, The Socialist Economics of Karl Marx and his followers, in: The Quarterly Journal of Economics, Bd. XX, August 1906.

[15] Thorstein Veblen, The Engineers and the Price System, New York 1921, S. 79.

[16] Karl Marx, Friedrich Engels, Manifest der Kommunistischen Partei, in: MEW, Bd. 4, Berlin 1969, S. 473–474.

gleichzeitige Nichtbegreifen der Befreiungsrolle des Proletariats führte ihn zur Theorie von der Herrschaft der wissenschaftlich-technischen Intelligenz, deren modifizierte und der kritischen Schärfe ermangelnde Form sich später die Apologeten des Monopolkapitalismus zueigen gemacht haben.

Wie die Klassiker des Marxismus-Leninismus nachgewiesen hatten und der Verlauf der Weltgeschichte bestätigt hat, kann eine neue Gesellschaft nicht auf evolutionären Wege, mit dem Zauberstab der Technokratie, der die Macht der Finanzmagnaten in nichts auflöst, geschaffen werden, sondern nur durch die unter der Führung der kommunistischen Partei vereinigte und in der Schule des Klassenkampfes gestählte Arbeiterklasse. Deshalb sind die Versuche mancher Ökonomen, Veblen als „amerikanischen Marx" hinzustellen, reine Demagogie.

Auch der Technologismus, der technologische Fetischismus, gehörte zu den Grundlagen von Veblens Modell der „neuen Gesellschaft". Unter Technokratie verstand man die Herrschaft der wissenschaftlich-technischen Intelligenz. Um seine Theorie vom Übergang der Führung der Gesellschaft an die wissenschaftlich-technische Intelligenz zu begründen, wandte sich Veblen der Technik und dem technischen Fortschritt zu.

In Veblens Arbeiten findet sich keinerlei geschlossene Konzeption von der neuen Gesellschaftsordnung, die mit der Errichtung der Macht der Technokratie entstehen sollte. Aus vereinzelten Äußerungen Veblens lassen sich jedoch folgende, seiner Ansicht nach charakteristische Züge der neuen Ordnung ableiten. Veblen behauptete, daß die Technokratie zunächst das Bereicherungsstreben, das Profitstreben der Finanziers abschaffen werde. Den Übergang zur neuen Gesellschaft sollten die Gruppen von „Produktionsingenieuren, die sich von keinen kommerziellen Vorurteilen leiten lassen"[17], vollziehen. Technikexperten sollten die Industrieunternehmen leiten, den technischen Fortschritt voranbringen und ihn in den Dienst des „Gemeinwohls", also der Gesellschaft, statt des großen Business stellen.

Nach Veblens Theorie sollte die Macht in der Gesellschaft von einem Generalstab des „Industriesystems" oder einem „Rat der Techniker" ausgeübt werden. Die unmittelbare Leitung der Produktion sollten Zweigverbände (Gilden) von Ingenieuren übernehmen. Nach Veblens Worten wird der Verlauf der Umgestaltung in den USA und den anderen industriell fortgeschrittenen kapitalistischen Ländern „in der Tat davon bestimmt werden, was die Gilden der Technikexperten tun"[18].

Die Technikergilden sollten die Produktion planmäßig leiten und dabei bemüht sein, die Disproportionen sowie die unproduktiven Kosten, die durch die Herrschaft der Finanziers im „Industriesystem" entstanden waren, zu beseitigen. Sie „müssen freie Hand bei der Verfügung über die Ressourcen, Ausrüstun-

[17] Thorstein Veblen, The Engineers and the Price System, New York 1921, S. 55.
[18] Ebenda, S. 133.

gen und Arbeitskräfte haben".[19] Auf diese Weise würden, so meinte Veblen, die Wachstumsraten der Produktion steil ansteigen und es käme zu einer „gerechten Verteilung der Konsumgüter".

Noch im Jahre 1918 sprach sich Veblen für die Bildung eines speziellen staatlichen Organs aus, das die gerechte Einkommensverteilung bewerkstelligen sollte („Einkommensverwaltungen"). In diesem Organ sah Veblen einen wichtigen Schritt zur Realisierung der Wirtschaftsplanung, die der Angleichung der Einkommen, der Vollbeschäftigung dienen und die Veruntreuung von Ressourcen verhindern würde. Die „Einkommensverwaltung" sollte eine „gerechte und ausreichende" Versorgung der Gesellschaft mit Waren und Leistungen sichern.

Auf diese Weise stellte sich Veblen die neue technokratische Ordnung als eine Art Gildensozialismus vor. Der amerikanische Ökonom H. Elsner stellt zu Recht fest, daß das Verwaltungssystem, wie es Veblen vorgeschlagen hatte, „dem syndikalistischen Ideal einer industriellen Selbstverwaltungsorganisation, die die Notwendigkeit des Staatsapparats leugnet, sehr nahe kommt".[20] Veblen habe die „sozialistische Bewegung als Ausdruck der Erfordernisse rationellen Wirtschaftens"[21] betrachtet.

Ebenso wie die anderen Varianten des Gildensozialismus trug auch Veblens Modell der neuen Ordnung kleinbürgerlichen Charakter, stellte es eine Form des kleinbürgerlichen Sozialismus dar. Sehr deutlich wird dies bei Veblens Einschätzung der Großen Sozialistischen Oktoberrevolution.

Veblen gehörte zu den wenigen bürgerlichen Wissenschaftlern, die die Große Sozialistische Oktoberrevolution von deren ersten Schritten an begrüßten. Seine Sympathie gehörte nicht der russischen Bourgeoisie und nicht den Großgrundbesitzern, sondern dem Volk, und er begrüßte die Expropriation des kapitalistischen Großbesitzes. Er schrieb von der Kluft zwischen den Interessen der Eigentümer und den Interessen des einfachen Menschen und hob hervor, daß der Bolschewismus die „Eigentumsrechte und -privilegien"[22] in Frage stelle.

Den proletarischen Charakter der sozialistischen Revolution in Rußland hatte Veblen jedoch nicht erkannt. Er hegte Sympathie für den „einfachen Menschen", aber er sah hinter diesen „einfachen Menschen" nicht die Arbeiterklasse, die mit der werktätigen Bauernschaft gegen Großgrundbesitzer und Kapitalisten, für Frieden und Sozialismus kämpfte.

Auch den welthistorischen Charakter der Großen Sozialistischen Oktoberrevolution stritt Veblen ab. Für ihn, wie auch später für Schumpeter, war sie keine Gesetzmäßigkeit, sondern ein Zufall, der für die westliche Welt, besonders aber für die Vereinigten Staaten ohne Bedeutung sei. Obwohl sich Veblen im

[19] Ebenda, S. 54.
[20] H. Elsner, The Technocrats Prophets of Automation, Syracuse University Press, 1967, S. 22.
[21] Ebenda, S. 18.
[22] Thorstein Veblen, The Engineers and the Price System, New York 1921, S. 83.

Jahre 1921 anerkennend über die Erfolge Sowjetrußlands äußerte, folgerte er doch: „Allerdings bedeutet das keineswegs, daß das, was die Bolschewiken getan haben, in ähnlicher Form von der revolutionären Bewegung in Amerika, selbst ohne ausländische Intervention, verwirklicht werden kann.“[23] Unter den Verhältnissen des hochentwickelten Kapitalismus war für Veblen eine sozialistische Revolution undenkbar. „Die Sowjets hatten Erfolg, weil das russische Volk auch nicht im entferntesten so industrialisiert war, wie seine westlichen Nachbarn.“[24]

Mit der Theorie, nach der die Technokratie die entscheidende Triebkraft der gesellschaftlichen Entwicklung sei, sollte im Grunde genommen nachgewiesen werden, daß es in den industriell fortgeschrittenen kapitalistischen Ländern keine Voraussetzungen für eine Revolution des Proletariats gebe. Das hatte Veblen auch im Auge, als er schrieb: „Die Revolution des 20. Jahrhunderts kann nur mit industriellen Wegen und Methoden besiegt und neutralisiert werden.“[25]

Die Halbheiten seiner kleinbürgerlichen Positionen bestimmten auch die Widersprüchlichkeit der Haltung Veblens zur Großen Sozialistischen Oktoberrevolution. Hinter dem Bemühen, den Geschichtsprozeß klassenneutral, vom Standpunkt des „einfachen Menschen“ und des Technokraten zu analysieren, stand letztlich der Verzicht auf die revolutionäre Umwälzung der kapitalistischen Gesellschaft.

Nach Veblens Tod hörten die Technokraten auf, gegen das Kapital und gegen die Monopole Front zu machen. Im Jahre 1932 gründeten Scott und Ackerman die „Technokratische Gesellschaft“. Der positive Teil des Programms der Technokratie-Ideologen reduzierte sich auf die Feststellung, daß nur die technische Intelligenz die Weltwirtschaftskrise von 1929–1933 überwinden könne. Dabei sollte die Herrschaft des Monopolkapitals unangetastet bleiben. Diese bürgerliche Bewegung, der keinerlei Spuren von Opposition mehr anhafteten, blieb nur wenige Jahre am Leben. Sie zeugte deutlich davon, daß der eigentliche Sinn der Veblenschen „Revolution der Ingenieure“ darin bestand, die Arbeiterklasse zu desorientieren und sie vom revolutionären Kampf abzuhalten.

Die Widersprüchlichkeit der Konzeption von Veblen verursacht auch die widersprüchlichen Haltungen der verschiedenen Strömungen der heutigen bürgerlichen Ökonomie zu ihr. Die meisten bürgerlichen Ökonomen der Gegenwart übergehen Veblens bemerkenswerte Einschätzung der Großen Sozialistischen Oktoberrevolution mit Schweigen. Zugleich aber operieren sie mit seinen Argumenten, um nachzuweisen, daß die Entfaltung der wissenschaftlich-technischen Revolution in den Ländern des Kapitalismus die Beständigkeit des Kapitalismus bewirkte und der Sieg des Sozialismus in der UdSSR und den anderen sozialistischen Ländern das Ergebnis der Rückständigkeit, des niedrigen Entwicklungsstandes der Produktivkräfte in diesen Ländern gewesen sei.

[23] Ebenda, S. 94–95. [24] Ebenda, S. 95. [25] Ebenda, S. 99.

Technokratische Konzeptionen sind heute in den kapitalistischen Ländern des Westens weit verbreitet. Ihre Autoren, zu denen auch offene Apologeten des Monopolkapitals gehören, berufen sich auf Veblen, um dessen Werke für ihre Zwecke zu nutzen. Der amerikanische Ökonom J. Galbraith hat in seinem vielzitierten Buch „Die moderne Industriegesellschaft" Veblens Konzeption vom „Industriesystem" weiterentwickelt.[26] Deshalb ist die kritische Betrachtung des technokratischen Modells von Veblen nicht nur von geschichtlichem Interesse.

James Burnhams „Manager"-Modell vom Sozialismus

Für die folgende Etappe in der Entwicklung der behandelten bürgerlichen Theorien von der sozialistischen Wirtschaft war die Theorie der „Managerrevolution" bezeichnend. Im Jahre 1932 erschien das Buch „Die moderne Kapitalgesellschaft und das Privateigentum", dessen Verfasser, A. Berle und G. Means, Anhänger der Theorie Veblens waren. Berle und Means wollten den Nachweis liefern, daß die Macht des Kapitals infolge der Trennung des Kapitaleigentums von der Kapitalfunktion schwinde und sich bereits aufgelöst habe. Diese These versuchten sie mit bestimmten Oberflächenerscheinungen der kapitalistischen Wirklichkeit zu begründen.

Mit seinem System der Aktiengesellschaften steigert der Kapitalismus der Gegenwart die Trennung der Produktionsleitung vom Eigentum ins Extrem. Lenin schrieb darüber: „Trennung des Kapitaleigentums von der Anwendung des Kapitals in der Produktion, die Trennung des Geldkapitals vom industriellen oder produktiven Kapital, die Trennung des Rentners, der ausschließlich vom Ertrag des Geldkapitals lebt, vom Unternehmer und allen Personen, die an der Verfügung über das Kapital unmittelbar teilnehmen, ist dem Kapitalismus überhaupt eigen. Der Imperialismus oder die Herrschaft des Finanzkapitals ist jene höchste Stufe des Kapitalismus, wo diese Trennung gewaltige Ausdehnung erreicht."[27]

Berle und Means entstellten das Wesen der tatsächlichen Konzentration der

[26] Allerdings wäre es falsch, daraus den Schluß zu ziehen, daß die moderne Theorie von der „Industriegesellschaft" auf dem Institutionalismus beruhe. Die Lehren der Vertreter des Institutionalismus spielten in der bürgerlichen politischen Ökonomie der dreißiger Jahre eine große Rolle. Der britische Historiker des ökonomischen Denkens M. Blaug stellt in seinem Buch „Economic Theory in Retrospect" (London 1970, S. 861) fest, daß es im heutigen ökonomischen Denken keinerlei institutionalistische Richtung gäbe. Galbraith selbst hat sich auf einer Tagung der American Economic Association (Dezember 1973) vom Institutionalismus abgegrenzt, der „die ökonomischen Prozesse nicht in ihrer Gesamtheit", sondern lediglich „das Verhalten verschiedener Institute oder Machtgruppen, wie Gewerkschaften, gigantische Kapitalgesellschaften und Staaten" betrachte (Business Week, S. 1, 1974, S. 57).

[27] W. I. Lenin, Der Imperialismus als höchstes Stadium des Kapitalismus, in: Werke Bd. 22, Berlin 1971, S. 242.

Leitungsfunktionen in der Produktion auf lohnabhängiges Verwaltungspersonal, indem sie diesen Prozeß als Übertragung der wirtschaftlichen Macht und Kontrolle auf diese Manager ausgaben. Sie behaupteten, daß durch die Aktiengesellschaften die Bedingungen zur Entwicklung des Kapitalismus zu einer neuen Gesellschaft entstanden seien. So schrieben Berle und Means, daß die „Entwicklung der Kapitalgesellschaften eine stärkere Annäherung an kommunistische Formen (darstellt) als sie irgendwo sonst in unserem System anzutreffen ist“ [28].

Die Konzeption von Berle und Means wurde von dem amerikanischen Ökonomen James Burnham, einem Reaktionär und ehemaligen Trotzkisten, aufgegriffen. Burnham sah in der Theorie von Means und Berle die „erstaunlichste Bestätigung“ seiner Theorie der „Managerrevolution“. In seinem Buch „The Managerial Revolution“ versuchte er, die These zu begründen, daß sich die soziale Struktur des Kapitalismus automatisch „transformiert“ und der Kapitalist durch Übertragung der Macht an die Organisatoren der Produktion, die mit den Ingenieuren die Produktion leiten, die Kontrolle über die Gesellschaft abgebe.[29]

Nach Burnhams Theorie verschwindet die kapitalistische Gesellschaft, weil sich die Kapitalisten selbst von der Macht lösen. Der Kapitalismus weiche einer neuen herrschenden Klasse: den Managern. Diese neue herrschende Klasse, die Manager, sei in ihrem Wesen nicht kapitalistisch und nicht vom Profitstreben geleitet. Der Übergang zur „Managergesellschaft“ finde in allen kapitalistischen Ländern statt, vor allem aber in den USA.

Burnhams apologetische Konzeption steht in krassem Widerspruch zur Wirklichkeit. Die Manager bilden durchaus keine besondere Klasse. Es ist zwischen der Oberschicht der Administration in den Monopolgesellschaften in Gestalt der Direktoren, Präsidenten und Vizepräsidenten einerseits und den Administratoren, denen die operative Leitung von Produktion und Absatz obliegt, andererseits zu unterscheiden. Die ersteren beziehen riesige Gehälter und sind zugleich Großaktionäre. Sie kommen entweder direkt aus der Finanzoligarchie oder werden in sie einbezogen. Die letzteren, lohnabhängige Angestellte, stehen nach ihrer sozialen Lage der Arbeiterklasse nahe. Das tatsächliche Wesen der kapitalistischen Ordnung – die Ausbeutung von Lohnarbeit – bleibt in der „Managergesellschaft“ unverändert. Die amerikanische Soziologe C. W. Mills stellt in seinen Untersuchungen fest: „Eigentum und Unternehmensleitung sind zwar heute nicht mehr in einer Person vereinigt, aber der Manager hat keineswegs den Eigentümer verdrängt oder enteignet, noch hat die Macht des (das Eigentum bildenden) Unternehmens über Menschen und Märkte nachgelassen. Macht und Besitz sind durchaus nicht voneinander geschieden. Aber die Macht des Besitzes ist stärker zusammengeballt als die Macht der einzelnen rechtlichen Eigentümer, die nicht so zentral zusammengefaßt ist.“ [30]

[28] Adolf A. Berle, Gardiner C. Means, The Modern Corporation and Private Property, New York 1932, S. 278.

[29] Vgl. James Burnham, Das Regime der Manager, Stuttgart 1948.

[30] Charles Wright Mills, Menschen im Büro, Köln 1955, S. 147.

Die „Managergesellschaft“ und die „Managerrevolution“ sind Mythen, die Burnham zur Verteidigung des Kapitalismus erfunden hat. Nach Burnham sollte die „Managergesellschaft“ bereits keine kapitalistische Gesellschaft mehr sein. Das Bündnis der „Administratoren, Experten, leitenden Ingenieure, Produktionsleiter, Propagandaspezialisten und Technokraten“ sollte demnach eine neue herrschende Klasse bilden.

Nach Burnhams Auffassung sollte das Managersystem „das Staatsmonopol aller wichtigen Unternehmungen“[31] zur Folge haben. Bürokratische Leitungsmethoden sollten für dieses System typisch sein. Burnham meinte, daß die „neue herrschende Klasse“ die ganze Wirtschaft planen könne, was im Kapitalismus unmöglich ist. Und obgleich sie nicht auf Profit aus sei, bleibe sie doch eine Ausbeuterklasse. „Man könnte die Managerwirtschaft als ein System korporativer Ausbeutung im Gegensatz zur Einzelausbeutung des Kapitalismus bezeichnen.“[32] Die Bürokraten und Manager setzen, so Burnham, an die Stelle der Privatunternehmen „Sozialismus und Kollektivismus“ und an die Stelle von „Freiheit und freier Initiative“ die Planung.[33]

So wurden im Modell der „Managergesellschaft“ Elemente von Veblens Technokratielehre, der Theorie von Scott und Ackerman (in der von Veblens „Revolution der Ingenieure“ wenig übriggeblieben war) und von Berles und Means Theorie der „Managerherrschaft“ miteinander verknüpft. Burnham abstrahierte von den realen Produktionsverhältnissen, indem er die Eigentumsverhältnisse durch Verhältnisse der Administration und Technologie ersetzte. Sein Modell der „neuen nichtkapitalistischen Ordnung“, das auf dieser unsicheren Grundlage aufbaute, versuchte Burnham mit den verschiedenen Formen des staatsmonopolistischen Kapitalismus in Einklang zu bringen, nämlich mit der Kriegswirtschaft des faschistischen Deutschlands und der staatlichen Wirtschaftsregulierung auf der Grundlage der bürgerlichen Reformen in den USA zur Zeit von Roosevelts „New Deal“. Doch ließ er es damit nicht bewenden und erklärte auch die sozialistische Ordnung in der UdSSR zur „Managergesellschaft“. Die Hauptaufgabe von Burnhams Konstruktionen bestand darin, völlig unterschiedliche ökonomische Systeme wie den Kapitalismus und Sozialismus miteinander zu identifizieren und den Sozialismus zu verleumden.

Burnham behauptete, das faschistische Deutschland, die USA und die Sowjetunion hätten die gleiche Gesellschaftsordnung, in der ein und dieselbe „neue Klasse“ herrsche: die Klasse der Organisatoren, Bürokraten und Technokraten. Von Haß gegen die sozialistische Gesellschaft in der UdSSR geleitet, bemühte sich Burnham weniger, seine Behauptungen zu begründen als sie zu deklarieren. Es kam ihm nicht darauf an zu überzeugen, wenn er den Sozialismus demagogisch als Spielart der „Managergesellschaft“ bezeichnete. Und indem er den Sozialismus zur Ausbeuterordnung erklärte, stellte er die realen Verhältnisse auf den Kopf.

[31] James Burnham, Das Regime der Manager, Stuttgart 1948, S. 327.
[32] Ebenda, S. 151. [33] Vgl. ebenda, S. 226.

Burnham spekulierte auf bestimmte gleiche Tendenzen in der Entwicklung der maschinellen Großproduktion, der gesellschaftlichen Arbeitsteilung und der Leitung der Produktion im Kapitalismus und Sozialismus. Mit der Anwendung dieses Modells auf die Wirtschaft der UdSSR sollte das Wesen des staatlichen Eigentums (des Volkseigentums) an den Produktionsmitteln und die sozialökonomische Struktur der sozialistischen Gesellschaft entstellt werden. Das staatliche sozialistische Eigentum war für Burnham Eigentum der Staatsbürokratie, der „neuen herrschenden Klasse“, die von den unmittelbaren Produzenten getrennt sei und deren Gegensatz bilde.

In Wirklichkeit bedarf jede maschinelle Großproduktion, wenn sie normal funktionieren soll, eines speziellen Leitungsapparates, der die verschiedenen Ebenen und Teile des Produktionsprozesses einander zuordnet und koordiniert. Doch darf der Leitungsprozeß nicht mit der Verfügung und Verwendung der Produktionsmittel verwechselt werden. Sie sind die Formen, in denen sich die Verhältnisse des Eigentums an den Produktionsmitteln realisieren.

Im Sozialismus ist die Gesellschaft, das Volk, der eigentliche und einzige Eigentümer der entscheidenden Produktionsmittel. Die Realisierung des allgemeinen Volkseigentums und die planmäßige Leitung der Volkswirtschaft als eines einheitlichen Ganzen obliegen dem sozialistischen Staat, der im Namen, im Auftrag und im Interesse der Gesellschaft handelt.

Entgegen der Behauptung Burnhams ist die staatliche Form des allgemeinen Volkseigentums keineswegs eine unvermeidliche Ursache zur Bürokratisierung der Gesellschaft. Die sozialistische Gesellschaft realisiert die Planung und zentrale Leitung auf der Grundlage der sozialistischen Demokratie, der verschiedenen Formen der Beteiligung der Volksmassen an der Wirtschaftsleitung und im Interesse des Volkes. „Wir sind für den demokratischen Zentralismus“, schrieb Lenin. „Und man muß sich eindeutig darüber klar werden, wie sehr sich der demokratische Zentralismus einerseits vom bürokratischen Zentralismus, anderseits vom Anarchismus unterscheidet.“[34]

Burnhams Modell der „Managergesellschaft“ verfälschte das Wesen des staatlichen Eigentums an den Produktionsmitteln und der Wirtschaftsleitung im Sozialismus. Und so war es kein Zufall, wenn es dem bürgerlichen Modell vom sozialistischen „Staatsmanagertum“ in den fünfziger und sechziger Jahren als Vorbild diente.[35] Heute ist es eine wertverbreitete Form des Antisowjetismus, deren sich die Ideologen des Antikommunismus, angefangen von den hartnäckigsten Sozialismusgegnern bis zu den Theoretikern rechtssozialistischer und revisionistischer Prägung, in breitem Maße bedienen.

[34] W. I. Lenin, Ursprünglicher Entwurf des Artikels „Die nächsten Aufgaben der Sowjetmacht“, in: Werke, Bd. 27, Berlin 1970, S. 196.

[35] Zur Kritik des „Staatsmanagertums“ vgl. S. Chavina, Bürgerliche Konzeptionen über das Volkseigentum und den sozialistischen Wirtschaftsmechanismus, in: Ekonomičeskie nauki, 9/1971, S. 84–86.

4. KAPITEL

Joseph A. Schumpeter über die Wirtschaft des Sozialismus

Die Theorie von der „Selbstzerstörung“ des Kapitalismus

Der bekannte bürgerliche Theoretiker Joseph Alois Schumpeter war Schüler Eugen von Böhm-Bawerks, eines führenden Repräsentanten der Österreichischen Schule in der bürgerlichen politischen Ökonomie. Schumpeter war ein begeisterter Anhänger der Lausanner Schule, von deren Vertretern Leon Walras, Vilfredo Pareto und Enrico Barone die „reine“ Theorie von der sozialistischen Wirtschaft entwickelt wurde.[1] Wie die meisten bürgerlichen Ökonomen ging auch Schumpeter von der Klassen- und Parteienneutralität der Wirtschaftswissenschaft aus. In einem postum veröffentlichten Werk zur Geschichte der ökonomischen Analyse stellte er fest: „. . . schließlich waren es ‚bürgerliche‘ Ökonomen, die . . . die rationale Theorie der sozialistischen Wirtschaft entwickelten“. An anderer Stelle in diesem Werk schreibt er: „Drei führende Autoren, Wieser, Pareto und Barone, die keinerlei Sympathien für den Sozialismus hegten, schufen das, was im Grunde genommen die reine Theorie der sozialistischen Wirtschaft darstellt, womit sie der sozialistischen Lehre einen Dienst erwiesen, den die Sozialisten selbst niemals zu leisten imstande gewesen sind.“[2]

Aus Schumpeters Feder stammen zahlreiche Bücher und Aufsätze. Bekannt sind besonders seine Arbeiten über die Theorie des Zyklus und der Wirtschaftsdynamik. Fragen des Sozialismus war sein Aufsatz „Sozialistische Möglichkeiten heute“[3], gewidmet, der bereits nach dem ersten Weltkrieg erschien, und sein Buch „Kapitalismus, Sozialismus und Demokratie“[4], das 1942 in New York veröffentlicht wurde und mehrere Auflagen erlebte.

[1] Die Österreichische und Lausanner Schule sind zwei Zweige der subjektiven Schule in der bürgerlichen politischen Ökonomie. Die Österreichische Schule (auch Wiener Schule genannt), die Ende des 19. und Anfang des 20. Jahrhunderts von Carl Menger, Friedrich von Wieser und Eugen von Böhm-Bawerk vertreten wurde, hat die Grenznutzentheorie entwickelt. Von der Lausanner Schule, zu der Leon Walras und seine Anhänger gehörten, stammt die Theorie vom wirtschaftlichen Gleichgewicht.

[2] Joseph A. Schumpeter, Geschichte der ökonomischen Analyse, 2. Halbband, Göttingen 1965, S. 1083–1084 und 1199.

[3] Essays of Joseph A. Schumpeter, Ed. by R. Clemence, Cambridge (Mass.) 1951, S. 170–183.

[4] Joseph A. Schumpeter, Capitalism, Socialism and Democracy, New York 1942.

Schumpeter ist eine recht diffizile und widersprüchliche Erscheinung in der bürgerlichen ökonomischen und soziologischen Wissenschaft. Sein ganzes System von Anschauungen, seine Konzeption vom Kapitalismus wie auch vom Sozialismus, sein Verhältnis zum Marxismus und zur UdSSR sind von Widersprüchen durchdrungen. Einerseits zeigte sich Schumpeter als Apologet des Monopolkapitalismus, andererseits aber prophezeite er dessen unausbleiblichen Untergang. Er erkannte die Möglichkeit der Ablösung des Kapitalismus durch den Sozialismus an, sprach von den Vorzügen des Sozialismus und verhehlte doch nicht seine Antipathie ihm gegenüber.

Die grundlegenden Schlußfolgerungen des Marxismus über den Antagonismus zwischen Kapital und Arbeit und über die revolutionäre Rolle des Proletariats lehnte Schumpeter ab. Der Marxschen Mehrwerttheorie stellte er eine Konzeption entgegen, nach der die kapitalistische Wirtschaft auf der Grundlage der „Novation", der „Neuerertätigkeit des Unternehmers" beruhe. Schumpeter hat sich mit der Marxschen Theorie eingehend befaßt und einige Grundthesen aus ihr entlehnt, um sie auf eklektische Weise mit seinen Anschauungen zu verbinden.

Bei der Konstruktion seines Sozialismusmodells in dem Buch „Kapitalismus, Sozialismus und Demokratie", das zu einer Zeit erschien, als bereits eine 25-jährige Erfahrung aus der Entwicklung der sowjetischen Wirtschaft vorlag, vermied es Schumpeter, die sowjetische Wirklichkeit zu analysieren. Wohl sah er sich gezwungen die vor der ganzen Welt offenkundigen Vorzüge des Sozialismus bei der Herstellung einer bewußten Arbeitsdisziplin und der Mobilisierung von Akkumulationsmitteln zuzugeben. Aber er tat es doch äußerst selten und weniger im Text als in den Fußnoten. Und um die Richtigkeit seiner Thesen zu erhärten, berief er sich auf Prozesse, die in der sowjetischen Wirtschaft stattgefunden haben. Zugleich aber erklärt er völlig unmotiviert, kein Sozialist könne die russische Praxis als vollwertige Umsetzung des Sozialismusmodells anerkennen.

Mit Bedauern konstatierte Schumpeter den Popularitätsverlust des Kapitalismus und die Ausbreitung einer Atmosphäre der Kapitalismusfeindlichkeit. Angesichts dessen zählte er die Vorzüge des Kapitalismus auf: eine hohe Wachstumsrate der Gesamterzeugung pro Jahr, darunter auch das Aufkommens an Massenkonsumgütern, die Entwicklung von Technik, Wissenschaft und Kunst, eine Verbesserung der Sozialgesetzgebung. die bürgerliche Lebensart, die Beseitigung der Armut usw. Wie diese Aufzählung zeigt, vermischte Schumpeter hier tatsächliche mit scheinbaren Leistungen des Kapitalismus. Besonders hob er dabei die Leistungen des Monopolkapitalismus hervor. Schumpeter war Apologet des Großkapitals. So betonte er allenthalben die dem Monopolkapitalismus innewohnende Tendenz zum technischen und wirtschaftlichen Fortschritt, ignorierte dabei aber die ebenfalls für das Monopol typische Tendenz zu Stagnation und Fäulnis.

Schumpeter gehörte in der bürgerlichen Literatur zu den ersten, die die moderne Variante der bürgerlich-reformistischen Theorie von der „Transformation" des

Kapitalismus in den Sozialismus vertraten. Er räumte ein, daß die gesellschaftliche Entwicklung unvermeidlich zum Sozialismus führt und fragte: „Kann der Kapitalismus weiterleben?" Und er antwortete: „Nein, meines Erachtens nicht."[5]

Wenn Schumpeter eine Konzeption von der „Selbstzerstörung" des Kapitalismus aufstellte und von der unvermeidlichen Ablösung des Kapitalismus durch den Sozialismus ausging, betonte er zugleich, daß er ganz andere Ursachen für den Untergang des Kapitalismus und auch andere Wege für den Übergang zum Sozialismus sehe als die Marxisten.

Die Spezifik dieser Variante der Theorie von der „Transformation" des Kapitalismus in den Sozialismus bestand darin, daß in ihr die „Selbstzerstörung" des Kapitalismus nicht aus den Widersprüchen und Mängeln, sondern aus der Entwicklung des Kapitalismus auf wirtschaftlichem und sozialem Gebiet und dem Wirken der für seinen Schutz bestimmten Einrichtungen abgeleitet wurde. Gerade die Erfolge des Kapitalismus, so meinte Schumpeter, untergraben die sozialen Einrichtungen, die ihn schützen, und schaffen „unvermeidlich" Bedingungen, unter denen er nicht existieren könne und die „auf den Sozialismus als seinen gesetzmäßigen Erben deuten"[6].

Zu den sozialen Einrichtungen, die mit der Entwicklung des Kapitalismus untergehen, zählte Schumpeter vor allem die wirtschaftliche Funktion des Unternehmers. Er ging von der apologetischen Konzeption vom „dynamischen Unternehmer" aus, nach der der Unternehmer, der neue Erzeugnisse und Produktionsmethoden einführe, der aktivste Faktor des wirtschaftlichen Fortschritts sei. Im heutigen Kapitalismus verliere die Unternehmerfunktion durch die Bürokratisierung der Leitung des wirtschaftlichen Fortschritts ihre Bedeutung. Auf einem bestimmten hohen Entwicklungsstand der Produktion und der Bedürfnisse entfalle wegen der Sättigung der Bedürfnisse die Notwendigkeit, die Arbeitsproduktivität zu steigern, und aus einer dynamischen kapitalistischen Wirtschaft werde eine statische Wirtschaft.

Nach Schumpeters Konzeption kommt es neben der „Selbstzerstörung" des kapitalistischen Unternehmertums und dem Abbau der Unternehmerfunktionen zum Verfall der sozialen Schichten, die den Kapitalismus am Leben erhalten. Damit waren die Kräfte gemeint, denen die politische Führung der Gesellschaft oblag (bei Schumpeter ist dies nicht die Bourgeoisie, sondern eine feudale Oberschicht, die Aristokratie) sowie die Repräsentanten vorkapitalistischer Wirtschaftsformen, die kleinen und mittleren Produzenten, die für den Schutz der politischen Interessen der Großbourgeoisie notwendig seien.

Schumpeter stellte die Konzentration des kapitalistischen Großbesitzes in den Händen einiger weniger Finanzmagnaten und die starke Entwicklung der Aktien-

[5] Joseph A. Schumpeter, Kapitalismus, Sozialismus und Demokratie, Bern 1946, S. 105.

[6] Ebenda, S. 106.

gesellschaften als „Verflüchtigung des industriellen Eigentums“ hin. Er meinte, die Aktiengesellschaften würden die materielle Substanz des Eigentums auflösen und seine Funktion damit wesentlich verändern. Neben der „Selbstzerstörung des industriellen Eigentums“ konstatierte Schumpeter die „Verflüchtigung des Konsumenteneigentums“, beispielsweise das scheinbare Desinteresse, ein eigenes Haus zu erwerben, was eine Folge der Auflösung des Familienlebens und einer entsprechenden Veränderung des bürgerlichen Lebensstils sei. Der „Bedeutungsverlust“ der Unternehmerfunktion, die Zerstörung der „schützenden“ sozialen Schichten, die „Verflüchtigung“ des kapitalistischen Eigentums und der ökonomischen Motivationen führen zur „Selbstzerstörung“ des kapitalistischen Systems, was sich in einer Verlangsamung des Fortschritts äußern könne.

So hat Schumpeter zwar einige Prozesse, die für den Monopolkapitalismus typisch sind, richtig erkannt, zum Beispiel die Verwandlung des individuellen kapitalistischen Eigentums in kapitalistisches Kollektiveigentum, die Trennung der Kapitalfunktion vom Kapitaleigentum und die Verwandlung der Bourgeoisie in eine Klasse, die für den normalen Verlauf der Produktion überflüssig wird. Falsch aber war die Interpretation, die er diesen Prozessen und ihren Auswirkungen gab.

Die Theorie von der „Selbstzerstörung“ des Kapitalismus ist eine bürgerliche Variante der reformistischen Theorie vom automatischen Zusammenbruch des Kapitalismus, die den Klassenkampf des Proletariats und die revolutionäre Umgestaltung der ökonomischen Struktur der kapitalistischen Gesellschaft als nicht notwendig erachtet. Schumpeter bestritt zwar nicht die Möglichkeit der Revolution, betrachtete sie allerdings als Einzelfall. Zur allgemeinen Gesetzmäßigkeit des Geschichtsverlaufs erklärte er das allmähliche, evolutionäre Hineinwachsen des Kapitalismus in den Sozialismus. Wie alle bürgerlichen Reformisten sah auch er die Triebkraft der gesellschaftlichen Entwicklung nicht im Klassenkampf.

Zwar registrierte Schumpeter, daß die kapitalistische Entwicklung eine Arbeiterbewegung hervorruft, doch mißt er ihr nicht die Bedeutung zu, die sie tatsächlich besitzt, und er bestreitet faktisch die historische Mission der Arbeiterklasse, der Totengräber der bürgerlichen Gesellschaft zu sein. Für ihn war die Intelligenz die revolutionäre Hauptkraft.

Die Ablösung des Kapitalismus durch den Sozialismus sah Schumpeter als wahrscheinlich, aber nicht notwendig, als möglichen, aber nicht gesetzmäßigen Prozeß an. „Die kapitalistische oder sonst eine Ordnung der Dinge kann offenbar zusammenbrechen – oder die wirtschaftliche und soziale Entwicklung kann über sie hinausgehen – , und doch kann es geschehen, daß kein sozialistischer Phönix der Asche entsteigt.“[7]

In dem Aufsatz „Der Marsch in den Sozialismus“, der im Jahre 1950 erschien, zeigte Schumpeter sogar statt des Sozialismus eine andere Alternative zum Kapitalismus auf.

[7] Ebenda, S. 98.

Die Länder mit überwiegend katholischem Bevölkerungsanteil sollten Schumpeters Vorstellungen zufolge ihre Gesellschaft im Sinne der päpstlichen Enzyklika „Quadragesimo anno" reorganisieren.

Entstellung des sozialökonomischen Wesens des Sozialismus

Mit dem Erscheinen von Schumpeters Buch „Kapitalismus, Sozialismus und Demokratie" trat die Diskussion über die wirtschaftliche Effektivität des Sozialismus in der bürgerlichen Wirtschaftsliteratur in eine abschließende Phase.[8] Schumpeter stand in dieser Diskussion auf den Positionen der „neoklassischen ökonomischen Theorie vom Sozialismus". Ebenso wie die Vertreter der „neuen sozialistischen Schule" kritisierte auch er die Theorie von der „logischen und praktischen Undurchführbarkeit des Sozialismus", wie sie von Mises und Hayek entwickelt worden war. Auf die Hauptfrage der Diskussion, ob der Sozialismus funktionieren könne, antwortete Schumpeter: „Selbstverständlich kann er es. Kein Zweifel ist darüber möglich, wenn wir einmal annehmen, daß erstens die erforderliche Stufe der industriellen Entwicklung erreicht ist und daß zweitens Übergangsprobleme erfolgreich gelöst werden können."[9]

Die Erkenntnis, daß die Veränderung der gesellschaftlichen Struktur unabwendbar ist, zwang Schumpeter, die Grenzen zu suchen und abzustecken, in denen eine Umgestaltung der kapitalistischen Gesellschaft dem Bourgeois-Verstand noch erträglich erscheint. Dieser apologetische Zweck bestimmte auch die Schlußfolgerungen von Schumpeters Analyse, die ein eigenartiges Gemisch von mehr oder weniger realistischen und nüchternen Erwägungen mit zahlreichen falschen Schlüssen darstellt. Der partielle Realismus, der sich mit einer die Lektüre des Buches „Kapitalismus, Sozialismus und Demokratie" erschwerenden Darstellungsweise und Sprache verbindet, kann nicht darüber hinwegtäuschen, daß die theoretischen Konstruktionen seines Autors kaum einen Bezugspunkt zum realen Leben haben.

Schumpeter geizte zwar nicht mit lobenden Worten über die Vorzüge, die der Sozialismus nach seinem Modell aufweisen würde: Einsparung von Reservekapazitäten, Beseitigung der Arbeitslosigkeit, schnellere und allgemeine Verbreitung von kostensenkenden Verbesserungen, das Aufhören der Reibungen zwischen öffentlicher und privater Sphäre, zwischen Geschäftswelt und Staat, Vermeidung der damit verbundenen Kosten und Verluste, Einsparung der Verluste aus unproduktiver Beschäftigung, eine höhere Produktivität.

Indessen zeigte sich das Scholastische dieses Modells nicht nur darin, daß es von den Erfahrungen der sowjetischen Wirtschaft nichts wissen wollte. Die

[8] Vgl. die beiden ersten Kapitel in diesem Buch.

[9] Joseph A. Schumpeter, Kapitalismus, Sozialismus und Demokratie, Bern 1946, S. 267.

Vorzüge, die Schumpeter dem Sozialismus zuerkannte, bezog er lediglich auf die „Logik der Grundpläne", auf die objektiven Möglichkeiten, die der Sozialismus in Wirklichkeit vielleicht gar nicht verwirklichen könne. Die mögliche Überlegenheit könne sich nach seiner Meinung in der Praxis sogar in Unterlegenheit verwandeln.[10]

Ungeachtet der Erfahrungen, die die Sowjetunion bereits gemacht hatte, sollte nach Schumpeters Ansicht erst die Zukunft zeigen, ob sich der Sozialismus bewähren werde. Das sozialistische System sei bis jetzt nur eine gedankliche Konstruktion, ein Denkbild.[11] Er konstatierte zwar einige wirkliche Prozesse der kapitalistischen Wirtschaft, und er spürte, daß der Kapitalismus von der Geschichte zum Untergang verurteilt ist. Aber dieser Sinn für historische Betrachtungsweise verließ ihn ganz und gar, sobald es um die positive Darstellung der Probleme der sozialistischen Wirtschaft ging. Besonders deutlich wird die subjektivistische Prägung seines Sozialismusmodells in der These von der „kulturellen Indeterminiertheit des Sozialismus", die Schumpeters Theorie an die Konzeption von der „Vielzahl der Sozialismusmodelle" annäherte.

Zum ersten Mal hatte Schumpeter diese These in dem Aufsatz „Sozialistische Möglichkeiten heute" aufgestellt, um sie in dem Buch „Kapitalismus, Sozialismus und Demokratie" weiter auszuführen. Aus dieser These folgt, daß die wirtschaftliche Organisation der sozialistischen Gesellschaft sowie ihr politischer und kultureller Überbau (einschließlich der Stellung des Menschen in der Gesellschaft und der politischen Ordnung) die mannigfaltigsten Formen haben können. Und wenn er erklärt, daß die sozialistische Gesellschaft sowohl aristokratisch als auch proletarisch, theokratisch wie auch antireligiös, energisch oder träge, kriegerisch oder friedliebend, nationalistisch oder internationalistisch, auf Gleichberechtigung beruhend oder ungerecht[12] sein könne, dann ist das bereits eine direkte Entstellung dieser Gesellschaftsordnung.

Diese rein subjektivistische Auslegung der wirtschaftlichen, politischen und kulturellen Organisationsform der sozialistischen Gesellschaft erklärt sich daraus, daß Schumpeter die objektiven Gesetzmäßigkeiten der wirtschaftlichen, politischen und kulturellen Entwicklung leugnet, die allen, den sozialistischen Weg beschreitenden Ländern, unabhängig von deren jeweiligen historischen Bedingungen, gemeinsam sind.

Ebenso wie andere Opponenten von Mises argumentierte auch Schumpeter mit den Thesen der Grenznutzentheorie und der Theorie vom wirtschaftlichen Gleichgewicht, wie sie Wieser, Pareto und Barone vertreten hatten. Die Vertreter der Österreichischen und der Lausanner Schule hatten die ökonomischen Verhältnisse und deren Gesetze bekanntlich als ewig und unveränderlich hingestellt. Sie gingen von einer „rationalen allgemeinen Logik des Wirtschaftsprozesses, die sich zur sozialen Ordnung neutral verhält", aus. Schumpeter entwickelte dieses

[10] Ebenda, S. 313, 315. [11] Ebenda, S. 299.
[12] Ebenda, S. 273.

Prinzip weiter und stellte die These von der „Ähnlichkeit“ des Sozialismus und Kapitalismus auf. So schrieb er von einer „Familienähnlichkeit zwischen kommerzieller und sozialistischer Wirtschaft“ [13]. Diese Ähnlichkeit ist seiner Ansicht nach nicht darin zu sehen, daß der Sozialismus einige Elemente des Kapitalismus übernimmt, sondern darin, daß beiden eine rationale Verhaltenslogik gemeinsam sei, die eine bestimmte formale Ähnlichkeit bewirke. Deshalb brauche der Sozialismus keine eigene Logik zu entwickeln. Schumpeter hat zwar nie von einer „Konvergenz“ der beiden Systeme gesprochen, doch liegen in seinem Modell, das auf der Gleichsetzung der Kategorien und Gesetze des Sozialismus und Kapitalismus beruht, bereits die Voraussetzungen für diese Theorie.

Den Kapitalismus definierte Schumpeter als Spielart der „kommerziellen Gesellschaft“, die auf dem Privateigentum an den Produktionsmitteln und der „Regelung des Produktionsprozesses durch Privatvertrag“ beruhe. Er hielt das Privateigentum für die einzig mögliche Eigenschaftsform und stellte das Eigentum als Kategorie der „kommerziellen Gesellschaft“ hin.[14] Deshalb abstrahierte er bei der Interpretation des Sozialismus, im Unterschied zum Kapitalismus, von der herrschenden Eigentumsform.

In Schumpeters Buch „Kapitalismus, Sozialismus und Demokratie“ finden wir folgende Definition des Sozialismus: „Mit sozialistischer Gesellschaft wollen wir ein institutionelles System bezeichnen, in dem die Kontrolle über die Produktionsmittel und über die Produktion selbst einer Zentralbehörde zusteht, – oder wie wir auch sagen können – , in dem grundsätzlich die wirtschaftlichen Belange der Gesellschaft in die öffentliche und nicht in die private Sphäre gehören.“ [15] Hier ersetzt Schumpeter die Kategorie Eigentum durch die juristische Kategorie „Kontrolle“. Das führte dazu, daß er erstens auf die Analyse des gesellschaftlichen Eigentums an den Produktionsmitteln und vor allem ihrer staatlichen Form (des Volkseigentums) verzichtete und zweitens das Wesen der sozialistischen Vergesellschaftung der Produktion verfälschte. Dabei stellte er die Vergesellschaftung der Produktion als Übergang der Kontrolle an Machtorgane dar, die angeblich im Gegensatz zum Volk stünden.

Die Lehre von Marx und Lenin über den Staat interpretierte Schumpeter auf seine Weise. So behauptete er unter Berufung auf die Begründer des Marxismus-Leninismus: „Der Staat . . . wird einen Teil der Asche bilden, aus der der sozialistische Phönix erstehen wird. Darum habe ich ihn nicht in meiner Definition des Sozialismus verwendet. Selbstverständlich kann der Sozialismus durch einen Akt des Staates einsetzen. Soweit ich sehe, bietet es aber keine Schwierigkeit, wenn man sagt, daß der Staat in diesem Akt stirbt, – wie dies von Marx gezeigt und von Lenin wiederholt worden ist.“ [16]

Diese These steht in eklatantem Widerspruch zu den Auffassungen von Marx und Engels, wonach der Staat nicht nur in der Übergangsperiode entscheidende

[13] Ebenda, S. 289. [14] Ebenda, S. 267.
[15] Ebenda, S. 268. [16] Ebenda, S. 271.

Funktionen hat, sondern auch in der ersten Phase der kommunistischen Formation, im Sozialismus.[17]

Indem Schumpeter ungerechtfertigterweise all das auf den Sozialismus übertrug, was die Klassiker des Marxismus-Leninismus auf die höhere Phase des Kommunismus bezogen hatten, wollte er nachweisen, daß die staatliche Form des Volkseigentums an den Produktionsmitteln mit ihrer Lehre unvereinbar sei. Die Herrschaft des staatlichen Eigentums (Volkseigentums) an den Produktionsmitteln in der UdSSR war für ihn der Beweis dafür, daß G. Schmoller, jener Vertreter der jüngeren Historischen Schule in der bürgerlichen politischen Ökonomie, mit seiner Ankündigung, es werde zu einer fortschreitenden Bürokratisierung und zum „Staatssozialismus" kommen, eher recht gehabt habe als Marx mit seiner Prognose über die Diktatur des Proletariats und den Übergang zur klassenlosen Gesellschaft[18].

Schumpeters Sozialismusmodell unterstellte die Verstaatlichung, genauer gesagt die staatliche Kontrolle, im Bereich der Großindustrie, des Verkehrswesens, der Banken und des Versicherungswesens. Die Landwirtschaft sollte nicht verstaatlicht werden. Hierzu heißt es bei Schumpeter: „Unser Sozialismus wäre immer noch Sozialismus, wenn die sozialistische Leitung sich auf eine Art von Agrarplanung beschränkte, die nur graduell sich von der Praxis unterschiede, die bereits in Entwicklung ist."[19] In einem späteren Aufsatz, seiner letzten Schrift, hat Schumpeter sogar einen bedeutenden Teil von Handel und Industrie von der Sozialisierung ausgeschlossen; die staatliche Kontrolle sollte nur noch auf Großbetriebe beschränkt sein[20].

So entspricht die Verstaatlichung in Schumpeters Konzeption bereits der Praxis des staatsmonopolistischen Kapitalismus, in dem einige Wirtschaftszweige staatlich kontrolliert und sogar nationalisiert werden und in dem eine gewisse staatliche Regulierung der Privatproduktion erfolgt. Die Verstaatlichung könne sich im Kapitalismus allmählich vollziehen, behauptete Schumpeter. So schrieb er, daß „eine allmähliche Sozialisierung *innerhalb des kapitalistischen Rahmens* nicht nur möglich, sondern auch das voraussichtlich Naheliegendste"[21] sei.

Schumpeters „Grundplan" vom Sozialismus gehört zu den ersten Varianten der heutigen „technokratischen" Sozialismusmodelle. Auch sie setzen wirtschaftliche Macht und Kontrolle mit der unmittelbaren Leitung des Produktionsprozesses gleich, trennen sie von der Aneignung der Produktionsmittel durch das

[17] Vgl. Karl Marx, Kritik des Gothaer Programms, in: MEW, Bd. 19, S. 20; W. I. Lenin, Staat und Revolution, in: Werke, Bd. 25, S. 482.

[18] Joseph A. Schumpeter, Kapitalismus, Sozialismus und Demokratie, Bern 1946, S. 99.

[19] Ebenda, S. 324.

[20] Joseph A. Schumpeter, The March into Socialism, in: The American Ecocomic Review, Bd. 40, 2/1950.

[21] Joseph A. Schumpeter, Kapitalismus, Sozialismus und Demokratie, Bern 1946, S. 362.

Volk und stellen den Sozialismus als Gesellschaft dar, in der die wirtschaftliche Macht und Kontrolle von Managern und Technokraten realisiert werde.

In das Bewußtsein der Massen hat sich der Sozialismus als einzig möglicher Ausweg aus den sozialen Katastrophen der Ausbeutergesellschaft eingeprägt. Die bürgerlichen Ideologen sehen sich gezwungen, den Erfolgen des real existierenden Sozialismus Rechnung zu tragen. Und so bemühen sie sich nach wie vor, Organisationsformen des Kapitalismus zu finden, die sich im Gewand des „Sozialismus" präsentieren lassen.

Ebenso wie viele heutige bürgerlich-reformistische Sozialismusmodelle gab auch Schumpeters Konstruktion einen reformierten, zurechtgestutzten Kapitalismus als Sozialismus aus. Staatsmonopolistische Formen werden als Ausdruck qualitativ neuer Verhältnisse interpretiert, die die Widersprüche und Gebrechen des Kapitalismus beseitigen sollen. Die Verschmelzung der großen Monopole mit dem Staat wird als Aufhebung des kapitalistischen Eigentums an den Produktionsmitteln hingestellt.

Schumpeter, der wie viele andere bürgerliche Ökonomen auf dem Boden der Produktionsfaktorentheorie stand, hielt den elementar wirkenden Markt für die einzig mögliche Form der Verbindung von Produktion und Verteilung. Er räumte ein, daß es im Sozialismus keinen Arbeitskräftemarkt mehr geben werde und trennte davon ausgehend die Verteilung von der Produktion, um sie als unabhängige Sphäre zu behandeln. Seinen Worten nach hängen die Verteilungsformen vom politischen Aufbau der Gesellschaft ab. Allerdings seien sie vom wirtschaftlichen Standpunkt aus „vollständig willkürlich". In Schumpeters Modell werden die verschiedensten Grundsätze für die Verteilung des Konsumtionsfonds empfohlen. So schlägt er vor, an die Bevölkerung eine Art Anteilscheine auszugeben, die den jeweiligen Inhaber berechtigen, eine bestimmte Menge Konsumgüter zu erwerben. Die Kaufkraft jedes Anteilscheins sollte dabei vom Verhältnis zwischen der vorhandenen Warenmenge und dem Gesamtbedarf an Waren bestimmt werden. Auf diese Weise sollten alle Mitglieder der Gesellschaft gleichgroße Anteile am Verbrauch des jeweiligen Produkts erhalten. Das aber heißt nichts anderes, als Verteilung in Naturalform nach gleichmacherischen Prinzipien.

Wir erkennen, daß Schumpeter von einer konstruierten Gesellschaft ausgeht, die die Züge eines Gleichheitskommunismus trägt. Wie seine Vorgänger, abstrahiert er von den Realitäten einer sozialistischen Gesellschaft, in der das Prinzip der Verteilung nach der Arbeitsleistung gilt und in der es keines Arbeitszertifikats anstelle des Geldes bedarf, um diesem Verteilungsprinzip gerecht zu werden.

Die Imitation des Marktmechanismus

Im Gegensatz zu Mises, der die „logische Undurchführbarkeit des Sozialismus" propagierte, ging Schumpeter davon aus, daß eine effektive Nutzung der Ressourcen im Sozialismus theoretisch möglich wäre. Ganz im Geiste der Lausanner

Schule sah er die Hauptaufgabe, den Gegenstand der ökonomischen Theorie des Sozialismus darin, ein System von Gleichungen zu finden und zu lösen, mit dem das wirtschaftliche Gleichgewicht hergestellt werden könne. Schumpeter formulierte das Problem im Sprachstil der „exakten Ökonomen" wie folgt: „Ergeben diese Daten und Regeln (des nationalen Verhaltens – d. Verf.), unter den Bedingungen einer sozialistischen Wirtschaft, Gleichungen, die voneinander unabhängig, unter sich vereinbar – das heißt frei von Widersprüchen – und genügend zahlreich sind, um die Unbekannten des Problems vor dem Zentralamt oder Produktionsministerium eindeutig zu bestimmen?"[22] Schumpeter bejaht diese Frage, da auch der Sozialismus eine „allgemeine Logik der wirtschaftlichen Wahlhandlungen" habe, die optimale Lösungen liefere.

Unter „allgemeiner Logik der wirtschaftlichen Wahlhandlungen" ist hierbei ein konstruiertes Gleichungssystem zu verstehen, in der einem Vorrat an knappen Ressourcen ein unveränderliches System von Bedürfnissen gegenübergestellt wird. Zu einem Hauptelement dieses Systems wurde das Gesetz der Kongruenz der Preise und der Grenzkosten erklärt, demzufolge sich der Preis im Sozialismus an den Grenzkosten orientieren sollte. Wie alle Verfechter der Grenznutzentheorie betrachtete Schumpeter den Preis als Ausdruck des Grenznutzens, das heißt, er legte dem Preis die subjektive Wertung durch den Verbraucher zugrunde. In seinem Sozialismusmodell wurden die Ware-Geld-Formen nicht als Ausdruck der ökonomischen Verhältnisse der sozialistischen Produktion und Zirkulation dargestellt, in denen das Produkt der Arbeit notwendig Warenform annimmt, sondern als unhistorische „Mittel der rationalen Wahl". Diese Darstellung des Preises, der Produktionskosten und des Geldes ignorierte die grundsätzlichen Veränderungen, die sich im Sozialismus in Inhalt und Form der Ware-Geld-Beziehungen vollziehen.

Den Regulator, der das wirtschaftliche Optimum herstellen sollte, sah Schumpeter, ebenso wie die Theoretiker des „Markt- oder Konkurrenzsozialismus", im Mechanismus der Marktpreise. Bei Konsumgütern sollte dieser Mechanismus spontan, automatisch wirken, das heißt, die Konsumgüterpreise sollten je nach den Schwankungen von Angebot und Nachfrage, nach der Dynamik der Vorräte veränderlich sein.[23]

Nicht nur die Produktionsfaktoren, sondern auch die Produktionsmittel sollten nach Schumpeters Ansicht im Sozialismus keine Ware mehr sein und folglich auch keinen Preis mehr haben. Da es in diesem Bereich keinen wirklichen Markt geben werde, müsse dieser vom Zentralamt imitiert werden. Das Zentralamt, das die Produktionsmittel auf die zweiglichen Leitungsorgane verteile, habe sich dabei an bestimmte Regeln zu halten, die den spontan wirkenden Marktmechanismus imitieren könnten. Und Schumpeter resümiert: „Die Aufgabe einer jeden Industriekommission ist somit eindeutig bestimmt. Gerade so wie heute jede Unternehmung eines Industriezweiges mit vollkommener Konkurrenz weiß, was

[22] Ebenda, S. 275. [23] Ebenda, S. 279.

und wieviel und wie sie zu produzieren hat, sobald die technischen Möglichkeiten, die Reaktionen der Konsumenten (ihr Geschmack und ihr Einkommen) und die Preise der Produktionsmittel gegeben sind, so würden auch die Industrieverwaltungen in unserem sozialistischen Gemeinwesen wissen, was sie zu produzieren und welche Mengen an Produktionsmitteln sie vom Zentralamt zu ‚kaufen' haben, sobald dessen ‚Preise' veröffentlicht sind und sobald die Konsumenten ihre ‚Nachfrage' bekanntgegeben haben."[24]

So braucht nach Schumpeters Ansicht das Zentralamt nur die Schätzwerte (bei Schumpeter: „Preise" – d. Verf.) auf der Grundlage der Grenzkosten festzulegen, um den Regelungsautomatismus, der optimale Produktionsgrößen bei allen Produkten gewährleiste, zum Wirken zu bringen. Die Zweigverwaltungen würden die Erzeugung der Güter, deren Schätzwert über den Grenzkosten liege, steigern, und die Produktion in den Betrieben einschränken, wo die Grenzkosten nicht gedeckt werden.

Es liegt auf der Hand, daß diese Art der Ressourcenverteilung den spontanen Marktmechanismus imitiert. Er schließt die indirekte Regulierung über den Preis ein, schließt aber andererseits die direkte planmäßige Herstellung der Proportionen nach den gesellschaftlichen Bedürfnissen, wie sie für die sozialistische Planwirtschaft typisch ist, aus.

Für die Verteilung der Investitionen und die Arbeitskräftelenkung schlug Schumpeter verschiedene Varianten vor. Die Investitionen sollten nach ihrem Grenzeffekt auf die Betriebe und Zweige verteilt werden, das heißt nach der sogenannten Grenzleistung des Kapitals. Das bedeutet, daß mögliche Verbesserungen oder Interventionen unter der Bedingung durchgeführt werden müssen, daß die noch am wenigsten reizvolle Investition einen Gewinn abwerfe und daß dieser Gewinn den Prämien entspreche, die geboten werden müssen, um Überzeitarbeit oder Sparen hervorzurufen. Andererseits aber bewirke die Nivellierung der Einkommen, daß die Akkumulationsrate sinke. Um also eine höhere oder nur eine ebenso hohe Akkumulationsrate wie im Kapitalismus zu erreichen, müssen sie in ähnlicher Weise festgelegt werden wie Rüstungsaufgaben, das heißt mittels Entscheidungen der zentralen Verwaltungsbehörde.

Für die Arbeitskräftelenkung sah Schumpeter zwei Möglichkeiten: autoritär, also durch Entscheidung der Zentralbehörden über die Dauer der Arbeitspflicht und die Einschränkung der Wahl der Beschäftigung oder die liberale Handhabung der Arbeitskräftelenkung. Im letztgenannten Fall sollte die rationelle Aufteilung der Arbeitskräfte über ein spezielles Antriebssystem, mittels Prämien, erfolgen.

Schumpeter wollte mit seinem Sozialismusmodell also die spontane Verteilung der Investitionen und der Arbeitskräfte (so wie sich diese Formen in den Konstruktionen der Grenznutzentheorie vorfinden) mit ihrer zentralen Verteilung in Einklang bringen. Damit nahm er bereits die Konzeption von der „sozialistischen Mischwirtschaft" voraus. Ebenso wie diese verewigte auch Schumpeters Modell

[24] Ebenda, S. 282.

die Formen der Proportionsregelung, die für den staatsmonopolistischen Kapitalismus kennzeichnend sind. Doch können Gewinn und Rentabilität im Sozialismus nie das entscheidende Kriterium für die Verteilung der Investitionen auf die Zweige und Betriebe sein.

Die Lebensfremdheit und Primitivität von Schumpeters Sozialismusauffassung zeigt sich auch darin, daß er den Sozialismus als stationäre Gesellschaft betrachtet. In eklatantem Widerspruch zur Wirklichkeit stellte er den stationären, also unveränderlichen Zustand der Wirtschaft, bei dem sich alles wiederholt und nichts ändert, als typisch für die sozialistische Gesellschaft hin.

Das Kriterium, zu dem Schumpeter aus seinem Effektivitätsvergleich zwischen Sozialismus und Kapitalismus gelangt, sieht er in dem über einen längeren Zeitraum betrachteten und in unveränderlichen Preisen ausgedrückten Volumen an Konsumgütern, das in ein und derselben Zeiteinheit erzeugt wurde.[25] Natürlich ist das Erzeugnisvolumen tatsächlich ein wichtiges Kriterium für die Effektivität eines Wirtschaftssystems. Doch kann es nicht das alleinige Effektivitätsmaß sein. Zu dem erreichten Stand und den Wachstumsraten der Produktion gehören außerdem noch die Daten über die Verteilung des Nationaleinkommens, über den Lebensstandard der Produzenten, über die Struktur und Qualität der erzeugten Waren, über die Art und Weise, in der der erzeugte Reichtum verwendet wird, und über die weiteren Perspektiven der wirtschaftlichen und sozialen Entwicklung.

Wenn Schumpeter einräumt, daß der Sozialismus in der wirtschaftlichen Effektivität dem Kapitalismus schon deshalb überlegen ist, weil nichtarbeitende Elemente in ihm keinen Platz haben, so ist er in dieser Frage realistischer als andere bürgerliche Ideologen. Die Planung des Fortschritts, die systematische Koordinierung und Verteilung in Perioden neuer Wagnisse wäre recht wirksam und würde die Ursache der zyklischen Wellenbewegungen beseitigen, meint Schumpeter.

Eine unbedingte Voraussetzung für das effektive Wirken des Sozialismus sah Schumpeter darin, daß dieser auf die Erfahrungen der Bourgeoisie zurückgreifen müsse. Ohne den „dynamischen Unternehmer", den er, ebenso wie Pareto und Sombart, als Repräsentanten der schöpferischen Elite der Gegenwart betrachtete, war für Schumpeter der sozialistische Betrieb undenkbar. „An sich verlangt eine erfolgreiche Lösung des Problems vor allen Dingen, daß dem Bürgerstamm gestattet wird, die Arbeit zu tun, für die er durch Fähigkeit und Tradition qualifiziert ist, und daß folglich für leitende Stellungen eine Selektionsmethode eingeführt wird, die auf Tauglichkeit basiert und nicht gegen den Exbourgeois differentiiert."[26]

Mit der banalen Behauptung, daß die Bourgeoisie die Triebkraft der sozialistischen Gesellschaft sei, entstellte Schumpeter den Sozialismus. Es liegt auf der Hand, daß dies mit der Heranziehung von Fachkräften, die vor der Revolu-

[25] Ebenda, S. 301. [26] Ebenda, S. 328.

tion mit der Bourgeoisie verbunden waren, zum Aufbau des Sozialismus, mit dem Zurückgreifen auf ihre reichen technischen und organisatorischen Kenntnisse, nichts gemein hat. Wenn Schumpeter in seinem Modell vom Sozialismus der Bourgeoisie die führende Rolle zugestand und den Werktätigen die gleiche Stellung einräumte wie im Kapitalismus, war das nichts anderes als ein Appell an den arbeitenden Menschen, sich mit seinem Schicksal abzufinden.

Schumpeters Buch „Kapitalismus, Sozialismus und Demokratie" hat in der Debatte über die „Wirtschaftsrechnung im Sozialismus", besonders als Entgegnung auf die Thesen, die L. Mises, F. Hayek und andere Vertreter der liberalen Richtung vertraten, eine bestimmte Rolle gespielt. Und es ergänzte die bürgerliche Theorie von der sozialistischen Wirtschaft. Das Kokettieren mit dem Marxismus, das Eingeständnis, daß der Kapitalismus dem Untergang geweiht ist, und die Feststellung, daß dem Sozialismus die Zukunft gehört, haben Schumpeter aus der Masse der bürgerlichen Ideologen heraustreten lassen und seinem Buch „Kapitalismus, Sozialismus und Demokratie" nachhaltigen Einfluß auf die rechtssozialistische Theorie und Propaganda eingebracht.

Das Sozialismusmodell, das Schumpeter in diesem Buch darlegt, reiht sich in die zahlreichen Varianten des bürgerlichen „Sozialismus" ein und ist mit all ihren Mängeln behaftet.

5. KAPITEL

Walter Euckens Modell der „zentralgeleiteten Wirtschaft“

Die Konstruktion von „Idealtypen der Wirtschaftsorganisation“

Der Neoliberalismus, eine Richtung der bürgerlichen politischen Ökonomie, ist in den dreißiger Jahren unseres Jahrhunderts entstanden. Seine weiteste Verbreitung fand er in Deutschland, doch gibt es Anhänger in allen kapitalistischen Ländern.

Zu den Begründern dieser Richtung zählt der deutsche bürgerliche Ökonom Walter Eucken. Er gründete einen Arbeitskreis, dem u. a. die deutschen bürgerlichen Ökonomen Franz Böhm, A. Müller-Armack, L. Miksch, A. Rüstow, F. A. Lutz und K. F. Maier angehörten. Aus diesem Kreis ist später die Freiburger Schule der bürgerlichen politischen Ökonomie hervorgegangen. Der deutsche Neoliberalismus ist auch unter dem Namen Ordoliberalismus bekannt geworden (nach seinem Jahrbuch „Ordo“).

Westdeutsche Theoretiker der Gegenwart zählen Euckens Werk „Die Grundlagen der Nationalökonomie“, das im Jahre 1940 erschien, zu den bedeutendsten Publikationen der ersten Hälfte unseres Jahrhunderts auf dem Gebiet der Methodologie der ökonomischen Analyse. Euckens Ideen sind in der Wirtschaftsliteratur der BRD noch heute weit verbreitet. In den Lehrbüchern zur „Nationalökonomie“ für die Hochschulen und Universitäten der BRD wird der Abschnitt über den Sozialismus auch heute noch nach Euckens Interpretation dargeboten.

Die Freiburger Schule war aus der Kritik an den Theorien der Historischen Schule entstanden, die ausgangs des 19. und zu Beginn des 20. Jahrhunderts die bürgerliche politische Ökonomie prägte. In einer Kritik an der Historischen Schule schrieb Eucken, daß sie zwar eine Menge von Erfahrungen gesammelt habe, ihr aber der Gedanke, daß alle wirtschaftlichen Erscheinungen zusammenhängen, verloren gegangen sei. Der Historischen Schule habe es an dem notwendigen theoretischen Instrumentarium gefehlt.[1] Die Aufgabe der ökonomischen Theorie sah Eucken nicht im Sammeln und Beschreiben von Informationen, sondern darin, „historische und statistische Erfahrung mit theoretischem Denken zum Zusammenwirken zu bringen“[2].

Die Frage nach dem Verhältnis zwischen empirischem und theoretischem

[1] Vgl. Walter Eucken, Unser Zeitalter der Mißerfolge, Tübingen 1951, S. 60, 64.
[2] Ebenda, S. 64.

Wissen hatte zu Beginn des 20. Jahrhunderts schon Max Weber gestellt. Er hatte einige neue Probleme in die Diskussion gebracht und untersucht (zum Beispiel die Probleme der sozialen Struktur der Gesellschaft und ihrer Entwicklungstendenzen), auf die die bürgerliche Wirtschaftswissenschaft zur Jahrhundertwende gestoßen war.

Max Weber meinte, daß sich das wirtschaftliche und soziale Verhalten der Menschen mittels apriorischer theoretischer Konstruktionen, sogenannter Idealtypen, beschreiben lasse. „Inhaltlich trägt diese Konstruktion den Charakter einer Utopie an sich, die durch gedankliche Steigerung bestimmter Elemente der Wirklichkeit gewonnen ist.“[3]

Eucken entwickelte die von Weber aufgestellten methodologischen Prinzipien weiter und kam zu dem Begriff der „idealtypischen Wirtschaft“. So schrieb er: „Ideale Typen oder Idealtypen sind – wie der Name sagt – nicht Abbilder der realen Wirklichkeit. Sie sind gedankliche Modelle . . . In allem unterscheiden sie sich grundsätzlich von den Realtypen.“[4]

Euckens wirtschaftliche „Idealtypen“ sind abstrakte Konstruktionen, die er mittels „isolierter Abstraktion“[5], das heißt durch Verabsolutierung von Einzelerscheinungen und -vorgängen, die aus dem System der ökonomischen Verhältnisse herausgelöst wurden, gewonnen hatte. Eucken wies ausdrücklich auf ihren Unterschied zu den „Realtypen“, einer Hauptkategorie in den Konzeptionen der Historischen Schule, hin. Die Historische Schule ist in ihrem Agnostizismus in bezug auf die Möglichkeit, die ökonomische Wirklichkeit theoretisch zu verallgemeinern, häufig sehr weit gegangen und hatte unter „Realtypen“ die unterschiedlichsten Erscheinungen dieser Wirklichkeit („Kapitalismus“, „Stadtwirtschaft“, „Hauswirtschaft“) verstanden.[6]

Der Begriff „idealtypische Wirtschaft“ sollte in Euckens Konzeption das Hauptinstrument der theoretischen Verallgemeinerung sein. Mit seinen Idealtypen „verbannte“ er die objektiven ökonomischen Verhältnisse und die sie ausdrückenden Gesetze aus dem Gegenstand der Wirtschaftstheorie. Er behauptete, daß nur die „Idealtypen“ Gegenstand der theoretischen Analyse sein könnten.[7]

Das Auseinanderreißen von Logischem und Historischem, das für den Neoliberalismus typisch ist, weist einerseits auf einen starken Einfluß des Kantianismus hin, der sich in dieser Richtung versucht hatte, andererseits zeigt er, wie inkonsequent und widersprüchlich die Lehre von den „Idealtypen“ ist. So bezeichnete

[3] Max Weber, Gesammelte Aufsätze zur Wissenschaftslehre, Tübingen 1922, S. 190.

[4] Walter Eucken, Die Grundlagen der Nationalökonomie, Jena 1940, S. 51. Da Eucken dieses Buch mehrmals überarbeitet hat, wird hier aus verschiedenen Auflagen zitiert.

[5] Näheres dazu vgl. S. A. Chavina, Kritika buržuaznych vzgljadov na zakonomernosti socialističeskogo chozjajstvovanija, Moskva 1968, S. 15–16.

[6] Vgl. Walter Eucken, Die Grundlagen der Nationalökonomie, Berlin-Göttingen-Heidelberg 1950, S. 234.

[7] Vgl. Walter Eucken, Die Grundlagen der Nationalökonomie, Jena 1940, S. 144–145.

Eucken die „Idealtypen" zwar als gedankliche Konstruktionen, behauptete aber zugleich, sie seien aus der konkreten Wirklichkeit gewonnen.[8]

Kennzeichnend für die Lehre von der „idealtypischen Wirtschaftsform" ist ihr Pluralismus, der Verzicht auf eine monistische Erklärung der wirtschaftlichen Entwicklung. Einerseits legte Eucken den „idealtypischen Wirtschaftsformen" den Wirtschaftsprozeß zugrunde, während er andererseits behauptete, sie lägen auf der gleichen Ebene wie die sozialen, rechtlichen und religiösen Institutionen.

Für Euckens Methodologie ist der Individualismus und die daraus folgende mikroökonomische Betrachtungsweise bei der Analyse des Wirtschaftsprozesses charakteristisch. Obgleich Eucken bemüht war, die wirtschaftlichen Zusammenhänge in ihrer Gesamtheit zu betrachten, figurierte als Ausgangspunkt der Analyse in seinem Modell die Einzelwirtschaft: „Es gibt nur einen Weg, der Erfolg verspricht. Durch eindringende Untersuchung der konkreten Betriebe, Haushalte oder Planstellen."[9]

Mit seiner mikroökonomischen Betrachtungsweise identifizierte Eucken die Planung mit jeder Tätigkeit einzelner wirtschaftender Subjekte. Für ihn waren alle zweckgerichteten Aktivitäten von Betrieben und Hauswirtschaften in der „freien Marktwirtschaft" planmäßige Handlungen. Die für die bürgerliche politische Ökonomie traditionelle Robinsonade verschloß Eucken den Zugang zur Analyse der makroökonomischen Prozesse.

In der Lehre von den „Idealtypen" zeigte sich deutlich das Primat der statischen gegenüber der dynamischen Betrachtungsweise, die für die Methodologie des Neoliberalismus typisch ist. Eucken wies nachdrücklich auf den statischen, konservativen Charakter der „idealtypischen Wirtschaftsformen" hin. Er meinte, daß ohne unveränderte Idealtypen der Wirtschaftsform, also ohne statische Analyse, die wirtschaftliche Entwicklung nicht erfaßbar sei.[10]

In Euckens Konzeption waren die „idealtypischen Wirtschaftsformen" das erste und grundlegende Glied der Analyse. Zur nächstfolgenden Stufe erklärte er die Analyse der „Wirtschaftsordnung", in der er die Kombination der unveränderten „idealtypischen Wirtschaftsformen" auf den verschiedenen Entwicklungsstufen der Wirtschaft, das heißt in der Dynamik, sah.

„Jede Umgestaltung der Wirtschaftsordnung bewirkt eine Umlenkung des Wirtschaftsprozesses. Aber nicht umgekehrt. Nicht jede Verschiebung des Wirtschaftsprozesses braucht die Wirtschaftsordnung umzuformen", schreibt Eukken.[11]

Die Trennung von Statik und Dynamik, die für Euckens Methodologie charak-

[8] Vgl. Werner Krause, Wirtschaftstheorie unter dem Hakenkreuz, Berlin 1969, S. 196; Autorenkollektiv, Bürgerliche Ökonomie im modernen Kapitalismus, Berlin 1967, S. 58–64.

[9] Walter Eucken, Grundsätze der Wirtschaftspolitik, Bern-Tübingen 1952, S. 60.

[10] Vgl. ebenda, Godesberg 1947, S. 293.

[11] Ebenda, S. 280

teristisch ist und für die sein Begriff der statischen „Wirtschaftsform" ein Beispiel ist, machte es ihm unmöglich, die Vielfalt der ökonomischen Wirklichkeit zu erkennen. Letztlich bewirke sie auch, daß die „Wirtschaftsordnung", die Eucken als dynamische Kategorie ausgab, eine unwissenschaftliche Konstruktion blieb.

Die Entstellung des Wesens der sozialistischen Wirtschaftsleitung

Eucken unterschied zwei „Idealtypen", nämlich die „zentralgeleitete Wirtschaft" und die „Verkehrswirtschaft". Als Grundlage für die Einteilung der „Idealtypen" diente Eucken die „Art der Leitung des Wirtschaftsprozesses"[12], unter der er die Form verstand, in der die Aktivitäten der einzelnen Wirtschaftseinheiten koordiniert werden. In einer Verkehrswirtschaft seien die Wirtschaftssubjekte über den Markt miteinander verbunden. In einer zentralgeleiteten Wirtschaft erfolge diese Koordinierung nur von einem Zentrum aus: die horizontale Koordinierung der Handlungen der einzelnen Wirtschaftseinheiten trete hinter der Unterordnung unter ein einheitliches Lenkungsorgan zurück.

Die Art jeder Wirtschaftsordnung, so behauptete Eucken, hänge vom vorherrschenden „Idealtyp" ab. Überwiege die „zentralgelenkte Wirtschaft", dann habe man eine „Zentralverwaltungswirtschaft" vor sich. Auf diese Weise paßte er die wirtschaftliche Entwicklung seinen abstrakten „Idealtypen" an.

Eucken verlangte, von so „ungenauen" Globalbegriffen wie „Kapitalismus" und „Sozialismus" abzugehen und die marxistische „sozialökonomische Formation" durch den Begriff „Wirtschaftsordnung" zu ersetzen.

Da Eucken unter „Wirtschaftsordnung" das Vorherrschen einer der beiden „idealtypischen Wirtschaftsformen" verstand, konnte er völlig unterschiedliche sozialökonomische Strukturen miteinander identifizieren: die einfache Warenproduktion mit dem Kapitalismus der freien Konkurrenz; die Sklavenhalterordnung und den kriegswirtschaftlichen staatsmonopolistischen Kapitalismus mit dem Sozialismus.

Auf diese Weise verschwanden die grundlegenden Unterschiede zwischen einer auf antagonistischen Klassenverhältnissen beruhenden Gesellschaft und einer Gesellschaft ohne Ausbeutung. Eine derartige Betrachtungsweise machte jede wissenschaftliche Periodisierung der Geschichte unmöglich. Sein vulgärer Evolutionismus führte Eucken zu einer Betrachtung der ökonomischen Entwicklung als einer einfachen Wiederholung erstarrter Formen, die sich nur in quantitativen Verhältnissen voneinander unterschieden.

Doch sind die „ökonomischen Formen, unter denen die Menschen produzieren, konsumieren, austauschen, ... *vorübergehende und historische.* Mit der Erwerbung neuer Produktivkräfte ändern die Menschen ihre Produktionsweise, und mit der

[12] Walter Eucken, Die Wettbewerbsordnung und ihre Verwirklichung, in: Ordo. Jahrbuch für die Ordnung von Wirtschaft und Gesellschaft, Zweiter Band, Godesberg 1947, S. 9.

Produktionsweise ändern sie alle ökonomischen Verhältnisse, die bloß die für diese bestimmte Produktionsweise notwendigen Beziehungen waren".[13]

Daß Euckens Modelle wirklichkeitsfremd sind, stellen auch bürgerliche Wissenschaftler fest. So schreibt Georg Weippert von der „Notwendigkeit eines anderen Theorie-Typus, der nicht nur, wie in den Spekulationen *W. Euckens*, auf der Seite der Ratio und Logik steht, sondern in der geschichtlichen und sozialen Wirklichkeit sein entscheidendes Kriterium anerkennt".[14]

Das Modell von der „zentralgeleiteten Wirtschaft", das als theoretisches Instrument zur Analyse der ökonomischen Entwicklung bestimmt sein sollte, gehört somit zu jenen leeren Abstraktionen, die das Wesen der realen ökonomischen Prozesse verzerren.

In seiner Theorie von der „zentralgeleiteten Wirtschaft" („Zentralverwaltungswirtschaft") führte Eucken folgende Varianten dieses „Wirtschaftssystems" an:

1. die „total zentralgeleitete Wirtschaft",
2. die „zentralgeleitete Wirtschaft mit freiem Konsumguttausch",
3. die „zentralgeleitete Wirtschaft mit freier Konsumwahl",
4. die „zentralgeleitete Wirtschaft mit freier Wahl des Berufs und des Arbeitsplatzes"[15].

Ein Grenzfall der „zentralgeleiteten Wirtschaft" sei die „total zentralgeleitete Wirtschaft", in ihr komme das Wirtschaftssystem der zentralgeleiteten Wirtschaft am vollkommensten zum Ausdruck.[16]

Wenn die „total zentralgeleitete Wirtschaft" davon gekennzeichnet sei, „daß in ihr überhaupt kein Tausch zugelassen ist und daß der Einsatz der produktiven Kräfte, die Verteilung der Produkte und der Konsum auf Grund zentraler Leitung stattfindet"[17], dann unterstellte die zweite Variante freien Tausch der Konsumgüter. Diese Variante verglich Eucken mit einer militärischen Einheit (Kompanie oder Batterie), in der die Soldaten untereinander tauschen, „um die Portionen den jeweiligen Bedürfnissen anzupassen"[18]. Die dritte Variante, die „zentralgeleitete Wirtschaft mit freier Konsumwahl" unterscheidet sich dadurch, daß „der Einzelne im Rahmen seines Einkommens kauft, was er wünscht"[19]. Dieses Modell bezeichnete Eucken als „beschränkt freie Konsumwahl" gegenüber der „unbeschränkt freien Konsumwahl" in einer „Verkehrswirtschaft".

In der Konstruktion der Varianten der „zentralgeleiteten Wirtschaft" zeigte sich die Widersprüchlichkeit der „Idealtypen"-Methode. Eucken ging davon aus,

[13] Marx an Pawel Wassiljewitsch Annenkow. 28. Dezember 1846, in: MEW, Bd. 27, Berlin 1963, S. 453.

[14] Zit. aus: Egon Edgar Nawroth, Die Sozial- und Wirtschaftsphilosophie des Neoliberalismus, Heidelberg und Löwen 1962, S. 392.

[15] In der fünften Auflage der „Grundlagen der Nationalökonomie" ist Eucken von der Form der „zentralgeleiteten Wirtschaft mit freier Wahl des Berufs und des Arbeitsplatzes" wieder abgegangen.

[16] Vgl. Walter Eucken, Die Grundlagen der Nationalökonomie, Jena 1940, S. 97.

[17] Ebenda, S. 96. [18] Ebenda, S. 97–98. [19] Ebenda, S. 99.

daß die „zentralgeleitete Wirtschaft“ nur *einen*, und dabei unveränderlichen „Idealtyp“ darstelle, eigentlich aber analysierte er vier „Idealtypen“ der „zentralgeleiteten Wirtschaft“. Auf diesen Widerspruch in Euckens Modell machen auch bürgerliche Ökonomen aufmerksam und werfen ihm deswegen „Inkonsequenz“ vor, „die einer Diskriminierung des Prinzips der Bildung von Idealtypen gleichkommt“[20].

Mit seiner Arbeit „Grundlagen der Nationalökonomie“, in der er die Lehre von den beiden „idealtypischen Wirtschaftsformen“ dargeboten hat, verfolgte Eucken das Ziel, „eine positive Theorie der Zentralverwaltungswirtschaft zu entwikkeln“[21]. Bei der Erarbeitung dieser Theorie war Eucken, wie er selbst bekannte, von der Kriegswirtschaft des faschistischen Deutschlands ausgegangen. Bürgerliche Theoretiker stellen Euckens positive Theorie der „zentralgeleiteten Wirtschaft“ offen als Gegensatz zur marxistisch-leninistischen politischen Ökonomie hin. Franz Böhm, der zu den profiliertesten Neoliberalen in der BRD gehört, erklärte dazu, daß die Grundlagen für die Lösung der Kardinalprobleme der sozialistischen Wirtschaft und der zentralgeleiteten Wirtschaft überhaupt zuerst von nichtsozialistischen Theoretikern ausgearbeitet worden seien, und dies hundert Jahre nach Marx.[22]

Nach Euckens Auffassung werde die zentralgeleitete Wirtschaft von einer so hohen Zentralisationsstufe der Planung gekennzeichnet, bei der ein zentrales Planungsorgan das einzige Planungssubjekt sei. Die wirtschaftlichen Verbindungen zwischen den Betrieben werden hierbei völlig von administrativen vertikalen Verbindungn des Zentrums mit den Betrieben abgelöst. In seinen Ausführungen zur „Art der Leitung des Wirtschaftsprozesses“ sah Eucken nicht den Unterschied zwischen dem sozialökonomischen und dem Überbau-Aspekt der Leitung. Für ihn war die zentrale Leitung lediglich eine „Form der Wirtschaftspolitik“.[23]

In Wirklichkeit ist jedoch die Leitung unter sozialökonomischem Aspekt von den Produktionsverhältnissen geprägt und trägt objektiven Charakter. Als Funktion des Staates, also als Form der politischen Verhältnisse, hat sie Überbaucharakter. Beide Seiten sind spezifischer Art, weil sie von dem herrschenden System der Produktionsverhältnisse bestimmt werden.

Die Neoliberalen identifizierten die zentrale Planung als eine Administration, die angeblich von jeder zentralen Staatsmacht ausgeübt werde. Nach Eucken „hat es Wirtschaftsordnungen vorwiegend zentralverwaltungswirtschaftlicher

[20] Norbert Kloten, Zur Typenlehre der Wirtschafts- und Gesellschaftsordnungen, in: Ordo. Jahrbuch für die Ordnung von Wirtschaft und Gesellschaft, Siebenter Band, Godesberg 1955, S. 125.

[21] K. Paul Hensel, Einführung in die Theorie der Zentralverwaltungswirtschaft, Stuttgart 1959, S. 222.

[22] Vgl. Franz Böhm, Die Idee Ordo im Denken W. Euckens, in: Ordo. Jahrbuch für die Ordnung von Wirtschaft und Gesellschaft, Dritter Band, Godesberg 1950, S. 19–20.

[23] Walter Eucken, Die Wettbewerbsordnung und ihre Verwirklichung, in: Ebenda, Zweiter Band, Godesberg 1947, S. 9.

Art schon oft in der Geschichte gegeben; so in Ägypten und besonders im Inka-Staat"[24]. Er betrachtete die zentrale Wirtschaftsregulierung in entwickelten Industrieländern als Übertragung dieser aus der Geschichte schon bekannten Lenkungsformen auf den modernen Wirtschaftsprozeß.[25]

Bei einer derartigen Interpretation der zentralen Planung wird die Volkswirtschaftsplanung – eine spezifisch sozialistische Form der Leitung der Volkswirtschaft – mit jeder staatlichen Lenkung schlechthin, ungeachtet der herrschenden Gesellschaftsordnung und der Klassennatur des Staates, gleichgesetzt. Diese Auslegung berücksichtigt bei den verschiedenen Formen staatlicher Leitung nicht ihren sozialökonomischen Inhalt.

Ausgehend davon, daß die sozialistische Planung der Volkswirtschaft von einem Zentrum aus erfolgt, rechnete Eucken die sozialistische Wirtschaft den „Zentralverwaltungswirtschaften"[26] zu.

Unter Entstellung des Wesens der sozialistischen Leitung der Volkswirtschaft wollten die Theoretiker der „Zentralverwaltungswirtschaft" die Wirtschaft der sozialistischen Länder mit der des faschistischen Deutschlands auf eine Stufe stellen. Hierin zeigt sich auch die extrem antikommunistische Tendenz dieser Theorie, die die Neoliberalen als engagierte Gegner des Sozialismus kennzeichnet.

Die für die Theorie der „zentralgeleiteten Wirtschaft" typische Gleichstellung der kapitalistischen Unternehmensplanung und der staatsmonopolistischen Regulierung mit der sozialistischen Planung der Volkswirtschaft hatte heutige technokratische Konzeptionen, wie zum Beispiel die von Galbraith formulierte Theorie von der „modernen Industriegesellschaft", in gewissem Maße bereits vorweggenommen.

Aber während Galbraith von der bürgerlich-reformistischen Kritik am spontanen Wirken der „freien Marktkräfte" ausgeht, bedient sich Eucken der erwähnten Gleichsetzung, um die staatskapitalistische Regulierung aus der Sicht der neoklassischen bürgerlichen Wirtschaftstheorie zu kritisieren.

Die sozialistische Planung der Volkswirtschaft unterscheidet sich grundsätzlich sowohl von der kapitalistischen Unternehmensplanung als auch von der staatskapitalistischen Regulierung, wie hoch entwickelt diese auch sei. Sie umfaßt

[24] Walter Eucken, Grundsätze der Wirtschaftspolitik, Bern-Tübingen 1952, S. 59–60.

[25] Vgl. Walter Eucken, Die Wettbewerbsordnung und ihre Verwirklichung, in: Ordo. Jahrbuch für die Ordnung von Wirtschaft und Gesellschaft, Zweiter Band, Godesberg, 1947, S. 9.

[26] Eucken unterscheidet zwei Formen der „zentralgeleiteten Wirtschaft", die „einfache zentralgeleitete Wirtschaft oder Eigenwirtschaft", bei der es sich um „private wirtschaftliche Macht" handele (Haushaltungen, Betriebe usw.) und die „Zentralverwaltungswirtschaft", die durch die „öffentliche", also staatliche Wirtschaftslenkung gekennzeichnet sei (vgl. Walter Eucken, Die Grundlagen der Nationalökonomie, in: Ordo. Jahrbuch für die Ordnung von Wirtschaft und Gesellschaft, Zweiter Band, Godesberg 1947, S. 128, 141).

sowohl die Wirtschaftsregulierung als auch die Prognostik, ohne sich auf sie zu reduzieren.

Die sozialistische Planung beruht auf der bewußten Anwendung und Ausnutzung der ökonomischen Gesetze im Interesse der ganzen Gesellschaft. Das gesellschaftliche Eigentum an den Produktionsmitteln bietet die Möglichkeit, das Tempo und die Proportionen der volkswirtschaftlichen Entwicklung nach den Bedürfnissen der Gesellschaft zu planen, die dafür notwendigen Investitionsfonds, materiellen Ressourcen und Lohnfonds sowie die dem Wachstum der konsumtiven Nachfrage entsprechenden Warenfonds bereitzustellen.

Die Interpretation, die Eucken der Planung in der „zentralgeleiteten Wirtschaft" gab, gestattete erstens, die Frage nach den Vorzügen der Planung auf der Basis des gesellschaftlichen Eigentums an den Produktionsmitteln gegenüber der auf dem Privateigentum beruhenden staatskapitalistischen Regulierung zu umgehen, und zweitens, die Mängel der kapitalistischen Regulierung auch der sozialistischen Planung anzudichten.

Das Modell von der „zentralgeleiteten Wirtschaft" entstellte das Wesen, die Methodologie und die Prinzipien der sozialistischen Planung. Nach Euckens Darstellung werden hier bei der Aufstellung der Pläne „Ziffern aus älteren Plänen ... in die Pläne, die für die Zukunft (gelten), nicht selten ohne nähere Prüfung übertragen"[27].

Die sozialistische Planung baut auf der wissenschaftlichen Prognose der wirtschaftlichen Entwicklung, die auch die Prognose des wissenschaftlich-technischen Fortschritts, des Bevölkerungswachstums und des Arbeitskräfteaufkommens umfaßt, auf der Prognose der Dynamik der sozialökonomischen Struktur und der Entwicklung der einzelnen Zweige und Regionen auf. Keineswegs reduziert sich die sozialistische Planung auf die Extrapolation bereits vorhandener Tendenzen. Die langfristige Prognose ist das Vorstadium der Aufstellung des Volkswirtschaftsplans. In ihr werden die möglichen Varianten der wirtschaftlichen, sozialen und wissenschaftlich-technischen Entwicklung ermittelt.

Eucken leugnete die ökonomische Selbständigkeit der wirtschaftlichen Grundeinheiten und entstellte somit das Wesen der zentralen sozialistischen Planung. Er betrachtete die zentrale Leitung nur in der Form der Überzentralisation, die jede wirtschaftliche Selbständigkeit der Betriebe und ihrer Vereinigungen ausschließe.

In Wirklichkeit aber verkörpert die sozialistische Planung der Volkswirtschaft eine Form der zentralen Leitung, die die ökonomische Selbständigkeit der Betriebe und die wirtschaftliche Rechnungsführung voraussetzt. In den vom Plan gesetzten Grenzen und zur Realisierung seiner Ziele kommt ein objektiver Wirtschaftsmechanismus zur Geltung, der die Einheit der gesamtgesellschaftlichen, kollektiven und Einzelinteressen verwirklicht. Er gründet sich auf der Verbindung der zentral festgelegten Planaufgaben mit der ökonomischen Selbständigkeit der Betriebe und auf der Ausnutzung der Ware-Geld-Beziehungen.

[27] Walter Eucken, Grundsätze der Wirtschaftspolitik, Bern-Tübingen 1952, S. 64.

Die Euckens Modell zugrunde liegende Überzentralisation der Leitung setzt einen Zentralisierungsgrad voraus, bei dem alle Produktionsprozesse bis hin zu den kleinsten Details von einem Zentrum aus und nur von diesem bestimmt werden. Eine derartige Überzentralisation hat mit der ökonomischen Wirklichkeit des Sozialismus nichts zu tun.

Die einzelnen Entwicklungsetappen der sozialistischen Wirtschaft sind durch verschiedene Formen der Verbindung der zentralen Leitung mit der wirtschaftlichen Selbständigkeit der Betriebe gekennzeichnet. In der gegenwärtigen Etappe vollzieht die sowjetische Wirtschaft den Übergang auf ein Zweiebenensystem (Ministerium – Betrieb) und Dreiebenensystem (Ministerium – Industrievereinigung – Betrieb) der Leitung der Industrie. Damit werden die wirtschaftsleitenden Organe der Produktion nähergebracht, können die Rechte und Pflichten der verschiedenen Ebenen der Zweigleitung genauer abgegrenzt und die Beweglichkeit und Elastizität des Leitungsapparats verbessert werden. Die Leitung der sozialistischen Wirtschaft ist ein komplizierter und dynamischer Prozeß. Mit der für die bürgerliche Wirtschaftswissenschaft typischen Gegenüberstellung von zentralen und dezentralen Leitungsformen läßt sie sich nicht erklären.

Indem Eucken die sozialistische Planung vom Standpunkt der „zentralgeleiteten Wirtschaft" interpretierte, konstruiert er einen Gegensatz zwischen der Planung und der wirtschaftlichen Rechnungsführung der sozialistischen Betriebe.

Eucken erklärte, daß die Wirtschaftsplanung hier auf globalen statt individuellen Bewertungen beruhe, so daß jedes rationelle Wirtschaften unmöglich werde.

Er trennte die Volkswirtschaftsplanung von der betrieblichen Planung und bezeichnete die Kluft zwischen der obersten und der unteren Planungsebene als einen typischen Wesenszug jeder „Zentralverwaltungswirtschaft" einschließlich der sozialistischen Wirtschaft. Diese Kluft führe zu Störungen des Produktionsprozesses in den einzelnen Betrieben und mache den zentralen Planorganen jede exakte Kostenrechnung unmöglich.[28]

In Wirklichkeit aber stellt sich die sozialistische Planung als organische Einheit der Volkswirtschaftspläne und der betrieblichen Pläne dar. Die Pläne der sozialistischen Betriebe werden auf die Pläne der Zweige und auf die gesamte Volkswirtschaft abgestimmt. Die Volkswirtschaftspläne stützen sich auf die Pläne der einzelnen Betriebe. Diese Pläne weisen in der Ausschöpfung der zur Verfügung stehenden Kräfte und Mittel etwa den gleichen Intensitätsgrad auf, da ihre Ziele und Aufgaben sowie die Methoden zu deren Realisierung – ausgehend von den staatlichen Auflagen für die einzelnen Planteile – allseitig begründet werden.

Die Neoliberalen behaupteten, daß die zentrale Leitung und ihre Planungsorgane den Aufgaben, die aus der Konsumgüterversorgung entstehen, in keiner Weise gerecht werden.[29] Sie wollten nicht wahrhaben, daß in der sozialistischen

[28] Vgl. Walter Eucken, Die Wettbewerbsordnung und ihre Verwirklichung, in: Ordo. Jahrbuch für die Ordnung von Wirtschaft und Gesellschaft, Zweiter Band, Godesberg 1947, S. 8–10.

[29] Vgl. Walter Eucken, Grundsätze der Wirtschaftspolitik, Bern-Tübingen 1952, S. 101.

Wirtschaft die Verbraucher Einfluß auf die Produktion ausüben; sie meinten, daß die zentralen Organe erstens die Akkumulationsquote zu hoch ansetzen würden und zweitens die Konsumtionsstruktur nicht richtig ermitteln könnten. Diese Konfrontation der zentralen Leitung mit der Befriedigung der individuellen Bedürfnisse verfolgte das Ziel, die sozialistische Planung so hinzustellen, als ignoriere sie die Bedürfnisse des Einzelnen und der Kollektive, als setze sie sich über die Interessen der Persönlichkeitsentwicklung hinweg.

Ziel der zentralen Planung der Volkswirtschaft ist es, die individuellen Bedürfnisse zu entwickeln und dem Wachstum der Produktivkräfte entsprechend zu befriedigen, wobei sie sich von den ökonomischen Gesetzen des Sozialismus leiten läßt. Jeder Volkswirtschaftsplan setzt sich zur Realisierung des Systems der ökonomischen Gesetze bestimmte Ziele. Dabei wird das Hauptziel in allen Entwicklungsetappen des Sozialismus vom ökonomischen Grundgesetz des Sozialismus bestimmt, dessen Wesen darin besteht, daß die Gesellschaft die gesamte Produktion der stetigen Erhöhung des Wohlstands aller ihrer Mitglieder und der freien allseitigen Persönlichkeitsentwicklung jedes Einzelnen unterordnet.

Die wissenschaftliche Unhaltbarkeit der „positiven Theorie der zentralgeleiteten Wirtschaft" und ihre Unanwendbarkeit für den Sozialismus

Wir hatten schon festgestellt, daß Eucken eine „positive Theorie der zentralgeleiteten Wirtschaft" konstruieren wollte, die auf seiner Planungskonzeption beruhte. Elemente dieser Konzeption waren die sogenannten Daten des Wirtschaftsplanes und Erfahrungsregeln. Zu den „Daten des Wirtschaftsplanes" zählte Eucken Bedürfnisse, Natur, Arbeit, den Vorrat an Gütern aus früherer Produktion, technisches Wissen, die rechtliche und soziale Organisation, die er subjektivistisch nicht nur aus den Traditionen und Sitten herleitete, sondern auch aus dem geistigen Milieu.[30] Als Ausgangspunkt betrachtete er dabei die Bedürfnisse.[31] Auf diese Weise schrieb er, den Traditionen der subjektiven Schule in der bürgerlichen politischen Ökonomie folgend, den Bedürfnissen das Primat zu.

Doch richtet sich das Maß, in dem die Bedürfnisse befriedigt werden, stets nach dem jeweils erreichten Entwicklungsstand der Produktion, ohne den die realen Bedürfnisse der Gesellschaft und ihrer einzelnen Mitglieder weder ermittelt noch befriedigt werden können.

Eucken leugnete den objektiven Charakter der ökonomischen Gesetze. So schrieb er: „Gesetze, nach denen sich die Geschichte und auch die Wirtschaftspolitik zwangsläufig entwickelt, kennen wir nicht."[32] In Euckens Auffassung von

[30] Vgl. Walter Eucken, Die Grundlagen der Nationalökonomie, Jena 1940, S. 155–156.
[31] Ebenda, S. 150.
[32] Walter Eucken, Unser Zeitalter der Mißerfolge, Tübingen 1951, S. 66.

der Planung gab es statt objektiver ökonomischer Gesetze universelle, von der Gesellschaftsordnung unabhängige „Erfahrungsregeln".

Eucken zufolge sollte es drei solcher universeller „Erfahrungsregeln" geben: Erstens das sogenannte erste Gossensche Gesetz, das er wie folgt zitiert: „Bei jedem teilbaren Bedürfnis wird innerhalb jedes Bedürfnisabschnitts der mit der ersten Verwendungseinheit vorzunehmende Befriedigungsakt mit der höchsten Intensität begehrt, jede Verwendung weiterer Einheiten derselben Art wird mit abnehmender Intensität begehrt, bis der Sättigungspunkt erreicht ist; darüber hinaus schlägt das Begehren in Widerwillen um."[33] Das Gossensche Gesetz aber ist das Gesetz des „Grenznutzens", das von den Theoretikern der Österreichischen Schule zugrunde gelegt und weiterentwickelt worden ist.

Die zweite universelle „Erfahrungsregel" sollte das „Gesetz vom abnehmenden Ertrag" sein, das Eucken der anglo-amerikanischen Schule entlehnt hatte. Er bezog sich dabei vor allem auf die Arbeiten von Th. N. Carver, einem Vertreter dieser Schule. Die theoretische Grundlage des Gesetzes vom „abnehmenden Ertrag" bildet das „Gesetz vom abnehmenden Bodenertrag", das schon Marx und Lenin widerlegt hatten. Ebenso wie die Theoretiker der anglo-amerikanischen Schule wandte auch Eucken das Gesetz vom „abnehmenden Ertrag" nicht nur auf die Landwirtschaft, sondern auch auf die Industrie an.

Die dritte „Erfahrungsregel" sollte nach Euckens Auffassung darin bestehen, daß der Leiter des Betriebes Kapital investiert, „. . . weil er weiß, daß gegebene Arbeitskräfte und gegebene sachliche Produktionsmittel in der Regel um so mehr Konsumgüter erzeugen, je längere Zeit zwischen ihrem Einsatz und der Konsumgutreife verstreicht"[34]. Diese dritte „Erfahrungsregel" ist eine These der Kapitaltheorie Böhm-Bawerks, die von Eucken in den Rang eines Universalgesetzes erhoben wurde.

Euckens „Erfahrungsregeln" waren also nichts anderes als Konstruktionen der Grenznutzentheorie, deren Unrichtigkeit in der marxistischen Literatur wiederholt nachgewiesen worden ist. Diese Konstruktionen sind nur das verzerrte Abbild einiger Oberflächenprozesse der privatkapitalistischen Wirtschaft im Bewußtsein der Apologeten der kapitalistischen Produktion.

Die Österreichische Schule hatte diese Konstruktionen zu ewigen und universellen ökonomischen Gesetzen erklärt. Eucken stritt einerseits die Existenz ökonomischer Gesetze überhaupt ab und ging damit, im Vergleich zu den Vertretern der Österreichischen Schule, einen Schritt zurück. Andererseits aber stufte er diese Konstruktionen auf den Rang von „Erfahrungsregeln" zurück und kam damit ihrem wirklichen Wesen näher.

Die Widersprüchlichkeit von Euckens Konzeption zeigte sich hier darin, daß die „Erfahrungsregeln" sowohl für die „Verkehrswirtschaft als auch für die „zentralgeleitete Wirtschaft" gelten sollten. Nach Eucken „hat die Erforschung

[33] Walter Eucken, Die Grundlagen der Nationalökonomie, Jena 1940, S. 157.
[34] Ebenda, S. 160–161.

des zentralgeleiteten Wirtschaftssystems nicht nur den Zweck, die konkreten Erscheinungen der zentralgeleiteten Wirtschaft, wie sie in der Geschichte auftreten, zu erklären, sondern sie schafft zugleich den Boden für die Erkenntnis der Verkehrswirtschaft"[35]. Damit verfiel er in einen ganz offensichtlichen Widerspruch. Während er einerseits die Lebensunfähigkeit der „zentralgeleiteten Wirtschaft" nachzuweisen bemüht war, wollte er andererseits an ihrem Beispiel sein Ideal, die „Verkehrswirtschaft", untersuchen.

Durch die Isolierung der Planung und Leitung von den Produktionsverhältnissen wurde auch der spezifische Charakter der Produktionskonzentration im Sozialismus ignoriert. Eucken meinte, daß „wachsende Betriebsgröße zu Monopolen oder zur Zentralverwaltungswirtschaft ..."[36] führe. Er setzte die sozialistischen Volkswirtschaftszweige mit den Monopolen gleich und dichtete ihnen „Gruppen-anarchische Kämpfe" um „Produktionsmittel oder Arbeitskräfte" an.[37]

Da Eucken die Organisation der Wirtschaftsleitung als Grundlage für die Einteilung seiner „Idealtypen" diente, hatten in seiner Theorie die Eigentumsverhältnisse zu den Produktionsmitteln keine vorrangige Bedeutung. Wohl unterschied er in seinem Buch „Grundsätze der Wirtschaftspolitik" zwei Typen der „zentralgeleiteten Wirtschaft", nämlich: *„Einen Typus mit Privateigentum und einen Typus mit Kollektiveigentum an Produktionsmitteln"*[38]. Allerdings maß er diesen Unterschieden keine größere Rolle in der Funktionsweise der „zentralgeleiteten Wirtschaft" bei.

Zugleich aber hob Eucken, der Tradition der liberalen Richtung folgend, zu Recht hervor, daß dem gesellschaftlichen Eigentum an den Produktionsmitteln die zentrale Form der Wirtschaftsleitung entsprechen müsse. Typisch für die neoliberale Richtung war, daß sie den Zusammenhang zwischen Eigentum, sozialökonomischer Ordnung der Gesellschaft und sozialen Problemen anerkannte. Doch entstellten ihre Repräsentanten die Art dieses Zusammenhangs, indem sie behaupteten, gesellschaftliches Eigentum an den Produktionsmitteln und zentrale Planung seien mit wirtschaftlicher Freiheit und Gerechtigkeit unvereinbar. Eucken stimmte Alexander Rüstow darin zu, der festgestellt hatte: „Kollektiveigentum ermöglicht wesentlich höhere Grade und schärfere Formen sozialer Ungleichheit als Privateigentum."[39]

Eine derartige Auslegung verzerrt das Wesen des gesellschaftlichen Eigentums an den Produktionsmitteln und seine Rolle bei der Lösung der sozialökonomischen Probleme. Gesellschaftliches Eigentum an den Produktionsmitteln bedeutet unmittelbare Verbindung der Arbeitskraft mit den Produktionsmitteln. Damit wird einerseits die Ausbeutung abgeschafft, und andererseits werden die Voraussetzungen für die Beseitigung der sozialökonomischen Unterschiede zwischen den

[35] Ebenda, S. 177.
[36] Walter Eucken, Grundsätze der Wirtschaftspolitik, Bern-Tübingen 1952, S. 78.
[37] Ebenda, S. 79. [38] Ebenda, S. 60.
[39] Zitiert ebenda, S. 273.

Menschen geschaffen und die völlige und allseitige wirtschaftliche Gleichheit erreicht.

Alle „Mängel“, die Eucken der von ihm als „zentralgeleitete Wirtschaft“ bezeichneten sozialistischen Wirtschaft andichtete, dominierten in der angeblichen Unmöglichkeit, „ein gesamtwirtschaftliches Gleichgewicht“ herzustellen[40].

Die traditionellen bürgerlichen Wirtschaftstheorien betrachten den Gleichgewichtszustand als normalen, typischen Zustand der Wirtschaft. Sie bringen das Gleichgewicht einerseits mit Vollbeschäftigung und andererseits mit einer stabilen Finanzlage in Zusammenhang. Nach Eucken ist das „Gleichgewichtsproblem ... universaler Natur“[41] und die Funktionsfähigkeit der Ordnung „eine Frage des Gleichgewichts“[42]. Er behauptete, eine „zentralgeleitete Wirtschaft“ sei durch ständig fehlendes Gleichgewicht gekennzeichnet. In der „zentralgeleiteten Wirtschaft“ mit gesellschaftlichem Eigentum an den Produktionsmitteln zeige sich dies am deutlichsten in „chronischer Unterversorgung breiter Volksschichten, die trotz Vollbeschäftigung unzureichend mit Konsumgütern beliefert werden“[43]. Den Konsumgütermangel bezeichnete er als das soziale Hauptproblem der „zentralgeleiteten Wirtschaft“ und damit auch des Sozialismus.

Das Modell von der „zentralgeleiteten Wirtschaft“ erhob zeitweilige Schwierigkeiten in der Versorgung mit Konsumgütern, die sich aus den spezifischen Bedingungen des sozialistischen Aufbaus in der UdSSR ergeben hatten (Periode der sozialistischen Rekonstruktion, Großer Vaterländischer Krieg, Zeit des Wiederaufbaus der Volkswirtschaft), zur Gesetzmäßigkeit. Die heute erreichten Produktionsausmaße, das gewaltige Wachstum der Wirtschaftskraft und die gewachsenen wirtschaftlichen Möglichkeiten der UdSSR haben eine grundlegende Hinwendung der gesamten Wirtschaft auf die Erhöhung des Volkswohlstandes, auf die Verbesserung der Arbeits- und Lebensbedingungen möglich gemacht. In den Materialien des XXIV. Parteitages heißt es, daß „für die Entwicklung der Landwirtschaft und der Zweige, die Waren für die Bevölkerung produzieren, noch nie zuvor so riesige finanzielle und materielle Mittel bereitgestellt worden sind wie in diesem (d. h. im neunten – d. Verf.) Planjahrfünft“.[44]

Ein typisches Merkmal der „zentralgeleiteten Wirtschaft“ sei die Inflation, meinte Eucken. In der Geldzirkulation einer zentralgeleiteten Wirtschaft gebe es kein Gleichgewicht: „In Ländern mit zentraler Leitung des Wirtschaftsprozesses wird dauernd eine größere Geldmenge im Umlauf gehalten als notwendig ist, um die Güter zu den festgesetzten Preisen umzusetzen.“[45] Eucken behauptete,

40 Ebenda, S. 81. 41 Ebenda, S. 164.

42 Ebenda, S. 166. 43 Ebenda, S. 187.

44 Direktiven des XXIV. Parteitages der KPdSU zum Fünfjahrplan für die Entwicklung der Volkswirtschaft der UdSSR in den Jahren 1971–1975. Referat von A. N. Kossygin, Moskau-Berlin 1971, S. 22.

45 Walter Eucken, Grundsätze der Wirtschaftspolitik, Bern-Tübingen, 1952, S. 117.

Inflationen seien „eine Voraussetzung dafür, daß zentrale Planung überhaupt bestehen kann".[46]

Doch ist die sozialistische Gesellschaft gerade durch die zentrale Planung in der Lage, die Ware-Geld-Zirkulation planmäßig zu regeln und somit Inkongruenzen zwischen den Waren- und Geldfonds vorzubeugen.

Mit der Anwendung des Modells von der „zentralgeleiteten Wirtschaft" auf den Sozialismus leugneten die Anhänger dieses Modells, daß eine sozialistische Wirtschaft störungsfrei und effektiv funktionieren kann. Ebenso wie ihre Vorgänger, die Vertreter der älteren liberalen Schule, prophezeiten auch sie den Untergang des Sozialismus.

Die Entwicklung und Prosperität des sozialistischen Weltsystems liefert jedoch den deutlichsten Gegenbeweis gegen Prognosen dieser Art.

[46] Walter Eucken, Unser Zeitalter der Mißerfolge, Tübingen 1951, S. 49.

2. ABSCHNITT

6. KAPITEL

Werner Sombarts Modelle vom „deutschen Sozialismus" – eine theoretische Grundlage des Nationalsozialismus

Die Evolution von Sombarts Auffassungen

Zu den reaktionärsten Spielarten der bürgerlichen Sozialismustheorie gehört der sogenannte deutsche Sozialismus Werner Sombarts. Der Autor dieser Theorie zählt zu den prominenten Vertretern der bürgerlichen politischen Ökonomie. Sombarts Auffassungen „evolutionierten" in seiner mehr als ein halbes Jahrhundert währenden Tätigkeit von der „Sympathie" zum Marxismus bis zur faschistischen Ideologie. Der junge, liberal eingestellte Professor Sombart hatte sich noch marxistischer Terminologie bedient und sich als Anhänger und Fortsetzer des Werkes von Karl Marx ausgegeben.[1]

Obgleich Sombart seine Theorie des Kapitalismus als Entwicklung und Vollendung der Ideen hinstellte, die dem „Kapital" zugrunde liegen, hat er doch nie zur wissenschaftlichen Weltanschauung gefunden. Bestenfalls hat er es zu einer bürgerlich-liberalen Interpretation des Marxismus gebracht, gehörte er zu den Ideologen eines „leicht marxistisch getönten Sozialliberalismus"[2].

Lange Zeit hatte Sombart mit dem Marxismus kokettiert. Dennoch hatte er bereits in einer seiner ersten Schriften, einem dem Ableben von Engels gewidmeten Aufsatz, den Marxismus entstellt und die marxistische Dialektik geleugnet. Mit jeder neuen Veröffentlichung verstärkte Sombart seine Angriffe gegen die politische Ökonomie des Marxismus und wurden seine Anschauungen reaktionärer. Der Großen Sozialistischen Oktoberrevolution begegnete er mit unverhohlener Feindseligkeit. In der allgemeinen Krise des Kapitalismus verschwand der „rosarote" Schimmer endgültig, und am Ende des Weges stand ein durchweg „brauner" Sombart. Den Beweis dafür liefert seine Theorie vom „deutschen Sozialismus", einer theoretischen Rechtfertigung der faschistischen Diktatur.

Diese Theorie vom „deutschen Sozialismus" legte Sombart im Jahre 1934 in dem Buch „Deutscher Sozialismus" vor, also unmittelbar nachdem in Deutschland die Faschisten an die Macht gekommen waren. Angesichts der scharfen

[1] Im Geleitwort zum dritten Band seines Werkes „Der moderne Kapitalismus" schrieb Sombart: „Und alles, was etwa Gutes in meinem Werk ist, verdankt es dem Geiste Marx" (Werner Sombart, Der moderne Kapitalismus, Dritter Band, Erster Halbband, München-Leipzig 1938, S. XIX).

[2] W. I. Lenin, Eine Enquete über die Organisationen des Großkapitals, in: Werke, Bd. 18, Berlin 1972, S. 55.

Klassenabgrenzung wandte sich Sombart der Reaktion zu, unterstützte er den Nationalsozialismus in der für dessen Machtsicherung entscheidenden Zeit. Und so war es kein Zufall, wenn die Presse über sein Buch schrieb, daß der Zeitpunkt für dessen Erscheinen nicht günstiger hätte sein können.[3]

B. Seligman, der die Evolution von Sombarts Anschauungen aus der Sicht der bürgerlich-liberalen Intelligenz betrachtete, schreibt, daß Sombart nach dem ersten Weltkrieg zum Verkünder der reaktionärsten nationalistischen Dogmen wurde, die der faschistischen Ideologie zugrunde lagen. „Obwohl Sombart nicht Mitglied der nationalsozialistischen Partei war, gehörte er doch zu den konsequenten Nazis. Die Methodologie in seinem letzten Buch, verbunden mit der zerstörerischen Kraft des ‚dritten Reiches', hat solche Früchte hervorgebracht wie die Krematorien von Treblinka und Maidanek."[4]

Die bürgerliche Wirtschaftswissenschaft von heute ist auf jede Weise bemüht, sich von Sombarts „deutschem Sozialismus" abzugrenzen, diese Theorie aus der „geistigen Senilität" Sombarts zu erklären. In Wirklichkeit aber ist diese Theorie der logische Abschluß der ganzen vorangegangenen Tätigkeit, das „letzte Wort" Sombarts in der Wirtschaftstheorie, und sie läßt sich nur aus dem Zusammenhang mit seinen früheren Schriften erklären.

Meilensteine in Sombarts Wirken waren die Schriften „Der moderne Kapitalismus", „Der proletarische Sozialismus" und schließlich „Deutscher Sozialismus", die eine Art Trilogie ergeben.[5] Diese drei Schriften bilden eine logische Kette.

In dem Buch „Der moderne Kapitalismus" war Sombart zu dem Schluß gekommen, daß der Kapitalismus sehr geschwächt und im Niedergang befindlich sei. Deshalb stellte er die Frage nach den Perspektiven für die Entwicklung der Gesellschaft. Diese Perspektive, so verkündete er, verkörpert der Sozialismus. Allerdings gebe es verschiedene Varianten des Sozialismus, ebenso wie die Wege zu ihm unterschiedlich sein können. „Es gibt zwei Wege, die zum Sozialismus führen: einen leichten, besonnten und einen düsteren, beschatteten", schrieb Sombart. „Jenes ist der Weg der Überzeugung, des Ausgleichs, der Versöhnung, des Friedens, dieser der des Zwanges, der Zwietracht, des Hasses, des Kampfes. Jenen weisen die Optimisten, diesen die Pessimisten unter den sozialistischen Denkern."[6] Zu den Optimisten rechnete sich natürlich Sombart selbst und seine Anhänger, zu den Pessimisten zählte er die Vertreter des wissenschaftlichen Kommunismus.

In dem großangelegten zweibändigen Werk „Der proletarische Sozialismus",

[3] Vgl. Werner Sombart, „Deutscher Sozialismus" im Urteil der Presse, Berlin 1935, S. 42.

[4] Ben B. Seligman, (Ben B. Seligman) Osnovnye tečenija sovremennoj ėkonomičeskoj mysli, Moskva 1968, S. 36.

[5] Werner Sombart, Der moderne Kapitalismus, Leipzig 1902; Der proletarische Sozialismus („Marxismus"), Jena 1924; Deutscher Sozialismus, Berlin 1934.

[6] Werner Sombart, Der proletarische Sozialismus („Marxismus"), Jena 1924, S. 333.

dem in bürgerlichen Kreisen ein spektakulärer Erfolg beschieden war, interpretierte Sombart den Marxismus als Produkt eines „psychologischen Pessimismus", des Vertrauensverlustes gegenüber der menschlichen Vernunft. Er verleumdete den marxistischen Sozialismus und bemühte sich nachzuweisen, die Marxisten hätten die ursprünglich edle Idee des Sozialismus entstellt. Mit dieser Begründung lehnte er den proletarischen Sozialismus ab und bot als Alternative seinen „wahrhaften" „deutschen Sozialismus" an.

Sombarts Ideen waren nicht neu, wie übrigens die Theorie vom „deutschen Sozialismus" selbst nicht neu war. Schon in den vierziger Jahren des vorigen Jahrhunderts gab es in Deutschland eine Theorie vom „deutschen" oder „wahren" Sozialismus, die die reaktionären Interessen des deutschen Kleinbürgertums ausdrückte und die von der preußischen Monarchie gegen die Bourgeoisie ausgespielt wurde. Im „Manifest der Kommunistischen Partei" hatten Marx und Engels diese Theorie einer vernichtenden Kritik unterzogen.

Die methodologischen Grundlagen des Modells vom „deutschen Sozialismus"

Sombarts Theorie vom deutschen Sozialismus war ein eklektizistisches Gemisch von ökonomischen, ethischen und religiösen Vorstellungen. Nach den eigentlichen Ursachen für die ökonomischen Erscheinungen „im Sinne der materialistischen Geschichtsauffassung"[7] zu fragen, hielt er für prinzipiell unzulässig. Seiner Ansicht nach würde das die Analyse ärmer machen, viele interessante Ereignisse aus dem Gesichtsfeld entrücken, die Vielfalt und die mannigfaltigen Zusammenhänge der realen Welt verdecken. Eine Erklärung lasse sich nur auf der Grundlage des Pluralismus, der „mannigfaltigen Einzelursachen" liefern. Sombart wandte sich gegen die grundlegende marxistische These, daß im Mittelpunkt der gesamten Weltpolitik der Klassenkampf der Ausgebeuteten gegen die Ausbeuter steht.

Lenin schrieb zu eklektizistischen Anschauungen dieser Art: „Es ist ja so bequem und so vorteilhaft, die Tiefe der ökonomischen Gegensätze in einer Detailanalyse zu vertuschen und gleichzeitig über die ‚Grobheit' der sozialistischen Auffassungen von der *Gesamtheit* dieser Gegensätze zu klagen. Natürlich kommt einer derartigen Kritik .... keine wissenschaftliche Bedeutung zu."[8]

In Sombarts Vorstellung war der „deutsche Sozialismus" ein Protest gegen die „Übermacht" materiellen Strebens, die den Kapitalismus wie den marxistischen Sozialismus kennzeichne. In diesen Systemen, meint Sombart, rücken die materiellen Interessen zu Lasten der geistigen Werte in den Vordergrund, und

[7] Werner Sombart, Der Bourgeois. Zur Geistesgeschichte des modernen Wirtschaftsmenschen, München-Leipzig 1920, S. 458.

[8] W. I. Lenin, Die Entwicklung des Kapitalismus in Rußland, in: Werke, Bd. 3, Berlin 1972, S. 519.

das führe zum Verfall von Kultur und Moral. Deshalb müsse eine Gesellschaft aufgebaut werden, in der „die Seele wieder zur Ruhe" komme, frei werde „vom Sklavendienst am Materiellen, frei von dem Druck eines unverdauten Wissens, frei von den quälenden Gefühlen des Hasses, des Neides, des Mißtrauens gegen andere Volksgenossen, denen es vermeintlich ‚besser geht'".[9]

Sombart beschränkte das Modell vom „deutschen Sozialismus" nicht nur auf die Wirtschaft. Er bezog es auf „die Gesamtordnung des deutschen Volkes", zu deren Grundlage er zählte: „. . . den Geist des Christentums, die allgemeine Bildung, die allgemeine rechtliche Freiheit und Gleichheit, die Herrschaft der weißen Rasse über die Erde, die kapitalistische Wirtschaftsordnung, den fabrikmäßigen Großbetrieb, die moderne Technik, die Presse, die Wissenschaft mit ihrer Systematisierungskunst usw.".[10] Doch verbarg sich hinter diesem Durcheinander von Erscheinungen und Fakten, hinter dem Abwerten der materiellen Interessen, dem Tadel menschlicher Schwächen wie „Haß, Neid und Mißtrauen", hinter dieser Fassade, der rein äußeren Gestalt des „deutschen Sozialismus" ein wohldurchdachtes, sorgsam verhülltes System zur Verteidigung der bürgerlichen Ordnung.

Die Methodologie, deren sich Sombart für sein Modell vom „deutschen Sozialismus" bediente, war antimarxistisch. Bei jeder Gelegenheit wies er auf dessen Gegensatz zum historischen Materialismus hin. Auf diesem Kontrast baut das ganze Modell auf. Sombart meinte, daß die „materialistische (ökonomische) Geschichtsauffassung" von Marx fast ein einziger Trugschluß gewesen sei.[11] Und so kam er schließlich zu der Behauptung, daß man aus den realen Gegebenheiten der kapitalistischen Wirklichkeit den falschen Schluß von der Unvermeidlichkeit des proletarischen Sozialismus gezogen habe. Deshalb hatte sich Sombart die „bescheidene" Aufgabe gestellt, Marx „zu entzaubern". „Entzauberung bedeutet aber dasselbe wie Verwissenschaftlichung . . ."[12]

Zu den wichtigsten methodologischen Prinzipien von Sombarts „Deutscher Sozialismus" gehörten: die Leugnung der Gesetzmäßigkeiten der gesellschaftlichen Entwicklung; der Verzicht auf revolutionäre Umgestaltungen der Gesellschaft und statt dessen absolut evolutionäre Entwicklung; Leugnung des klassenmäßigen Vorgehens bei der Analyse der gesellschaftlichen Erscheinungen.

Als Zögling der jüngeren Historischen Schule und Fortsetzer ihrer Traditionen leugnete Sombart, ihrem Vorbild treu bleibend, die Gesetzmäßigkeiten des gesellschaftlichen Prozesses.[13] Bei ihm führte dies so weit, daß er selbst die ökonomische Notwendigkeit leugnete. Statt dessen propagierte er die unbegrenzte Macht von

[9] Werner Sombart, „Deutscher Sozialismus" im Urteil der Presse, Berlin 1935, S. 165.

[10] Ebenda, S. 63, 122.

[11] Ebenda, S. 112.

[12] Werner Sombart, Der moderne Kapitalismus, Dritter Band, Erster Halbband, München-Leipzig 1928, S. XXII.

[13] Sombarts Lehrer war Gustav Schmoller, einer der bekanntesten Vertreter der jüngeren Historischen Schule.

Willensentscheidungen, den Voluntarismus. Die wirtschaftlichen Erscheinungen stellte Sombart als Realisierung bestimmter, vorgegebener Ziele hin. „Die Wirtschaft ist nicht unser ‚Schicksal‘. Eine ‚Eigengesetzlichkeit‘ gibt es nicht ... Das heißt: die Wirtschaft ist kein Naturprozeß, sondern ist von jeher gewesen und wird es in aller Zukunft sein, eine aus dem freien Entschluß der Menschheit heraus gestaltete Kultureinrichtung. Somit liegt auch die Zukunft der Wirtschaft oder eines bestimmten Wirtschaftssystems in dem Ermessen frei wollender Menschen.“ [14] Der Wille aber werde „im wesentlichen bestimmt .... von der völlig irrationalen weltanschaulichen Einstellung der Menschen her, die über ihr Schicksal entscheiden“.[15] Bei ihm also hängt alles davon ab, welcher Ideologie die Menschen verfallen, welches Zukunftsideal sie wählen. Man brauche ihnen nur ein bestimmtes Ziel zu geben, und es werde erreicht. Immer gebe es alternative Möglichkeiten der gesellschaftlichen Entwicklung. Mehr noch, man müsse sich vom „gräulichen Fortschrittsglauben frei machen“, auf den sich die Marxisten berufen.[16] Und es sei falsch, „alle Gegenwart nur als Vorstufe einer höheren, besseren, vollkommeneren Zukunft anzusehen“ [17].

All diese Behauptungen brauchte Sombart, um die Marxsche Lehre von der stufenweisen Entwicklung der Gesellschaft, von der unvermeidlichen Ablösung des Kapitalismus durch den Sozialismus in Mißkredit zu bringen. Die Methodologie des Marxismus erklärte er für unrichtig. Da Sombart keinerlei Gesetzmäßigkeiten der gesellschaftlichen Entwicklung anerkannte, konnte er die verschiedensten Manipulationen mit der Zukunft anstellen, alle möglichen Unterstellungen machen und schließlich den „deutschen Sozialismus“ als Zukunftsbild hinstellen.

Von der haltlosen Methodologie der Historischen Schule ausgehend, verkündete Sombart das Primat der politischen Interessen vor den ökonomischen Interessen. Den politischen Interessen maß er die entscheidende Bedeutung bei der Gestaltung der gesellschaftlichen Prozesse bei, denn die politischen Entscheidungen, so meinte er, bestimmen die wirtschaftlichen Erscheinungen, bedingen den Charakter der Wirtschaft, und demgemäß sei der deutsche Sozialismus „im politischen Gemeinwesen verwurzelt“ [18].

Somit lehnte Sombart auch den marxistischen Grundsatz vom Primat der Ökonomie gegenüber der Politik ab, der sich aus der materialistischen Geschichtsauffassung ableitet. Lenin hatte die dialektische Wechselwirkung von Ökonomie und Politik beim Primat der Ökonomie sehr präzise formuliert, als er schrieb „Politik ist der konzentrierte Ausdruck der Ökonomik.“ [19] Dies zu leugnen bedeutet, den gesetzmäßigen Charakter der wirtschaftlichen Entwicklung abzustreiten und damit Willkür und Voluntarismus in der Politik Tür und Tor zu öffnen.

[14] Werner Sombart, Die Zukunft des Kapitalismus, Berlin 1932, S. 5.
[15] Ebenda, S. 45.
[16] Werner Sombart, „Deutscher Sozialismus“ im Urteil der Presse, Berlin 1935, S. 164.
[17] Ebenda. [18] Ebenda, S. 60, 61.
[19] W. I. Lenin, Noch einmal über die Gewerkschaften, in: Werke, Bd. 32, Berlin 1970, S. 73.

Als Gegengewicht zum marxistischen Leitsatz von der revolutionären Ablösung der sozialökonomischen Formationen griff Sombart die abgedroschene reformistische These vom evolutionären Charakter der gesellschaftlichen Entwicklung auf: „Alle diejenigen irren, die einen gewaltsamen Umsturz der bestehenden Wirtschaftsverfassung und eine plötzliche Änderung der Grundlagen des Wirtschaftslebens erwarten." Diese „Ansicht verkennt das Wesen der wirtschaftlichen Entwicklung, die immer in der Gestalt einer allmählichen ‚organischen' Umbildung bestehender Zustände sich vollzieht. Neue Wirtschaft ‚wächst' wie eine Pflanze, ein Tier"[20]. Deshalb vollziehe sich der Übergang vom Kapitalismus zum „deutschen Sozialismus" allmählich, ohne Revolution. Und da die neue Ordnung innerhalb des Kapitalismus aufkomme, wandle und transformiere sich letzterer immer mehr zum Sozialismus, es komme zur „Verwirklichung des Sozialismus bei Lebzeiten des Kapitalismus"[21]. Für diesen Übergangszustand empfahl Sombart die Bezeichnung „Sozialkapitalismus"[22].

Sombart ging es folglich um den reformistischen Weg, um kleine Reformen, um die partielle Umgestaltung des Kapitalismus. Hinter der Maske sozialistischer Bestrebungen verbarg er das Bemühen, den Kapitalismus retten, die Gefahr einer für ihn vernichtenden Revolution abwenden zu wollen. Schon Rosa Luxemburg hat diesen trickreichen Professor demaskiert, der bemüht war, „den Sozialismus *im Interesse seiner eigenen Verwirklichung* mit dem Kapitalismus in eins (zu) verwandeln"[23].

Zu dem raffiniert erklügelten Vorhaben, unter dem Aushängeschild des Strebens zum Sozialismus den Kapitalismus zu verteidigen, gehörte auch die Ablehnung des Klassenkampfes. Sombart befleißigt sich, Anteilnahme, tiefempfundenes Bedauern und schreckliche Entrüstung über den „verhängnisvollen Irrtum" von Marx auszudrücken, er meint, dieser habe den Erkenntniswert der Marxschen Lehre sehr geschmälert.

Sombart war nicht der erste und auch nicht der letzte bürgerlich-liberale Ökonom, der über „Verirrungen" von Marx Krokodilstränen vergossen hat. Diese Theoretiker, die den Marxismus nicht widerlegen konnten, geizten nicht mit Komplimenten für den Marxismus und bemühten sich dabei, seinen Hauptinhalt über Bord zu werfen: die Lehre vom Klassenkampf. Man war bereit, vom Marxismus alles zu übernehmen, was für die liberale Bourgeoisie annehmbar ist, „einschließlich der ‚allgemeinen' Anerkennung der ‚sozialistischen Ideale' und der Ersetzung des Kapitalismus durch eine ‚neue' Ordnung, und will ‚nur' die

20 Werner Sombart, Der moderne Kapitalismus, Dritter Band, Zweiter Halbband, München-Leipzig 1928, S. 1009–1010.

21 Werner Sombart, Die deutsche Volkswirtschaft im neunzehnten Jahrhundert und im Anfang des 20. Jahrhunderts, Berlin 1921, S. 455.

22 Ebenda.

23 Rosa Luxemburg, Die „deutsche Wissenschaft" hinter den Arbeitern, in: Rosa Luxemburg, Gesammelte Werke, Band 1, Erster Halbband, Berlin 1970, S. 784.

lebendige Seele des Marxismus, ‚nur‘ sein revolutionäres Wesen beiseite werfen“[24].

Sombart sah die Ursachen für die Klassenwidersprüche weder in den Ausbeutergesellschaften überhaupt noch in der kapitalistischen Gesellschaft im besonderen. Das Problem der Ausbeutung umgehend wollte er die Theorie vom Klassenkampf aus rein persönlichen Motiven erklären, zum Beispiel daraus, daß die ständige Verfolgung durch mächtige Gegner Marx und Engels verbittert haben und der angesammelte Grimm und Haß in diese Theorie eingeflossen sei.[25] Die marxistische Lehre vom Klassenkampf stellte er als Aufruf zu Zerstörung, Gewalt und Haß hin, mit einem Wort: im „luziferischen Geist“.[26] Das Gegengewicht zu dieser Lehre sollte Sombarts Doktrin der Klassenzusammenarbeit, des gemeinschaftlichen Wirkens aller Volksschichten für das allgemeine Wohl, bilden. Zum Sozialismus könne man auf friedliche Weise, in Ruhe und im Guten kommen. Man müsse nur aufhören, an „niedrige Instinkte“ zu appellieren und Vernunft und Einsicht walten lassen. „Denn bei der vernünftigen und gütigen Natur des Menschen ist es undenkbar, daß sich noch irgend jemand dieser Verwirklichung (des Sozialismus, – d. Verf.) widersetzen werde, nachdem er über die Wesenheit der Ideen aufgeklärt worden ist.“[27] Es sei auch nicht angebracht, Klassen zu privilegieren, wie es der proletarische Sozialismus tue, der die Arbeiter begünstige und nur ihnen bessere Lebensbedingungen verspreche. „Das Befreiungswerk des Deutschen Sozialismus erstreckt sich nicht auf eine Klasse oder auf sonst eine einzelne Gruppe der Bevölkerung, sondern umfaßt diese ganz, in allen ihren Teilen: . . . Bauern und Lohnarbeiter, Gutsbesitzer und Unternehmer, Kaufleute und Handwerker, Beamte und Gelehrte, kurz alle Glieder der Gesellschaft . . . Der Deutsche Sozialismus ist kein proletarischer, kein kleinbürgerlicher oder sonst ein Teil-Sozialismus, sondern ist volkstümlicher Sozialismus.“[28]

Sombart wollte also auch die Ausbeuterklassen in den „Sozialismus“ einbeziehen: nicht nur den Kapitalisten, sondern auch den Gutsbesitzer. Nach seiner „Theorie“ sollte der Übergang zur neuen Ordnung ganz und gar nicht an irgendwelche radikalen Umgestaltungen, an die Beeinträchtigung der Interessen einzelner Klassen und noch viel weniger an ihre Beseitigung gebunden sein. Das Modell vom „deutschen Sozialismus“ forderte keinerlei Enteignung der Ausbeuterklassen, keine Abschaffung des Privateigentums an den Produktionsmitteln. Die Produktionsbetriebe sollten nach wie vor den Ausbeutern gehören.

Es liegt auf der Hand, daß hier von wirklichem Sozialismus, von einem dem Kapitalismus entgegengesetzten sozialökonomischen System, nicht die Rede

24 W. I. Lenin, Der Zusammenbruch der II. Internationale, in: Werke, Bd. 21, Berlin 1970, S. 216.

25 Vgl. Werner Sombart, Sozialismus und soziale Bewegung, Jena 1919, S. 75.

26 Werner Sombart, Der proletarische Sozialismus („Marxismus“), Jena 1924, S. 422.

27 Ebenda, S. 334.

28 Werner Sombart, „Deutscher Sozialismus“ im Urteil der Presse, Berlin 1935, S. 160–161.

sein konnte. Schon Ricardo hatte auf die Widersprüche zwischen den Interessen der Kapitalisten und der Arbeiter aufmerksam gemacht, die auf der gegenläufigen Bewegung von Profit und Arbeitslohn beruhen. Bourgeoisie und Werktätige sind durch Antagonismen getrennt, die ständig unüberbrückbare Konflikte hervorbringen. Der Sozialismus ist der Triumph des arbeitenden Volkes, der nur durch erbitterten Klassenkampf zu verwirklichen ist. Das zu leugnen heißt den Sozialismus leugnen. „Außerhalb des Klassenkampfes ist der Sozialismus eine leere Phrase oder ein naiver Traum“[29], hatte Lenin bereits 1905 geschrieben.

Ein wesentliches Element in der Methodologie des „deutschen Sozialismus“ war die These von den „nationalen Typen“ der sozial-ökonomischen Systeme. Sie war im Geiste der nationalistischen Traditionen gehalten, deren Beginn auf einen Vorläufer der Historischen Schule in der bürgerlichen politischen Ökonomie, den deutschen Professor Friedrich List, zurückgeht. Sombart versuchte nun, die Vorstellung von der Nationalökonomie weiter zu entwickeln, ihr neue Kräfte zu verleihen. Deshalb wehrte er sich dagegen, den Kapitalismus als eine Gesellschaftsordnung anzuerkennen, die durch ein für alle Länder, in dem sie herrscht, gemeingültiges System ökonomischer Verhältnisse und Gesetze gekennzeichnet ist. Jedes Land, jedes Volk, so behauptete Sombart, weise ausgeprägte Unterscheidungsmerkmale auf, die auch verschiedene, spezifische wirtschaftliche und politische Systeme, „nationale“ Systeme verlangen. „Daher kann eine echte Ordnung nur national begründet sein, gemäß den verschiedenen äußeren, seelischen und geistigen Gegebenheiten der einzelnen Nationen, die Gott verschieden geschaffen hat.“[30]

Das alles bezog Sombart auch auf den Sozialismus. Deshalb meinte er, auch von einem „nationalen Sozialismus“ sprechen zu dürfen. Unter „nationalem Sozialismus“ verstand er einen Sozialismus, der „seine Verwirklichung im nationalen Verbande erstrebt“ und der von dem Gedanken ausgehe, daß Sozialismus und Nationalismus „aufeinander angewiesen“ seien. Diese Definition des „nationalen Sozialismus“ gründete sich demgemäß auf der Idee, daß es „keine allgemeingültige Ordnung “ gebe, „sondern nur eine dem bestimmten Volke angepaßte Ordnung“[31]. Der deutschen Nation, dem deutschen Geist entspreche folglich der „deutsche Sozialismus“. Mit derartigem Gerede sollte ein System mit dem Sozialismusbegriff bemäntelt werden, das ihm völlig entgegengesetzt war. Sombart dürfte damit der Stammvater der heutigen antimarxistischen Konzeptionen vom „nationalen Sozialismus und Kommunismus“ sein.

Sombart erhob Anspruch auf den Ruf, Schöpfer einer neuen politischen

[29] W. I. Lenin, Zwischen zwei Schlachten, in: Werke, Bd. 9, Berlin 1957, S. 446–447.
[30] Werner Sombart, „Deutscher Sozialismus“ im Urteil der Presse, Berlin 1935, S. 120 bis 121.
[31] Ebenda, S. 120.

Ökonomie zu sein.[32] Doch war die Methodologie, deren er sich bei der Konstruktion des Modells vom „deutschen Sozialismus" bediente, ebensowenig wissenschaftlich wie originell. Sie unterschied sich kaum von der Methodologie anderer Vertreter der deutschen bürgerlichen politischen Ökonomie.

Der „deutsche Sozialismus" – das Modell einer „Mischwirtschaft"

Das Modell vom „deutschen Sozialismus" gründete sich auf der Leugnung der Rolle des Eigentums an den Produktionsmitteln. Sombart war bemüht, die Bedeutung der Eigentumsforschung für die Charakteristik der sozialökonomischen Ordnung herabzumindern. Er erklärte, das Eigentumsproblem sei „kein selbständiges Problem". „Das sind technische Fragen, die kein grundsätzliches Interesse berühren."[33] Damit wandte er sich gegen die grundlegende These der marxistischen politischen Ökonomie von der bestimmenden Rolle der Eigentumsverhältnisse. „Es ist jedesmal das unmittelbare Verhältnis der Eigentümer der Produktionsbedingungen zu den unmittelbaren Produzenten", schrieb Marx, „... worin wir das innerste Geheimnis, die verborgene Grundlage der ganzen gesellschaftlichen Konstruktion ..., der jedesmaligen spezifischen Staatsform finden"[34].

Der Autor des Modells vom „deutschen Sozialismus" leugnet die Notwendigkeit der revolutionären Ablösung des kapitalistischen Eigentums an den Produktionsmitteln durch das sozialistische Eigentum. Er sah im kapitalistischen Privateigentum die Voraussetzung für die „gesunde Gestaltung des wirtschaftlichen Daseins der Nation". Sombart behauptete, daß bestimmte Aufgaben „am besten in kapitalistischer Form gelöst werden können"[35]. Wenn die Kraft der Volkswirtschaft erhöht werden solle, müsse der kapitalistische Sektor erhalten bleiben.

Das konstituierende Merkmal des Modells vom „deutschen Sozialismus" war deshalb das Nebeneinanderbestehen einer „bunten Fülle von Wirtschaftsformen und Wirtschaftssystemen". „Die Alternative, um die Jahrhunderte lang so erbittert gekämpft worden ist und manchenorts noch heute gekämpft wird: Privateigentum oder Gemeineigentum besteht für ihn (den deutschen Sozialismus, d. Verf.) nicht. Es handelt sich vernünftiger Weise gar nicht um ein ‚Entweder – Oder', sondern um ein ‚Sowohl – als auch': Privateigentum und Gemeineigentum werden nebeneinander bestehen."[36]

32 Vgl. Werner Sombart, Die drei Nationalökonomien. Geschichte und System der Lehre von der Wirtschaft, München-Leipzig 1930.
33 Werner Sombart, „Deutscher Sozialismus" im Urteil der Presse, Berlin 1935, S. 324, 301.
34 Karl Marx, Das Kapital, Dritter Band, in: MEW, Bd. 25, Berlin 1972, S. 799–800.
35 Werner Sombart, „Deutscher Sozialismus" im Urteil der Presse, Berlin 1935, S. 296.
36 Ebenda, S. 324.

Sombart meinte, daß im Sozialismus die traditionellen privatkapitalistischen Formen (kapitalistische Unternehmen, Gutsbesitz, bäuerliche und handwerkliche Betriebe) durch neue – gemeinschaftliche (genossenschaftliche Einrichtungen und Staatsunternehmen) ergänzt würden. Dabei werde jeder Sektor seine spezifischen Aufgaben haben. Und die Abschaffung der privatwirtschaftlichen Sektoren, die Hoffnung, daß andere, gemeinwirtschaftliche Sektoren ihre Stelle einnehmen würden, sei absurd. Zwischen ihnen komme es zu einer Art Arbeitsteilung. „Private Eigenwirtschaft und Marktwirtschaft und kollektive Bedarfsdeckungswirtschaft werden da sein ... Und auch die kapitalistische Unternehmung wird nicht fehlen ...“[37]. In der Erhaltung der privatwirtschaftlichen und öffentlichen Sektoren liege der Vorzug, der den „deutschen Sozialismus“ vom marxistischen Sozialismus unterscheide.

Die Aufgabe bestehe also nicht darin, einen bestimmten Sektor in die beherrschende Wirtschaftsform zu verwandeln, sondern darin, das richtige quantitative Verhältnis zwischen diesen verschiedenen Wirtschaftsformen herzustellen, die Grenzen zu setzen.[38]

Zum staatlichen Sektor sollten, so Sombart, die großen Kreditzentren, die Grundstoffindustrie, das Verkehrswesen sowie die Rüstungsindustrie gehören. Außerdem sollten „alle größenmäßig über den Rahmen einer Privatwirtschaft hinausgewachsenen Unternehmungen“ verstaatlicht werden.[39] Dabei ging es ihm hauptsächlich um die neuen Produktionszweige, die mit dem raschen technischen Fortschritt entstehen und sehr hohe Aufwendungen erfordern. Somit sollten die Volkswirtschaftszweige zum staatlichen Sektor gehören, die eine niedrige Rentabilität aufweisen, hohe Investitionen verlangen, mit Risiken verbunden und deshalb für das Privatkapital wenig attraktiv sind. Alle übrigen Wirtschaftszweige sollten in der privatkapitalistischen Sphäre verbleiben. Im kapitalistischen Unternehmer sah Sombart „die einzige ‚produktive‘, das heißt schaffende, schöpferische Kraft“.[40] Er allein sei fähig, den Wirtschaftsprozeß zu organisieren und dem technischen Fortschritt Leben zu verleihen.

Diese Konzeption war eine der ersten Varianten der heutigen bürgerlich-reformistischen Theorie von der „Mischwirtschaft“. Sombart verfolgte das Hauptziel, das kapitalistische Privateigentum zu verteidigen und zu bewahren. Zu diesem Zweck wollte er nachweisen, daß eine Wirtschaft, die auf der Verbindung von privatkapitalistischen und staatlichen Unternehmen beruht, möglich sei und effektiv fungieren könne. Dabei stellte er letztere als sozialistische Betriebe hin, als Volksunternehmen, die dem Interesse der Gesellschaft dienten. Diese Betriebe sollten nicht nur selbst im volkswirtschaftlichen Interesse produzieren, sondern auch die Privatunternehmer dazu anspornen.

Solange jedoch das kapitalistische Eigentum und der bürgerliche Staat be-

[37] Ebenda, S. 295. [38] Vgl. ebenda, S. 296. [39] Ebenda, S. 300–301.

[40] Werner Sombart, Der moderne Kapitalismus, Dritter Band, Erster Halbband, München-Leipzig 1928, S. 12.

stehen bleiben, verkörpert staatliches Eigentum überhaupt keinen Sozialismus. Es ist Eigentum der Bourgeoisie, die ihre beherrschenden Positionen in der Wirtschaft beibehalten hat und es in ihrem Interesse nutzt. Dem Modell vom „deutschen Sozialismus" lag folglich nichts anderes zugrunde als das kapitalistische Eigentum in seinen individuellen und kollektiven Formen.

Die Identifikation von sozialistischer Planung und staatsmonopolistischer Regulierung

Eine zentrale Stellung nahm in Sombarts Konzeption das Problem der staatlichen Einmischung in das Wirtschaftsleben des Landes, des sogenannten sozialen Normativismus ein. Dies war die Grundidee, auf der das ganze Gebäude des Sombartschen „Sozialismus" beruhte. Die verschiedenen Merkmale seines Modells vom „Sozialismus" waren nichts anderes als Spielarten der staatlichen Wirtschaftsregulierung.

Sombart unterschied zwei Universalzustände der Gesellschaft: die „freie Ordnung" und die „gebundene Ordnung"[41]. Der erstgenannte Zustand sollte dem persönlichen Verhalten „freiesten Spielraum" bieten, es ganz und gar den individuellen Interessen überlassen. Dagegen sollte die „gebundene Ordnung" bestimmte Verhaltensnormen stellen, die die Handlungsfreiheit des einzelnen reglementieren; hier sollte also ein „sozialer Normativismus" herrschen, den Sombart mit dem „deutschen Sozialismus" identifizierte.

Die Auslegung des Begriffs „sozialer Normativismus" reichte sehr weit: Sombart verstand darunter nicht nur die Normen der wirtschaftlichen Verhaltensweise, sondern auch alle möglichen Beschränkungen moralischer und juristischer Art. „Jede Ahndung des Mordes durch das Gesetz ist Sozialismus – im Gegensatz zur Straflosigkeit des Mordes oder der Blutrache; jeder obligatorische Schulunterricht in öffentlichen Schulen ist Sozialismus im Gegensatz zu einem Zustand, in dem Schulunterricht überhaupt fehlt oder in privaten Schulen ausgeübt wird; jedes Arbeiterschutzgesetz ist Sozialismus im Gegensatz zu der Ausbeutungsfreiheit des Unternehmers."[42] In den Mittelpunkt aber stellte Sombart die Reglementierung des Wirtschaftslebens, die staatliche Einmischung in die Wirtschaft.

Das Grundprinzip der Wirtschaftsleitung war im Modell vom „deutschen Sozialismus" nicht das *laissez faire*, sondern das „Führerprinzip". Sombart formulierte es so: „Das ‚Führerprinzip' bedeutet, daß die Gruppen in ihrem Verhalten von dem Kommando eines Führers bestimmt werden und daß der Führer seine Kompetenz nicht von dem Willen der ihm Unterstellten, sondern aus dem Befehle des ihm übergeordneten Führers ableitet." Am deutlichsten zeige sich dieses

[41] Werner Sombart, „Deutscher Sozialismus" im Urteil der Presse, Berlin 1935, S. 60.
[42] Ebenda, S. 61.

Prinzip in der Organisation einer „modernen Armee im Kriege"; im Unternehmen zeige es sich in Gestalt der Hierarchie Arbeiter-Werkmeister-Direktor-Aufsichtsrat. Dem „Obersten Wirtschaftsrat" schließlich, einer Art Wirtschaftsstab des Landes, obliege die Leitung und Koordinierung der gesamten Volkswirtschaft.

Das „Führerprinzip" war im Grunde Ausdruck und Begründung der wirtschaftlichen Realität in Deutschland während der Zeit zwischen den beiden Weltkriegen. Schon 1917 war hier zum Zwecke des „Schutzes, der Anregung und der Verwaltung der Wirtschaft" ein „Kriegsamt" gegründet worden. Nach der Machtübernahme des Faschismus wurde ein „Oberster Wirtschaftsrat" gebildet. Ihm oblag zusammen mit dem faschistischen Wirtschaftsministerium die Regulierung der Volkswirtschaft im Interesse der Eroberungspolitik des faschistischen Staates und der Monopole.

Sombart meinte, daß die staatliche Regulierung vielfältiger Art sein könne und müsse. Die Mannigfaltigkeit der Formen und Methoden der staatlichen Einflußnahme auf die Wirtschaft erklärte er aus der Fülle der Wirtschaftsformen, die dem „deutschen Sozialismus" eigen sei, und der veränderlichen Wirtschaftslage. Er schlug die verschiedensten Mittel vor: von der traditionellen Kredit- und Geldpolitik bis zur Regulierung durch Staatsausgaben und kapitalistische Planung, die den heutigen Formen des staatsmonopolistischen Kapitalismus sehr nahe kamen. Das alles hielt er für notwendig, um Wirtschaftskrisen und Arbeitslosigkeit zu überwinden. Das bedeutete folglich, daß auch der „deutsche Sozialismus" mit diesen Problemen belastet sein würde, aber hier biete sich die Möglichkeit, sie durch eine „planmäßige Konjunkturpolitik"[43] zu lösen. Diese Politik sollte darin bestehen, daß durch Geldauflage, also durch die Defizitfinanzierung der Staatsausgaben, die bei den heutigen bürgerlichen Ökonomen, vor allem bei den Keynesianern, so populär ist, mehr Kaufkraft geschöpft wird. Gegenüber einer daraus entstehenden Inflation hatte Sombart wenig Bedenken. Im Gegenteil, er meinte, daß sie den Umschlag des Geldes beschleunigen und dessen unproduktive Hortung verhindern werde.

Zu den Maßnahmen, die Sombart für die Regulierung der Wirtschaft vorschlug, gehörte auch die Organisation öffentlicher Arbeiten, mit denen die ungenutzten Kapitalien und Arbeitskräfte aktiviert werden sollten. Er empfahl, Straßen, Kanäle und Brücken zu bauen, das Verkehrswesen zu verbessern, Arbeiten zu leisten, mit denen die Produktivität der Landwirtschaft verbessert (Bau von Drainageanlagen, Verbesserung der Viehrassen) und die Infrastruktur ausgebaut werden sollten. Wenn der Staat diese Vorhaben übernehme, meinte Sombart, könne die Wirtschaftlichkeit des privatkapitalistischen Sektors erheblich verbessert, eine „Steigerung der volkswirtschaftlichen Produktivität" und eine „Vermehrung des Gütervolumens"[44] erreicht werden.

Unter den verschiedenen Formen der staatlichen Einflußnahme auf die Wirtschaft sollte die Planung der Volkswirtschaft eine besonders wichtige Rolle spie-

[43] Ebenda, S. 319. [44] Ebenda, S. 333.

len. Sombart gehörte zu den ersten bürgerlichen Ökonomen, die eine kapitalistische Planungstheorie entwickelten. Diese „Planung“ sollte die dem Kapitalismus innewohnende Anarchie überwinden und der Wirtschaft des „deutschen Sozialismus“ planmäßigen Charakter verleihen.

Daß die Anarchie des Wirtschaftslebens, die Willkür mancher Unternehmer, die Nichtübereinstimmung ihrer Handlungen, wenn die Privatinteressen miteinander in Konflikt geraten und so zwangsläufig die gesellschaftlichen Interessen schädigen, zu den Unzulänglichkeiten der bürgerlichen Ordnung gehören, die ihre Ablösung verlangen, räumte Sombart wohl ein. Aber er meinte, daß eine staatliche Regulierung die spontanen Kräfte bändigen und sie dem Gemeinwohl unterordnen könne. Sie stehe im Gegensatz zu „wilder, chaotischer, ungeordneter, plan- und sinnloser Wirtschaft“[45]. Organisiertheit und Planmäßigkeit müßten diesen Zustand ablösen, und das Wirtschaftsleben verliere seine kapitalistischen Züge, nehme sozialistische Merkmale an. Sombart wollte beweisen, daß planmäßige Leitung der Volkswirtschaft durchaus mit Privateigentum vereinbar und auf ihrer Grundlage eine „gesunde“ Volkswirtschaft möglich sei.

Planmäßigkeit ist mit Aufrechterhaltung des Privateigentums an den Produktionsmitteln allerdings unvereinbar. Zentrale Wirtschaftsregulierung in kapitalistischer Form kann die Anarchie in der Wirtschaft zwar teilweise eindämmen, aber nicht völlig beseitigen, denn die Monopole heben die Konkurrenz nicht auf. Eine derartige Regulierung ändert nicht das Wesen des Kapitalismus, sie kann keinen organisierten Kapitalismus und noch viel weniger einen Sozialismus verwirklichen. Wirkliche Planmäßigkeit, wie sie dem Sozialismus innewohnt, ist nur auf der Grundlage des allgemeinen Volkseigentums an den entscheidenden Produktionsmitteln realisierbar. Im Sozialismus nimmt das allgemeine Volkseigentum staatliche Form an, der Staat plant und leitet die Volkswirtschaft.

Um die Furcht der Monopolbourgeoisie vor Eingriffen des Staates in ihr „Allerheiligstes“ zu entkräften, betonte Sombart, daß die Regulierungsform, die er empfehle, keine größeren Einschränkungen der unternehmerischen Handlungsfreiheit zur Folge habe und an keine radikalen Umwälzungen gebunden sei. „Wir schrecken vor diesem Wort (Planwirtschaft – d. Verf.) nicht zurück, weil wir mit ihm keine Vorstellung verbinden, die auch der auf seine individuelle Freiheit bedachte deutsche Patriot nicht zu der seinigen machen könnte. Unter Planwirtschaft verstehen wir . . . nicht die Beseitigung der Privatwirtschaft, die wir vielmehr in ihrer gesunden Gestaltung gerade erst wieder in ihr Recht einsetzen wollen“.[46]

Zum ersten Mal hatte Sombart seine Konzeption von einer „vernünftigen Planwirtschaft“ im Jahre 1923, in der Schrift „Die Zukunft des Kapitalismus“ dargelegt. Hier hatte er diese Form der Regulierung noch im wesentlichen richtig als Erscheinungsform des höchsten Stadiums des Kapitalismus interpretiert. Elf

[45] Ebenda, S. 278. [46] Ebenda, S. 283.

Jahre später fügte er sie fast unverändert in sein Modell vom „deutschen Sozialismus" ein. Dabei machte er besonders auf die Vorzüge aufmerksam, die nach seiner Meinung seine Form der staatlichen Regulierung von der der sozialistischen Planung in der UdSSR unterschieden. Der proletarische Sozialismus, so meinte er, könne die Mängel der kapitalistischen Planlosigkeit nicht beheben, im Gegenteil, er postuliere die Anarchie. Deshalb stellte Sombart den „deutschen Sozialismus" in dieser Hinsicht als positive Alternative nicht nur zum Kapitalismus, sondern auch zum marxistischen Sozialismus hin.

Einen wichtigen Bestandteil des Modells vom „deutschen Sozialismus" bildet die staatliche Regulierung der Beziehungen zwischen Arbeit und Kapital. Hier wurde die Arbeitsgesetzgebung in den Ländern des Kapitals, die der Unternehmerwillkür gewisse Grenzen setzte, als „Sozialisierung", als Annäherung an den Sozialismus ausgegeben. Sie erfasse alle wichtigen Seiten des Lebens der Arbeiter und sichere ihm angemessene Arbeitsbedingungen.

Das Modell vom „deutschen Sozialismus" unterstellte die staatliche Lohnregelung. Die „Arbeitsbedingungen werden .... – ohne Berücksichtigung der sogenannten ‚Marktlage' – nach außerökonomischen Gesichtspunkten festgestellt, der Interessengegensatz zwischen Arbeitgeber und Arbeitnehmer entfällt, das kapitalistische Arbeitsverhältnis ist beseitigt"[47]. Die staatliche Lohnregelung sollte nach Sombarts Konzept die „Transformation" des Kapitalismus in den „deutschen Sozialismus" vollenden. In dem „Sozialismus", der Sombarts Modell entsprach, sollte es Proletarier und Bourgeoisie (sie hießen jetzt allerdings „Arbeitnehmer" und „Arbeitgeber") und Lohnarbeit geben, sollte also das System der Lohnsklaverei verewigt werden. Deshalb wollte Sombart die Arbeiter von der Nichtexistenz von Klassengegensätzen, vom „guten Willen" des bürgerlichen Staates überzeugen, zugleich aber den Kapitalisten Teilzugeständnisse an das Proletariat nahelegen. Appelle an die Werktätigen, ihre „niedrigen Instinkte" zu zügeln, wechseln mit Aufrufen an die Unternehmer ab, sich vereinzelten sozialen Zugeständnissen nicht zu verschließen. Denn es gelte zu erkennen, „daß eine künstliche Aufstauung des Stromes diesen nicht veranlaßt, zur Quelle zurückzufließen, sondern nur mit verheerendem Wüten die Dämme zu zerreißen und die Landschaft zu verwüsten"[48]. Allein eine vernünftige Reformpolitik, lehrte Sombart die Bourgeoisie, könne „das quellende Wasser der proletarischen Bewegung auf die eigene Mühle . . . leiten"[49].

Die staatliche Regelung der Arbeitsbedingungen und Löhne sollte, so meinte Sombart, die zwischenmenschlichen Beziehungen „gesunden", die frühere Ungerechtigkeit „beseitigen" und ungerechtfertigte Privilegien einzelner sozialer Gruppen „abschaffen". Doch war Sombart weit entfernt von dem Gedanken, in

[47] Ebenda, S. 304.

[48] Zitiert bei Werner Krause, Werner Sombarts Weg vom Kathedersozialismus zum Faschismus, Berlin 1962, S. 48.

[49] Werner Sombart, Sozialismus und soziale Bewegung, Jena 1905, S. 147.

seinem Modell vom „deutschen Sozialismus" völlige wirtschaftliche Gleichstellung zu verankern. Seine Traktate strotzen von hochtrabenden Worten über geistige Einheit, moralische und rechtliche Gleichheit aller Glieder der Gesellschaft. Sobald es aber um die materiellen Lebensbedingungen ging, sprach sich Sombart für eine „Abstufung der Wohlhabenheitsgrade"[50] aus, um auf diese Weise den Luxus und Parasitismus der herrschenden Klassen zu rechtfertigen. Er meinte, daß die Menschen unterschiedlich wichtige Lebensaufgaben erfüllen und deshalb stets auch unterschiedlich wohlhabend sein müßten. Damit wollte er im Grunde die ewige Vermögensungleichheit der Menschen rechtfertigen.

Mit seinen Überlegungen zu den „Wohltaten" und „guten Absichten" des Staates wollte Sombart die schroffe Ungerechtigkeit in der Verteilung der materiellen Güter bemänteln. Die „hochbrisante" Frage nach den antagonistischen Widersprüchen der Verteilung in der kapitalistischen Gesellschaft umging er völlig. Er verschwieg auch die Tatsache, daß diese Verteilung auf dem Privateigentum an den Produktionsmitteln beruht, das auch im Modell vom „deutschen Sozialismus" erhalten bleiben sollte. Statt dessen wollte Sombart die Arbeiter davon überzeugen, daß die Konsumverhältnisse ausreichend seien, „wenn sie ein gesundes, frohes, arbeitsfreudiges, im Innern reich gegliedertes Volk erzeugen . ."[51] Er appellierte an die Arbeiter, sich mit dem „gerechten" Arbeitslohn zu begnügen und sich nicht um die Angelegenheiten der Kapitalisten zu scheren. Auf diese Weise wollte Sombart die kapitalistische Produktionsweise verewigen und, gleich seinem Bundesgenossen Lujo Brentano, „den Lohnsklaven gern zum *zufriednen* Lohnsklaven machen . . . ."[52].

Sombarts Modell als Spielart der reaktionären Theorie vom „Staatssozialismus"

Die intensive, umfassende Einmischung des Staates in die Wirtschaft sollte nach dem Modell vom „deutschen Sozialismus" zu neuen, sozialistischen Merkmalen der Gesellschaft führen: zur Übereinstimmung der gesellschaftlichen und individuellen Interessen, zum Triumph des Prinzips der Bedürfnisbefriedigung. Sombart meinte, daß das Skalpell des Staates in den Körper der Privatwirtschaft eindringe und so bösartige Symptome wie das hemmungslose Profitstreben der Unternehmer sowie die damit verbundene Mißachtung der gesellschaftlichen Interessen beseitige; aus Individualismus und Anarchie werde Einklang und Planmäßigkeit; gesellschaftliche Konflikte würden der Zusammenarbeit und Klassenharmonie weichen.

50 Werner Sombart, „Deutscher Sozialismus" im Urteil der Presse, Berlin 1935, S. 269.
51 Ebenda, S. 269.
52 Friedrich Engels, In Sachen Brentano contra Marx wegen angeblicher Zitatsfälschung, in: MEW, Bd. 22, Berlin 1963, S. 96.

Die „Klassenharmonie" ist das Alpha und Omega der bürgerlichen Theorien. Sombarts Konzeption machte keine Ausnahme. Der Unterschied bestand nur darin, daß bei Sombart der Kapitalismus als „deutscher Sozialismus" verkleidet war.

Das Modell von einer „deutschen sozialistischen Gesellschaft" sollte den Klassenkonflikt zwischen gesellschaftlichen und privaten Interessen, der das individualistische System des Kapitalismus innerlich zerriß, überwinden. In diesem Modell gab es auch eine neue „Werteskala", die den gesellschaftlichen Interessen die Priorität einräumte und „Gemeinnutz vor Eigennutz"[53] stellte. Damit sollten die Entscheidungen einzelner Unternehmer eingeschränkt und den höchsten nationalen Zielen untergeordnet werden. Den Garanten und Hüter dieses Vorhabens sah Sombart im Staat. Als „Träger der überindividuellen Vernunft"[54] habe er die Priorität der Ziele, die Übereinstimmung der Einzelhandlungen mit den gesellschaftlichen Interessen zu bestimmen. Dem habe auch die „ständische Gliederung" des Volkes zu dienen. Die ständische Gliederung sollte jedem den ihm zukommenden Platz in der Gesellschaft zuweisen, seine gesellschaftlichen Funktionen bestimmen. Schließlich sollte diese „sinnvolle, ständische Gliederung" die „Ausgleichung der Einzelinteressen mit den Gesamtinteressen"[55] gewährleisten.

Sieht man sich Sombarts „Harmonie" genauer an, dann erkennt man unschwer, daß es ihm nicht um die gesellschaftlichen, sondern um die staatlichen Interessen ging. Sombart setzte sie gleich und vertuschte damit, daß die Interessen der Gesellschaft, deren überwiegende Mehrheit die Werktätigen bilden, und die Interessen des bürgerlichen Staates keineswegs identisch sind. Wir brauchen nur an das in den kapitalistischen Ländern heute weit verbreitete Abwürgen von Streiks zu denken, das angeblich im höheren gesellschaftlichen Interesse praktiziert wird. Natürlich geht es dabei um höhere Profite für die Kapitalistenklasse, während sich die Lage der Werktätigen verschlechtert.

Unter dem Deckmantel der „Harmonie" suchte Sombart also die Disziplinierung der Arbeiterklasse und der Mittelschichten gegenüber der Finanzoligarchie zu verbergen, gab er einen totalitären Staat mit ständisch-kastenmäßiger Gliederung für das Ideal sozialer Gerechtigkeit und Freiheit aus.

Viel Platz räumte Sombart in seinem Modell von der Wirtschaft des „deutschen Sozialismus" den „neuen" Motiven für die Wirtschaftstätigkeit der Menschen ein. Eine „Harmonie" der Interessen werde dadurch möglich, daß das Gewinnstreben seine vorherrschende Bedeutung verliere. Bereits in der letzten Phase des Kapitalismus komme es zur „Entthronung des Gewinnstrebens als des allein bestimmenden Richtpunkts des wirtschaftlichen Verhaltens"[56]. Mit

[53] Werner Sombart, „Deutscher Sozialismus" im Urteil der Presse, Berlin 1935, S. 317.
[54] Ebenda, S. 229. [55] Ebenda, S. 226.
[56] Sombart unterschied drei Entwicklungsphasen des Kapitalismus: eine erste Phase, die vom 13. Jahrhundert bis zur industriellen Revolution (sechziger Jahre des 18. Jahrhunderts), eine zweite Phase, die von den sechziger Jahren des 18. Jahrhunderts

dem Übergang zum „deutschen Sozialismus" sollte das Gewinnstreben dem Prinzip der Konsumbefriedigung weichen. Betriebe und Produzenten würden sich nicht vom Gewinndenken, sondern von dem Bestreben leiten lassen, die gesellschaftlichen Bedürfnisse bestmöglich zu befriedigen. Damit werde auch ein anderer Abgott des Kapitalismus entthront, nämlich das „Rentabilitätsprinzip". Es sollte der „Wirtschaftlichkeit" weichen, was bedeute, daß jeder Betrieb „rationell" gestaltet sein werde.[57]

Der Autor des „deutschen Sozialismus" geizte nicht mit Farben, um das Zukunftsbild zu malen, zu dem es mit dem Verschwinden der unternehmerischen Gier nach Bereicherung kommen sollte. Aber wie dies bei Aufrechterhaltung der Herrschaft des Privateigentums an den Produktionsmitteln möglich werden sollte, konnte er nicht nachweisen.

Der Idealtyp der „menschlichen Wohnweise" im „deutschen Sozialismus" sollte, so Sombart, „das Land und die kleine Stadt"[58] sein. Da er die Mängel der kapitalistischen Gesellschaft mit der Großproduktion in Zusammenhang brachte, stellte er die These von der „Stabilität" und „Lebensfähigkeit" der Kleinbetriebe auf. Sombarts Rezept zur Gesundung der Gesellschaft bestand in der „Bändigung der Technik", einer gewissen Einschränkung der Großbetriebe und der Unterstützung des Handwerks und der Bauernschaft, die zur „Deproletarisierung" der Bevölkerung beitragen sollte. Eine derart kleinbürgerliche Utopie war reaktionär, weil sie im Widerspruch zu den Entwicklungstendenzen der Produktivkräfte stand.

So beweist die Analyse der wichtigsten Merkmale des „deutschen Sozialismus", die Sombart so „plastisch" beschrieben hat, daß sie alle in die kapitalistische Ordnung eingebettet waren. Natürlich handelte es sich dabei um neue Erscheinungen, die für den Kapitalismus in seinem höchsten Entwicklungsstadium, für das Übergangsstadium vom Monopolkapitalismus in den staatsmonopolistischen Kapitalismus, typisch waren. Die beträchtliche Ausweitung des staatlichen Eigentums und des staatlichen Wirtschaftssektors sowie die staatliche Wirtschaftsregulierung sind Merkmale des staatsmonopolistischen Kapitalismus. Das hatte schon Lenin festgestellt, indem er betonte, „... wir verbleiben trotz allem im *Kapitalismus*, wenn auch in einem neuen Stadium, aber doch unverkennbar im Kapitalismus"[59].

Sombarts Modell setzte die reaktionäre Linie „des Staatssozialismus" preußischen Musters fort. Auch hier gab es den „starken Staat" und ein „Führerprinzip", das die widerspruchslose Unterwerfung aller unter die Befehle der

bis zum ersten Weltkrieg reichte, und die dritte und letzte Phase, die mit dem Beginn des ersten Weltkrieges eingesetzt habe (Werner Sombart, Der moderne Kapitalismus, Dritter Band, Erster Halbband, S. XI-XII).

[57] Vgl. Werner Sombart, „Deutscher Sozialismus" im Urteil der Presse, Berlin 1935, S. 316.

[58] Ebenda, S. 299.

[59] W. I. Lenin, Staat und Revolution, in: Werke, Bd. 25, Berlin 1970, S. 456.

Bürokratie und die kasernenhofmäßige Ausbeutung der Werktätigen mittels staatlicher Lohnreglementierung bedeutete. Die Verkörperung dieser Ideen war die faschistische Diktatur in Deutschland. Sie hatte die meisten Elemente des „deutschen Sozialismus“ zur Praxis gemacht. Deshalb war Sombarts Theorie eine Spielart des „wahren oder deutschen Sozialismus“ in der Epoche des staatsmonopolistischen Kapitalismus. Reichlich mit Chauvinismus, Nationalismus und kleinbürgerlichen Utopien durchsetzt, bemäntelte und rechtfertigte sie den Kapitalismus, den Lenin als „staatsmonopolistischen Kriegskapitalismus“[60] bezeichnete.

In der Interpretation der Probleme der staatskapitalistischen Wirtschaftsregulierung gleicht Sombarts Konzeption in vieler Hinsicht heutigen bürgerlichen Theorien. Sombart gehörte zu den ersten, die die heute so weit verbreitete Theorie von der Mischwirtschaft und den Gedanken von der zentralen Steuerung der kapitalistischen Wirtschaft entwickelten. Nach entsprechenden Verweisen würde man in der bürgerlichen Wirtschaftsliteratur allerdings vergeblich suchen. Das allzu deutliche Sympathisieren mit dem Faschismus hat Sombart in den Augen seiner Kollegen kompromittiert. Sie ziehen es vor, sich seiner Hinterlassenschaft zu bedienen, ohne seinen Namen zu erwähnen.

In der Geschichte der antimarxistischen Sozialismusdoktrinen nimmt Sombarts Modell vom „deutschen Sozialismus“ einen bedeutenden Platz ein. Es gehörte zu den reaktionärsten Varianten und diente zur theoretischen Begründung des Nationalsozialismus. Viele von seinen Thesen finden sich in späteren Sozialismuskonzeptionen wieder, in denen der staatsmonopolistische Kapitalismus als reiner Sozialismus hingestellt wird.

60 Vgl. W. I. Lenin, Die drohende Katastrophe und wie man sie bekämpfen soll, ebenda, S. 368.

7. KAPITEL

Soziale Demagogie und imperialistische Praxis des deutschen Faschismus auf dem Gebiet der Ökonomie

Die demagogische Losung von der „Brechung der Zinsknechtschaft"

Der deutsche „Nationalsozialismus" ist eine der krassesten Formen reaktionärer Ideologie des Monopolkapitals. Ihr Klassencharakter bestimmte auch den Inhalt der theoretischen Grundlage auf dem Gebiet der Ökonomie des deutschen Faschismus, der sich die Bezeichnung Nationalsozialismus zulegte. Sein Programm beruht auf sozialer Demagogie, die überhaupt nichts mit Sozialismus zu tun hat.

Die Sozialdoktrin des deutschen Faschismus ist eine deutliche Offenbarung des Bankrotts der reaktionären Richtung der bürgerlichen Ideologie in der Periode zwischen dem ersten und dem zweiten Weltkrieg, ein logischer Abschluß der Evolution jener Konzeptionen, die von den Wegbereitern des deutschen Faschismus unter den Theoretikern auf dem Gebiet der bürgerlichen politischen Ökonomie, zu deren bedeutendsten Werner Sombart gehörte, entwickelt wurden.

Die deutschen Nationalsozialisten verfügten selbst nicht über irgendeine eigenständige folgerichtige und systematische ökonomische Theorie. Der bedeutendste „Ökonom" der Hitlerpartei, der in der Frühzeit der faschistischen Bewegung eine führende Rolle in der pseudosozialistischen Propaganda spielte, die sich gegen die Wirtschaftspolitik der Regierung in der Weimarer Republik richtete, war der Ingenieur Gottfried Feder, ein in den zwanziger Jahren sehr einflußreiches Mitglied dieser Partei.

Gottfried Feder, der im Jahre 1917 einen „Deutschen Kampfbund zur Brechung der Zinsknechtschaft" gegründet hatte, gilt als der eigentliche Verfasser der wichtigsten Programmschriften der NSDAP. Feder forderte 1919 in einem Manifest[1] die „Brechung der Zinsknechtschaft des Geldes", die er als „Radikalmittel zur Gesundung der leidenden Menschheit" anpries. Feder zieht gegen den „Mammonismus" zu Felde, unter dem er sowohl „internationale übergewaltige Geldmächte, überstaatliche Finanzgewalt, das internationale Großkapital" versteht, als auch unsittliche Geistesverfassung, eine unersättliche Erwerbsgier und die rein „aufs Diesseitige gerichtete Lebensauffassung".

[1] Gottfried Feder, Das Manifest zur Brechung der Zinsknechtschaft des Geldes, Diessen vor München 1919.

Feder sieht als Hauptquelle dieses Mammonismus den „mühe- und endlosen Güterzufluß, der durch den Zins geschaffen wird"[2].

Das Federsche „Manifest" muß als ein Versuch gewertet werden, mit Hilfe einer pseudorevolutionären Phraseologie der marxistischen Arbeiterbewegung Konkurrenz zu machen. Bezeichnenderweise schließt die Schrift mit den Worten „Reicht mir die Hände, Werktätige aller Länder, vereinigt Euch!". Feder operierte mit Begriffen wie „Weltrevolution", „Befreiung der schaffenden Arbeit", „Sozialismus" und sucht den Eindruck zu erwecken, für eine radikale Veränderung der Gesellschaftsordnung einzutreten. Unter Beibehaltung des Privateigentums im allgemeinen soll ein Eingriff in eine bestimmte Sphäre des Privateigentums erfolgen, und mit dieser Zerstörung von einer der Bastionen der Großbourgeoisie, die Feder für die wesentliche hält, verspricht er die Kurierung aller sozialen Gebrechen der modernen Gesellschaft.

Feder gehörte zu den Vertretern der Reaktion, die den Haß der werktätigen Schichten auf einen *Teil* des Kapitals unter ausdrücklicher Betonung der *Notwendigkeit* der Beibehaltung des Kapitalverhältnisses lenken. Hinter der dilettantisch vorgetragenen Polemik gegen den Zins schimmert unter anderem eine Aversion gegen das Wucherkapital durch. So meint Feder, daß man alle Steuern abschaffen könnte. Die Einkünfte aus den Staatsbetrieben wie z. B. Post, Eisenbahn, staatlichen Forsten und Bergwerken wären ausreichend, um die Verwaltungsausgaben des Staatshaushaltes zu decken, wenn diese Einkünfte nicht länger dazu verwendet würden, dem „Großkapital" Tribut zu zahlen.

Jedoch spricht er sich gleichzeitig gegen die Antastung des Privateigentums überhaupt aus. „Die Brechung der Zinsknechtschaft", so betont er, hätte „nicht das geringste mit unserer gesamten wertschaffenden Arbeit zu tun, insofern, als sie dem Unternehmergeist, der schaffenden Arbeit, der Erzeugung von Gütern, dem Erwerb von Reichtum in gar keiner Weise ein Hemmnis bereiten wird . . ."[3] Die „Vollsozialisierung" bedeute den wirtschaftlichen Untergang, den völligen Staatsbankrott.

Arbeiter und Arbeitgeber gehörten zusammen, sie hätten das gleiche Ziel, und die selbstverständlichen Gegensätze zwischen ihnen, die rein menschliche Gegensätze wären, seien viel weniger wichtig als das gemeinsame große Interesse von Arbeitgeber und Arbeitnehmer. Diese Gegensätze könnten auf dem Weg des Betriebsvertrages und der Betriebsorganisation zur beiderseitigen Befriedigung gelöst werden.

Das Federsche „Manifest" trug einen reaktionär-utopischen Charakter; man kann nicht das privatkapitalistische Eigentum erhalten und die für den Kapitalismus unumgänglichen ökonomischen Attribute, wie Zins und Kredit von ihm amputieren wollen.

Die Federsche Zins- und Steuerpolemik ist überhaupt nur durch die Klas-

[2] Ebenda, S. 5. [3] Ebenda, S. 62.

senkampfsituation jener Zeit erklärlich. Feder tritt mit seiner Konzeption an die Öffentlichkeit, als die Arbeiterklasse in der Novemberrevolution 1918 eine empfindliche Niederlage erlitten hatte, die politische Atmosphäre aber noch recht erhitzt war. Der brutale Terror der Konterrevolution fand seine taktische Ergänzung durch sozialpolitische Zugeständnisse und soziale Demagogie. Wer gegen den Wucherzins wetterte, konnte unbedingt auf offene Ohren breitester Bevölkerungskreise rechnen, in denen der Wucher als unmoralisch verurteilt wurde. Wuchern gilt allgemein als eine antisoziale Handlung, da der Angriff auf das Vermögen des Schuldners, den dieser Vorgang beinhaltet, in seiner äußeren Form legitim, aber gleichzeitig unter Ausnutzung einer Zwangslage des Schuldners vor sich geht.

Im Jahre 1919 war fast das ganze deutsche Volk in der Situation des Schuldners, der in seiner Zwangslage durch ausländische und inländische Gläubiger gepreßt wurde. Als einem der wichtigsten Gläubiger erschien dem Durchschnittsbürger neben den Siegermächten, die auf die Zahlung von Reparationen und Kriegsschulden drängten, der deutsche Staat mit seiner unersättlichen Forderung nach Steuern und anderen Abgaben. Die Beschneidung staatlicher wie privater Forderungen an den Staatsbürger und Konsumenten war eine äußerst populäre Lösung, die Feder benutzte, um einen politischen Effekt zu erzielen.

Um die Staatsschuld zu tilgen, schlägt Feder vor, alle Kriegsanleihen, Schuldtitel des Reiches und der Bundesstaaten sowie alle Schuldverschreibungen der Verwaltungen unter Aufhebung der Zinspflicht zu gesetzlichen Zahlungsmitteln zu erklären, alle festverzinslichen Papiere, Pfandbriefe, Industrieobligationen, Hypotheken usw. in 20 bis 25 Jahren zinslos zurückzuzahlen und das gesamte Geld- und Kreditwesen zu monopolisieren. Um der Gefahr der Inflation entgegenzutreten, soll eine Einbeziehung von Vermögen in Form einer differenzierten Abgabe der Verbindlichkeiten des Reiches und der Länder erfolgen.

Das Federsche Programm richtet sich auch gegen die revolutionäre Arbeiterbewegung, der die Schuld an dem Elend des Volkes zugeschoben wird, weil sie trügerische Hoffnungen erweckt haben, den Klassenfrieden nicht bringe und keine Arbeit schaffen könne.

Das Federsche „Manifest“ enthält bereits wesentliche Züge der Ideologie der später gegründeten NSDAP. Mit der Behauptung, daß sich die „Nationalisierung in Rußland“ bereits als ein Fehlschlag erwiesen habe, betreibt er das Geschäft des Antibolschewismus. Feder tritt als Radikaler auf und gibt vor, weiter zu gehen als die Marxisten, die den Zins nicht angetastet hätten.

In der Folgezeit wird die Federsche Konzeption in die Phraseologie der sich formierenden NSDAP übernommen. Adolf Hitler hatte berichtet, daß ihm Feders Konzeption als eine geeignete Ergänzung seines Programms gegen den Marxismus, die parlamentarische Demokratie, das „Judentum“, den Pazifismus und den Versailler Friedensvertrag erschien. Hitler begrüßte das Federsche Elaborat enthusiastisch als Bereicherung seiner eigenen Vorstellungen, wie er sonst nur selten fremden Ansichten huldigte. Das hing damit zusammen, daß die Thesen Feders die Möglichkeit zuließen, nur jenen bestimmten, in den Augen der Volksmassen besonders diskreditierten Teil des Kapitals polemisch anzugreifen und dabei gleichzeitig einen anderen Teil des Kapitals propagandistisch aufzuwerten.

„Der deutsche Kampfbund zur Brechung der Zinsknechtschaft", von Feder wurde er als „Wegbereiter für den Nationalismus in finanz- und wirtschaftlicher Beziehung" bezeichnet, ging später ganz in der NSDAP auf.

Im Februar 1920 stellte Adolf Hitler mit dem Gründer der Partei Anton Drexler und Gottfried Feder das Programm der Partei auf, die sich von hier an „Nationalsozialistische Deutsche Arbeiterpartei" nannte. Es war ein 25-Punkte-Programm, das neben seinen nationalistischen Forderungen („Zusammenschluß aller Deutschen", „Aufhebung der Friedensverträge von Versailles und St. Germain", „Wir fordern Kolonien"), seiner antisemitischen und ausländerfeindlichen Note auch soziale Aspekte enthielt. Dazu gehörten gleiche Rechte und Pflichten für alle Staatsbürger, die Abschaffung des „arbeits- und mühelosen Einkommens", besonders des Wucherzinses, die Kommunalisierung der Großwarenhäuser u. a.

Die Folgezeit lieferte zahlreiche Beweise für die Tatsache, daß es der Clique um Hitler niemals ernsthaft um die Erfüllung der sozialen Forderungen des eigenen Programms ging, sondern um die Gewinnung von Anhängern mit Hilfe dieses demagogischen Programms.

Die deutschen Faschisten suchten einer Alternativlösung zu entgehen; denn nicht ein pro oder contra Privateigentum enthält ihr Programm, sondern genaugenommen ein pro für das Privateigentum der nichtjüdischen Bourgeoisie, denn die „grundsätzliche Anerkennung des Privateigentums sei zutiefst verankert in der klaren Erkenntnis arischer Geistesstruktur"[4], und ein Vogelfreierklären erst der jüdischen Person, schließlich auch der Sachwerte jüdischer Bürger.

Ein derartiges Verhältnis zum Privateigentum sollte nicht nur die emotionalen Haßempfindungen der Werktätigen von den Ausbeuterklassen schlechthin auf einen Bevölkerungsteil lenken, deren Außenseiterstellung biologisch erklärt wurde, sie wurde faktisch auch zur Reserve an Sachwerten und Dienststellungen zur inländischen Befriedigung der Raubgelüste und der Geltungsbedürfnisse der Parteigänger.

Neben den nationalistischen Losungen hatte die Sozialdemagogie der Hitlerpartei eine wachsende Anhängerschar gesichert. Georgi Dimitroff wies auf dem 7. Weltkongreß der Kommunistischen Internationale darauf hin, daß der Deckmantel der sozialen Demagogie dem Faschismus die Möglichkeit gegeben hat, „die durch die Krise aus ihrem Geleise geworfenen Massen des Kleinbürgertums

[4] Gottfried Feder, Der deutsche Staat auf nationaler und sozialer Grundlage, Neue Wege im Staat, Finanz und Wirtschaft, München 1923, S. 21.

und sogar manche Teile der rückständigen Schichten des Proletariats mitzureißen ...“[5] „Dem Faschismus gelingt es, die Massen zu gewinnen, weil er in demagogischer Weise an ihre brennendsten Nöte und Bedürfnisse appelliert ... Der Faschismus erstrebt die zügelloseste Ausbeutung der Massen, tritt aber mit einer raffinierten antikapitalistischen Demagogie an sie heran, macht sich den tiefen Haß der Werktätigen gegen die räuberische Bourgeoisie, gegen die Banken, die Trusts und die Finanzmagnaten zunutze und stellt Losungen auf, die im gegebenen Moment für die politisch unreifen Massen am verlockendsten sind. . .“[6]

Das Programm der NSDAP darf nicht einmal zum Zeitpunkt seines Entstehens als eine klare Orientierung auf das Ziel der Hitlerpartei angesehen werden, sondern lediglich als ein Lockmittel, ein Instrument, um zu einer Gefolgschaft zu kommen. Gottfried Feder blieb es überlassen, dieses Programm mundgerecht zu servieren. Während andere Hitleranhänger in ihren Propagandareden nur gelegentlich oder gar nicht auf die Programmpunkte zurückkamen, bestätigte sich Feder wiederholt als Kommentator der ökonomischen Teile des Programms.

Wichtigstes Merkmal des Kommentars zu den ökonomischen Programmforderungen, die Feder schon im September 1923, also noch vor dem Hitlerputsch im November 1923 verfaßte, ist die Betonung, daß die Hitlerpartei das Privateigentum nicht antaste, sondern „seine Bedeutung voll und ganz anerkenne“.[7] Beeilten sich die Faschisten mit der Versicherung, das Privateigentum nicht anzutasten, so war der Angriff auf das Eigentum bestimmter Bevölkerungsgruppen, so z. B. das der jüdischen, ein ins Auge fallender Widerspruch.

Um den Eingriff in das Eigentum von jüdischen und deutschen Bürgern zu rechtfertigen, konstatierte Feder einen „sehr feinen Unterschied zwischen Eigentum und Besitz“, d. h. zwischen Eigentum der Nichtjuden und Besitz jüdischer Bürger: „Besitz muß garnicht notwendigerweise Eigentum sein, es muß Besitz nicht selbsterschaffen sein. Beim Besitz wird nicht mehr nach der Herkunft des Besitzers gefragt. Der Jude hat vom Eigentum der arischen Völker Besitz ergriffen und beherrscht nun die Schöpfer durch seine Geldmacht.“[8] So paßt schließlich Feder das Gelöbnis, das Privateigentum nicht anzutasten, dem antisemitischen Dogma seiner Partei an.

Im „Deutschen Staat“, einer späteren Schrift Gottfried Feders, ist die Weiterführung der schon im Federschen „Manifest“ enthaltenen sozialen Demagogie bemerkenswert.

Während die prophetische Ankündigung, daß .... ein „neues Wirtschafts-

[5] Georgi Dimitroff, Ausgewählte Werke, Bd. 2, Berlin 1958, S. 526.

[6] Ebenda, S. 528.

[7] Gottfried Feder, Der deutsche Staat auf nationaler und sozialer Grundlage, Neue Wege im Staat, Finanz und Wirtschaft, München 1923, S. 13, 21.

[8] Ebenda, S. 22.

recht entstehen und die grauenhafte zinskapitalistische Wirtschaftsform wegfegen und damit den Kern der sozialen Frage lösen wird", noch der Köder für die besitzhungrigen kleinbürgerlichen Anhänger ist, denen ein „neues Eigentumsrecht" in Aussicht gestellt wird, werden gleichzeitig die Besitzenden beruhigt. Daher heißt es, der Nationalsozialismus schließe „keineswegs das Privateigentum aus. Im Gegenteil. Der Nationalsozialismus erkennt die Bedeutung des Eigentums voll und ganz an."[9] „Alle Arten von ‚Sozialisierung oder Nationalisierung' im marxistischen Sinn lehnt der Nationalsozialismus ab."[10] Das ist nicht nur für die Kleineigentümer formuliert worden, sondern auch für die Großbourgeoisie, denn es heißt weiter, daß „es für die Anerkennung des Privateigentums ganz bestimmte Grenzen zu ziehen gibt, nämlich da, wo übergroßer Besitz zum Machtinstrument wird und sich in ausbeuterischer Weise gegen das Wohl der Gesamtheit wendet."[11] Aber . . . „daß diese Grenze nach oben für das Eigentum sehr hoch gezogen werden kann, geht daraus hervor, daß der Nationalsozialismus auch größte industrielle Werke, solange sie im Privatbesitz der Schöpfer bleiben (wir denken an Krupp, Mannesmann, Thyssen usw.), keineswegs als Interessen der Gesamtheit zuwiderlaufend ablehnen wird . . ."

Feder erklärte, es liege zwar eine Gefahr in der Tendenz zum Großbetrieb, weil die Beherrschung des Marktes und die Preisdiktatur durch die Syndikate drohe, jedoch könnten gewisse Industrien eben nur als Großbetrieb wirtschaftlich arbeiten. Es gäbe daher keine Veranlassung, beispielsweise in der Schwerindustrie grundlegende Änderungen anzustreben.

Feder bleibt bis 1933 die entscheidende Autorität innerhalb der NSDAP in ökonomischen Fragen. Wirtschaftliche Probleme berührten vor 1933 noch eine ganze Anzahl von Faschisten in ihren Propagandaschriften, wie zum Beispiel Hans Buchner, Max Frauendorfer und Gregor Strasser.

Hans Buchner hatte im Jahre 1928 mit seiner Hetzbroschüre „Dämonen der Wirtschaft" ein Musterbeispiel von Demagogie geliefert. Er konstruierte darin „Porträts" von jüdischen Unternehmern und „schilderte", wie die ahnungslosen und fleißigen „Arier" von den raffgierigen sadistischen jüdischen Dämonen der Wirtschaft ausgebeutet wurden.[12] In dem Buch „Grundriß einer nationalsozialistischen Volkswirtschaftslehre", das im Jahre 1933 die 5. Auflage erlebte, unternimmt Buchner, im Gegensatz zu Feder, den Versuch, eine „Theorie" unter Anknüpfung an die ältere deutsche Vulgärökonomie aufzustellen. Was Buchner an „Theorie" zu bieten hat, ist allerdings keineswegs originell, ein großer Teil seiner Ausführungen erschöpft sich in Anklagen an die zeitgenössische ökonomische Ordnung, in unqualifizierten Angriffen auf den Marxismus und in einer Propagierung der faschistischen Ideologie, wie man sie auch bei anderen faschistischen Predigern nachlesen kann. Buchner

[9] Ebenda, S. 9. [10] Ebenda, S. 23. [11] Ebenda, S. 13.
[12] Vgl. Hans Buchner, Dämonen der Wirtschaft, München 1928.

ist lediglich bemerkenswert, weil er versucht, eine Brücke zwischen der alten Volkswirtschaftslehre und dem Wirtschaftsprogramm des „Nationalsozialismus“ zu schlagen.

Es steht außer Frage, daß die Romantische Schule der politischen Ökonomie den faschistischen Demagogen manche Anknüpfungspunkte geboten hat. Der Kampf gegen die liberalistische klassische Schule der bürgerlichen politischen Ökonomie und gegen den Materialismus, die Hervorhebung der Rolle des Staates im Wirtschaftsleben, die Lehre vom „geistigen Kapital“, die Staatsmännern, Beamten und Offizieren viel Schmeichelhaftes bot, und der Mystizismus hat genügend gemeinsame Standpunkte ergeben. Adam Müller hatte das alte feudale Regime vor der Großen Französischen Revolution verteidigt. Die Feder und Buchner können aus seinem Vokabular vieles entnehmen, weil sie das historisch überlebte Regime der Monopolbourgeoisie gleichfalls vor einer revolutionären Bewegung verteidigen wollten. Der Autor kommt immer wieder auf die Romantik zurück, sie ist für ihn die „beste geschichtliche deutsche Volkswirtschaftslehre“, deren Wesenszüge im Wirtschaftsideal des Nationalismus wieder zutage treten würden.

Die „berufsständische Ordnung“ – eine Variante der Ideologie des „Klassenfriedens“

Buchner selbst definierte die „nationalsozialistische Volkswirtschaftslehre als staatspolitisch organisierte Gliederungsordnung der volksgenossenschaftlichen Gesamtlebensverrichtung“.[13]

Einen besonderen Platz nimmt bei Buchner die Propagierung des Ständestaats ein. Die geistigen Anleihen hierzu sind unverkennbar bei dem faschistischen Italien Benito Mussolinis und bei Othmar Spanns „universalistischer“ Theorie aufgenommen worden. Das italienisch-faschistische Korporationssystem faßte Unternehmerorganisationen und Gewerkschaften zum Zwecke der Abwürgung der Arbeiterbewegung in gemischten Organen zusammen. Die dazu geschaffenen Zentral- und Provinzkomitees sollten, unter der Bezeichnung „Korporationen“, alle Unternehmer-, Arbeiter- und übrigen Organisationen nach besonderen Produktionszweigen repräsentieren. Buchner preist die italienische Praxis der Vereinigung von Unterdrückung der Werktätigen mit sozialer Demagogie als „Verwirklichung eines nationalsozialistischen Grundgedankens, der berufen ist, eine Brücke zu schlagen zwischen Arbeit und Kapital, Maschine und Handarbeit, Alleinbetrieb und Körperschaftswirtschaft, und der das Tor mitöffnet zum großen, noch verschlossenen Gebiet der volksgemeinschaftlichen Sozialpolitik.“[14]

Neben der ausdrücklichen Berufung auf die Praxis des Mussolini-Staates

[13] Ebenda, S. 19. [14] Ebenda, S. VIII.

sieht Buchner außerdem noch den Spannschen „wahren“ Staat als Vorbild für den zukünftigen deutschen faschistischen Staat an.

Er übernimmt von Spann vor allem den „Stände-Staat“-Gedanken, dessen Gliederungsprinzipien der wirtschaftlichen Einheiten und Zusammenschlüsse und dessen Ansichten von der Vielfalt der Eigentumsformen.

Die berufsständische Ordnung, die einen unverkennbaren Angriff auf die bürgerlich-parlamentarische Ordnung darstellt, ist sowohl durch den italienischen Faschistenführer Benito Mussolini als auch durch die deutschen Hitlerfaschisten proklamiert worden. Wenn man sich die Bedeutung der Themen Versailles, Marxismus und „Judentum“ veranschaulicht, die die Agitatoren der NSDAP ihnen beimaßen, dann kommt man allerdings nicht umhin festzustellen, daß das Thema Ständeordnung demgegenüber nur eine zweitrangige Rolle spielte.

So griffen sowohl die faschistische Mussolinipartei Italiens als auch die Hitlerpartei auf den Ständegedanken der katholischen Kleriker zurück.[15] Für ein politisches Regime, das unter Wahrung der Interessen der Bourgeoisie einerseits mit sozialen Phrasen operierte, andererseits aber alle sozialistischen und demokratischen Regungen und Einrichtungen zu unterdrücken beabsichtigte, bot sich die berufsständische Ordnung, wovon das Korporationssystem der italienischen Faschisten eine Variante war, als eine Möglichkeit an, den beabsichtigten sozialökonomischen Veränderungen eine Form zu geben, die gedanklich bereits ausgearbeitet vorlag. Die berufsständische Ordnung war ein erzwungener „Frieden“ zwischen den Klassen, und sie ermöglichte, den Terror durch eine Demagogie zu verbrämen.

Als kompetentester Interpret für die Frage der berufsständischen Ordnung galt in der Hitlerpartei Max Frauendorfer. Er gab als Motiv für die Aufnahme des Ständegedankens folgendes an: „Überwindung der drei Erscheinungsformen des liberalistisch-marxistischen Systems: der Demokratie, des Pazifismus und des Kollektivismus ... Aus diesen Grundgedanken heraus bekennen wir Nationalsozialisten uns zum organischen Staatsgedanken, zum ständischen Staate, als Ausdrucksform wahren Gemeinschaftslebens, und damit zum Sozialismus.“[16]

Nach Meinung Frauendorfers soll „an Stelle der Demokratie eine organische Gliederung treten, um die jetzige Atomisierung durch das Gefühl der Zusammengehörigkeit zu ersetzen. Der ständische Aufbau wird das Mittel sein, um

[15] Bekanntlich verkündete schon viel früher ein großer Teil der klerikalen Sozialtheoretiker, daß man mit der berufsständischen Ordnung eine Gesellschaftsordnung schaffe, die durch den Zusammenschluß der isolierten Individuen und Familien der Atomisierung aller Volkselemente entgegenwirken und somit den Klassenkampf beilegen könne. (Vgl. Harry Maier, Soziologie der Päpste, Lehre und Wirkung der katholischen Sozialtheorie, Berlin 1965, S. 193.)

[16] Max Frauendorfer, Der ständische Gedanke im Nationalsozialismus, München 1933, S. 22.

dem Klassenkampf seine Grundlagen zu entziehen und ihn zu ersetzen durch eine organische Vertretung aller Interessen und geistige Teilnahme jedes einzelnen. Und das, was für die Nationalsozialisten Kapitalismus ist, unsittlicher Erwerb, Besitz und Gebrauch von Kapital, wird unmöglich gemacht sein durch ein System gegenseitiger Verantwortung und Kontrolle."[17]

Damit hat Frauendorfer offen dargelegt, daß das reaktionäre Dogma von der Beilegung des Klassenkampfes der Kernpunkt des faschistischen Ständegedankens ist.

Die demagogische Idee, der Klassenkampf würde durch zwangsweisen Zusammenschluß von Unternehmern und Arbeitern in Berufsverbänden notwendig überlebt sein und aufhören, war auf die Untergrabung des Klassenbewußtseins der Arbeiter gerichtet. Die Gefahr dieser demagogischen Lehre liegt in der Absicht, in den Arbeitern das Gefühl zu erwecken, daß sie bei ständischer Organisation nicht mehr Ausbeutungsobjekt seien. Die Vertreter des Ständegedankens spekulierten darauf, daß das Klassenbewußtsein der Arbeiter durch das Gefühl überdeckt wird, ihre Interessen würden in dem Berufsstand vertreten, und daß ein Klassenantagonismus daher gar nicht mehr bestehe.

Außerdem sollten mit Hilfe der Ständeideologie Zwangsvereinigungen von Unternehmer- und Arbeiterorganisationen (Gewerkschaften) geschaffen, die Kampforganisation der Arbeiterklasse praktisch aktionsunfähig gemacht und der Willkür der Unternehmer und der faschistischen Funktionäre ausgesetzt werden. Die berufsständische Idee sahen die Faschisten allerdings lediglich als eine notwendige Ergänzung ihrer chauvinistischen und antimarxistischen Hetze an. Bereits zur Mitte des Jahres 1933 trat in der Frage des „ständischen Aufbaus" ein Kurswechsel ein. Nachdem Hitler Reichskanzler geworden und seine politische Macht in wenigen Monaten gefestigt war, konnte die NSDAP nicht umhin, in einigen sozialpolitischen Fragen, die sie in ihrer Propaganda vor dem 30. Januar 1933 nicht umgehen konnte, Farbe zu bekennen. Es ist bekannt, wie Hitler die Vertreter des Finanzkapitals und der Großindustrie schon vorher davon in Kenntnis gesetzt hatte, daß die polemischen Ausfälle gegen das Privateigentum und für die „Brechung der Zinsknechtschaft" keinesfalls ernst zu nehmen seien. Die Verwirklichung des ständischen Aufbaus sollte verschoben werden. Mehrere Jahre nach dem Erscheinen seiner Schrift über den „ständischen Gedanken im Nationalsozialismus", in der die berufsständische Gliederung des deutschen Volkes als Kernstück der zukünftigen Ständeordnung angesehen wurde, schreibt Frauendorfer, daß die Zusammenfassung nach Berufen als grundsätzliches Organisationsprinzip als eine Utopie erkannt wurde und daß deren Durchsetzung wirtschaftspolitischer Unsinn gewesen wäre.

Aus taktischen Erwägungen gaben die deutschen Faschisten einige Maßnahmen zur Schaffung eines staatsmonopolistischen Regulierungsmechanismus als Beginn des Aufbaus der ständischen Ordnung aus. Diese Maßnahmen,

[17] Ebenda, S. 28.

wie die durch das „Gesetz zur Vorbereitung des organischen Aufbaus der deutschen Wirtschaft" vom 27. Februar 1934 erfolgte Umwandlung der Unternehmerverbände in „Reichsgruppen", beinhalteten nichts anderes als eine straffere Organisation der Wirtschaft, die zugunsten der Monopole und gegen die Außenseiter betrieben wurde.[18]

Nach kurzer Zeit hat sich die faschistische Propaganda zur Frage des „ständischen Aufbaus" vollständig ausgeschwiegen, nach der „Gleichschaltung" des gesellschaftlichen Lebens benötigte man im Hitlerstaat die demagogische Losung nicht mehr.

Die „antikapitalistische" Phraseologie Gregor Strassers – eine Spekulation auf die Not der Werktätigen

Es ist bezeichnend, daß weder Feder noch Buchner nach 1933 eine größere Rolle in der Hitlerpartei oder in der Wirtschaftspolitik spielte. Wie diese verschwanden auch andere Autoren von der politischen Bühne, und ihre Schriften, einstmals als sogenannte Standardwerke der „Nationalsozialistischen Bibliothek" angepriesen, wurden von den Kumpanen weitgehend verleugnet und totgeschwiegen.

Ein enger Gefolgsmann von Hitler, der der antikapitalistischen Phraseologie im Parteiprogramm größere Bedeutung beigemessen hatte als Hitler, war Gregor Strasser.

Als Führer der NSDAP in Norddeutschland und mit Hilfe einer Zeitung (der von seinem Bruder Otto Strasser redigierten „Berliner Zeitung") und einer Zeitschrift (den „Nationalsozialistischen Briefen") propagierte er die Verstaatlichung der Schwerindustrie und des Großgrundbesitzes zugunsten eines sogenannten „Staatsfeudalismus". Strasser suchte auch Kontakte zu den rechtssozialistischen Gewerkschaften. Hitler hatte für diese Idee von Anfang an wenig übrig gehabt, da sie ihm die Suche nach Förderern innerhalb der Industrie und des Großgrundbesitzes erschwerte.

Die Durchsetzung des Strasserschen Wirtschaftsprogramms gegenüber dem bisher von der Parteileitung sanktionierten Federschen Programm bewirkte, daß das als „unabänderlich" erklärte Feder-Programm, was den ökonomisch-politischen Teil anbetrifft, in der Versenkung verschwand. Das ist nicht weiter verwunderlich, denn je mehr die NSDAP ernsthaft daran glauben konnte Regierungspartei zu werden, desto mehr mußte das Feder-Programm unbequem werden. Ganz abgesehen von der demagogischen Losung der „Brechung der Zinsknechtschaft" mußten sich die konkreten wirtschaftspolitischen Konzeptionen Feders früher oder später bestenfalls als Utopien herausstellen.[19]

[18] Vgl. dazu Walter Ulbricht, Der faschistische deutsche Imperialismus, Berlin 1952, S. 65.

[19] Am augenfälligsten waren dabei vielleicht die vorgeschlagenen Finanzierungsme-

Das im Jahre 1932 vorgetragene Strassersche Wirtschaftsprogramm rückte jetzt die Frage der „Arbeitsbeschaffung" stark in den Vordergrund. Die Schaffung von Arbeitsplätzen war angesichts der Depression in der Wirtschaft und der damit verknüpften sozialen Not ein mehrfaches Bedürfnis. Das Strassersche Wirtschaftsprogramm spricht daher in scharfen Worten von den negativen Folgen der Arbeitslosigkeit, ferner davon, daß ungenützte Produktivkräfte ein widernatürlicher Unsinn seien und daß die Arbeit selbst ein Mittel zur Kapitalbildung darstelle.

Die Anklagen gegenüber einem „politisch-wirtschaftlichen System", das „die arbeitsfähigen und arbeitswilligen Volksgenossen an der Erarbeitung ihres Lebensunterhalts verhindert", gipfeln in der Forderung nach einer „planmäßigen Arbeitsbeschaffung".

Das Federprogramm widmete der Finanzierungsfrage breiten Raum; es wurde jedoch bald als unreal betrachtet und enthielt eine unpopuläre Inflationsdrohung. Gregor Strasser befürwortete dagegen eine vorsichtige Kreditausweitung und beschränkte sich im wesentlichen darauf, auf die öffentlichen Mittel hinzuweisen, die in Krisenzeiten für die Arbeitslosenunterstützung aufgewendet werden mußten. Das war agitatorisch geschickter gemacht und mußte der breiten Bevölkerung einleuchten. Das Strasser-Programm wendete sich ausführlicher den faktischen Möglichkeiten der Arbeitsbeschaffung zu; als Arbeiten, die Grundlage der Arbeitsbeschaffung sein sollen, nennt das Programm „Landeskulturarbeiten, Errichtung von Eigenheimsiedlungen für die Arbeiter, Bau von Verkehrswegen, Kanälen usw."[20]

Es ist bemerkenswert, daß in dem Programm Gregor Strassers auch noch die Autarkiegedanken anklingen, die von seinem Bruder, Otto Strasser, rigoros vertreten wurden, der sich zu jener Zeit von der Hitlerpartei bereits getrennt hatte. Otto Strasser war für eine grundlegende Umgestaltung eingetreten, für die er das Etikett „Sozialismus" beanspruchte und die vor allem auf eine radikale Abtrennung vom Weltmarkt hinauslief.[21]

Als Konsequenz aus diesem Autarkiestatus ergab sich für Otto Strasser die Reagrarisierung Deutschlands und der Niedergang der Technik.

thoden, die die ernsthaften bürgerlichen Ökonomen unschwer als eine „Illusion" erkennen mußten. In einem Punkt des Programms war wie folgt formuliert worden: „Geldbeschaffung für alle großen öffentlichen Ausgaben (Ausbau der Wasserkräfte, Verkehrswege usw.) unter Vermeidung des Anleiheweges durch die Ausgabe zinsloser Staatskassenscheine bzw. auf bargeldlosem Weg." Dieses ohne regulierende Beschränkung auszugebende „Zusatzgeld", dessen „Strom bei Investitionen fließen sollte", und das in der Polemik unter dem Begriff „Federgeld" bekannt geworden ist, hätte, wie Adolf Weber später meinte, zweifellos eine heillose Inflation hervorgerufen, wenn es jemals zur Ausführung des Plans gekommen wäre. (Vgl. Adolf Weber, Hauptfragen der Wirtschaftspolitik, (West)-Berlin 1950, S. 23ff.

20 Zitiert nach Gerhard Kroll, Von der Weltwirtschaftskrise zur Staatskonjunktur, (West)-Berlin 1958, S. 31.

21 Vgl. Otto Strasser, Aufbau des deutschen Sozialismus, Leipzig 1932.

Das Programm Gregor Strassers enthält neben den bereits erwähnten Gedanken auch Forderungen nach einer differenzierten Abwertung der Währung, der Verstaatlichung des Bankwesens, nach Preiskontrolle, Beseitigung der Preisschere für die Landwirtschaft, Abbau der bäuerlichen Zins- und Steuerlast, Beschränkung der hohen Beamtengehälter, Investitionskontrolle für die Industrie zur Vermeidung einer übermäßigen Aufblähung der Industrie gegenüber der Landwirtschaft, nach Verstaatlichung der Monopole und staatlicher Aufsicht über die Aktiengesellschaften, großzügige Altersversorgung, Gewinnbeteiligung der Arbeit und öffentlichen Arbeitsdienst. Das Programm Strassers bewies einige Anziehungskraft, und obwohl es nicht lange existierte, behielt es für einige Zeit seinen Einfluß. Auch die Urheberschaft für das Wirtschaftsprogramm der NSDAP aus dem Jahre 1932 wird auf Gregor Strasser zurückgeführt.

Ohne Zweifel haben in den Gliederungen der NSDAP soziale Illusionen Fuß gefaßt, die Gregor Strasser verbreitete, wobei er auf die Notlage des deutschen Volkes spekulierte, das unter der schweren Wirtschaftskrise litt. Die Ideen Strassers gerieten in Widerspruch zu den Interessen der Finanzmagnaten, der wirklichen Beherrscher Hitlerdeutschlands. All das spielte eine große Rolle bei dem endgültigen Bruch zwischen Hitler und Gregor Strasser, der zur Niederlegung aller Parteiämter im Dezember 1932 durch Strasser führte. Im März 1933 wurde er nicht einmal mehr in den Reichstag gewählt und während des sogenannnten Röhm-Putsches ließ man ihn schließlich von der SS ermorden.

Mit dem Ausscheiden Strassers verschwand auch das nach ihm benannte Programm in der Versenkung. Aber auch vom Feder-Programm war keine Rede mehr. In den 12 Jahren der Hitlerherrschaft wurde kein Schritt zu ihrer Verwirklichung gemacht.

Die Praxis des Faschismus: der militante staatsmonopolistische Kapitalismus

Nach dem 30. Januar 1933, als die deutschen Faschisten als Handlanger der Monopolbourgeoisie Zug um Zug zur Liquidierung der bürgerlich-parlamentarischen Demokratie übergingen, wurden die faschistischen Führer in ihren Wahl- und Parteitagsreden, in ihrer ganzen ideologischen Propaganda, die die Zukunft anbetrifft, noch unverbindlicher und unklarer. An Stelle eines Programms ließ das Hitler-Kabinett verkünden, daß Vierjahrespläne zur „Rettung des Bauern und das Arbeiters“ führen würden. Eine „Volksgemeinschaft“ sollte die Erfüllung des „nationalen Sozialismus“ darstellen.

Die Propagierung einer sogenannten Volksgemeinschaft diente zunächst einmal dazu, die zunehmenden Terrorakte gegen alle Antifaschisten sowie anderen unbequemen Personen zu rechtfertigen. Die Teilnahme von Unternehmern an den zahlreichen groß angelegten Festveranstaltungen sollte den Eindruck erwecken, als ob zwischen Kapitalisten und Werktätigen nunmehr eine echte Gemeinsamkeit heranwachse, der Klassenkampf allmählich verschwinde und der Staat die Funktion übernommen habe, die noch bestehenden Gegensätze auszugleichen.

Diesen Zielen diente die Bildung der „Deutschen Arbeitsfront", in der der Kapitalist und das Proletariat zwangsweise in einer Organisation vereinigt werden sollten, um den Klassenfrieden zugunsten einer ungestörten Ausbeutung der Werktätigen zu ermöglichen. Der Kapitalist als „Betriebsführer", das Proletariat als „Gefolgschaft" sollten in der „Organisation der schaffenden Deutschen der Stirn und der Faust" keine Arbeitskämpfe mehr austragen.

Zwang Hitler die Arbeiter dazu, ihre Gewerkschaften zugunsten einer Vorgaukelung einer Interessengemeinschaft mit dem Kapital aufzugeben, so kettete er sie mit Hilfe des „Gesetzes zur Ordnung der nationalen Arbeit" vom 20. Januar 1934 noch stärker an die Unternehmer. In allen betrieblichen Angelegenheiten konnte der „Betriebsführer" über eine „Gefolgschaft" entscheiden, die ihm die „in der Betriebsgemeinschaft begründete Treue" zu halten hatte. Ein Vertrauensrat, dem nur „Gefolgsleute" angehören durften, die jederzeit rückhaltslos für den nationalen Staat eintreten, sollte eine Beraterfunktion übernehmen und alle Streitigkeiten beilegen. Für größere Wirtschaftsbereiche hatte ein beamteter „Treuhänder der Arbeit" für die „Erhaltung des Arbeitsfriedens" zu sorgen. Mißliebige Kämpfer an der „Arbeitsfront" wurden kurzerhand kaltgestellt.

Natürlich war damit der Klassenkampf keinesfalls aufgehoben, aber er spielte sich jetzt zwangsläufig im illegalen Rahmen und unter äußerst erschwerten Bedingungen für die Werktätigen ab.[22]

Die Löhne waren im wesentlichen bereits während der Wirtschaftskrise diktatorisch festgesetzt worden; jetzt kam eine monopolistische Regelung des Arbeitsmarktes hinzu.[23] Die Beschränkung der Freizügigkeit wurde ergänzt durch die Arbeitsdienstpflicht für Jugendliche, die Lenkung des Berufseinsatzes der Schulentlassenen und die Einführung einer „allgemeinen Arbeitspflicht", die amtlicherweise die Zwangsdienstverpflichtung ermöglichte. Damit wurde den Werktätigen der letzte Rest von Bewegungs- und Berufsfreiheit genommen.[24]

War die Liquidierung der Gewerkschaften im negativen Sinn eine Veränderung der sozialen Machtverhältnisse, so hatte der „deutsche Sozialismus" Hitlerscher Prägung keinerlei Einschränkung der Eigentumsverhältnisse zur Folge. Mit dem Einverständnis der Monopolbourgeoisie wurden lediglich einige

[22] Vgl. dazu Geschichte der deutschen Arbeiterbewegung, Bd. 5, Berlin 1966.

[23] Vgl. Jürgen Kuczynski, Die Geschichte der Lage der Arbeiter unter dem Kapitalismus, Bd. 16, Studien zur Geschichte des staatsmonopolistischen Kapitalismus in Deutschland 1918–1945, Berlin 1963, S. 147 ff.

[24] Ebenda, S. 153.

Korrekturen in dem organisatorischen Aufbau der Wirtschaft vorgenommen, die den Erfordernissen des staatsmonopolistischen Kapitalismus besser gerecht wurden. In der Agitation wurden diese Maßnahmen derart interpretiert, als ob nun auch die Kapitalistenklasse wesentlichen Reglementierungen unterworfen wurde.

In Wirklichkeit diente die Umorganisation der deutschen Wirtschaft nur dem Aufbau der Rüstungswirtschaft und der Mobilmachung aller ihrer Ressourcen. Die deutschen Faschisten, die sich den Namen Nationalsozialisten zulegten, haben auch nach 1933 nicht darauf verzichtet, Maßnahmen als „sozialistisch" auszugeben, die den Erfordernissen der Entwicklung der krassesten Form des staatsmonopolistischen Kapitalismus dienten. Durch die Propaganda- und Agitationslosungen der Hitlerleute in den dreißiger Jahren haben sich viele Deutsche (und auch nicht wenige Menschen im kapitalistischen Ausland) über den Klassencharakter des „Nationalsozialismus" täuschen lassen. Daß sich ein gewisser Teil von Werktätigen (neben Kleinbürgern und Lumpenproletariern) von den Interessenvertretern der Monopolbourgeoisie betrügen ließ, hat sicher vielfache Gründe.

Die Rüstungskonjunktur hat vor allem dazu beigetragen, daß es die Hitlerfaschisten vermochten, mit Hilfe ihres gigantischen Propagandaapparates glauben zu machen, daß sich der Lebensstandard des Volkes entscheidend verbessern lasse, wenn man nur das „Judentum" ausschalten könne, das an allen Mißständen der Weimarer Republik die Schuld trage und wenn es gelänge, deutschen Volk im Osten Europas „Lebensraum" zu verschaffen.

Ergänzt wurde dieser Propagandafeldzug durch Korrumpierung von Teilen der Werktätigen, ferner durch Einrichtungen wie die Organisation „Kraft durch Freude", mit deren Hilfe vielen Arbeitern, die in der Weimarer Republik das schwere Los der Arbeitslosigkeit zu tragen hatten, Theater- und Konzertbesuche, Wanderungen, Reisen und Urlaubsaufenthalte ermöglicht wurden. Solche Unternehmen, wie auch andere Kampagnen („Schönheit des Arbeitsplatzes", „Volkswagenbau", „Winterhilfswerk" u. ä.) sollten die Illusion erzeugen, daß die Lebensweise der Angestellten und Arbeiter im Rahmen der „Volksgemeinschaft" auf das Niveau der besitzenden Klassen angehoben werde.

Die kleinen Händler und Gewerbetreibenden, denen man den Schutz vor dem „raffenden Kapital" und der Konkurrenz durch die großen Warenhäuser versprochen hatte, sahen sich zwar betrogen, jedoch profitierten einige von ihnen durch die Enteignung jüdischer Unternehmen und durch die Verbesserung der Konjunkturlage.

Eine besondere Rolle spielte die Agrarpolitik in der sozialen Demagogie der Hitlerfaschisten. Der Zulauf, den die faschistische Partei aus Kreisen der Landbevölkerung erhielt, erklärt sich nicht zuletzt aus dem Versprechen, daß der „Nationalsozialismus" die „Rettung der deutschen Bauern" bringen werde. Wurden die fortschrittlichen Landarbeiter- und Bauernorganisationen auch zerschlagen, so täuschten sich die Werktätigen auf dem Lande jedoch anfänglich über den wahren Charakter der neugeschaffenen Ersatzorganisation, den „Reichsnährstand". Dieser „Reichsnährstand" war eine Zwangsorganisation, mit deren Hilfe ein straffer Leitungs- und Überwachungsapparat auf dem Dorf eingerichtet wurde. Mit Hilfe eines unglaublichen Kults des „gesunden Bauerntums", mit einigen Maßnahmen wie der Einführung von Erzeugerfestpreisen, die sich zunächst positiv für die Bauern auswirkten, und der Schaffung einer nationalsozialistischen Dorfaristokratie durch den Erlaß eines „Erbhofgesetzes" sowie durch das Versprechen, Siedlungsland zu erhalten, gelang es den Hitlerfaschisten, viele Bauern darüber zu täuschen, daß sich die Lage der Landbevölkerung insgesamt und auf die Dauer nicht verbesserte.

Die harten Realitäten, gesteigerte Ausbeutung der Werktätigen, unermeßlicher Profit- und Machtzuwachs der Monopolbourgeoisie, offener und brutaler Terror, am Ende Massenvernichtung in Konzentrationslagern und die schrecklichen Folgen des von den Hitlerfaschisten entfachten zweiten Weltkrieges, haben jedoch bald gründlich alle Illusionen über den Nationalsozialismus zerstört. Das Leben bestätigte die Richtigkeit der marxistisch-leninistischen Analyse des sozialen klassenmäßigen Charakters als „offene terroristische Diktatur der am meisten reaktionären, chauvinistischen und imperialistischen Elemente des Zinanzkapitals" und demonstrierte die Unhaltbarkeit der demagogischen Konzeptionen seiner Ideologen.

3. ABSCHNITT

8. KAPITEL

Russische bürgerliche und kleinbürgerliche Ökonomen und die Kritik ihrer Konzeptionen über den Sozialismus und die Sowjetwirtschaft in den zwanziger Jahren

1. Die Grundrichtungen der antimarxistischen Konzeptionen

Nachdem die russische Arbeiterklasse die politische Macht erkämpft hatte und im Sowjetland der Aufbau des Sozialismus begonnen worden war, sahen sich die Marxismusgegner gezwungen, ihre Kritik am Marxismus neu zu durchdenken.

Das Nebeneinanderbestehen mehrerer sozialökonomischer Sektoren in der Wirtschaft des Sowjetlandes, die komplizierte Verflechtung von überlebten und neu entstehenden Verhältnissen drückten sich auch in der Wirtschaftstheorie aus, in der zu den Grundfragen des wirtschaftlichen Aufbaus ein erbitterter Kampf zwischen der alten und der neuen Ideologie ausgefochten wurde. Die komplizierten Probleme des Aufbaus der neuen Wirtschaft führten zu scharfen theoretischen Auseinandersetzungen. Der eigentliche Gegenstand der wirtschaftlichen Diskussionen war der Sozialismus als Gesellschaftsordnung, die den Kapitalismus ablöst. In den Diskussionen wurden die ersten Ergebnisse des wirtschaftlichen Aufbaus erörtert, die unterschiedlichen theoretischen Leitprinzipien überprüft und eine neue Wirtschaftspolitik ausgearbeitet.

Die Bourgeoisie hatte die beherrschende Stellung in der Wirtschaft eingebüßt, und die Angriffe ihrer Ideologen gegen Theorie und Praxis wurden immer erbitterter. In der klassenbedingten politischen Richtung der nichtmarxistischen Konzeptionen von der sozialistischen Wirtschaft hatten sich gegenüber der Zeit vor der Revolution erhebliche Veränderungen vollzogen. Erstens: Da die Ideologen der Bourgeoisie ihre einstige Stellung in der Wirtschaftswissenschaft eingebüßt hatten, befaßten sie sich intensiv mit Konzeptionen, die darauf gerichtet waren, den Sozialismus zu untergraben. Zweitens kam es unter den Vertretern der nichtmarxistischen Wirtschaftskonzeptionen zu einer deutlichen Abgrenzung zwischen den aktiven Gegnern des Sozialismus und solchen bürgerlichen Theoretikern, die einzelne Grundsätze des wissenschaftlichen Sozialismus mehr oder weniger anerkannten. Drittens bildete sich unter den bürgerlichen Wirtschaftstheoretikern eine neue politisch-ideologische Abgrenzung in der Haltung zur Sowjetmacht heraus. Während die eine Richtung gegann, die Diktatur des Proletariats zu bekämpfen, arbeiteten die Vertreter der anderen Richtung in dieser oder jener Form mit der Sowjetmacht zusammen, obgleich sie im allgemeinen in den Grenzen der bürgerlichen Weltanschauung blieben. Zur erstgenannten Richtung der bürgerlichen Wirtschaftstheorie gehörten die unverhohlenen Gegner der Sowjetmacht und des Sozialismus wie P. Struve, S. N. Prokopovič und B. D. Bruckus. Diese entstellten das Wesen der wichtigsten wirtschaftlichen Maßnahmen der Sowjetmacht, sagten den unvermeidlichen Zusammenbruch voraus und suchten nachzuweisen, daß sich eine Volkswirtschaft auf sozialistischem Wege nicht entwickeln könne. Darüber hinaus waren einige von ihnen, wie beispielsweise P. Struve, aktive Ideologen der Konterrevolution und gehörten weißgardistischen Regierungen an. Nach der Zerschlagung der Konterrevolution gingen sie in die Emigration und setzten von dort in den verschiedenen weißgardistischen Emigrantenorganisationen den Kampf gegen die Sowjetmacht fort.

Zu den erklärten Gegnern der Sowjetmacht gehörten auch Autoren, die keinen weißgardistischen Regierungen angehörten, sich aber um Publikationsorgane scharten, die offensichtlich antisowjetischer Prägung waren. So schrieb B. D. Bruckus für die Zeitschrift „Ekonomist", das Organ der industrieökonomischen Abteilung der Russischen Technischen Gesellschaft, die sich aus der Sowjetmacht feindlich gesinnten bürgerlichen Intellektuellen und ehemaligen Fabrikbesitzern zusammensetzte. Lenin bezeichnete diese Zeitschrift als „ausgesprochenes Zentrum der Weißgardisten"[1].

Die für diese Zeitschrift tätigen bürgerlichen Ökonomen kehrten ihre Wissenschaftlichkeit heraus und spielten sich als Demokraten auf, verfochten aber in Wirklichkeit die Sache der Konterrevolution. „In Wirklichkeit stellt diese Zeitschrift ... ein Organ moderner Anhänger der Leibeigenschaft dar, die sich natürlich in die Toga der Wissenschaftlichkeit, des Demokratismus u. dgl. m. hüllen"[2], schrieb Lenin.

Die zweite Richtung wurde von Ökonomen unterschiedlicher politischer und theoretischer Orientierung repräsentiert, die sich auf verschiedene Gebiete der Wirtschaftswissenschaft spezialisiert hatten. Ihr gehörten ehemalige Sozialrevolutionäre, Menschewiki, Konstitutionelle Demokraten und scheinbar unparteiische bürgerliche Professoren wie A. A. Sokolov, N. D. Kondrat'ev, A. A. Manuilov, L. N. Jurovskij, I. Ch. Ozerov, L. N. Litošenko, A. Dezen, V. A. Bazarov, N. N. Šapošnikov, V. G. Groman und andere an. Fast ausnahmslos zählte die sogenannte produktionsorganisatorische Schule auf dem Gebiet der Agrarökonomie (A. V. Čajanov, A. N. Čelincev, N. P. Makarov, A. A. Rybnikov) dazu, die sich am Vorabend der Revolution gebildet hatte und die die Interessen und Bedürfnisse der wohlhabenden Schichten auf dem Lande vertrat.

[1] W. I. Lenin, Brief an F. E. Dzierżyński vom 19. Mai 1922, in: Briefe, Bd. IX, Berlin 1974, S. 271.

[2] W. I. Lenin, Über die Bedeutung des streitbaren Marxismus, in: Werke, Bd. 33, Berlin 1962, S. 221.

Der ideologische Klassenkampf in der Übergangsperiode war zugleich ein Kampf um die Gewinnung bürgerlicher Spezialisten für den Aufbau des Sozialismus. Das Proletariat stand vor der äußerst schwierigen Aufgabe, alle Spezialisten der alten Schule heranzuziehen, obgleich die meisten bürgerlichen Intellektuellen der Sowjetmacht und der sozialistischen Revolution feindlich gesinnt waren. „Der Kommunismus kann nicht aufgebaut werden ohne Wissen, Technik und Kultur, diese aber sind im Besitz der bürgerlichen Spezialisten. Die meisten von ihnen sympathisieren nicht mit der Sowjetmacht, doch ohne sie können wir den Kommunismus nicht aufbauen.“[3]

Bürgerliche Ökonomen, Agronomen und Ingenieure wurden in die Arbeit am ersten Perspektivplan für die wirtschaftliche Entwicklung des Sowjetlandes, am GOELRO-Plan, einbezogen. Auch in den Sektionen des Staatlichen Plankomitees, des Volkskommissariats für Landwirtschaft und des Volkskommissariats für Finanzen arbeiteten bürgerliche Spezialisten mit. Sie beteiligten sich an der Aufstellung der Volkswirtschaftsbilanz, an der Berechnung des Nationaleinkommens und an der Ausarbeitung der Kontrollziffern. Bürgerliche Professoren setzten ihre Lehrtätigkeit an den Hochschulen fort. „In den Räumen des Staatlichen Plankomitees“, so schrieb der bedeutende sowjetische Ökonom S. G. Strumilin, „arbeiteten hervorragende Vertreter der bürgerlichen Intelligenz, weithin bekannte Ökonomen. Sie verstanden sehr gut, daß die NÖP auf der Grundlage der Marktbeziehungen dem Wettbewerb der Elemente des Kapitalismus und Sozialismus ein weites Feld bot.“[4] Diese Ökonomen vertraten bürgerliche und kleinbürgerliche Auffassungen. Sie betrachteten die Frage des sozialistischen Aufbaus aus bürgerlich-liberaler Sicht. Obgleich sie in Sowjetrußland lebten und sich an der Lösung der wirtschaftlichen Probleme aktiv beteiligten, blieb ihre Weltanschauung doch im wesentlichen rein bürgerlich.

Eine dritte Richtung schließlich wurde von bürgerlichen Ökonomen repräsentiert, die schon vor der Oktoberrevolution den linksextremen Flügel des bürgerlichen Liberalismus gebildet hatten. Diese Richtung stand den Ideen der bürgerlichen Demokratie nahe. Der Kampf der Partei und die Verbreitung und Entwicklung der marxistischen Theorie trugen dazu bei, daß es in der bürgerlichen Intelligenz zu einem tiefgreifenden Differenzierungsprozeß kam. Dieser ideologische Differenzierungsprozeß führte bei einem bedeutenden Teil der bürgerlichen Ökonomen zu wirklichen weltanschaulichen Wandlungen. So wurden aus den einstigen bürgerlichen Wissenschaftlern S. I. Solncev, K. N. Pažitnov, P. N. Peršin, Z. S. Kacenelenbaum, V. V. Svjatlovskij und vielen anderen bedeutende sowjetische Ökonomen.

Der Kampf an der ideologischen Front war also außerordentlich kompliziert.

[3] W. I. Lenin, Rede auf der I. Konferenz über die Parteiarbeit auf dem Lande, in: Werke, Bd. 30, Berlin 1961, S. 132.

[4] S. G. Strumilin, Izbrannye proizvedenija Bd. 2, Moskva 1963, S. 174.

Die Vertreter der beiden ersten Richtungen der bürgerlichen Wirtschaftswissenschaft vereinen ihre Kräfte in dem Bestreben nachweisen zu wollen, daß der Sozialismus in Rußland nicht verwirklicht werden könne. Den Beginn des sozialistischen Aufbaus werteten sie als Zerstörung und Vernichtung von Produktivkräften.

Die Ökonomen der zweiten Richtung waren bereit, mit der Sowjetmacht zusammenzuarbeiten, um ihre eigenen Konzeptionen in die Praxis umzusetzen, wobei sie sich bemühten, die Unumgänglichkeit einer bürgerlichen Entwicklung der Übergangswirtschaft zu begründen. Viele antimarxistische Ökonomen, die die Oktoberrevolution nicht akzeptierten, stellten die Behauptung auf, daß Sowjetrußland bei der Lösung der volkswirtschaftlichen Probleme unvermeidlich den kapitalistischen Weg gehen werde. Sie waren überzeugt, daß der Sowjetstaat, der inneren Logik der wirtschaftlichen Entwicklung folgend, gezwungen sein werde, mit der Wiederherstellung des Marktes auch die kapitalistischen Wirtschaftsformen zu restaurieren. Alle Formen der Regulierung und Planung, die den spontanen ökonomischen Gesetzen zuwiderliefen, qualifizierten sie als „Überbleibsel" des Kriegskommunismus oder als Rückfälle in diesen, die verschwinden würden.

Die Ökonomen menschewistischer Orientierung (N. N. Suchanov, A. J. Finn-Enotaevskij und andere), die bestritten hatten, daß der Konflikt zwischen den Produktionsverhältnissen und den Produktivkräften im vorrevolutionären Rußland reif genug gewesen war, leugneten sogar, daß die Sowjetwirtschaft die Übergangsperiode zum Sozialismus überstehen würde. Sie glaubten, daß das an der Macht befindliche Proletariat infolge der wirtschaftlichen Rückständigkeit des Landes und des Mangels an den wirtschaftlichen Voraussetzungen für den Aufbau des Sozialismus gezwungen sein würde, die Aufgaben zu lösen, die die russische Bourgeoisie nicht gelöst hatte, und auf dem gleichen Weg weiterzugehen, den der russische Kapitalismus gegangen war.

„Wir würden es nicht als besonderes Unglück betrachten, wenn es bei uns einen reinen Staatskapitalismus unter der Kontrolle der Sowjetmacht gäbe", schrieb Finn-Enotaevskij. „In der Geschichte kommt es vor, daß eine vorzeitig zur Macht gekommene Klasse gezwungen ist, die wirtschaftlichen Aufgaben zu lösen, die ihre Vorgänger nicht mehr lösen konnten oder nicht imstande waren zu lösen."[5] Finn-Enotaevskij, der somit der Ansicht war, daß die höchste Form des sowjetischen Wirtschaftssystem nur der Staatskapitalismus sein könne, verglich die Aufgabe, vor der die Bolschewiken standen, mit dem Wirken der Jakobiner während der Großen Französischen Revolution. Beide hätten nur den Boden für einen „neuen sozialen Aufbau"[6] geebnet, also für die bürgerliche Entwicklung. Zugleich griff Finn-Enotaevskij die ökonomische Grundlage des Sozia-

[5] A. Finn-Enotaevskij, Finansovyj kapital i proizvoditl'nyj, Moskva 1926, S. 23.

[6] A. Finn-Enotaevskij, Sovremennoe položenie mirovogo chozjajstva, Petrograd 1920, S. 87.

lismus, das Volkseigentum und die ökonomischen Funktionen des Staates an. Er erklärte, daß die These von Marx über die Notwendigkeit der Diktatur des Proletariats für die Reorganisation der Wirtschaft „keinesfalls auch den Übergang der gesellschaftlichen Wirtschaftsführung an die Staatsmacht bedeutete“[7].

Die Vertreter der antimarxistischen Strömung waren bemüht, die Besonderheiten des „russischen“ Kommunismus auf jede Weise überzubetonen und ihn in Gegensatz zum „westlichen“ oder „kultivierten“ Marxismus zu bringen, der, wie sie behaupteten, auf einer ganz anderen „industriemäßigen“, dem „russischen“ Kommunismus fremden Ideologie beruhe. Rechtssozialistische und revisionistische Theoretiker der Gegenwart haben diese Phantastereien bereitwillig aufgegriffen.

Die Herausbildung der nichtmarxistischen Sozialismuskonzeptionen war von einem erbitterten ideologischen Kampf um die Maßnahmen geprägt, die der Sowjetstaat in der Übergangsperiode vom Kapitalismus zum Sozialismus traf. Im Feuer der Kritik standen vor allem solche entscheidenden Maßnahmen wie die Nationalisierung der Industrie, des Grund und Bodens und der Banken, das Außenhandelsmonopol und die Wirtschaftsplanung.

Die Vertreter der beiden ersten Richtungen waren sich darin einig, daß die Maßnahmen der Sowjetmacht eine grundlegende Umwälzung der sozialökonomischen Verhältnisse bedeuteten und die Basis für eine völlig neue Organisation des Wirtschaftslebens nach sozialistischen Prinzipien schufen. Deshalb bekämpften sie alle Formen der sozialistischen Vergesellschaftung, vor allem aber die Konzentration der Wirtschaftsleitung in den Händen des Staates. Selbst die Vertreter der dritten Richtung, die die Erfolge des sozialistischen Aufbaus anerkannten, konnten lange Zeit die aus der marxistisch-leninistischen Sozialismus-Konzeption abgeleiteten strategischen Ziele des Programms des sozialistischen Aufbaus nicht begreifen.

Die theoretischen und praktischen Lösungen, die von den Vertretern der kleinbürgerlichen und bürgerlichen Positionen für die Entwicklungsprobleme der Sowjetwirtschaft vorgeschlagen wurden, waren recht mannigfaltig. Sie wollten dem Sozialismus, der sich im Kampf mit dem Kapitalismus entwickelte und festigte, und der marxistisch-leninistischen Wirtschaftstheorie ihre eigene Konzeption vom Wesen der sozialistischen Wirtschaft und von den Methoden der sozialistischen Wirtschaftsführung entgegenstellen, die auf Thesen und Schlußfolgerungen der bürgerlichen politischen Ökonomie beruhten.

[7] A. Finn-Enotaevskij, Karl Marx i novejšij socializm, Petrograd 1922, S. 104.

2. *Die methodologischen Grundlagen der bürgerlichen Konzeptionen von der sozialistischen Wirtschaft*

Für die hier analysierten antimarxistischen Theorien war das Bemühen charakteristisch, einzelne Grundgedanken des wissenschaftlichen Sozialismus, die oberflächlich interpretiert wurden, mit den Ideen der bürgerlichen politischen Ökonomie, die vor allem idealistischer Natur waren, zu verbinden. Diese Konzeptionen bauten auf einer subjektivistischen Methodologie auf, die die objektiven Gesetzmäßigkeiten der gesellschaftlichen Entwicklung, vor allem aber die Gesetzmäßigkeiten des Entstehens und der Entwicklung des Sozialismus, leugnete. Die meisten Ökonomen, die auf nichtmarxistischen Positionen standen, hielten eine politische Ökonomie des Sozialismus nicht für möglich. Sie brachten die politische Ökonomie ausschließlich mit dem spontanen Wirken der ökonomischen Gesetze in Zusammenhang und meinten, daß mit der anarchischen kapitalistischen Wirtschaft auch die politökonomische Wissenschaft verschwinden müsse. Diese einschränkende Interpretation des Gegenstands der politischen Ökonomie war in der sowjetischen Wirtschaftsliteratur der zwanziger Jahre gebräuchlich. Sie erklärt sich daraus, daß zu jener Zeit noch wenig Erfahrungen über die Funktionsweise der sozialistischen Wirtschaft vorlagen und daß sie von einigen mit der verabsolutierten These von der Eindeutigkeit und Ausgeprägtheit der Produktionsverhältnisse im Sozialismus verbunden wurde.

Am weitesten ausgeprägt war die einschränkende Interpretation des Gegenstands der politischen Ökonomie in den Arbeiten von S. I. Solncev. In seinem Buch „Einführung in die politische Ökonomie. Gegenstand und Methode" hob Solncev hervor, daß die objektiven ökonomischen Gesetze nur in der kapitalistischen Warenwirtschaft, also in einer spontanen Wirtschaft, wirken können. „Soziale Verhältnisse aber und eine soziale Gesetzmäßigkeit können nur in einer (hinsichtlich der wirtschaftlichen Verhältnisse) uneingeschränkten Gesellschaft ihren Platz finden; wo es Planwirtschaft gibt, brauchen wir nicht nach spontanen sozialen Gesetzmäßigkeiten suchen; dort bauen die Menschen ihr Wirtschaftsleben bewußt, nach einem eigenen Plan, nach eigenen ‚Gesetzen' und eigenen Vorhaben auf; dort, in dieser Planwirtschaft, ist die politische Ökonomie als Sozialwissenschaft überflüssig."[8]

Die russischen Ökonomen, die die Grundthesen der bürgerlichen Wirtschaftswissenschaft vertraten, gingen in ihren Konzeptionen von der sozialistischen Wirtschaft von der neokantianischen Auffassung des Verhältnisses von Kausalität und Bewußtsein aus. Die kausalen Zusammenhänge wurden in diesen Konzeptionen mit spontanen Beziehungen zwischen den Wirtschaftseinheiten identifiziert, bei denen es keine planmäßige Leitung der Volkswirtschaft gibt. Die Autoren dieser Konzeptionen ließen sich von dem neokantianischen Grundsatz leiten,

[8] S. I. Solncev, Vvedenie v političeskuju ėkonomiju. Predmet i metod, Leningrad 1926, S. 93.

daß sich objektive ökonomische Gesetze mit bewußt gestellten Zielen nicht vereinbaren lassen. Am deutlichsten kam dieser Gedanke in den Arbeiten von P. Struve, eines Ideologen der bürgerlichen Konterrevolution, zum Ausdruck. Er sprach von einem „Dualismus des sozialökonomischen Prozesses", der darin bestehen sollte, daß an der gesellschaftlichen Entwicklung zwei Typen von Prozessen, nämlich elementare und durch einen Willen gelenkte Prozesse, beteiligt seien. Struve stellte die geschichtliche Entwicklung als Zunahme der subjektiven Formen der Wirtschaftsregulierung dar, wobei er den objektiven Faktoren eine geringer werdende Rolle beimaß.

In dem Vortrag „Ergebnisse und Wesen der kommunistischen Wirtschaft", den Struve 1922 in Berlin hielt, entwickelte er seine schon vor der Revolution aufgestellte These, nach der die sozialistische Wirtschaft eine „subjektiv-teleologische Einheit" sein sollte, weiter. Diese „teleologische Einheit" sollte jede Gesetzmäßigkeit der gesellschaftlichen Entwicklung ausschließen. Der Subjektivismus wurde zum konstituierenden Merkmal der „kommunistischen Wirtschaft" erhoben.

Die Notwendigkeit der politökonomischen Wissenschaft leitete Struve aus der Existenz des Warenfetischismus, der Herrschaft von Dingen über die Menschen, ab. Die „Verdinglichung" der gesellschaftlichen Verhältnisse, eine Erscheinung, die Marx als Fetischismus der Warenwelt bezeichnet hatte, sei, so behauptete Struve, eine „psychologische Notwendigkeit". Die wissenschaftliche Analyse sollte sich, bewußt oder unbewußt, gerade auf diesen „Wirtschaftsverkehr" beschränken, weil der „fetischistische Standpunkt auch methodologisch der einzig richtige ist. Da die politische Ökonomie mit Hilfe zwischenwirtschaftlicher Kategorien die abstrakte Form des autonomwirtschaftlichen Verkehrs untersucht, kann und muß sie auf dem Boden des Fetischismus bleiben."[9]

Struves Methodologie hat auf die Herausbildung der bürgerlichen Sozialismustheorien in der russischen Wirtschaftsliteratur großen Einfluß ausgeübt. Ein großer Teil der Autoren dieser Theorien definierte den Sozialismus als „teleologische Einheit", die das Wirken objektiver ökonomischer Gesetze ausschlösse. Deshalb meinten sie auch, die politische Ökonomie solle nur einen Wirtschaftstyp untersuchen, nämlich den unorganisierten Typ der Tauschwirtschaft, also den Kapitalismus.

A. V. Čajanov behauptete, daß bei der Analyse des Sozialismus „auch die ganze alte politische Ökonomie wegfällt ..."[10] Auch L. N. Jurovskij, V. Ja. Železnov und andere leiteten die Ablehnung der politischen Ökonomie als Wissenschaft daraus ab, daß die politische Ökonomie nur die fetischistischen Formen der Produktionsverhältnisse untersuche, sich also auf die Analyse der „äußeren Formen" dieser Verhältnisse beschränke. So legte L. N. Jurovskij den Akzent auf

9 P. Struve, Chozjajstvo i cena, 1. Teil, Moskva 1913, S. 25.

10 A. V. Čajanov, Das Problem der wirtschaftlichen Rechnungsführung im sozialistischen Staat, in: Ekonomičeskaja žizn, 225/1920.

die quantitative Vergleichbarkeit der Wirtschaftsgüter und übertrug den Gegenstand der politischen Ökonomie aus dem Gebiet der ökonomischen Verhältnisse auf das Gebiet der Verhältnisse zwischen Dingen. Ebenso wie Struve war er entschieden gegen eine „Substantionalisierung des Wertes“, weil er jegliche Versuche, den Wert auf objektive ökonomische Verhältnisse zurückzuführen, für metaphysisch hielt[11].

V. Ja. Železnov sah nur dort eine ökonomische Problematik, wo die ökonomischen Verhältnisse nicht nur einen „naturalen“, sondern auch „wertmäßigen“ Aspekt haben, das heißt im Grunde nur dort, wo die Produktionsverhältnisse durch die Bewegung der Wirtschaftsgüter, der „räumlichen Erscheinungen der Außenwelt“, vermittelt werden.[12]

Die fetischistische Interpretation der ökonomischen Erscheinungen schloß eine wissenschaftliche Betrachtung der Probleme des Sozialismus aus. Da die nichtmarxistischen Ökonomen meinten, die sozialistischen Produktionsverhältnisse hätten keine gegenständliche Ausdrucksform, leugneten sie auch die Möglichkeit, diese Verhältnisse wissenschaftlich zu analysieren.

Ihren Idealismus in der Interpretation der Wirtschaftsprozesse der sozialistischen Gesellschaft rechtfertigten diese Ökonomen gewöhnlich mit dem Verweis auf die „Eindeutigkeit“ und Klarheit der sozialistischen Produktionsverhältnisse in Produktion und Distribution.

Wir unterscheiden zwischen den verwandelten Formen der Produktionsverhältnisse und den ökonomischen Formen, die sozialistische Produktionsverhältnisse ausdrücken, aber nicht mit ihrem Wesen identisch sind. Marx schrieb, die Wissenschaft wäre überflüssig, wenn Inhalt und Form unmittelbar zusammenfallen würden. Er verwies auch auf die Eindeutigkeit und Klarheit der Produktionsverhältnisse in einer Gesellschaft assoziierter Produzenten, wobei er jedoch nur die grundsätzlich andersgearteten Erscheinungsformen dieser Verhältnisse im Vergleich zur kapitalistischen Warenwirtschaft klarstellen wollte.

Da die auf bürgerlichen Positionen stehenden Ökonomen meinten, daß Inhalt und Erscheinungsformen der Produktionsverhältnisse identisch seien, kamen sie zu dem Schluß, daß es keine politische Ökonomie des Sozialismus geben könne.

Die neokantianische Methodologie zeigte sich auch in der Betrachtung des Sozialismus als eine vom Kollektivwillen der Mitglieder der Gesellschaft konstruierte Ordnung.

M. I. Tugan-Baranovskij betrachtete den Sozialismus nicht als Resultat des natürlichen Geschichtsverlaufs, sondern als Gesellschaftsordnung, die auf der Grundlage apriorischen Nachdenkens über allgemeinmenschliche Ideale entstehe. Er behauptete, der Sozialismus sei weder gesetzmäßig noch lebensfähig. Im Gegensatz zu den natürlich gewachsenen Gesellschaftsformen sei die sozialistische

[11] Vgl. L. N. Jurovskij, Očerki po teorii ceny, Saratov 1919, S. 74.

[12] V. Ja. Železnov, Zur Frage des Natural- und des Wertaspekts ökonomischer Erscheinungen, in: Voprosy konjunktury, Bd. 1, 1/1925, (Moskva), S. 10.

Gesellschaft ein „transhistorisches Ideal der Menschheit", eine „künstliche, erdachte Form des menschlichen Zusammenlebens"[13].

Die philosophische Begründung der sozialistischen Weltanschauung sah Tugan-Baranovskij in Kants Idee von der „Gleichwertigkeit" der menschlichen Persönlichkeit, weil diese Weltanschauung auf „ethischen Prinzipien beruht".[14] Das ethische Prinzip hatte Tugan-Baranovskij auch seiner Sozialismuskonstruktion zugrunde gelegt. Die Persönlichkeit des Menschen sei die „größte Kostbarkeit der Welt", deshalb sei das Verlangen nach Freiheit und Gleichheit für alle Mitglieder der Gesellschaft das allgemein verbindliche Ideal des Sozialismus. Jede Persönlichkeit müsse eine Art „Selbstziel" darstellen, dem die ganze Gesellschaftsordnung unterworfen werden müsse. „Die ideale menschliche Gesellschaft", betonte Tugan-Baranovskij, „muß zu eben diesem Reich der Ziele werden."[15] Die allseitige Entwicklung der Persönlichkeit müsse aus sozialistischer Sicht zum „obersten und Endziel des Gesellschaftsverbandes" werden.[16]

Auch der Marxismus faßt die umfassende, freie und allseitige Entwicklung der Persönlichkeit als das eigentliche Ziel des Sozialismus auf. Aber wenn der Marxismus die Entwicklung der Persönlichkeit als Hauptziel des Sozialismus betrachtet, dann leitet er sie aus den Gesetzen der gesellschaftlichen Entwicklung ab. Für den Marxismus sind Freiheit und Gleichheit kein transhistorisches Menschheitsideal, dem die Wirklichkeit angepaßt werden muß, sondern das objektive Resultat der Wirklichkeit selbst. Wenn der Marxismus-Leninismus die Notwendigkeit der wirtschaftlichen, sozialen und politischen Gleichheit hervorhebt, betrachtet er sie als grundlegenden Wesenszug des realen Systems sozialistischer Verhältnisse.

Eine eindeutige Erscheinungsform der subjektivistischen Methodologie war die Interpretation der planmäßigen Bewegung der ökonomischen Verhältnisse des Sozialismus als willkürliche, vom Willen der Gesellschaft und des Staates konstruierte Form. So hatten vor allem die Autoren des „naturalistischen" Modells von der sozialistischen Wirtschaft die Planung interpretiert. A. V. Čajanov, der zu diesen Autoren gehörte, leugnete den objektiven Charakter der ökonomischen Gesetze des Sozialismus, indem er meinte, daß der einheitliche Wille des Staates den Wirtschaftsprozeß willkürlich steuern könne. In Čajanovs Modell war die Planmäßigkeit in keiner Weise an das gesellschaftliche Eigentum an den Produktionsmitteln gebunden. Dieses Eigentum wurde überhaupt ignoriert und der Plan als Erscheinungsform des subjektiven Willens hingestellt, der keinen objektiven Gesetzen der wirtschaftlichen Entwicklung unterliege. Ebenso leitete Čajanov den Naturalcharakter der sozialistischen Wirtschaft daraus ab, daß der Staat nach seinem Ermessen und Willen die Tauschverhältnisse abschaffen könne.

Durch die subjektivistisch-teleologische Interpretation der ökonomischen Ver-

[13] M. I. Tugan-Baranovskij, Socializm kak položitel'noe učenie, Petrograd 1918, S. 5, 7.
[14] Ebenda, S. 16. [15] Ebenda, S. 9, 10. [16] Ebenda, S. 13.

hältnisse des Sozialismus konnten die Ideologen des Antimarxismus ihren Konzeptionen von der sozialistischen Wirtschaft die Werttheorie der subjektiven Schule oder, nach ihrer eigenen Terminologie, die „subjektive Theorie des wirtschaftlichen Wertes“ zugrunde legen.

Wohl lehnten einige Vertreter der subjektiven Schule der bürgerlichen politischen Ökonomie, wie zum Beispiel L. N. Jurovskij, die Grenznutzentheorie in ihrer traditionellen Form ab, weil sie einsahen, daß die „Messung psychischer Verhaltensweisen“ nicht möglich sei. Zugleich aber betonte auch er den „psychologischen“ Charakter der Bewertung der Wirtschaftsgüter, behauptete er, daß das Materielle kein konstituierendes Merkmal der Definition“ der ökonomischen Erscheinungen sei.[17]

Hier trafen sich die „naturalistische“ und die „Warenmarkt“-Konzeption von der Wirtschaft des Sozialismus. Die „naturalistische“ Konzeption betrachtete die Bewertungen der Wirtschaftsgüter als rein subjektiv-rechnerische Bewertungen, wie sie das einzelne Wirtschaftssubjekt in einer Naturalwirtschaft anstellt. Čajanov sah Wert und Preis nicht als objektive ökonomische Kategorien („Phänomene“, wie er sich ausdrückte) der sozialistischen Wirtschaft an, sondern entweder als „technische“ oder als „rechnerische“ Bewertungen der Wirtschaftsgüter. So schrieb er: „Es bleibt auch die Möglichkeit der willkürlichen distributiven oder rechnerischen Bewertung der Güter zu beliebigen Einheiten, die von den staatlichen Organen vorgenommen werden. Aber das sind eigentlich technische, an die Produktion oder Distribution gebundende Koeffizienten, keineswegs aber objektive Phänomene der Volkswirtschaft.“[18]

In Wirklichkeit tragen die Wertkategorien, die in der sozialistischen Wirtschaft ausgenutzt werden. (Geld, Preis, Produktionskosten und andere) objektiven Charakter. Sie drücken die im Sozialismus objektiv notwendigen Ware-Geld-Beziehungen aus, die Element des Systems der sozialistischen Produktionsverhältnisse sind.

Die Anhänger der bürgerlichen „Marktkonzeption“ von der sozialistischen Wirtschaft wollten nachweisen, daß die Herleitung der Bewertungen von einer objektiven Grundlage – dem gesellschaftlich notwendigen Arbeitsaufwand – der Natur der sozialistischen Wirtschaft nicht entspreche, weil es dort angeblich keine objektiven wirtschaftlichen Verhältnisse gebe. Bestenfalls, so behauptete Tugan-Baranovskij, könnten die Preise der Wirtschaftsgüter in einer sozialistischen Gesellschaft Idealpreise sein, die jeder objektiven Grundlage entbehren. „In einer sozialistischen Wirtschaft nimmt der ganze Prozeß des Preisausdrucks in einer Geldeinheit ideellen Charakter an, weil die Geldeinheit selbst zu einer durchweg ideellen Einheit wird.“[19]

[17] Vgl. L. N. Jurovskij, Očerki po teorii ceny, S. 42.

[18] A. Čajanov, Die Wertsubstanz und das System der Arbeitsäquivalente, in: Ėkonomičeskaja žizn 247/1920.

[19] M. I. Tugan-Baranovskij, Socializm kak položitel' noe učenie, Petrograd 1918, S. 108.

Auf der Grundlage ihrer subjektivistischen Methodologie leugneten die bürgerlichen Ökonomen zwar die Möglichkeit einer politischen Ökonomie des Sozialismus, trotzdem konstruierten sie aber ihre Sozialismusmodelle, die sie der marxistisch-leninistischen Wirtschaftstheorie des Sozialismus entgegenzustellen versuchten.

3. Der Zusammenbruch verleumderischer Ideologien der bürgerlichen Konterrevolution

Zur reaktionärsten Richtung der bürgerlichen Theorien von der sozialistischen Wirtschaft gehörten die russischen Ökonomen und Soziologen, die die Sowjetmacht offen bekämpften, indem sie sich zu Ideologen der bürgerlichen Konterrevolution machten. Einige ihrer Arbeiten sind zu Beginn der zwanziger Jahre in der UdSSR verfaßt und veröffentlicht worden, andere erschienen in der Emigrantenpresse.

Die gemeinsame Plattform, die die Vertreter dieser Richtung des bürgerlichen ökonomischen Denkens vereinigte, war die Theorie von der „logischen und praktischen Undurchführbarkeit des Sozialismus", die zuerst von L. Mises vertreten worden war. Zu den bekanntesten russischen Verfechtern dieser Theorie gehörte B. Bruckus, dessen Buch „Die sozialistische Wirtschaft" in Berlin veröffentlicht wurde. Was er in diesem Buch darlegte, war der etwas erweiterte Inhalt des Vortrages „Probleme der Volkswirtschaft in einer sozialistischen Ordnung", den Bruckus im Jahre 1920 in Petrograd und Moskau gehalten und 1922 in der Zeitschrift „Ekonomist" veröffentlicht hatte. Bruckus wollte den Nachweis liefern, daß die „ökonomischen Probleme des marxistischen Sozialismus unlösbar" und der „Untergang des Sozialismus unvermeidbar" seien. Er schlug sogar „einige Zwischenschritte für die Rückkehr zur kapitalistischen Ordnung" vor.

Gestützt auf die Theorie von der „logischen und praktischen Undurchführbarkeit des Sozialismus", wollten die eifrigsten Gegner der Sowjetmacht die ökonomische Lehre des Marxismus-Leninismus widerlegen. Vor allem leugneten sie die Wissenschaftlichkeit des marxistischen Sozialismus. Deshalb versuchten sie nachzuweisen, daß es zwischen dem Marxismus und dem utopischen Sozialismus keine Scheidegrenze gebe. So schrieb Bruckus, daß sich „im sogenannnten utopischen Sozialismus ebenso wissenschaftliche Elemente nachweisen lassen wie im sogenannten wissenschaftlichen Sozialismus unwissenschaftliche Elemente". Diese Gleichsetzung des Marxismus mit dem utopischen Sozialismus brauchten die Apologeten des Kapitalismus, um die Große Sozialistische Oktoberrevolution, die ein gesetzmäßiges historisches Ereignis, das objektiv notwendige Resultat des natürlichen historischen Entwicklungsprozesses der Gesellschaft darstellte, als Frucht einer „utopischen Doktrin", die ohne Zukunft sei, zu diffamieren.

Die Gegner der Sowjetmacht leugneten die konstruktive, schöpferische Kraft des Marxismus. „Die russische und sowjetkommunistische Praxis versucht sich auf die Forderungen und Thesen des Marxismus zu stützen. Aber die ganze Tragik des sogenannten wissenschaftlichen, d. h. marxistischen Sozialismus besteht darin, daß er keinerlei positive Lehre von der künftigen Gesellschaftsordnung geliefert hat", schrieb Professor G. Švitau, ein weißgardistischer Emigrant.

Um die marxistische Wirtschaftstheorie in Verruf zu bringen und ihre konstruktive Funktion herabzumindern, stellte Bruckus, von diesen Positionen ausgehend, den Marxismus dem utopischen Sozialismus gegenüber. Während sich die utopischen Sozialisten noch mit der „Konstruktion" des Wirtschaftssystems der künftigen Gesellschaft befaßt hätten, habe sich Marx nicht systematisch mit dieser Aufgabe beschäftigt, schrieb Bruckus.

Marx und Engels hatten bekanntlich die Grundlagen für die politische Ökonomie des Sozialismus gelegt. Das kam bei der Analyse der historischen Entwicklungstendenzen des Kapitalismus, im Kampf gegen bürgerliche, kleinbürgerliche und opportunistische Entstellungen des Sozialismus sowie in der politischen Tätigkeit von Marx und Engels als Organisatoren und Führer der internationalen proletarischen Bewegung zum Ausdruck. Die Begründer des wissenschaftlichen Sozialismus haben nicht nur die Entwicklungsgesetze des Kapitalismus entdeckt, sie haben dem Proletariat auch die Richtung der revolutionären Veränderung oder, wie sich Lenin ausdrückte, die „großen Linien" der sozialistischen Umgestaltungen, gewiesen.

Obgleich Bruckus dem Marxismus „nachlässiges" Verhalten zur Wirtschaftstheorie des Sozialismus vorwarf, mußte er doch zugeben, daß die Ausarbeitung der eigentlichen Grundsätze dieser Theorie das Werk von Marx ist. Dann aber behauptete er, daß die Marxisten schon zum Zeitpunkt der proletarischen Revolution über eine detaillierte Theorie von der Wirtschaft des Sozialismus als eine Art Wegweiser und Nachschlagewerk verfügen müßten.

Wie unsinnig derartige Vorwürfe waren, hatte schon Lenin nachgewiesen. So schrieb er im September 1917: „Wir sind keine Doktrinäre ... Wir behaupten nicht, daß Marx oder die Marxisten den Weg zum Sozialismus in all seinen Einzelheiten kennen. Das wäre Unsinn. Wir kennen die Richtung dieses Weges, wir wissen, welche Klassenkräfte auf diesem Wege führend sind, doch konkret, praktisch wird das nur die *Erfahrung der Millionen* zeigen, sobald sie die Sache in Angriff nehmen."[20]

Die in die Emigration gegangenen Ökonomen leugneten die Rolle der Erfahrung für die Herausbildung der Theorie und behaupteten, theoretische Leitsätze müßten spekulativ, ausgehend vom „reinen Spiel des Geistes", abgeleitet werden. Sie waren bemüht, die Hinwendung zur Erfahrung der Massen

[20] W. I. Lenin, Aus dem Tagebuch eines Publizisten, in: Werke, Bd. 25, Berlin 1970 S. 289.

als Merkmal des Verzichts auf die Theorie selbst hinzustellen, als Mangel an einem klaren Programm und an Vertrauen in die eigenen Handlungen.

Bevor die Arbeiterklasse an die Macht kam, konnte die politische Ökonomie des Sozialismus noch kein geschlossenes System sein. Erst nach der Großen Sozialistischen Oktoberrevolution, während der theoretischen und praktischen Arbeit am Aufbau des Sozialismus, wurde sie Bestandteil der politischen Ökonomie des Marxismus-Leninismus. Andererseits enthalten die Werke der Begründer des Marxismus nicht nur die methodologischen Voraussetzungen für die wissenschaftliche Analyse der sozialistischen Wirtschaft, sondern in groben Zügen auch eine Reihe wichtiger Gesetzmäßigkeiten ihrer Funktionsweise.

Zugleich mit ihren wütenden Angriffen auf den Marxismus attackierten die bürgerlichen Ideologen auch die Umsetzung der Ideen des wissenschaftlichen Sozialismus in die Praxis. In ihren Veröffentlichungen wurden die wirtschaftlichen Erfolge des Sowjetstaates verschwiegen, dagegen die Schwierigkeiten des sozialistischen Aufbaus in einem Land, das vom imperialistischen Krieg und besonders vom Bürgerkrieg ruiniert und vom Kapitalismus eingekreist war, auf jede Weise in den Vordergrund gestellt und Gerüchte über angebliche und tatsächliche Teilmißerfolge und Fehler auf diesem schwierigen Weg in Umlauf gesetzt. Ihre Hauptaufgabe bestand in dem Nachweis, daß der „verwundbarste Punkt des Kommunismus seine Wirtschaft ist", daß sie seine „Achillesferse, sein organischer Mangel" sei. Die ideologische Ausrichtung ihrer Arbeiten war in einer Emigrantenzeitschrift formuliert: „Wir haben uns in diesem Organ der Aufgabe angenommen, die Sowjetregierung auf dem Gebiet des volkswirtschaftlichen Lebens zu bekämpfen." Man setzte die ganze Palette der Argumente in Umlauf, mit denen die Theorie von der „logischen und praktischen Undurchführbarkeit des Sozialismus" operierte, vor allem aber die These, daß das sozialistische Wirtschaftssystem keine inneren Kräfte, keine eigenen Bewegungsgesetze habe. Die Tatsache, daß im Sozialismus die spontanen Gesetze des Kapitalismus nicht mehr wirken, diente als Argument für die Schlußfolgerung, daß die ökonomischen Gesetze überhaupt aufhören zu wirken.

P. Rjabušinskij, der zu den Rädelsführern der bürgerlichen Konterrevolution gehörte, meinte, der Übergang vom Kapitalismus, dieser „natürlichen Entwicklung des Lebens", zum Sozialismus sei ein Verstoß gegen die ökonomischen Gesetze. „Wir wissen", drohte er, „daß die natürliche Entwicklung des Lebens ihren Lauf nimmt, und sie wird diejenigen, die gegen die ökonomischen Gesetze verstoßen, furchtbar bestrafen!"[21] Ein weiterer „Hellseher" schrieb drei Wochen vor der Oktoberrevolution, „... wenn für das russische Volk die Gesetze der historischen Entwicklung nicht verbindlich sein sollten, dann wäre bei uns das Reich des Sozialismus realisierbar"[22].

[21] Zitiert nach: Ėkonomičeskoe položenie Rosii nakanune Velikoj Oktjabrskoj socialističeskoj revoljucii, Teil 1, Moskva-Leningrad 1957, S. 200.

[22] M. Šul'gin, Die künftige Agrarordnung und die Landvermessung, in: Zemel-noe delo, 2/1917, S. 6.

Die russischen bürgerlichen Ökonomen P. Struve, P. Sorokin, S. Prokopovič, B. Bruckus, die auf den Positionen der Theorie von der „logischen und praktischen Undurchführbarkeit des Sozialismus" standen, interpretierten die sozialistische Nationalisierung, mit der die Industriebetriebe in die Hände des Volkes übergingen, als „Zerstörung des Wirtschaftslebens". Auf einer Tagung des Rates der Belgischen Sozialistischen Partei im Jahre 1920 in Brüssel bezeichnete A. Kerenskij die sozialistische Nationalisierung als „terroristische Zerstörung der Industrie" durch die Arbeiterklasse. P. Struve sah in der Nationalisierung eine „Verführung der Massen durch unmittelbare Vorteile aus der Besitzergreifung der Betriebe". Hier sei daran erinnert, daß Marx und Engels lange vor der Großen Sozialistischen Oktoberrevolution im „Manifest der Kommunistischen Partei" festgestellt haben, daß „für den Bourgeois das Aufhören des Klasseneigentums das Aufhören der Produktion selbst ist . . ."[23].

Die Apologeten des Kapitalismus wollten nachweisen, daß die sozialistische Gesellschaft ohne kapitalistische Unternehmer und ohne deren Fähigkeit „Geld zu machen", keine effektiv funktionierende Produktion organisieren und keine rationelle Nutzung der materiellen Ressourcen und der Arbeitskräfte gewährleisten könne.

Pitirim Sorokin behauptete, das sozialistische Eigentum sei eine Anomalie, die das Gesetz des pyramidenförmigen Aufbaus der Gesellschaft, dem biologische Faktoren zugrunde lägen, verletze. Einem Teil der Menschen hätte die Natur einen Platz an der Spitze der Stufenleiter der Gesellschaft, anderen dagegen auf den unteren Sprossen zugewiesen. „Um reich zu sein, muß man die entsprechenden Qualitäten haben. Umsonst, für nichts und wieder nichts gibt es keinen Reichtum . . . Das gleiche gilt für die Armen. Nicht alle können gute Räuber, geschickte Staatskassenplünderer, Börsenspekulanten oder Geizkragen sein. In diesem Sinne sind sie ‚zu Recht' reich geworden, ebenso wie ‚nach dem gleichen Recht' andere, die in der Masse nicht über die für einen Reichen erforderlichen Eigenschaften verfügten, in die Schicht der Armen gerieten."

Auf diese Weise bekämpften die Ideologen der bürgerlichen Konterrevolution das gesellschaftliche Eigentum an den Produktionsmitteln mit einer überholten Waffe. Sie restaurierten ganz einfach in etwas modernisierter Form die schon von Marx verspotteten Mythen der bürgerlichen Vulgärökonomie von der „Abstinenz" des Kapitalisten als Quelle von Kapital und Profit und von den „besonderen Talenten" der Kapitaleigentümer, die die Herkunft des Kapitals erklären sollten.

Die Apologeten des Privateigentums schrieben diesem Eigentum auch „wertvolle Stimuli zur maximalen Arbeitsintensität zu"[24]. Die Ideologen der bürger-

23 Karl Marx, Friedrich Engels, Manifest der Kommunistischen Partei, in: MEW, Bd. 4, Berlin 1959, S. 477.

24 I. I. Evtichiev, Zemel-noe pravo, Moskva-Leningrad 1929, S. 22.

lichen Ordnung prophezeiten, daß das sozialistische Eigentum „Rußland zu allgemeiner Armut und zum Chaos führt. So kommt es nicht zur Befreiung der Arbeit, sondern zur Befreiung von der Arbeit, so wird nicht das Recht auf Arbeit, sondern das Recht auf Nichtstun hervorgebracht." In der antisowjetischen Emigrantenzeitschrift „Russkij ėkonomist", die sich durch außergewöhnliche Niedertracht und den vulgären Charakter ihrer Beiträge auszeichnete, schrieb ein Autor, daß das „Recht auf Nichtstun . . . zur extrem formulierten sozialistischen Tendenz wird und der Sozialismus damit weniger die Befreiung der Arbeit als die Befreiung von der Arbeit propagiert".

Schon zu Beginn der revolutionären Bewegung des Proletariats waren seine erbittertsten Gegner bemüht, den Kommunismus als Gesellschaft anarchistischer Nichtstuer hinzustellen. Marx und Engels erteilten im Manifest der Kommunistischen Partei diesen Verleumdern eine vernichtende Antwort: „Man hat eingewendet, mit der Aufhebung des Privateigentums werde alle Tätigkeit aufhören und eine allgemeine Faulheit einreißen. Hiernach müßte die bürgerliche Gesellschaft längst an der Trägheit zugrunde gegangen sein; denn die in ihr arbeiten, erwerben nicht, und die in ihr erwerben, arbeiten nicht."[25]

Die Vertreter der reaktionärsten Richtung im bürgerlichen ökonomischen Denken Rußlands betrachteten die aus dem Privateigentum an den Produktionsmitteln hervorgehenden materiellen Stimuli als einzige Form der Stimulierung der Arbeit, die der menschlichen Natur entspricht. Für sie war der materielle Anreiz zur Arbeit das Produkt des „ewigen und unausrottbaren Egoismus", der allen Menschen gleichermaßen innewohne. In den moralischen Stimuli, in der kommunistischen, freiwilligen und unentgeltlichen Arbeit für die Gesellschaft sahen sie eine „Negation der Grundgesetze der menschlichen Natur."

Die Entstellung des Wesens der individuellen materiellen Stimuli zur Arbeit und die Leugnung der Rolle der moralischen Stimuli zeigte deutlich das völlige Unverständnis dieser Ökonomen für das wirkliche Wesen der Verhältnisse des gesellschaftlichen Eigentums an den Produktionsmitteln und für das durch dieses Eigentum gebrachte spezifische System der Interessen und Stimuli. Und während sie sich keine Mühe gaben, das zu begreifen, waren sie sehr schnell bereit, die Arbeit im Sozialismus als „Zwangsarbeit" hinzustellen; damit nahmen sie eine der vom heutigen Antikommunismus sehr gern gebrauchten Verfälschungen vorweg. Dabei beriefen sie sich gewöhnlich auf Trockij, der von der Militarisierung der Arbeit gesprochen hatte. Es war auch kein Zufall, daß die Ideologen der Konterrevolution in ihrem Kampf gegen den Sozialismus, den Sowjetstaat und den Marxismus-Leninismus Trockij als Verbündeten gewählt hatten.

Schon damals, als der Mythos vom „zwangsweisen" Charakter der Arbeit

25 Karl Marx, Friedrich Engels, Manifest der Kommunistischen Partei, in: MEW, Bd. 4, S. 477.

im Sozialismus gerade erst im Entstehen war, fand er bei den denkenden Menschen im Ausland keine Anhänger. Kerenskij erinnerte sich später, wie empört man auf einer sozialistischen Versammlung im Frühjahr 1920 in Paris seinen Worten entgegengetreten war, der Bolschewismus verdränge die hochqualifizierten Arbeiter, verringere die Arbeitsfähigkeit der Werktätigen und nehme ihnen alle Rechte.

Die Ideologen der konterrevolutionären Bourgeoisie setzten die Freiheit des Privatunternehmertums mit ökonomischer Freiheit schlechthin gleich. Deshalb stellten sie die Existenz des gesellschaftlichen Eigentums an den Produktionsmitteln als Liquidierung jeder ökonomischen Freiheit der Persönlichkeit hin. In seinem Vortrag auf einer Handels- und Industrietagung in Paris erklärte Struve unter stürmischem Beifall, daß der „schicksalhafte Untergang" der Wirtschaft Sowjetrußlands daraus resultiere, daß die Oktoberrevolution das Privateigentum an den Produktionsmitteln, dieses „Pathos der wirtschaftlichen Freiheit", vernichtet habe. Bruckus bemühte sich nachzuweisen, daß im Vergleich zur kapitalistischen Ordnung „die Bedingungen für die Entfaltung der freien Initiative in der sozialistischen Gesellschaft weit weniger günstig sind." Der Sozialismus beseitige den Wettbewerb und verurteile die Wirtschaft zu Konservatismus und Trägheit, behauptete er.

Die emigrierte Großbourgeoisie, die sich der Unterstützung durch das internationale Kapital erfreute, wartete auf günstiges politisches Klima, um nach Rußland zurückzukehren und ihr einstiges Eigentum und die Macht wiedergewinnen zu können. Ihre Ideologen, die diesen Hoffnungen Ausdruck verliehen, „drohten" nicht nur mit dem Verschwinden aller und jeglicher Freiheiten, sondern auch mit dem Untergang von Kultur und Zivilisation überhaupt. Sie warfen der Arbeiterklasse Sowjetrußlands vor, daß die Nationalisierung der Industriebetriebe, der Banken sowie des Grund und Bodens die Freiheit unterdrücke und die Zivilisation untergrabe. In dem bereits erwähnten Vortrag erklärte Struve, wenn sich „die Vertreter der Industrie, des Handels und der Finanzen Rußlands für die Grundlagen der Eigentums und der wirtschaftlichen Freiheit einsetzen, dann verteidigen sie nicht nur sich selbst, sie kämpfen für die Heimat und die Menschheit, für Kultur und Freiheit".

Ökonomische Freiheit der Persönlichkeit im Sozialismus bedeutet Befreiung von der Gefahr der Arbeitslosigkeit, garantiertes Recht auf Arbeit, Verbindung der materiellen Interessiertheit jedes Werktätigen, jedes Betriebskollektivs und der ganzen Gesellschaft an der Steigerung der Arbeitsproduktivität; Erweiterung der gewerkschaftlichen Rechte; Teilnahme des ganzen Volkes an der Diskussion und Verwirklichung der von der kommunistischen Partei ausgearbeiteten Großvorhaben zur Entwicklung der Wirtschaft und Kultur; hohe Aktivität der Mitglieder der sozialistischen Gesellschaft bei der Aufstellung der Volkswirtschaftspläne und bei der Kontrolle über deren effektive Erfüllung.

Ein grundlegendes Merkmal, das die sozialistische Wirtschaft vor der kapitalistischen Wirtschaft auszeichnet, ist die planmäßige Entwicklung der Volkswirtschaft. Die Theoretiker der bürgerlichen Konterrevolution wollten diesen gewaltigen Vorteil des Sozialismus als Schwäche hinstellen. So behauptete Bruckus, die „Schwäche" des Sozialismus liege gerade in seiner Planwirtschaft. Indem er auf die Schwierigkeiten bei der Rekonstruktion der Volkswirtschaft spekulierte und deren wirkliche Ursachen verfälschte, „erklärte" er diese Schwierigkeiten aus dem wachsenden Anteil des sozialistischen Sektors und der allseitigen Entwicklung der Planungsprinzipien sowie daraus, daß es „der Macht schließlich gelungen ist, Herr der Lage zu werden".

Die Theoretiker der konterrevolutionären Bourgeoisie versuchten, das sozialökonomische Wesen der sozialistischen Planung und ihre Rolle beim Aufschwung der Volkswirtschaft zu entstellen. Sie verleumdeten die Planungstätigkeit der Organe des Sowjetstaates als allumfassende Bürokratisierung des Wirtschaftslebens, die den Wettbewerb vernichte und den wirtschaftlichen Unternehmungsgeist ersticke. Der einheitliche Volkswirtschaftsplan wurde in der Emigrantenzeitschrift „Russkij ėkonomist" als „grandiose alles ausschöpfende Organisation und Bürokratie" dargestellt; er „verlangt, daß die Volksmassen ihm untergeordnet werden... Daraus folgt die Erziehung zu passiver Unterordnung, zu gehorsamer Trägheit, zu Unselbständigkeit und Bevormundung...". Es seien „zahllose Gleichungen mit zahllosen Unbekannten und mit nicht erschöpfenden und unerschöpflichen Daten", für die es „keine eindeutige Lösung geben kann", deshalb werde die Planung zur „Unabwendbarkeit sozialer Erprobungen... zum sozialen Experiment".

Die Theoretiker der konterrevolutionären Bourgeoisie – Bruckus, Prokopovič, Zagorskij, Struve – bedienten sich der gleichen Argumente, die die Verfechter der Theorie von der „logischen und praktischen Undurchführbarkeit des Sozialismus" gebraucht hatten. Ihnen lag die Leugnung der Möglichkeit zugrunde, die ökonomischen Gesetze bei der Planung der Volkswirtschaft bewußt auszunutzen, da man nur die spontane Form ihrer Wirkungsweise über den Markt anerkannte. Schließlich sollte dann die Planung der Volkswirtschaft eine reine Büroangelegenheit ohne wissenschaftliche Grundlage und Prinzipien sein. Den Planungsorganen der sozialistischen Gesellschaft bleibe nichts anderes übrig, als über die wirtschaftlichen Fragen voluntaristisch zu entscheiden.

Die Anhänger der Theorie von der „logischen und praktischen Undurchführbarkeit des Sozialismus" prophezeiten, daß eine rationelle Verteilung der Ressourcen mit Hilfe der sozialistischen Planung unmöglich sei, so daß es zu einer „Superanarchie", zum nichtäquivalenten Austausch zwischen Arbeiterklasse und Bauernschaft komme. Der Aufbau einer sozialistischen Gesellschaft sei eine Unmöglichkeit. Das Leben hat diese Voraussagen der Apologeten des Kapitalismus widerlegt. Nach der Erfüllung von drei Fünfjahrplänen war die UdSSR zu einer starken sozialistischen Macht geworden. Die sozialistische Planwirtschaft hatte ihre Vorzüge der ganzen Welt demonstriert; sie kannte weder Krisen noch Arbeitslosigkeit, die Wirtschaft wies hohe Wachstumsraten auf, der Wohlstand des Volkes stieg ständig an, und Wissenschaft und Kultur entwickelten sich rasch.

So war es kein Zufall, wenn Anfang der dreißiger Jahre, als die ganze fortschrittliche Welt begeistert von den Erfolgen des ersten Planjahrfünfts sprach, viele in der Emigration befindliche russische Theoretiker den spezifischen Charakter der planmäßigen Entwicklung der sozialistischen Wirtschaft abzustreiten begannen. Sie erklärten, Planung bestehe in nichts anderem als in gewöhnlichen wirtschaftlichen Verfügungen, wie sie sowohl für die Naturalwirtschaft als auch für die modernen kapitalistischen Trusts typisch seien. Struve schrieb in jenen Jahren, daß ohne Planung jede Produktion sinnlos sei. Im Vorwort zu dem Buch „Die Planungsidee und die Ergebnisse des Fünfjahrplans“ von S. Prokopovič behauptete P. Miljukov, daß die Planung dem Wirtschaftsleben überhaupt immanent sei, besonders aber sei sie für die Großproduktion typisch; er erklärte also auch die kapitalistische Wirtschaft zur Planwirtschaft. Die gleiche Auffassung vertrat Prokopovič.

M. Brajkevič, der die Ansichten der Monopolbourgeoisie ausdrückte, setzte die staatskapitalistische Regulierung mit der Planung der Volkswirtschaft gleich. Er schrieb, daß die Planungstätigkeit im Kapitalismus auf der Erfassung der „natürlichen“, also der spontanen Marktprozesse beruhe.

Diese Ökonomen lehnten die sozialistische Planung der Volkswirtschaft ab, stellten sie als „allumfassende und totalitäre“ Planung hin. Prokopovič und Švitau unterschieden zwei Typen von Plänen: den direktiven und den partiellen Plan. „Der direktive Plan will die soziale Struktur der Gesellschaft ändern ... die Volkswirtschaft des Landes in all ihren Teilen erfassen oder die über Jahrhunderte gewachsene Ordnung des Wirtschaftslebens Rußlands völlig verändern“. Der angeblich starren und uneffektiven Direktivplanung wurde die „partielle Planung“ gegenübergestellt, die neben der marktorientierten Struktur der nationalen Wirtschaft bestehe (also die staatskapitalistische Wirtschaftsregulierung).

Die bürgerlichen Reaktionäre waren also deshalb gegen den Direktivplan des Sowjetstaates, weil er der sozialistischen Umgestaltung der Gesellschaft diente.

Indem die Theoretiker der bürgerlichen Konterrevolution die Möglichkeit der planmäßigen Ausnutzung der Ware-Geld-Beziehungen leugneten, gingen sie ebenso wie die anderen Vertreter der Konzeption von der „logischen und praktischen Undurchführbarkeit des Sozialismus“ von der Alternative „Plan oder Markt“ aus. Mit dem Übergang zur NÖP begannen diese Theoretiker von der „kapitalistischen Renaissance“ der Wirtschaftsordnung des Sowjetlandes zu sprechen. Die sogenannte „Smenavech“-Strömung (vom russischen „smena vech“: Wechsel der Devise, Sinneswandel – d. Übers.), die unter der russischen bürgerlichen Intelligenz entstanden war, stellte die These auf, daß mit dem Übergang zur NÖP eine gegenläufige Bewegung der beiden Seiten eingesetzt habe: Während die Sowjetwirtschaft begonnen habe, zur Wiederherstellung bürgerlicher Verhältnisse zurückzukehren, habe sich die Bourgeoisie an die sowjetische Wirklichkeit angepaßt und sei dazu übergegangen, sich der Sowjetmacht zu nähern. So schrieb Ju. Ključnikov im Jahre 1922: „Von nun an beginnt der Prozeß der beiderseitigen Anpassung, nämlich der fordernden russischen Revolution an die Bedingungen des ausländischen Lebens und der instabilen Bourgeoisie verschiedener Länder an die Forderungen der russischen Revolution. Das eben ist der zweiseitige Prozeß, den wir die ganze Zeit für die einzige Möglichkeit gehalten haben, neue weltweite Erschütterungen zu vermeiden." Nach den Prophezeiungen der „Smenovech"-Anhänger sollte dieser „zweiseitige Prozeß" damit enden, daß der Kapitalismus den Sozialismus aufsauge.

Heute bedienen sich die Anhänger der Konvergenztheorie der gleichen Kunstgriffe, die schon die russischen Autoren vertreten hatten, als sie die These von der „friedlichen Transformation" der Sowjetwirtschaft in die kapitalistische Wirtschaft und der Sowjetmacht in die Macht der Bourgeoisie verfochten. Die „Smenovech"-Anhänger ignorierten den grundlegenden Wandel des Inhalts und der Form der Wirkungsweise sowie der Funktionen der allgemeinen ökonomischen und soziologischen Gesetze und der sie ausdrückenden Formen unter den Verhältnissen der Übergangswirtschaft. Den gleichen Weg gehen auch die Konvergenztheoretiker hinsichtlich der entwickelten sozialistischen Gesellschaft, wenn sie die Wirtschaftsreformen in den sozialistischen Ländern als Anzeichen einer Annäherung an die Länder des Kapitalismus hinstellen.

In der Entwicklung der Ware-Geld-Beziehungen sahen die Theoretiker der Konterrevolution ein Anzeichen der „Kapitulation" des Sozialismus vor den kapitalistischen Methoden der Wirtschaftsführung und der ökonomischen Lehre des Marxismus vor den bürgerlichen ökonomischen Theorien, den Verzicht des Proletariats auf die Ideale des Sozialismus.

Bruckus schrieb, die Sowjetregierung habe den Ausweg in der NÖP gefunden, unter der die Direktiven des Plans angeblich den Direktiven des freien Marktes weichen. Aber diese Schlußfolgerung liege „schon nicht mehr auf der Ebene der sozialistischen Wirtschaft, wie sie der Marxismus versteht". Dabei berief er sich auf die Produktionsfaktorentheorie, die die kapitalistische Ausbeutung leugnet. Unter Bezugnahme auf die Kategorien Lohn, Gewinn und Rente in der Sowjetwirtschaft zog dieser Apologet der Bourgeoisie den Schluß, daß die Theorie von Say allgemeine Bedeutung habe und „nicht zu ignorieren ist". Folglich könne sich auch der Sowjetstaat nicht über die „ewigen" ökonomischen Gesetze des Kapitalismus hinwegsetzen.

Bruckus bediente sich der Produktionsfaktorentheorie, um den sozialistischen Charakter des staatlichen Sektors der Sowjetwirtschaft zu leugnen. In seinen theoretischen Konstruktionen trat die antikommunistische Ausrichtung der bürgerlichen Vulgärökonomie am deutlichsten zutage.

Ausgehend davon, daß sich die Sowjetwirtschaft der Ware-Geld-Beziehungen und der sie ausdrückenden Gesetze und Kategorien bediente, schloß S. Zagorskij, ein Vertreter der konstitutionellen Demokraten, auf ihr kapitalistisches Wesen: „Alle Kategorien der kapitalistischen Wirtschaft: Wert, Ware, Markt, Preis, Mehrwert, Mehrprodukt, Lohn, Gewinn, Rente, Zins bleiben in der Volkswirtschaft Sowjetrußlands erhalten und entwickeln sich weiter."

Die These, daß die Ware-Geld-Beziehungen die Wirtschaft des Landes auf ein Gleis führen, auf dem sie allmählich zum Kapitalismus gelange, spielte in der bürgerlichen russischen Literatur zu Beginn der zwanziger Jahre die Rolle eines Axioms. Diese These verlangte keinerlei Beweis und sollte bar allen Zweifels sein.

Die konsequente Ausnutzung der Ware-Geld-Beziehungen für die Festigung der sozialistischen Wirtschaftsformen, die Verdrängung und Liquidierung des kapitalistischen Sektors führten dazu, daß derartige Konzeptionen bereits Ende der zwanziger Jahre ihre Positionen in der bürgerlichen Literatur einbüßten. Noch im Jahre 1922 behauptete Bruckus, daß der Übergang zu den Ware-Geld-Beziehungen in der UdSSR eine Wirtschaft hervorbringe, die mit Sozialismus nichts zu tun habe. Aber schon 1929 erklärte er, daß die Ausnutzung der Ware-Geld-Beziehungen durchaus nicht gleichbedeutend mit dem Übergang zum Kapitalismus sei. Die Änderung seiner Ansichten erklärte Bruckus damit, daß der privatkapitalistische Sektor in den ersten zweieinhalb Jahren NÖP noch Hoffnungen auf die Restauration des Kapitalismus gegeben habe. „Aber schon 1927 waren die Blüten des Kapitalismus längst entblättert und seine Feuer längst erloschen ...“.

Die sozialistischen Betriebe nur deshalb als kapitalistisch einzuschätzen, weil sie die Ware-Geld-Form haben, hieße, „auf der Oberfläche der Erscheinungen stehenbleiben, ohne in ihr Wesen einzudringen“, hob Bruckus, seine früheren Ansichten korrigierend, zu Recht hervor. Er warf Zagorskij vor, daß dieser dazu neige, „jede Entwicklung der Ware-Geld-Beziehungen dem Konto des Kapitalismus gutzuschreiben. Natürlich ist das nicht richtig ... Nur eine solche Volkswirtschaft, in der die kapitalistischen Unternehmen die führende Rolle spielen, verdient, kapitalistisch genannt zu werden“.

So sah sich Bruckus zu dem Eingeständnis gezwungen, daß die Ausnutzung der Ware-Geld-Beziehungen in der UdSSR zu Resultaten geführt hatte, die denen, auf die die bürgerlichen Reaktionäre spekuliert hatten, direkt entgegengesetzt waren, nämlich zur Niederlage der kapitalistischen Wirtschaftsformen.

Andererseits aber ging Bruckus nach wie vor von der falschen Alternative „Plan oder Markt“ aus und verwahrte sich gegen den Gedanken, daß die Ware-Geld-Beziehungen eine neue Qualität annehmen und Ausdruck sozialistischer sozialökonomischer Verhältnisse werden könnten. Deshalb sah er keinen anderen Ausweg aus dem circulus vitiosus, in dem er sich befand, als die im volkseigenen Sektor ausgenutzten Wertkategorien als ohne jeden historisch bestimmten Inhalt zu erklären. Der staatliche Sektor der Sowjetwirtschaft, schrieb er, sei weder kapitalistisch noch wirklich sozialistisch, sondern etwas Unbestimmtes, eine Wirtschaft „sui generis“ (besonderer Art).

Die Evolution, die die Interpretation des Wesens der staatlichen Betriebe bei Bruckus erfuhr, war ein deutlicher Beweis für den Zusammenbruch der ökonomischen „Wissenschaft“ der bürgerlichen Konterrevolution, die unter dem Einfluß des erfolgreichen Aufbaus der sozialistischen Gesellschaft in der UdSSR zunichte gemacht wurde.

Auch die Auffassungen von Bruckus zu den Problemen eines sozialistischen Weltwirtschaftssystems halten der Kritik nicht stand. Zum Hauptprinzip für die Untersuchung der Wirtschaftsbeziehungen zwischen den Ländern des künftigen sozialistischen Weltsystems erklärte er den Verzicht auf die Analyse des sozialklassenmäßigen Charakters dieser Beziehungen. Bruckus forderte, von den „die Frage verdunkelnden sozialen Verhältnissen“, „von den Klassenverhältnissen, die mit ihrem Einfluß auf unsere emotionale Seite die Frage gewöhnlich verdunkeln“, zu abstrahieren.

Das Leben hat jedoch gezeigt, daß der Charakter der ökonomischen Beziehungen zwischen den Ländern der sozialistischen Gemeinschaft dadurch bestimmt wird, daß es in ihnen keine Klassen und sozialen Gruppen gibt, die wegen ihrer Position an feindlichen Beziehungen zwischen den Ländern interessiert wären. Darin besteht auch die sozialpolitische Grundlage für die Festigung der Einheit der sozialistischen Länder, für die Vertiefung der planmäßigen zwischenstaatlichen Spezialisierung und Kooperation der Produktion, für die harmonische Verbindung der Interessen jedes einzelnen sozialistischen Landes mit denen der ganzen Gemeinschaft.

Auch die ökonomischen Beziehungen zwischen den Ländern der künftigen „sozialistischen Weltwirtschaft“ interpretierte Bruckus vom Standpunkt der Produktionsfaktorentheorie. Kapital, Zins und Arbeit seien die ewigen Produktionsfaktoren, die sich unvermeidbar auch die ökonomischen Beziehungen zwischen sozialistischen Ländern unterwerfen, sie zu gewöhnlichen Beziehungen machen, wie sie auch im Kapitalismus herrschen, und die „utopischen“ Ideale des Sozialismus in nichts auflösen. Diese Auffassungen ignorierten die Spezifik, die der Verknüpfung der nationalen außenwirtschaftlichen Interessen der sozialistischen Länder innewohnt, und übertrugen den Gegensatz sozialer Interessen, der für die kapitalistische Weltwirtschaft typisch ist, auf den Sozialismus. Die ökonomischen Interessen der einzelnen Länder in der sozialistischen Weltwirtschaft sind nur relativ isoliert. Ihre nichtantagonistischen Widersprüche werden über den Mechanismus der etappenweisen Abstimmung und Verbindung der ökonomischen Interessen der einzelnen Länder überwunden, um die allgemeinen ökonomischen Interessen der ganzen sozialistischen Gemeinschaft bestmöglich zu befriedigen.

Die Variante der Konzeption von der „logischen und praktischen Undurchführbarkeit des Sozialismus“, wie sie die Interessenvertreter der russischen konterrevolutionären Bourgeoisie entwickelten, war von einer derartigen Feindschaft gegen den Sozialismus durchdrungen, daß sie heute schon als Anachronismus erscheint. Die Bedingungen aber, die die neue Etappe der allgemeinen Krise des Kapitalismus mit sich gebracht hat und der Übergang immer neuer Länder auf den Weg zum Sozialismus zwingen die Theoretiker der bürgerlichen Welt, diese Variante aufzufrischen, „um die Menschen irrezuführen, um ihnen die Vorstellung von einem nahezu paradiesischen Leben im Kapitalismus einzureden, um den Sozialismus zu verleumden“[26]. Deshalb ist die eingehende Analyse ihrer Lehren, die Ergründung ihres antiwissenschaftlichen Wesens auch heute sehr aktuell.

4. Tugan-Baranovskijs eklektizistisches Modell von der sozialistischen Wirtschaft

Die Arbeiten Tugan-Baranovskijs zeichnen sich durch den Versuch aus, verschiedene und mitunter gegensätzliche Vorstellungen von den Organisationsformen der sozialistischen Wirtschaft und den Methoden der sozialistischen Wirtschaftsführung miteinander zu verbinden.

Die bürgerliche Literatur von heute zählt Tugan-Baranovskij zu den Marxisten.[27] Lenin dagegen bezeichnete ihn als „Muster eines Eklektikers“. Und zu den theoretischen Grundlagen der ökonomischen Konzeption Tugan-Baranovskijs schrieb Lenin, daß „dieser Professor Anhänger ein wenig des Marxismus, ein wenig der Volkstümlerideen, ein wenig der ‚Grenznutzentheorie‘ ist ...“[28].

Diese Einschätzung trifft voll und ganz auch auf M. I. Tugan-Baranovskijs Arbeit „Der Sozialismus als positive Lehre“ zu, die im Jahre 1918 erschien. In dieser Arbeit hat er seine Sozialismuskonzeption am konzentriertesten dargelegt.

Tugan-Baranovskij erkannte die Bedeutung der zentralen Planung an. Er meinte, daß bei der Ausarbeitung des Plans für die Organisation der Produktion dieses oder jenes Erzeugnisses von der wirtschaftlichen Zweckmäßigkeit ausgegangen werden müsse. Dazu aber sei es notwendig, die nationale Produktion in den Händen des Staates zu konzentrieren. Folglich müsse der sozialistische Staat zur entscheidenden wirtschaftlichen Organisation der sozialistischen Gesellschaft werden. „Wenn die kapitalistische Warenproduktion verschwindet, muß die Proportionalität der gesellschaftlichen Produktion über die planmäßige Verteilung der gesellschaftlichen Arbeit erreicht werden. Ohne diese Planmäßigkeit ist die gesellschaftliche Wirtschaft undenkbar, und diese Planmäßigkeit kann nur durch die gesellschaftliche Leitung des ganzen gesellschaftlichen Produktionsprozesses hergestellt werden.“[29]

Tugan-Baranovskij hob hervor, daß die Stärke der zentralen Planung die Planmäßigkeit und Harmonie in der Entwicklung der gesellschaftlichen Wirtschaft sei, die dem Fortschritt der Produktivkräfte die besten Möglichkeiten biete. Doch

[26] L. I. Breshnew, Rechenschaftsbericht des Zentralkomitees der KPdSU an den XXIV. Parteitag der Kommunistischen Partei der Sowjetunion, Moskau-Berlin 1971, S. 123.

[27] Vgl. Histoire sommaire de la pensée économique, Paris 1955.

[28] W. I. Lenin, Der ideologische Kampf in der Arbeiterbewegung, in: Werke, Bd. 20, Berlin 1961, S. 258.

[29] M. I. Tugan-Baranovskij, Socializm kak položitel'noe učenie, Petrograd 1918, S. 65.

glaubte er, daß die zentrale Planung im Gegensatz zur ökonomischen Freiheit der Persönlichkeit stehe. Er behauptete, der Zentralismus schließe jede wirtschaftliche Initiative und Verantwortlichkeit der Mitglieder der sozialistischen Gesellschaft für die Entwicklung der gesellschaftlichen Produktion aus. Deshalb „entspricht er nicht dem Ideal der größtmöglichen Freiheit der Persönlichkeit“[30].

Für Tugan-Baranovskij war Zentralismus ohne Bürokratie undenkbar. Er beschuldigte den Zentralismus, daß dieser den gesellschaftlichen Mechanismus vom wirklichen Leben trenne und dessen individuelle Unterschiede ignoriere. Der Zentralismus begünstige zwar die Mehrung des gesellschaftlichen Reichtums, doch „wird er den Interessen des werktätigen Menschen, der sich nicht zu einem einfachen Werkzeug des gesellschaftlichen Ganzen degradieren möchte, nicht entsprechen“[31]. Um der Freiheit der Persönlichkeit willen hielt es Tugan-Baranovskij für notwendig, die zentrale Planung durch Elemente des munizipalen, genossenschaftlichen Sozialismus und sogar durch den Anarchosyndikalismus zu ergänzen. Die Anarchosyndikalisten, die für eine Scheinfreiheit des einzelnen eintraten, verlangten praktisch, die zentrale Planung und damit auch die ökonomischen Funktionen des sozialistischen Staates abzuschaffen.

Tatsächlich aber ist der Zentralismus in der Leitung der sozialistischen Volkswirtschaft ein demokratischer Zentralismus. Sein demokratischer Charakter ist in den sozialökonomischen Bedingungen begründet, die sich aus dem gesellschaftlichen Eigentum an den Produktionsmitteln, aus der Freiheit von der Ausbeutung, aus der Aneignung des Mehrprodukts durch die Gesellschaft und ihre Mitglieder ergeben. Die konsequente Befolgung des Prinzips des demokratischen Zentralismus, die die breite Teilnahme der Massen an der Leitung der Wirtschaft sichert, ist eine zuverlässige Waffe im Kampf gegen die Bürokratie.

Tugan-Baranovskijs Konzeption von der Planung beruhte im Grunde darauf, daß er die sozialistische Wirtschaft mit der Naturalwirtschaft gleichsetzte. Nach dieser Konzeption sollte sich die sozialistische Gesellschaft bei der Aufstellung des Wirtschaftsplans von den gleichen Erwägungen leiten lassen wie der Privatbesitzer in einer Naturalwirtschaft. Ziel der Planung sei die bestmögliche Befriedigung der Bedürfnisse der gesellschaftlichen Gruppe, die die Wirtschaft betreibe.

Diese Vermengung von Naturalwirtschaft und spontaner Marktwirtschaft war das typische Merkmal der Grenznutzentheorie. Obwohl Tugan-Baranovskij den Sozialismus im Grunde als Naturalwirtschaft interpretierte, übertrug er auf ihn die Gesetze des spontanen Marktes in der Form, in der sie sich an der Oberfläche der Erscheinungen einer kapitalistischen Wirtschaft zeigt und wie sie in den Konstruktionen der subjektiven Schule verzerrt wiedergegeben werden. Indem er versuchte, die marxistische Arbeitswerttheorie mit der Grenznutzentheorie zu verbinden, wollte er nachweisen, daß die sozialistische Gesellschaft bei der

[30] Ebenda, S. 83. [31] Ebenda, S. 82–83.

Aufstellung des Wirtschaftsplanes von zwei Erwägungen ausgehen müsse: Bei jedem Produkt müsse sie einerseits den Grenznutzen und andererseits den Arbeitswert berücksichtigen. „Der Grenznutzen und der Arbeitswert sind die beiden Grundelemente für die Aufstellung des Plans der sozialistischen Wirtschaft."[32] Die Ausgangskategorie der sozialistischen Wirtschaft war bei Tugan-Baranovskij der subjektive wirtschaftliche Wert, den er für eine ewige Kategorie hielt, die auf jede Wirtschaftsordnung zutreffe. „Jede Wirtschaft hat einen subjektiven Wert, der sich in einer Größe ausdrückt, den das wirtschaftende Individuum in seiner Wirtschaftstätigkeit diesem oder jenem Wirtschaftsgegenstand verleiht."[33]

Aus dem Schema vom abnehmenden Grenznutzen, das der Mitbegründer der Grenznutzentheorie Carl Menger aufgestellt hatte, zog Tugan-Baranovskij folgenden Schluß: Wenn die Gesellschaft für die Herstellung dieses oder jenes Produktes (der Einfachheit halber wird unterstellt, daß in der Gesellschaft zwei Produkte hergestellt werden) über eine bestimmte Anzahl von Arbeitseinheiten verfüge, dann sei die gesellschaftliche Verteilung der Arbeit dort am günstigsten, bei der der größte Gesamtnutzen erreicht werde. So sollten zur Aufstellung des Wirtschaftsplans bei jedem Produkt die zwei Grundkategorien – der Nutzen und der Arbeitswert jeder Produkteinheit – einander gegenübergestellt werden.

Die Größe des Wertes dieses oder jenes Produkts, schrieb Tugan-Baranovsskij, werde in der sozialistischen Gesellschaft von der Menge dieses Produkts bestimmt. Die Menge aber hänge hauptsächlich vom Arbeitswert des Produkts ab. Die sozialistische Gesellschaft müsse den Arbeitswert jedes Produkts erfassen und ausgehend davon sowie von der Nutzenskurve des Produkts den Plan der gesellschaftlichen Produktion ermitteln.

Der Fehler der Konzeption Tugan-Baranovskijs bestand erstens in der subjektiven Interpretation des Nutzens, in dessen Bezug auf subjektive Einschätzungen, zweitens in der Gleichsetzung von Wert und Arbeitsaufwand schlechthin, in der Negierung des historisch vergänglichen Charakters dieser Kategorie; drittens verstand er unter Arbeitswert den tatsächlich anfallenden und nicht den gesellschaftlich notwendigen Aufwand; viertens hielt es Tugan-Baranovskij zur Aufstellung des Wirtschaftsplans für völlig ausreichend, „für jedes Produkt Nutzenskurven und Arbeitswertkurven" zu zeichnen, womit er das ganze Problem von der realen Funktionsweise des Ware-Geld-Mechanismus und vom Wirken des Wertgesetzes im Sozialismus trennte.

Den Prinzipien der Preisbildung in der sozialistischen Gesellschaft legte Tugan-Baranovskij die These von den „logischen" Kategorien der Wirtschaft zugrunde, die allen Produktionsweisen und damit auch dem Sozialismus immanent sein sollten. Zu ihnen zählte er zwei „grundlegende und nicht wegzudenkende" Kategorien: die subjektive Wertschätzung (cennost') und den Wert.

[32] Ebenda, S. 100. [33] Ebenda, S. 99.

Tugan-Baranovskij behauptete, im Sozialismus bleibe die subjektive Wertschätzung, die neben dem Arbeitsaufwand den Preis bestimme, erhalten. Die Größe der Wertschätzung werde in der sozialistischen Wirtschaft im allgemeinen von den gleichen Faktoren bestimmt, wie in der kapitalistischen Wirtschaft, nur mit dem Unterschied, daß im Sozialismus „der Einfluß des Arbeitsfaktors unmittelbarer und entscheidend wird“[34].

Ebenso wie die Theoretiker der subjektiven Schule erklärte er dabei das Gesetz von Nachfrage und Angebot zur Realisierungsform des subjektiven Wertgesetzes. Tugan-Baranovskij sprach von einer „Arbeitsteilung“ zwischen dem subjektiven Wertgesetz, das in Form des Gesetzes von Nachfrage und Angebot wirke, und dem Arbeitswertgesetz. Der Wirkungsbereich des erstgenannten Gesetzes sei die Preisregulierung auf dem Markt, der des zweiten die Regulierung der Verteilung der Arbeit in dem Zweige. „So wird der unmittelbare Preisregulator im Sozialismus ebenso wie im Kapitalismus das Verhältnis zwischen der gesellschaftlichen Nachfrage und dem gesellschaftlichen Angebot sein; über die Marktgrenzen hinaus aber wird im Sozialismus der Arbeitswert jedes Produkts zum Regulator des gesellschaftlichen Angebots, während im Kapitalismus der Produktionspreis dieser Regulator ist.“[35]

Diese willkürliche Konstruktion der „zwei Regulatoren“ bestätigte erneut die Richtigkeit der marxistischen Kritik an der These der subjektiven Schule, nach der die vulgäre Theorie von Nachfrage und Angebot der eigentliche Kern der Grenznutzentheorie (der „subjektiven“ Werttheorie) ist.[36] Um die Widersprüche der Grenznutzentheorie, die bei der Ableitung des Preises aus der subjektiven Wertschätzung im Grunde von der Existenz von Preisen ausging, zu überwinden, erklärte Tugan-Baranovskij das Gesetz von Nachfrage und Angebot zur Daseinsform des subjektiven Wertgesetzes. Er meinte, daß das Gesetz von Nachfrage und Angebot gleichwertig neben dem Arbeitswertgesetz wirke.

Daß eine derartige Auslegung des Verhältnisses zwischen dem Wertgesetz und dem Gesetz von Nachfrage und Angebot falsch ist, liegt auf der Hand. In Wirklichkeit gibt es zwischen diesen Gesetzen eine Wechselwirkung, in der das Wertgesetz die bestimmende Rolle spielt. Das Wertgesetz ist das Gesetz (und folglich der Regulator) der Preise, während das Gesetz von Nachfrage und Angebot den Mechanismus der Realisierung ausdrückt. Die Produktion wird im Sozialismus auf der Grundlage der bewußten Ausnutzung des Systems der ökonomischen Gesetze des Sozialismus reguliert. Das Wertgesetz gehört zu diesem System, doch ist es weder der einzige noch der entscheidende Regulator der Produktion.

Tugan-Baranovskij sah keine grundsätzlichen Unterschiede zwischen dem Wirken des Gesetzes von Nachfrage und Angebot im Kapitalismus und im So-

[34] Ebenda, S. 101–102. [35] Ebenda, S. 106.

[36] Vgl. I. G. Bljumin, Kritika buržuaznoj političeskoj ėkonomii, Bd. 1, Sub'ektivnaja škola v buržuaznoj političeskoj ėkonomii, S. 149.

zialismus. Er leitete die Notwendigkeit der Wert-Preis-Abweichung aus dem Prinzip der „gleichmäßigen Befriedigung der Bedürfnisse aller Bürger“ ab, wobei er behauptete, daß die Proportionalität von Preis und Arbeitsaufwand „gleichbedeutend ist mit dem Verstoß gegen das Gleichheitsprinzip, gleichbedeutend mit der Ausbeutung der einen durch die anderen“[37].

In Wirklichkeit aber drückt der Preis den Wert aus, der an der Menge der abstrakten, gesellschaftlich notwendigen Arbeit und nicht einfach proportional zum Arbeitsaufwand gemessen wird. Im Sozialismus beruhen die auf dem Wert basierenden Preise nicht auf Ausbeutung. Die Realisierung der Gesetze des Sozialismus, insbesondere des Gesetzes der Verteilung nach der Leistung, verlangt vielmehr die möglichst umfassende Erfassung des Arbeitsaufwands und die Annäherung der Preise an den Wert.

Tugan-Baranovskij betrachtete das Geld im Sozialismus als Produkt „bewußter gesellschaftlicher Tätigkeit“, die mit einer „Ware“ nichts gemein habe. Für ihn existierte es als bloßes fiktives Zeichen ohne inneren Wert. Unabhängig von der Form und der Technik des Geldumlaufs seien die Geldeinheiten im Sozialismus nicht mehr als einfache fiktive Zeichen.[38] Der Gehalt der Geldeinheit werde willkürlich festgelegt und drücke nicht den Wert der Geldware, des Goldes, aus. Tugan-Baranovskij leitet diesen Gehalt aus dem Verhältnis zwischen der zirkulierenden Geldmenge und der Preissumme der Waren ab, wobei er im Grunde davon ausging, daß das Geld im Sozialismus nur Papiergeld sei, und wobei er die Gesetze der Papiergeldzirkulation auf den Geldumlauf in der sozialistischen Gesellschaft übertrug.

Im Sozialismus, wo das Geld Ausdruck der sozialistischen Produktionsverhältnisse ist, hat es einen völlig neuen Inhalt, spielt es eine ganz neue Rolle in der Volkswirtschaft. Gleichzeitig aber bleibt es die selbständige Form des Wertes, die planmäßig für den stofflichen Ausdruck und für die Messung des Warenwertes genutzt wird. Das bedingt, daß die Geldform des Wertes an eine besondere Ware, das Gold, gebunden ist.

In seiner Arbeit „Der Sozialismus als positive Lehre“ lieferte Tugan-Baranovskij eine Klassifizierung der Sozialismusmodelle. Unter den Sozialismussystemen im weiteren Sinne unterschied er den Sozialismus im engeren Sinne und den Kommunismus. Folglich betrachtete er Sozialismus und Kommunismus nicht als zwei aufeinanderfolgende Entwicklungsphasen der kommunistischen Gesellschaftsformation, sondern als zwei in Raum und Zeit nebeneinanderbestehende unterschiedliche Sozialismusmodelle.

Der Klassifizierung der Sozialismussysteme legte Tugan-Baranovskij Unterschiede in den Methoden der Verteilung des erzeugten Produkts zugrunde, die in Wirklichkeit Unterschiede in den Methoden des Austauschs und der Konsumtion sind. In den Systemen, die er dem Sozialismus im engeren Sinne zu-

[37] M. I. Tugan-Baranovskij, Socializm kak položitel'noe učenie, Petrograd 1918, S. 105.
[38] Ebenda, S. 17, 111.

rechnete, erfolge die Verteilung über das Geld und die Konsumgüterpreise. Hier bleiben die individuellen Geldeinkommen und folglich auch das persönliche Eigentum an Konsumgütern bestehen. Alle Mitglieder der Gesellschaft haben das Recht, nach eigenem Geschmack über ihre Einkommen zu verfügen. Die optimalen wirtschaftlichen Lösungen sollten in dieser „Geldwirtschaft" mit Hilfe der Preise gefunden werden, die als wichtigstes Richtmaß dienen.

In den sozialistischen Systemen vom zweiten Typ, das heißt in den kommunistischen Systemen, sollten die Produkte ohne Geld verteilt werden: die Konsumgüter gehen aus den gesellschaftlichen Magazinen direkt in die Konsumtion der einzelnen Personen ein. Aus diesem Grund bezeichnete Tugan-Baranovskij den Kommunismus als „Naturalwirtschaft", in der die Vorräte über den unmittelbaren Vergleich von Nutzen und Arbeitsaufwand verteilt werden. Hier seien die individuellen Einkommen und folglich auch das persönliche Eigentum an Konsumgütern abgeschafft.

Obgleich Tugan-Baranovskij theoretisch die Möglichkeit völliger Konsumfreiheit im Kommunismus zuließ, stellte er ihn doch meist als gleichmacherische Kasernenordnung hin, in der die Konsumgüter auf der Grundlage einer Zwangsnormierung in Naturalform an die einzelnen Personen verteilt werden.

Indem Tugan-Baranovskij Sozialismus und Kommunismus voneinander trennte und miteinander konfrontierte, entstellte er ihren sozialökonomischen Inhalt. Das Wesen des Sozialismus reduziert sich durchaus nicht auf eine „Geldwirtschaft". Auch die Interpretation der höchstentwickelten Gesellschaft, des Kommunismus, als Naturalwirtschaft und Kasernenordnung ist wissenschaftlich nicht haltbar.

Wenn die Warenproduktion im Kommunismus abgeschafft wird, so entfällt damit keineswegs die Notwendigkeit der gesellschaftlichen Buchführung über die für die Produktion aufgewandte lebendige und vergegenständlichte Arbeit. Im Kommunismus wird sie in Arbeitszeiteinheiten, ohne die Vermittlung des Wertes und seiner Formen erfaßt. Das eigentliche Wesen des Kommunismus als höchster Organisationsform des gesellschaftlichen Lebens, in der alle Voraussetzungen für die volle Entfaltung der Persönlichkeit geschaffen werden, schließt die Möglichkeit seiner Verwandlung in eine Art Kasernenordnung aus.

Tugan-Baranovskijs Konzeption hatte nicht nur in Rußland, sondern auch in anderen Ländern großen Einfluß auf die bürgerlichen Konzeptionen von der sozialistischen Wirtschaft ausgeübt. Seine von der sowjetischen Wirtschaftswissenschaft längst widerlegten Ideen werden von bürgerlichen und revisionistischen Theoretikern der Gegenwart häufig fast wörtlich wiederholt. Deshalb kommt der kritischen Analyse dieser Konzeption vom Standpunkt des Marxismus-Leninismus große Bedeutung zu.

5. *Kritik an der Gleichsetzung von Sozialismus und Naturalwirtschaft*

Für viele russische Ökonomen, die bürgerliche und kleinbürgerliche Auffassungen zur Natur der sozialistischen Wirtschaft vertraten, war typisch, daß sie den Sozialismus als Naturalwirtschaft interpretierten.

So schrieb L. N. Litošenko, daß das Ziel der Produktion in einer sozialistischen Wirtschaft die Herstellung von Produkten statt von Tauschwerten sei, weil „die sozialistische Wirtschaft ihrem eigentlichen Wesen nach keine Tauschwirtschaft, sondern Naturalwirtschaft" mit autoritativer Verteilung der Produkte sei.[39]

Ein eigenartiges Modell von der „sozialistischen Naturalwirtschaft" entwickelte A. V. Čajanov. Dieses Modell stellte die sozialistische Wirtschaft als eine autarke Naturalwirtschaft hin, in der es keinen Warenaustausch gebe. Alle Produkte sollten in die Verfügung des Staates gelangen und an die Verbraucher verteilt, jedoch nicht verkauft werden. Wenn es schon einen privaten Austausch gebe, dann halte sich die staatliche Wirtschaft doch von ihm fern, bleibe sie eine autarke Naturalwirtschaft. Dementsprechend definierte Čajanov die sozialistische Wirtschaft als „einheitliche, riesige, an die Arbeitsleistung gebundene Natural-Konsumwirtschaft", deren Ziel in der „Herstellung der für die Befriedigung der ihr eigenen moralischen und materiellen Bedürfnisse notwendigen Güter" bestehe.[40] Wie bereits erwähnt, hatten in den zwanziger Jahren auch einige deutsche sozialdemokratische Theoretiker ein Modell der „sozialistischen Naturalwirtschaft" aufgestellt. Dieses Modell verzerrte die realen ökonomischen Verhältnisse des Sozialismus und simplifizierte die aktuellen ökonomischen Probleme.

Die Konzeption von der „sozialistischen Naturalwirtschaft" breitete sich in der Zeit des Kriegskommunismus aus. Die Politik des Kriegskommunismus war durch außerordentliche Umstände notwendig geworden, so durch den Bürgerkrieg, die wirtschaftliche Zerrüttung, durch die Erschöpfung der Produktivkräfte und die Deformierung des Geld- und Finanzsystems. Sie führte notgedrungen zur Naturalisierung der Beziehungen zwischen Stadt und Land, zur Naturalisierung der Steuern und aller Einkommen, wie der Löhne, Prämien usw.

Der Kriegskommunismus wirkte sich darin aus, daß eine Reihe von Öko-

[39] L. N. Litošenko, Das Gesetz vom abnehmenden Bodenertrag und die optimale Verknüpfung der Produktionsfaktoren, in: Bjulleten' Gosudarstvennogo naučnoissledovatel'skogo instituta sel'skochozjajstnennoj ėkonomii, Moskva, 1–4/1928, S. 74; L. N. Litošenko, Die Agrarkrise, in: Sel'skoe i lesnoe chozjajstvo, Moskva, 9–10/1922, S. 11.

[40] A. Čajanov, Der Begriff der Rentabilität der sozialistischen Wirtschaft, in: Trudy Vysšego Seminarija s.-ch. ėkonomii i politiki pri Petrovskoj s.-ch. akademii, 2/1921, (Moskva), S. 13.

nomen die zu dieser Zeit entstandenen ökonomischen Verhältnisse und Beziehungen für die dem Sozialismus allein entsprechenden hielt.

Die von den Vertretern bürgerlicher und kleinbürgerlicher Positionen entwickelte Konzeption von der „sozialistischen Naturalwirtschaft" zeichnete sich dadurch aus, daß sie in der sozialistischen Wirtschaft eine Analogie zur Naturalwirtschaft früherer Jahrhunderte sah. So konstruierte Čajanov sein Sozialismusmodell, ausgehend von dem Plan einer bäuerlichen „Arbeits- und Konsum"-Wirtschaft, den er schon vor der Großen Sozialistischen Oktoberrevolution unterbreitet hatte. Er zog keine exakte Grenze zwischen der bäuerlichen „Arbeits- und Konsum"-Wirtschaft und der sozialistischen Wirtschaft, wobei er die letztere nicht nur als Natural-, sondern auch als Konsum- und Arbeitswirtschaft betrachtete. Čajanov stellte die sozialistische Wirtschaft als eine Wirtschaft hin, deren Funktionsweise unmittelbar den Bedürfnissen der Produzenten und ihrer Familien untergeordnet und in der Unternehmer und Werktätiger miteinander identisch seien.

Auf diese Weise warf Čajanov im Grunde genommen zwei grundlegend unterschiedliche soziale Wirtschaftstypen, die auf völlig verschiedenen Eigentumsformen basieren, in einen Topf. Er identifizierte den Sozialismus, der von den ersten Etappen seiner Entwicklung an auf der maschinellen Großproduktion und ausgedehnter Arbeitsteilung beruht, mit einer so primitiven Wirtschaft, wie der bäuerlichen Konsumwirtschaft, für die die manuelle Arbeit typisch ist und in der es keine Arbeitsteilung gibt.

In den Arbeiten der Anhänger der „Naturalwirtschafts"-Konzeption wurden die Grundzüge und Merkmale des Sozialismus sehr inkonsequent dargelegt; die meisten von ihnen glaubten nicht an die Realisierbarkeit der Prinzipien des Sozialismus. Čajanov schrieb über sein Modell vom Mechanismus der sozialistischen Wirtschaft, daß es durchaus nicht zu seiner Aufgabe gehöre, die Möglichkeit zu erörtern, „ob die sozialistische Wirtschaft, völlig verwirklicht und über lange Zeit erhalten werden kann".[41]

Die Autoren der Konzeption von der „sozialistischen Naturalwirtschaft" stellten auch ein System der Naturalrechnung auf, das ihrer Spezifik entsprach. Ausgehend von der in den zwanziger Jahren weit verbreiteten Leugnung der Existenz der Warenproduktion und des Wertgesetzes im Sozialismus, interpretierten diese Ökonomen die Ware-Geld-Kategorien (Geld, Preis, Produktionskosten usw.) als Formen, die nur der spontanen kapitalistischen Wirtschaft immanent seien. Aus dem neuen Ziel der Produktion im Sozialismus und der Notwendigkeit, nach „neuen Kriterien für die ökonomischen Bewertungen, neuen Formen zur Konkretisierung der ökonomischen Aufgaben"[42]

[41] A. Čajanov, Das Problem der sozialistischen Rechnungsführung im sozialistischen Staat, in: Ėkonomičeskaja žizn, 225/1920.

[42] A. Čajanov, Der Begriff der Rentabilität der sozialistischen Wirtschaft, in: Trudy Vysšego Seminarija s.-ch. ekonomii i politiki pri Petrovskoj s.-ch. akademii, 2/1921 (Moskva), S. 11.

zu suchen, leiteten sie ab, daß es unmöglich sei, die Wertkategorien für die Messung der Kosten an den Ergebnissen der Produktion auszunutzen.

Čajanov verglich die Suche nach den Wertkategorien in der sozialistischen Wirtschaft mit der Suche nach dem „Stein der Weisen". Dabei berief er sich darauf, daß die Begründer des Marxismus die Warenproduktion und die Warenform des Produkts abgelehnt hätten.

Da sich Čajanov aber bei der Wertanalyse nicht der marxistischen, sondern der bürgerlichen Methodologie bediente, betrachtete er den Wert als eine Kategorie des Austausches anstatt der Produktion. Er meinte, daß die Wertkategorien deshalb in der sozialistischen Wirtschaft nicht genutzt werden könnten, weil es in ihr keinen Austausch gäbe. „Als objektives ökonomisches Phänomen ist der Wert ein Phänomen, das im Austausch entsteht. Und da der Austausch entfällt, entfällt auch der Wert als objektives ökonomisches Faktum".[43]

Das Modell von der „sozialistischen Naturalwirtschaft" setzte an die Stelle der objektiven Wertkategorien „technische" oder „rechnerische" Bewertungen, die der Staat zum Vergleich der Wirtschaftsgüter willkürlich festzulegen hätte. In einer Kritik an Čajanovs These, die Wirtschaftsrechnung im Sozialismus trage unvermeidbar technischen Charakter, hatte S. G. Strumilin seinerzeit darauf verwiesen, daß auch in der sozialistischen Gesellschaft die Wirtschaftsrechnung mit objektiven ökonomischen Kategorien operiert.[44]

In Čajanovs Modell von der sozialistischen Wirtschaft sollte sich die Wirtschaftsrechnung auf die Erfassung der Dinge in Naturalform beschränken. Es enthielt praktische Vorschläge für ein System der Naturalrechnung. Dieses System baute völlig auf technischen Koeffizienten und Kennziffern auf, mit denen die einzelnen Kostenelemente und die einzelnen Erzeugnisse in Naturalform miteinander verglichen werden sollten. Die Rolle des zentralen Leitungsorgans in diesem System sollte eine Hauptverwaltung spielen, die das Produktionsprogramm für die Betriebe aufzustellen und die Produktionskostennormative für die Volkswirtschaftszweige sowie die verschiedenen Erzeugnisse festzulegen hätte. Durch den Vergleich der tatsächlichen Materialkosten mit den „gesellschaftlich nützlichen" Kostennormativen sollte sie die Effektivität der einzelnen Betriebe und Produktionen beurteilen. Im Sozialismus übe die Norm der Hauptverwaltung „genau die gleiche Funktion aus wie die Preisrelationen des kapitalistischens, Marktes", schrieb Čajanov. „Das Zentrum der sozialistischen Produktion erfaßt und verarbeitet das gleiche Material auf bewußte Weise, das der kapitalistische Markt automatisch, ohne irgendein wirtschaftliches Bewußtsein erfaßt."[45] Wenn sich im Kapitalismus die Ergebnisse

[43] A. Čajanov, Die Wertsubstanz und das System der Arbeitsäquivalente, in: Ėkonomičeskaja žizn, 247/1920.

[44] Vgl. S. G. Strumilin, Das Problem der Arbeitsrechnung, in: Vestnik truda, 1–2, 1921, S. 64.

[45] A. Čajanov, Der Begriff der Rentabilität der sozialistischen Wirtschaft, in: Trudy

der Wirtschaftsrechnung im Nettoprofit, in der Rente und in anderen Kategorien ausdrücken, so sollte das Kriterium für die volkswirtschaftliche Bewertung der sozialistischen Produktion in den „von der jeweiligen Hauptverwaltung als gesellschaftlich nützlich anerkannten Normen" bestehen.[46]

Das System dieser Normen im Modell der „sozialistischen Naturalwirtschaft" sollten die Normen der „höchsten gesellschaftlichen Nutzleistung" bilden, also nicht der durchschnittliche, sondern der höchste Aufwand.[47] Das sollte vor allem die Normen für den Aufwand an lebendiger Arbeit betreffen. Čajanov betrachtete die „gesellschaftlich nützliche" Zeit „nicht als die für die Herstellung einer Gütereinheit notwendige Durchschnittszeit, sondern als Maximalzeit, die unter den schlechtesten Produktionsbedingungen, die jeweils für die Erfüllung eines zur Deckung des Konsumtionsplanes benötigten Auftrages genutzt werden muß; d. h. bei der Ermittlung der gesellschaftlich notwendigen Zeit ist die oberste gesellschaftlich nützliche Norm als Ausgangsgröße anzunehmen".[48]

Čajanovs Modell postulierte zwar die Möglichkeit, mit Hilfe eines Systems von Naturalkennziffern verschiedene Erzeugnisse, die unterschiedliche Bedürfnisse befriedigen, zu vergleichen, doch blieb es den Nachweis für diese Möglichkeit schuldig. Das gleiche trifft auf die einzelnen Kostenelemente zu: Rohstoffe, Produktionsinstrumente und lebendige Arbeit, die in den Naturaleinheiten dieser Kosten verglichen werden sollten. Letzten Endes können diese Kosten auch deshalb nie als Effektivitätskriterium dienen, weil sie auf die schlechtesten Produktionsbedingungen orientieren und so keine Stimuli zur Vervollkommnung der Produktion bieten.

Die Idee, daß die Naturalrechnung die einzige oder wichtigste Form der gesellschaftlichen Rechnungsführung sein könnte, war völlig falsch. S. G. Strumilin, E. S. Varga und andere bedeutende sowjetische Ökonomen haben sie einer scharfen Kritik unterzogen. Strumilin hob dabei hervor, daß es ganz und gar unmöglich sei, die gesamte Vielfalt der Güter in einer modernen Gesellschaft zu berechnen, ohne diese Vielfalt vorher auf irgendeine Einheit zu beziehen. Will man dann noch alle einzelnen Güter, genau nach Sorten und Marken unterschieden, in Naturalform erfassen, dann dürfte selbst das größte Genie nicht imstande sein, diese Mannigfaltigkeit zu bewältigen. Strumilin betonte, daß für die ganze Vielfalt der Güter ein einheitliches Maß notwendig ist: „Um unsere

Vysšego Seminarija s.—ch. ėkonomii i politiki pri Petrovskoj s.—ch. akademii, 2/1921 (Moskva), S. 36.

[46] A. Čajanov, Das Problem der sozialistischen Rechnungsführung im sozialistischen Staat, in: Ėkonomičeskaja žizn, 225/1920.

[47] A. Čajanov, Der Begriff der Rentabilität der sozialistischen Wirtschaft, in: Trudy Vysšego Seminarija s.-ch. ėkonomii i politiki pri Petrovskoj s.-ch. akademii, 2/1921, (Moskva), S. 37.

[48] A. Čajanov, Die Wertsubstanz und das System der Arbeitsäquivalente, in: Ėkonomičeskaja žizn, 247/1920.

Wirtschaftsgüter zu erfassen, müssen wir sie einer vergleichenden Bewertung unterziehen und ein und dasselbe Äquivalent zugrunde legen."[49]

Die „naturalistische" Konzeption vom Sozialismus hat den Prüfungen der Zeit nicht standgehalten. Im Verlauf der ökonomischen Diskussionen wurde sie als eine Auffassung überwunden, die dem wissenschaftlichen Begriff vom Wesen der sozialistischen Wirtschaft nicht entspricht.

6. *Die Unhaltbarkeit der bürgerlichen Konzeptionen von Plan und Markt*

Mit dem Übergang zur Neuen Ökonomischen Politik fand die „Ware-Markt"-Konzeption über die Perspektiven der sowjetischen Wirtschaft weite Verbreitung. Am ausführlichsten hatte L. N. Jurovskij, ein Schüler Struves, sie in seinen Arbeiten dargelegt. Das Wesen dieser Konzeption bestand darin, daß der Übergangscharakter der Sowjetwirtschaft geleugnet und als einfache Spielart, als Form der Warenwirtschaft hingestellt wurde. So schrieb Jurovskij: „Das derzeitige System ist nicht als mixtum compositum, als Gemisch aus Vergangenheit und Zukunft, zu verstehen. Es ist das *System der Warenwirtschaft*, aber ein spezifisches."[50]

L. N. Jurovskij unterschied zwei „aus der jüngsten Geschichte" bekannte Wirtschaftssysteme, deren Analyse seiner Ansicht nach auch den Schlüssel zur Klärung des Wesens der Sowjetwirtschaft bot. Diese zwei Systeme seien, so meint Jurovskij, das „Ware-Geld-System kapitalistischen Typs" und das „System der vollendeten kommunistischen Wirtschaft", das er mit der naturalwirtschaftlichen Organisation während des Kriegskommunismus gleichsetzte. Aus dem Vergleich der Sowjetwirtschaft mit diesen gegensätzlichen Organisationsformen der gesellschaftlichen Wirtschaft zog Jurovskij den Schluß, daß sich die Sowjetwirtschaft nur in ihrer sozialen Struktur von der kapitalistischen Gesellschaft unterscheide; alle übrigen Unterschiede wären unwesentlich, sie änderten nichts an der universellen Natur des ökonomischen Mechanismus der Ware-Geld-Wirtschaft.

Um die von allen antimarxistischen Strömungen in den zwanziger Jahren vertretene These, die Sowjetwirtschaft sei lediglich eine besondere Form der Ware-Geld-Wirtschaft[51], zu beweisen, setzte Jurovskij nicht nur die „vollendete kommunistische Wirtschaft" mit der Politik des Kriegskommunismus gleich, sondern bediente sich auch der bürgerlichen Auslegung vom „Grund-

49 S. G. Strumilin, Das Problem der Arbeitsrechnung, in: Vestnik truda, 1–2/1921, S. 65.

50 L. N. Jurovskij, Zum Problem des Planes und des Gleichgewichts im sowjetischen Wirtschaftssystem, in: Vestnik finansov, 12/1926, S. 17.

51 So definierte V. G. Groman die NÖP als „Übergang zur Warenwirtschaft, zur Geldwirtschaft in Form des Staatskapitalismus ..." (V. Groman, Unsere Wirtschaftslage), in: Socialističeskoe chozjajstvo, 1/1924, S. 276.

prinzip" der wirtschaftlichen Organisation der Gesellschaft schlechthin. Dieses Grundprinzip sollte nach Jurovskij das „Gleichgewichtsstreben" sein, denn „ein sehr wesentlicher Teil der theoretischen Beschreibung der Wirtschaft besteht in der Feststellung, wie das Gleichgewicht in ihr realisiert wird, oder genauer, was in ihr den Gleichgewichtszustand bestimmt und wie in ihr die Tendenz zu diesem Zustand verwirklicht wird".[52] V. G. Groman charakterisierte das Gleichgewichtssystem als „höchstes Postulat" des Wirtschaftsorganismus.[53]

Die fehlerhafte Theorie vom Marktgleichgewicht ist die allgemeinste methodologische Grundlage aller bürgerlichen und opportunistischen Theorien über die Sowjetwirtschaft.

Die Behauptung, das Gleichgewicht sei der gewöhnliche, normale Zustand der kapitalistischen Produktion, gehört zu den am weitesten verbreiteten Methoden der Apologie des Kapitalismus, mit denen die „Harmonie" dieses Wirtschaftssystem nachgewiesen werden soll.

In Wirklichkeit aber kann die Bewegung eines Wirtschaftssystems nicht vom Gleichgewicht her erklärt werden, da dieses selbst der Erklärung bedarf. Der Marxismus betrachtet das Gleichgewicht der kapitalistischen Produktion als Tendenz, als relative, vorübergehende Stabilität im Verhältnis der Teile des Systems zueinander. In seinen Bemerkungen über Bucharins Buch „Die Ökonomik der Transformationsperiode" wies Lenin im Jahre 1920 nach, wie unhaltbar die Darstellung der kapitalistischen Reproduktion als Gleichgewichtszustand ist. Er lehnte den Gesichtspunkt des Gleichgewichts ab und stellte fest, daß man eher von der Notwendigkeit einer gewissen Proportionalität als objektives Moment sprechen müsse.[54]

Wegen ihrer Spontaneität und Anarchie ist eine Entwicklung der Wirtschaftszweige in der kapitalistischen Produktion nicht möglich. Das Verhältnis zwischen den Zweigen entsteht hier durch das Wirken des Wertgesetzmechanismus spontan. Deshalb ist es falsch, das Gleichgewicht als ein „Gesetz", als einen verbindlichen und universellen „Regulator" des Wirtschaftslebens zu betrachten.

Das Gleichgewichtsstreben kann schon deshalb nicht Regulator der sozialistischen Wirtschaft sein, weil, wie die bürgerliche politische Ökonomie bemerkt, nur von einem spontan zustande kommenden Marktgleichgewicht die Rede ist. Im Sozialismus schafft das objektiv wirkende Gesetz der planmäßigen Entwicklung die Möglichkeit und Notwendigkeit der proportionalen Entwicklung. So schrieb der sowjetische Ökonom A. Leont'ev (L. A. Leont'ev): „Aufbauend auf den Besonderheiten und Vorzügen des sowjetischen Wirtschaftssystems,

[52] L. N. Jurovskij, Denežnaja politika Sovetskoj vlasti (1917–1927), Moskva 1928, S. 373.

[53] V. G. Groman, Über einige in unserer Volkswirtschaft empirisch wahrnehmbare Gesetzmäßigkeiten, in: Planovoe chozjajstvo, 1/1925, S. 91.

[54] Vgl. Leninskij sbornik, XI, S. 384.

stellen wir die wirtschaftlichen Proportionen nicht nur mit anderen Methoden her, wir stellen auch Proportionen her, die sich in ihrem materiellen Inhalt von den Relationen wesentlich unterscheiden, die vom Wertgesetz diktiert würden."[55]

Das sowjetische Wirtschaftssystem rechnete Jurovskij dem erstgenannten Wirtschaftstyp, der Warenwirtschaft zu, in der alle ökonomischen Verhältnisse „in Geld ausgedrückt werden" und das Gleichgewicht zwischen den Produktionszweigen, zwischen Akkumulation und Konsumtion, zwischen Außenhandel und Binnenhandel usw. über den Preismechanismus zustande kommt. Jurovskij stellte zwar fest, daß ein beträchtlicher Teil der Produktionsmittel dem Staat gehöre und in einem sehr großen Teil der Betriebe und Einrichtungen „die Staatsmacht der Organisierende ist", doch glaubte er, daß diese Besonderheiten an der Natur der Sowjetwirtschaft als Ware-Geld-Wirtschaft nichts änderten.

Daß das Endprodukt als Ware realisiert wird, genügte Jurovskij, um die Übergangswirtschaft der UdSSR der Ware-Geld-Wirtschaft vom kapitalistischen Typ zuzurechnen, weil „das Gleichgewicht hier als Gleichgewicht einer Ware-Geld-Wirtschaft erreicht wird ...". Die Realisierung der Konsumgüter über die Ware-Geld-Beziehungen setze voraus, daß der Markt die Rolle des „Kriteriums und Regulators" behalte, „denn jedes Produkt geht letztlich in Konsumgüter über und wird zu diesem Zweck hergestellt"[56].

Diese zentrale These, die zu dem Schluß von der Notwendigkeit unbegrenzten Wirkens des Wertgesetzes in der Sowjetwirtschaft führte, war das Resultat einer individualistisch-psychologischen Methodologie, des Konsumstandpunkts, der formalen Erhebung des Preises zum Ausgangsmoment der Wirtschaftsanalyse. Sie war auch darauf zurückzuführen, daß die Spezifik der Wirkungsweise des Wertgesetzes in der Übergangsperiode vom Kapitalismus zum Sozialismus nicht begriffen worden war.

Letztlich war das ein Versuch, die Wirtschaft der Übergangsperiode mit Hilfe der Kategorien der bürgerlichen politischen Ökonomie zu interpretieren und die Gesetze des Kapitalismus auf die Wirtschaft des im Aufbau befindlichen Sozialismus zu projizieren.

Die mechanische Übertragung der Gesetze und Kategorien des Kapitalismus auf die sowjetische Wirklichkeit und vor allem die Darstellung des spontan wirkenden Wertgesetzes als einzig möglichen Regulators bildete die theoretische Grundlage, auf der die allgemeinen und speziellen Konzeptionen sowie die Prognosen über die Entwicklung der Wirtschaft der Übergangsperiode aufbauten, wie sie von den antimarxistischen Ökonomen in den zwanziger Jahren aufgestellt worden waren.

Die methodologische Grundlage für die Betrachtung der Sowjetwirtschaft

[55] A. Leont'ev, Zakon trudovych zatrat, 2. Auflage, Moskva 1930, S. 48.

[56] L. N. Jurovskij, Zum Problem des Planes und des Gleichgewichts im sowjetischen Wirtschaftssystem, in: Vestnik finansov, 12/1926, S. 20.

und des Sozialismus unter dem Gesichtspunkt der Kategorien der kapitalistischen Wirtschaft bestand darin, daß man Objektivität mit Spontaneität gleichsetzte und nur die Gesetzmäßigkeiten der kapitalistischen Entwicklung als ökonomische Gesetze anerkannte, die man für ewig und allgemeingültig erklärte.

Für die bürgerlichen Theoretiker war der Kapitalismus die ewige und „optimale" Wirtschaftsform. Sie glaubten, daß nur das spontane Wirken des Wertgesetzes das Gleichgewicht im Wirtschaftssystem herstellen könne. Von diesem Ewigkeitsdogma der bürgerlichen politischen Ökonomie ausgehend, wurden auch die ökonomischen Erscheinungen der Übergangswirtschaft eingeschätzt. Die bürgerlichen Vertreter der Konzeption einer sozialistischen Marktwirtschaft prophezeiten, daß die kapitalistische Wiedergeburt der ökonomischen Kategorien der Sowjetwirtschaft und der Übergang zu kapitalistischen Formen staatlicher Regulierung des spontanen Marktmechanismus unabwendbar seien. Sie meinten, das sowjetische Geldsystem müsse unvermeidlich nach bürgerlichem Vorbild umgestaltet werden, und wollten nachweisen, daß das Außenhandelsmonopol aufgehoben werden müsse, damit die freie Gold- und Warenbewegung zwischen den Ländern entsprechend der Nachfrage und dem Angebot in den einzelnen Ländern sowie die freie Preisbildung und die private Akkumulation gewährleistet sei.

Um seine Positionen zu erhärten, berief sich L. N. Jurovskij auf einige Besonderheiten, die die Ware-Geld-Kategorien in zwanziger Jahren auszeichneten. Die Verschiedenheit der Methoden, deren sich der Sowjetstaat bediente, um den Markt in die Hand zu bekommen und das quantitative Überwiegen des Sektors der kleinen Warenproduktion, diese ganz widersprüchliche und komplizierte Wirklichkeit der Übergangsperiode, wurde von den bürgerlichen Ökonomen als Kampf der „gesunden" Markttendenzen mit den „Plananomalien" hingestellt, die letztlich der Spontaneität des Marktes unterliegen müßten.

In Wirklichkeit spiegelten die Ware-Geld-Kategorien die sozialökonomischen Verhältnisse der Übergangsperiode wider und machten folglich eine bedeutende Wandlung durch. Sie waren schon nicht mehr identisch mit den analogen Verhältnissen der kapitalistischen Produktionsweise.

Eine Besonderheit der NÖP war von Anfang an das Nebeneinanderbestehen zweier Märkte: eines organisierten und eines nichtorganisierten Marktes. Eine qualitativ neue Warenproduktion war im Entstehen, und ihr Bereich sowie ihr Einfluß auf die Marktbeziehungen im Sektor der kleinen Warenproduktion und im kapitalistischen Sektor erweiterten sich. Gemessen an der Produktion von Produktionsmitteln, die hauptsächlich auf das allgemeine Volkseigentum eingeschränkt war, trug die Konsumgüterproduktion weniger planmäßigen Charakter. Die Herausbildung der grundlegenden neuen Ware-Geld-Beziehungen vollzog sich im Kampf mit den spontanen marktgebundenen Formen der Wirkungsweise des Wertgesetzes.

Da die bürgerlichen Ökonomen darauf verzichteten, den sozialökonomischen Verhältnissen auf den Grund zu gehen, da sie nur die rein oberflächlichen quantitativen Beziehungen untersuchten und die Preise als dominierende Kategorie betrachteten, mußten sie das Wesen der Prozesse verzerrt sehen.

Die Ignoranz gegenüber der Analyse der Wirtschaft der Übergangsperiode in den einzelnen Sektoren und ihrer Wechselwirkung war die Ursache des mangelnden Verständnisses dafür, daß die entscheidende Sphäre der Warenproduktion – die Produktion von Produktionsmitteln und von Konsumgütern in den staatlichen Betrieben – schon damals eine qualitativ neue Warenproduktion darstellte. Als führender Sektor übte die staatliche Wirtschaft entscheidenden Einfluß auf die Produktion und Zirkulation in allen übrigen Sektoren aus. Die Entwicklung einer völlig neuen Art der Warenproduktion, die Einschränkung der privaten Warenproduktion und ihre indirekte Regulierung mußten zu einer grundlegenden Veränderung des Charakters der Warenbeziehungen in der Übergangswirtschaft führen. Schon das erste Stadium der NÖP zeigte, daß die Produktion von Produktionsmitteln in Warenform und ihr Kreislauf in Form der Warenzirkulation die planmäßige Bewegung der Hauptmasse der Produktionsmittel innerhalb des staatlichen Sektors nicht ausschlossen.

Die bürgerlichen Ökonomen aber gingen von der Alternative „Plan oder Markt“ aus. Der als Gesamtheit der Preise und Tauschgeschäfte verstandene Markt und das Wertgesetz, das als an den spontanen Markt gebundene „Gesetzmäßigkeit der Preisbildung“ interpretiert worden war, wurden der sozialistischen Planung gegenübergestellt.

Die Konfrontation des Plans mit den Ware-Geld-Beziehungen trug in den bürgerlichen Konzeptionen absoluten Charakter. So sollten Jurovskij zufolge nur zwei Formen der gesellschaftlichen Regulierung möglich sein: entweder spontane Marktbeziehungen, die das Gleichgewicht des Wirtschaftssystems angeblich automatisch herstellen, oder Planung der Volkswirtschaft, die, wie jede Einmischung in das blindwirkende Wirtschaftsleben, unvermeidlich zur Wiederherstellung des Kriegskommunismus führen müssen. „Das System der vollendeten Planwirtschaft ... ist der logische Gegensatz zum System der Warenwirtschaft“[57], schrieb Jurovskij.

Die Verfechter der Konzeption einer sowjetischen Marktwirtschaft behaupteten, die Wirtschaftspolitik des Sowjetstaates könne die Gesetzmäßigkeiten, die der spontanen Ware-Geld-Wirtschaft innewohnen – und die Sowjetwirtschaft sei eine ihrer Formen – weder überwinden noch verändern. Sie prophezeiten, daß eine auf die Überwindung der spontanen Marktbeziehungen gerichtete Entwicklung der Planung und Regulierung nur zu einem System führen könne, das dem in der Epoche des Kriegskommunismus errichteten gleichkomme, also einer Planwirtschaft vom „Verteilertyp“, wobei die Kategorie Preis aus dem Wirtschaftsverkehr entfernt und die gesamte Geld- und Finanzwirtschaft „naturalisiert“ werden“.[58] V. A. Bazarov erklärte: „Die Aufgaben

[57] Ebenda, S. 17.

[58] L. N. Jurovskij, Denežnaja politika sovetskoj vlasti (1917–1927), Moskva 1928, S. 46, 67.

des Staates drehen sich in einem circulus vitiosus. Man muß den Markt in die Hand bekommen; das aber heißt, ihn zu vernichten."[59] Da diese Ökonomen jede Veränderung der Wirkungsweise des Wertgesetzes in der Sowjetwirtschaft negierten und nicht einmal den Gedanken zuließen, daß sie unter dem Einfluß der grundlegend neuen ökonomischen Verhältnisse modifiziert werden könnte, meinten sie, daß auch seine äußeren Erscheinungsformen ausschließlich spontan entstehen. Sie waren der Auffassung, daß das Geld in der Übergangsperiode nur als elementare Goldwährung fungieren könne. Das Hauptheminnis für die Gesundung der Sowjetwährung sahen sie im Außenhandelsmonopol, das verhindere, daß die Kongruenz von Währung und Ware auf spontanem Wege hergestellt werde.

Jurovskij bezeichnete das im Entstehen befindliche prinzipiell neue Geldsystem als einfache Spielart der Papiergeldzirkulation mit Goldstandard, deren Spezifik in den Methoden zur Aufrechterhaltung der Parität, in der möglichen (oder tatsächlichen) Kluft zwischen Währungskurs und Kaufkraft bestehe und in der die Kredit- und Geldzirkulation nicht durch den Diskontsatz geregelt werde. So hatte die bürgerliche Weltanschauung ein völlig verzerrtes Bild von den neuen Wesenszügen der Geldzirkulation in der UdSSR gezeichnet.

Da die bürgerlichen Vulgärökonomen den Charakter der sozialökonomischen Ordnung und der sie bestimmenden Verhältnisse des Eigentums an den Produktionsmitteln ignorierten, bauten sie die Analyse des Wirtschaftslebens auf der Charakteristik der äußeren Formen des wirtschaftlichen Gleichgewichts auf. Sie betrachteten die Ware-Geld-Beziehungen als den Faktor, der die Grundmerkmale der Produktionsweise bestimme. Tatsächlich aber hängen die Ware-Geld-Beziehungen, ihre spezifische Natur und Rolle vor allem von der herrschenden Produktionsweise ab.

Die Vertreter der antimarxistischen Strömung in ökonomischen Denken hielten die spontanen Marktbeziehungen für die allgemeine Form der wirtschaftlichen Verbindung zwischen den Produzenten. Sie maßen der Spontaneität des Marktes die Rolle des einzigen Regulators der Wirtschaftsprozesse bei. N. P. Makarov ließ nur die „Wertigkeits"Analyse auf der Grundlage der sich spontan entwickelnden Beziehungen als Wirtschaftsanalyse gelten.[60] N. D. Kondrat'ev teilte die Ansicht von V. A. Basarov, nach der nur der Markt die „automatische Registrierung" schaffe, die die Ergebnisse der Tätigkeit jedes Wirtschaftszweiges und jedes Betriebes ausweise.

Gestützt auf Lenins Lehre von der Übergangswirtschaft, von der Ausnutzung der Ware-Geld-Beziehungen beim Aufbau des Sozialismus, nahmen die Partei und die sowjetischen Ökonomen die neuen, äußerst komplizierten politökonomischen Probleme der Verbindung von Plan und Markt in Angriff. Das

59 Zitiert nach: S. G. Strumilin, Izbrannye proizvedenija, Bd. 2, S. 178.
60 N. P. Marakov, Zur Frage der Wechselbeziehung zwischen Landwirtschaft und Industrie, in: Ėkonomičeskoje obozrenie, 10/1925, S. 80.

Problem des Verhältnisses von Plan und Markt wurde auf der XI. Gesamtrussischen Parteikonferenz der KPR(B) sowie auf dem XII., XIII., XV. und XVI. Parteitag gestellt. So hieß es in der Resolution der XI. Parteikonferenz der KPR(B): „Die Hauptaufgabe der KPR auf dem Gebiet der Wirtschaft besteht darin, die wirtschaftliche Arbeit der Sowjetmacht so zu lenken, daß sie den Markt, ausgehend von seiner Existenz und seinen Gesetzen Rechnung tragend, in die Hand bekommt und durch systematische, streng durchdachte und auf der genauen Beachtung des Marktprozesses begründete wirtschaftliche Maßnahmen die Regulierung des Marktes und der Geldzirkulation selbst übernimmt."[61]

In ihrer Kritik an den antimarxistischen Interpretationen der Ware-Geld-Beziehungen wiesen die sowjetischen Wissenschaftler nach, daß die bürgerlichen Ökonomen von den traditionellen vulgärökonomischen Darstellungen von Markt, Ware und Wertgesetz ausgegangen waren. Die marxistischen Vertreter der Wirtschaftswissenschaft deckten die Unhaltbarkeit der Alternative „Plan oder Markt" auf und betonten, daß sich das Planungsprinzip nicht gegen die Marktbeziehungen schlechthin richte, sondern gegen die Spontaneität, daß im Kampf des Plans gegen die Spontaneität der Kampf des sozialistischen Sektors gegen den kapitalistischen Sektor und seine Tendenzen nach dem von Lenin formulierten Prinzip „Wer wen?" zum Ausdruck komme.[62] Die Existenz des vergesellschafteten sozialistischen Sektors führte objektiv zur Modifizierung der Wertkategorien, zur Veränderung ihres sozialen Inhalts.

Ausgehend von den bürgerlichen Interpretationen des Wirtschaftsregulators unterbreiteten die Vertreter der antimarxistischen Strömung ihren Begriff vom Wesen, von den Grenzen und vom Charakter der Volkswirtschaftsplanung.

Der Planung maß man die Rolle eines passiven Anhängsels des spontanen Wirtschaftsablaufs bei. Die Pläne wurden als Prognosen hingestellt, die nur empfehlenden Charakter hätten, und der Inhalt des Plans auf die Voraussicht der allgemeinsten Richtungen in der wirtschaftlichen Entwicklung reduziert. Eine derartige Auffassung vom Plan mußte darauf hinauslaufen, daß die Planung nur die Antizipation (Vorwegnahme) einer Resultante sei, die sich aus dem freien Spiel der spontanen Faktoren ergibt. Wenn wir die spontane Resultante voraussehen, „dann geben, oder besser, übernehmen wir damit eine bestimmte Direktive in der Organisation unserer Maßnahmen und Handlungen", schrieb N. D. Kontrat'ev.[63] Mit anderen Worten: Der Plan sollte die Wirtschaftspoli-

[61] KPSS v rezoljucijach i rešenijach s-ezdov, konferencij i plenumov CK, Bd. 2, Moskva 1970, S. 301.

[62] Vgl. A. Leont'ev, Zur Frage des Charakters der Wirtschaft der UdSSR, in: Planovoe chozjajstvo, 4/1927, S. 115; A. Leont'ev, Das Gesetz des Arbeitsaufwands, seine methodologischen Wurzeln und praktischen Folgen, in: Socialističeskoe chozjajstvo, 5/1929, S. 30.

[63] N. D. Kondrat'ev, Plan und Prognose, in: Puti sel'skogo chozjajstva, 2/1927, S. 11.

tik den Gesetzen der Marktspontaneität anpassen und dabei die spontan entstehende wirtschaftliche Situation nur deshalb vorwegnehmen, damit man sich dem, was unvermeidbar eintritt, besser angleichen kann. Dagegen müsse jeder Versuch, irgendwelche Regulierungsmaßnahmen zu treffen, in eine Planwirtschaft vom Typ des Kriegskommunismus „ausarten".

Kondrat'ev vertrat die Ansicht, der Plan dürfe selbst für die allgemeinsten Tendenzen nur qualitative Charakteristiken ohne exakten Zahlenausdruck enthalten. Die „moderne Wirtschaftswissenschaft und die statistische Methode sind nicht ... die Grundlagen für die exakte Prognose quantitativer Veränderungen der ökonomischen Wirklichkeit ... Bis jetzt hat die Wirtschaftswissenschaft die Methode für die quantitative Messung wirtschaftlicher Erscheinungen und für den quantitativen Ausdruck der Gesetze des Wirtschaftswachstums noch nicht in die Hand bekommen. Sie liefert gewisse Grundlagen für die Aufstellung einer Prognose im Sinne des Hinweises auf allgemeine Entwicklungstendenzen". Wegen der ständigen Veränderungen der ökonomischen Wirklichkeit könne ein Plan nie endgültig sein, seine Aufstellung sei schon dem Wesen nach eine permanente Arbeit.[64]

Das methodologische Hauptprinzip der Planung sollte die „genetische" Methode sein, die Bazarov vorgeschlagen hatte[65] und die unter anderem von Kondrat'ev und Groman vorbehaltlos unterstützt wurde. Diese Methode ging von den spontan wirkenden Tendenzen der gesellschaftlichen Entwicklung, von der Extrapolation spontaner Gesetzmäßigkeiten der Vergangenheit auf die künftige Entwicklung aus. Bei dieser Betrachtungsweise schloß die „Genetik" bereits die „Teleologie" ein, also das Ziel der spontanen Entwicklung zum Kapitalismus hin; denn schon die Möglichkeit einer Planung, die die vom spontanen Wirken des Wertgesetzes hergestellten Proportionen stören könnte, wurde abgelehnt. Jurovskij drückte das mit folgenden Worten aus: Eine „Regulierung in der Ware-Geld-Wirtschaft, die das für diese Wirtschaft notwendige Gleichgewicht nicht stört, kann ruhig ihr Ziel verfolgen"[66]. Seiner Auffassung nach sollte das Gleichgewicht von Nachfrage und Angebot oberstes Kriterium der Planung sein.

Eine solche Betrachtungsweise lief auf die Entwicklung der Übergangswirtschaft in kapitalistischer Richtung hinaus; denn sie hätte die Industrialisierung, die Kollektivierung und den planmäßigen Bruch mit den gegebenen Proportionen unmöglich gemacht. Unter der Herrschaft des spontan wirkenden

64 N. D. Kondrat'ev, Ein abschließendes Wort, in: Puti sel' skogo chozjastva, 3/1926, S. 127. Wegen dieser Einstellung hatten sich Kondrat'ev und seine Anhänger nicht an der Erarbeitung der ersten Kontrollziffern beteiligt.

65 Bazarov bezeichnete die Prognose als „Genetik" und die Direktive als „Teleologie" (vgl. M. Birbraer, Zur Frage der Methodologie der Aufstellung von „Perspektivplänen", in: Ėkonomičeskoe obozrenie, 6/1927, S. 94).

66 L. N. Jurovskij, Denežnaja politika Sovetskoj vlasti (1917–1927), Moskva 1928, S. 384.

Wertgesetzes lassen sich die Gesetzmäßigkeiten des sozialistischen Aufbaus nicht verwirklichen.

Wenn die bürgerlichen Ökonomen die „teleologische“ Einstellung zur Planung kritisierten, dann deswegen, weil sie es ablehnten, den Planauflagen eine sozialistische Ausrichtung zu verleihen. Sie wandten sich entschieden gegen „Planvorschriften“, Plananweisungen und Planauflagen und traten für einen Prognoseplan der spontanen Tendenzen ein.

Das bürgerliche ökonomische Denken hält nur eine solche Planung für wissenschaftlich und ökonomisch begründet, die auf der „genetischen“ Methode beruht. Seine Vertreter meinten, daß dort, wo die spontanen ökonomischen Gesetze aufhören, der Voluntarismus beginne. Eine Planung und Regulierung der Volkswirtschaft, die den spontanen Ware-Geld-Beziehungen nicht Rechnung trage, laufe auf die Realisierung einer „bewußt teleologischen Methode“, also auf die Stellung von Zielen hinaus, die ökonomisch nicht fundiert sind. Eine solche Planung wurde mit Administration gleichgesetzt. Hieraus zog man den Schluß, daß die Planung das Verhältnis zwischen den materiellen Ressourcen und dem Bedarf für Akkumulation und Konsumtion nicht richtig erfassen könne und deshalb zur Störung des Gleichgewichts, zu Disproportionen und Krisen führe.

Bazarov sah den Weg zur „Überwindung der Disproportionen im Verzicht auf die planmäßige Regulierung des Marktes“, weil sich nur unter diesen Bedingungen die Möglichkeit eröffne, „eine Hochkonjunktur so auszunutzen, wie Privatkapitalisten sie genutzt hätten, wenn sie an der Stelle unserer Staatsbetriebe gewesen wären . . .“.[67]

Die Planungs- und Regulierungstätigkeit des Sowjetstaates und besonders das Außenhandelsmonopol, die Einführung eines festen Diskontsatzes, das Abgehen von der Einwechslung der Banknoten gegen Gold, die Festlegung und Regelung der Preise sowie die Lohnregelung wurden als „Anomalien“ qualifiziert, „die den fein konstruierten Apparat des Wertgesetzes verstümmeln, die Wahrnehmung sich abzeichnender Disproportionen und die spontane Wiederherstellung des Gleichgewichts stören“.

Da die Maßnahmen des Sowjetstaates gegen die Spontaneität in der Geldzirkulation gerichtet waren, glaubten die bürgerlichen Ökonomen, die Sowjetwirtschaft sei zur permanenten Krise verurteilt. „Der Markt wird seiner Fähigkeit beraubt, das Gleichgewicht wiederherzustellen und verfällt in den Zustand der Desorganisation, durch die es auf ihm bald zu einer Absatzkrise bei Fabrikerzeugnissen, bald zu einer Absatzkrise bei landwirtschaftlichen Waren kommt“, schrieb Kondrat'ev.[68] Dabei haben, so meinte Jurovskij, „Maß-

[67] V. Bazarov, Fünf Jahre neue ökonomische Politik, in: Ėkonomičeskoe obozrenie, 3/1926, S. 12, 13.

[68] N. D. Kondrat'ev, Das relative Absinken der Getreidepreise und seine Bedeutung, in: Sel'skoe i lesnoe chozjajstvo, 13–14/1923, S. 44.

nahmen ..., die sich aus der Störung des Gleichgewichts auf dem Markt ergeben, infolge der ihnen innewohnenden Logik die Eigenschaft zuzunehmen und sich zu vervielfältigen. Wenn aber das Gleichgewicht gestört ist und nicht wiederhergestellt wird, dann kann eine Regulierungsmaßnahme, die ihre Aufgabe unter Umgehung des Marktgleichgewichts lösen soll, nicht die einzige bleiben, sie erfordert immer neue Maßnahmen, von denen die letzte, die Kette schließende und eine wirkliche Lösung – allerdings nicht in Richtung auf das Marktgleichgewicht hin, sondern von ihm weg – bietende Maßnahme die Liquidierung des Marktes und die Errichtung einer vollendeten streng planmäßigen Verteilung auf dem entsprechenden Gebiet ist."[69]

Das theoretische Schema vom Marktgleichgewicht, das Groman vorgelegt hatte, zeigt, wie falsch die praktischen Empfehlungen waren, zu denen die auf dem Prinzip der Extrapolation und des Gleichgewichtsstrebens konstruierten bürgerlichen Planungskonzeptionen führten. Nach Gromans Auffassung sollte die Analyse der Statik und Dynamik der Volkswirtschaft bestimmte ständige Relationen zwischen den verschiedenen Teilen der Volkswirtschaft offenbaren. bei deren Einhaltung das allgemeine Gleichgewicht erreicht werde.

Aus der Analyse der Wirtschaft Rußlands vor dem ersten Weltkrieg kam Groman zu der Feststellung, daß das Verhältnis der „Wertigkeit" der landwirtschaftlichen und industriellen Waren zur „allgemeinen Wertigkeit" der gesamten Warenmasse 37 : 63 gewesen sei. Dieses Verhältnis erhob Groman zum „Gesetz der Verteilung der Warenmasse aus der landwirtschaftlichen und industriellen Produktion auf Stadt und Land ...", da er diese Einteilung für Rußland als normal erklärte.[70] Diese empirisch abgeleiteten statischen und dynamischen Koeffizienten, die für die rückständige agrarische Struktur der kapitalistischen Wirtschaft Rußlands typisch waren, sollten nach Gromans Plan die Proportionen der Reproduktion in einer sich entwickelnden sozialistischen Wirtschaft prägen. Sie wurden in den Rang ewiger Gesetzmäßigkeiten erhoben. Und diese Gesetzmäßigkeiten sollten die letztlich unveränderliche Wertrelation der Warenproduktion von Industrie und Landwirtschaft bestimmen, die angeblich in allen Entwicklungsetappen der Volkswirtschaft das dynamische Optimum gewährleisten.

In den Plänen, die bürgerliche Ökonomen unter der Leitung von Groman ausgearbeitet hatten, fanden sich unter anderen solche bürgerlichen Konzeptionen wieder, wie der „Ausfallgedanke" und die Theorie von der „abnehmenden Grenzleistungskurve".

Die marxistisch-leninistische Wissenschaft hat in den zwanziger Jahren die führende Rolle des Plans in der Entwicklung der sowjetischen Volkswirtschaft

69 L. N. Jurovskij, Denežnaja politika Sovetskoj vlasti (1917–1927), Moskva 1928, S. 384.

70 V. G. Groman, Über einige in unserer Volkswirtschaft empirisch wahrnehmbare Gesetzmäßigkeiten, in: Planovoe chozjajstvo, 1/1925, S. 100.

nachgewiesen, die sich in Übereinstimmung mit den objektiven Bedingungen und Aufgaben des sozialistischen Aufbaus vollzog. Sie lieferte den Beweis, daß die bewußte Ausnutzung der Wertkategorien möglich und notwendig ist. Ausgehend von Lenins Werk verteidigten die sowjetischen Ökonomen in erbittertem Kampf mit bürgerlichen Konzeptionen die Idee von der Verbindung der zentralen Planung mit der Ausnutzung der Ware-Geld-Beziehungen und entwickelten sie weiter. Es wurde nachgewiesen, daß die sozialistische Planung nur zum spontanen Markt, den die bürgerlichen Ökonomen der Planung zugrunde legen wollten, die Antithese bildet. Die Planmäßigkeit, die mit dem spontanen, anarchischen Charakter der Beziehungen unvereinbar ist, stellt nur unter den Verhältnissen des kapitalistischen Privateigentums an den Produktionsmitteln einen Gegensatz zu den Warenbeziehungen dar.

Eine ausführliche Kritik an der bürgerlichen Planungsmethodologie lieferte V. V. Kujbyšev auf der XVI. Parteikonferenz. Gegen die bürgerlich-restaurativen Planungskonzeptionen wandten sich auch die sowjetischen Ökonomen G. M. Kržižanovskij, S. G. Strumilin, M. G. Bronskij, N. A. Kovalevskij, A. S. Mendel'son, L. N. Kricman, L. A. Leont'ev, R. E. Vajsberg und andere.

Bronskij, der die bürgerlich-restaurativen Bestrebungen, die Planungsmethoden der Spontaneität des Marktes unterzuordnen, entschieden zurückwies, schrieb: „Wenn der Plan nur in der Berechnung und Vorausbetrachtung der Wirtschaftsprozesse unseres Landes bestände, wie es die... nichtmarxistischen Ökonomen wollen ..., dann gäbe es in unserem Land keinen sozialökonomischen Fortschritt, d. h. keine solche Entwicklung der Produktivkräfte, die die Vergrößerung der sozialistischen Elemente gewährleisten und die kapitalistischen Elemente schwächen würde," denn „jede spontane Lösung der Wirtschaftsfragen ist eine Lösung, die die kapitalistischen Elemente der Wirtschaft stärkt".[71]

Gestützt auf Lenins Lehren entwickelten die marxistischen Ökonomen die theoretischen und methodologischen Grundlagen der Planung nicht nur weiter; erstmalig in der Geschichte stellten sie auch Perspektivpläne für die Entwicklung der Volkswirtschaft auf. Die Erarbeitung und Aufstellung der ersten Volkswirtschaftspläne und vor allem des ersten Fünfjahrplans, waren von unversöhnlichen Auseinandersetzungen mit den bürgerlichen Ökonomen begleitet. „Dieser Kampf, den wir um den Plan und gegen die bürgerlichen Einflüsse führten, die den Triumph der Marktspontaneität in unserer Volkswirtschaft anstrebten, zieht sich wie ein roter Faden durch alle unsere ‚methodologischen' Diskussionen und praktischen Erfahrungen der ersten Jahre auf dem Gebiet der Planung."[72]

[71] M. G. Bronskij, Der Plan, die Elemente und die Krisenerscheinungen unserer Wirtschaft, in: Socialističeskoe chozjajstvo, 1/1929, S. 73; M. Bronskij, Die sozialistische Rekonstruktion unserer Wirtschaft in den nächsten fünf Jahren, in: Socialističeskoe chozjajstvo, 3/1929, S. 8.

[72] S. G. Strumilin, Izbrannye proizvedenija, Bd. 2, S. 177.

Die bürgerlichen Planungskonzeptionen konnten nicht nur in theoretischer und methodologischer Hinsicht überwunden werden. Die sowjetischen Ökonomen lieferten auch den umfassenden Nachweis, daß alle Planberechnungen und Prognosen der bürgerlichen Ökonomen praktisch unhaltbar waren.

7. *Die Apologie der privatkapitalistischen Akkumulation*

In der Leugnung der Vorzüge des sozialistischen Wirtschaftssystems gegenüber dem Kapitalismus waren sich ausnahmslos alle antimarxistischen Ökonomen einig. Die Apologie der bürgerlichen Ordnung und der kapitalistischen Wirtschaft zeigte sich besonders deutlich daran, daß sie deren unbedingte Überlegenheit in der Lösung des Akkumulationsproblems betonten.

In der Frage nach den Gesetzmäßigkeiten und Quellen der Akkumulation in der Sowjetwirtschaft beriefen sich die Ideologen der bürgerlichen Konterrevolution auf den schon von Marx verspotteten Mythos, nach dem es vor längst vergangenen Zeiten einerseits ein Häuflein sparsamer Auserwählter, die Reichtümer angehäuft, und andererseits viele Faulenzer gegeben habe, die alles, was sie hatten, durchbrachten. N. Struve schrieb in der Emigration die „schicksalhafte Unvermeidlichkeit" des Fiaskos des sozialistischen Aufbaus liege darin begründet, daß die Nationalisierung den „wirtschaftenden Subjekten" die Produktionsmittel genommen und sie den „Verbrauchersubjekten" übergeben habe, die anstatt zu akkumulieren, das vergesellschaftete Kapital nur verzehren.

Diese Ideologen legten die uralte Abstinenztheorie Nassau W. Seniors neu auf und erhoben den Kapitalisten in seiner Rolle als personifiziertes Kapital zum Wohltäter. Eine Emigrantenzeitschrift schrieb, daß die Kapitalisten Leute seien, „die aus ihrem Gewerbe riesige Einkommen beziehen . . . und nicht mehr für ihren persönlichen Verbrauch ausgeben als ihr bescheidener Angestellter". Im Gegensatz zur Bourgeoisie könne und wolle das von egalitärem Konsumdenken erfüllte Proletariat keine Abstinenz üben und abwarten, so daß die Akkumulation zu einem unlösbarem Problem werde, schrieb B. Bruckus.

Im Jahre 1928 veröffentlichte S. G. Strumilin Berechnungen, die die Richtigkeit der Kritik von Marx an der Abstinenztheorie am Beispiel des zaristischen Rußlands erhärteten. Strumilin wies nach, daß die russische Bourgeoisie die Hälfte des durch die Ausbeutung des Proletariats erzielten Profits für den parasitären Konsum verbraucht hatte.[73]

Die Apologeten des Kapitalismus wollten nachweisen, daß das Akkumulationsproblem ohne die Bourgeoisie unlösbar sei. Das gesellschaftliche Eigentum an den Produktionsmitteln und die Einschränkung und Verdrängung der „kapitalbildenden" Wirtschaft der NÖP-Bourgeoisie sahen sie als Zerstörung des Mechanismus der Akkumulation und als Untergrabung der erweiterten Repro-

[73] S. G. Strumilin, Čcerki sovetskoj ėkonomiki, Moskva-Leningrad 1930, S. 70–73.

duktion an. Daraus folgte dann der Schluß: Um die wachsende Akkumulation zu sichern, müsse diese Bourgeoisie unterstützt, deren Positionen erweitert und gefestigt werden, und zwar auch mit Hilfe des Auslandskapitals.

Die sozialistische Rekonstruktion der Volkswirtschaft verlangte Milliarden an Investitionen. Sie aufzubringen, war ein kompliziertes Problem, aber die Partei fand Wege zu seiner Lösung. In der Resolution des Aprilplenums des ZK der KPdSU (B) im Jahre 1926 hieß es: „Die Expropriation der unproduktiven Klassen (Bourgeoisie und Adel), die Annullierung der Schulden, die Konzentration der Einnahmen aus der Industrie und dem staatlichen Handel (Binnen- und Außenhandel) sowie des gesamten Kreditsystems in den Händen des Staates usw. ermöglichen an sich bereits eine Akkumulation innerhalb des Landes, die das für den sozialistischen Aufbau erforderliche Entwicklungstempo der Industrie sichert."[74]

Die Periode des sozialistischen Aufbaus war von einem raschen Wachstum der Effektivität der gesellschaftlichen Produktion gekennzeichnet. So stieg das Nationaleinkommen während des ersten Planjahrfünfts um mehr als das 1,5fache und damit schneller als das gesellschaftliche Gesamtprodukt. Das industrielle und landwirtschaftliche Bruttoprodukt stieg in dieser Zeit um 47 und das entsprechende Nettoprodukt um 64 Prozent.[75] Das ständig wachsende Nationaleinkommen bildete die Hauptquelle der sozialistischen Akkumulation.

Es war für alle die Ökonomen, die auf dem Boden der bürgerlichen Wirtschaftswissenschaft standen, typisch, daß sie wie J. B. Clark und Alfred Marshall die Akkumulation als Ersparnisse, als persönliche Sparrücklagen auf Kosten der individuellen Konsumtion interpretierten. Die Frage nach den Gesetzmäßigkeiten und Quellen der Akkumulation wurde auf die Analyse der Faktoren reduziert, die Einfluß auf den Willen und den Anreiz zum Sparen ausüben.

Die Identifizierung des Nationaleinkommens mit Ersparnissen kam auch in der ersten Berechnung der Nationaleinkommensgröße der UdSSR zum Ausdruck, die L. N. Litošenko angestellt hatte. Er steigerte die individualistische Betrachtung der ökonomischen Erscheinungen bis ins Extrem und lehnte selbst den Begriff „Volkswirtschaft" ab, weil man, wie er meinte, von einer „Volkswirtschaft" im wissenschaftlichen Sinn nicht sprechen könne. In der Realität gebe es nur Millionen individueller Einzelwirtschaften und nur einzelne Produktionsarten, die „in Wirklichkeit in keiner Weise durch ein einheitliches Wirtschaftssubjekt vereinigt sind und von keinem einheitlichen wirtschaftlichen Willen dirigiert werden". Dabei bleibe „diese Situation in der UdSSR zumindest für die Landwirtschaft voll gültig"[76], deren dominierenden Charakter Litošenko ständig

[74] KPSS v rezoljucijach i rešenijach s-ezdov konferencij i plenumov CK, Bd. 3, Moskva 1970, S. 313.

[75] A. A. Barsov, Balans stoimostnych ebmenov meždu gorodom i derevnej, Moskva 1969, S. 89.

[76] L. N. Litošenko, Nacional'nyj dochod SSSR, Moskva 1925, S. 6–7. Diese Arbeit war eine erste Berechnung des Nationaleinkommens für die Jahre 1922/23 und 1923/24

betonte. Aus der Vorstellung, daß die Sowjetwirtschaft die Summe von Millionen selbständiger Wirtschaftseinheiten sei, folgte die atomistische Konzeption vom Nationaleinkommen als der „Summe der individuellen Einkommen der Bewohner des betreffenden Landes".

Die bürgerliche Wirtschaftswissenschaft stellte die Liquidierung der hohen parasitären Einkommen der Ausbeuterklassen, die Angleichung der Einkommen und die damit verbundene Erhöhung des materiellen Wohlstands der Werktätigen in falschem Licht dar. Sie interpretierte diese Prozesse als Schwächung der psychologischen Stimuli zur Akkumulation überhaupt, die sich in jener Zeit in der Sowjetwirtschaft vollzogen habe. Die Angleichung der Arbeitseinkommen und die Hebung des Lebensstandards der Werktätigen wurden der Akkumulation gegenübergestellt. In der Nivellierung der Einkommen sah man ein Hindernis zur Bildung der inneren Akkumulationen. Die Möglichkeit zur Akkumulation wurde direkt von der Differenzierung der Einkommen der einzelnen Bevölkerungsschichten abhängig gemacht. „Das hohe Akkumulationsniveau in den kapitalistischen Ländern", schrieb A. Dezen, „ist von einem außerordentlich niedrigen Lebensstandard einer ganzen Reihe von Arbeitergruppen und anderer Klassen begleitet, so daß durch die ungleiche Verteilung des Reichtums die nationale Akkumulation gestärkt wird."[77]

Die marxistischen Ökonomen wandten sich gegen diese These und wiesen nach, daß sie in dieser groben und unverhohlen apologetischen Form selbst bei den Vertretern des bürgerlichen ökonomischen Denkens im Westen keinen Anklang fand. Der sowjetische Ökonom A. Leont'ev setzte sich mit der These von der Auswirkung der Einkommensnivellierung auf das Akkumulationsniveau auseinander und stellte fest, daß die antimarxistischen Ökonomen die Einkommensnivellierung isoliert von den anderen Prozessen der sozialistischen Verteilung betrachteten, die auch die entscheidende Tatsache der Abschaffung von Einkommen unproduktiver Klassen einschließt, die nicht auf Arbeit beruhen.[78]

Die Erhöhung des Wohlstands der Arbeiter und Bauern führte dazu, daß die Arbeitsproduktivität stieg und die Stimuli zur Arbeit verstärkt wurden, was sich in den Jahren des sozialistischen Aufbaus in einem gigantischen Arbeitsheroismus ausdrückte. „Wir haben die Möglichkeit", schrieb V. V. Kujbyšev, „eine solche noch nie dagewesene und den bürgerlichen Ländern fremde Quelle, wie die schöpferischen Fähigkeiten der Arbeiterklasse, zu nutzen ..."[79].

nach bürgerlicher Methodologie. Doch war sie die einzige veröffentlichte Berechnung dieser Kennziffer, die eine Gesamtvorstellung von der Verteilungsstruktur der Bevölkerungseinkommen in der Anfangszeit des Wiederaufbaus der Volkswirtschaft der UdSSR lieferte (vgl. A. L. Vajnštejn, Narodnyj dochod Rossii i SSSR, Moskva 1969, S. 81–88, 89–92).

77 A. Dezen, Die Entwicklung der Industrie und die nationale Akkumulation, in: Ėkonomičeskoe obozrenie, 5/1927, S. 65.

78 Vgl. A. Leont'ev, Socialističeskoe stroitel'stvo i ego kritiki, Moskva-Leningrad 1928, S. 118.

79 V. V. Kujbyšev, Kontrol'nye cifry pjatiletnego plana promyšlennosti na 1928/29–1932/33, Moskva 1929, S. 11.

Als weiteres Hindernis für die Akkumulation nannten die nichtmarxistischen Ökonomen die Erhöhung des materiellen Wohlstands der Arbeiterklasse, und als Mittel, dieses Hindernis zu beseitigen, betrachteten sie Lohnsenkungen. Im Vergleich zum Kapitalismus, meinte V. A. Bazarov, sei für den Sozialismus eine Abschwächung des Akkumulationsprozesses typisch, weil hier die Tendenz zu einem rascheren Wachstum des Konsumtionsfonds im Nationaleinkommen zu Lasten des Akkumulationsanteils wirke. „Die relativen Größen dieses Anteils sind auf der derzeitigen Entwicklungsstufe unserer Planwirtschaft keinesfalls größer, ja eher noch kleiner als in einer kapitalistischen Wirtschaft mit dem gleichen Entwicklungsstand der Produktivkräfte.“[80]

Während der wachsende Wohlstand der Werktätigen zu einem Faktor erklärt wurde, der das Akkumulationstempo hemme, wurde der Verzicht auf die Zurückdrängung des Großbauerntums als Voraussetzung für die Beschleunigung dieses Wachstums betrachtet, die im gesamtstaatlichen Interesse liege. A. Dezen behauptete, daß „die Hindernisse, die der Hebung des Wohlstands der gesündestenSchichten der Bauernschaft im Wege stehen, an sich schon ein hemmender Faktor bei der Akkumulation sind“[81]. Diese „Hindernisse“ unter den Verhältnissen der aus mehreren sozialökonomischen Sektoren bestehenden Wirtschaft der Übergangsperiode aus dem Weg zu räumen, hätte jedoch bedeutet, die Bedingungen für die Vergrößerung des Anteils des privatkapitalistischen Sektors und folglich für die Einschränkung des sozialistischen Sektors zu schaffen.

Zur hauptsächlichen Disproportion, die die Ursache für die Störung des Gleichgewichts im sowjetischen Wirtschaftssystem sein sollte, erklärten die bürgerlichen Ökonomen den Widerspruch zwischen dem Wachstum der Akkumulation im vergesellschafteten Sektor und den Wachstumsraten des Wohlstands der Werktätigen in der Stadt.[82]

Die von den bürgerlichen Ökonomen vorgeschlagenen Maßnahmen zur Reform des Wirtschaftsmechanismus hatten nicht nur Lohnsenkungen sowie die Beseitigung von Hindernissen, die der Erhöhung des Wohlstands der begüterten Schichten auf dem Lande und der privatkapitalistischen Akkumulation im Wege standen, zum Ziel. Sie waren auch darauf gerichtet, das System der Sozialversorgung zu ändern, da es bei breiten Bevölkerungsschichten die Stimuli zur individuellen Akkumulation untergrabe und den „Hang der Wirtschaft zum Verbrauch“ bedinge.[83]

Eine gründliche theoretische Analyse des Problems der Verbindung von Kon-

[80] V. Bazarov, Zur Methodologie der Aufstellung von Perspektivplänen, in: Planovoe chozjajstvo, 7/1926, S. 11.

[81] A. Dezen, Die Entwicklung der Industrie und die nationale Akkumulation in: Ėkonomičeskoe obozrenie, 5/1927, S. 65.

[82] Ėkonomičeskij bjulleten' kon-junkturnogo instituta, 11–12/1927, S. 13.

[83] A. Dezen, Die Entwicklung der Industrie und die nationale Akkumulation, in: Ėkomomičeskoe obozrenie, 5/1927, S. 66/67; A. Ginzburg, Einige Voraussetzungen für den Fünfjahrplan der Industrie, in: ebenda, 4/1927.

sumtion und Akkumulation war in den Beschlüssen von Partei und Regierung enthalten. In den Direktiven für den ersten Fünfjahrplan hob das Vereinigte Plenum des ZK und der ZKK der KPdSU (B) im Oktober 1927 hervor, daß es „bei der Aufstellung des Fünfjahrplans für die Entwicklung der Volkswirtschaft ebenso wie bei der Aufstellung jedes mehr oder weniger langfristig berechneten Wirtschaftsplans notwendig ist, die günstigste Verbindung folgender Elemente anzustreben: die erweiterte Konsumtion der Arbeiter- und Bauernmassen; die erweiterte Reproduktion (Akkumulation) in der staatlichen Industrie auf der Grundlage der erweiterten Reproduktion in der Volkswirtschaft überhaupt; ein schnelleres Tempo der volkswirtschaftlichen Entwicklung als in den kapitalistischen Ländern und der unbedingten systematischen Erhöhung des Anteils des sozialistischen Wirtschaftssektors ..."[84].

Zum Verhältnis zwischen Produktion und Akkumulation hieß es in den Parteibeschlüssen, daß man nicht von einer gleichzeitigen maximalen Größe von Produktion und Akkumulation oder vom einseitigen Interesse der Produktion oder der Akkumulation ausgehen könne. In den Beschlüssen des Plenums wurde von der „relativen Widersprüchlichkeit" dieser ökonomischen Kategorien sowie von „ihrer Wechselwirkung und ihrem Zusammenhang" gesprochen und die Notwendigkeit hervorgehoben, „von der optimalen Verbindung dieser beiden Momente" auszugehen, da vom Gesichtspunkt der langfristigen Perspektive „diese Interessen im allgemeinen identisch sind"[85].

Von diesen Grundsätzen ausgehend arbeiteten die leninistischen Ökonomen die Wege und Methoden der sozialistischen Akkumulation und für das gleichzeitige Wachstum der Akkumulation und des Wohlstands der Werktätigen aus und begründeten die Möglichkeit der gleichzeitigen Erhöhung der Akkumulation und der Löhne unter der Voraussetzung, daß die Arbeitsproduktivität schneller steigt als die Löhne. Der nichtantagonistische Widerspruch zwischen Konsumtion und Akkumulation wird über die Verbindung des in der jeweiligen Etappe maximal möglichen Wachstums des Lebensstandards der Arbeiterklasse und der Bauernschaft mit dem maximal möglichen Wachstum der Akkumulation, also über die optimale Verbindung von Konsumtion und Akkumulation, gelöst.

Einen dritten Faktor, der die Akkumulation im Sozialismus senke, sahen die antimarxistischen Ökonomen in den hohen Verwaltungskosten. Bazarov unterstützte die These des deutschen bürgerlichen Politikers und Ökonomen Walther Rathenau, daß die direkten Verwaltungskosten im Sozialismus höher seien als im Kapitalismus.[86] Hieraus zog Bazarov den Schluß, daß eine „Perspektive, die auf dem Boden einer rein ‚sozialistischen', also von den inneren Ressourcen der staatlichen Industrie begrenzten Akkumulation beruht, hinsichtlich des Ent-

[84] KPSS v rezoljucijach i rešenijach s-ezdov, konferencij i plenumov CK, Bd. 3, S. 507.
[85] Ebenda, S. 508.
[86] V. Bazarov, Das Akkumulationstempo und die „Kommandohöhen", in: Ėkonomičeskoe obozrenie, 9–10/1924, S. 29.

wicklungstempos die ungünstigste Variante ist. Nur ... ein gemischtes System der staatlichen und privatkapitalistischen Wirtschaft ... ist in der Lage die ‚Geburtswehen' des Sozialismus zu erleichtern und einen hinreichend schnellen technischen Fortschritt ohne parallel dazu wachsende Arbeitslosigkeit und bei stetig steigendem Lebensstandard der Werktätigen zu verwirklichen"[87].

Als Ausweg empfahl er den „Weg der gemischten Akkumulation", eines „gemischten Wirtschaftssystems", in dem die privatkapitalistischen Wirtschaften, die die „organischen Mängel der staatlichen Betriebe und des ganzen Wirtschaftssystems" der Übergangsperiode angeblich ausgleichen könnten, die schöpferische Triebkraft bilden sollten.

Die bürgerlichen und kleinbürgerlichen Ökonomen bezweifelten die Möglichkeit der Akkumulation in den staatlichen Wirtschaftsformen, die, so behaupteten sie, ihre Existenz nur außerökonomischen Leitungsmethoden und administrativer Einmischung zu verdanken habe. Sie erklärten, daß staatliche und öffentliche Betriebe sogar unter bürgerlichen Verhältnissen im allgemeinen weniger effektiv seien als private Betriebe. Deshalb maßen sie den rationell geführten Privatbetrieben die Hauptrolle bei der Sicherung der Akkumulation in der sowjetischen Wirtschaft zu. Die Lösung des Akkumulationsproblems sahen sie ausschließlich in der Herstellung der Bedingungen für die private Akkumulation. So hielt es A. A. Sokolov für notwendig, einen Markt für Kapitalien und zinstragende Papiere zu organisieren, den offiziellen Diskontsatz an den des „freien" Marktes anzugleichen, einen ausgedehnten Wertpapiermarkt einzurichten und schließlich zur freien Bildung und zum freien Verkehr von Geldkapital überzugehen, um die Akkumulation im Privatsektor zu intensivieren.[88]

Wohl ist die grundlegende Veränderung der ökonomischen Rolle des sozialistischen Staates, die den Aufbau von Organen für die Leitung der Volkswirtschaft verlangt, tatsächlich mit einem gewissen Ansteigen der Verwaltungskosten verbunden. Doch bedingt der spezifische sozialistische Wirtschaftsmechanismus, der die Möglichkeit schafft, die Akkumulationsmittel in den Händen des Staates zu konzentrieren und die Volkswirtschaft als einheitliches Ganzes zu leiten, grundlegende Vorzüge des Sozialismus auch auf dem Gebiet der Akkumulation.

So stieg der Anteil des Akkumulationsfonds am Nationaleinkommen bereits während des ersten Planjahrfünfts. Wenn er im Jahre 1928 14,3 Prozent des Nationaleinkommens betrug, dann belief er sich 1929 auf 17,8 Prozent, 1930 auf 29,1 Prozent, 1931 auf 39,8 Prozent und 1932 auf 44,2 Prozent. Zum überwiegenden Teil stammten die akkumulierten Erzeugnisse aus der Industrie und der Bauwirtschaft, also aus dem staatlichen Sektor. Der Anteil des Mehrprodukts der

[87] Ebenda, S. 31, 33–34.

[88] A. A. Sokolov, Zur Kritik der Fünfjahreshypothese der Staatlichen Plankommission, in: Vestnik finansov, 7/1927; Problemy dolgosročnogo kreditovanija promyšlennosti, Pod redakciej A. A. Sokolova, Moskva 1928, S. 35, 43–45.

Landwirtschaft am Entwicklungsfonds des nichtagrarischen Bereichs ging von 54 Prozent im Jahre 1928 auf 17 Prozent im Jahre 1932 zurück[89].

Aus der von der Praxis des sozialistischen Aufbaus völlig widerlegten These, daß das Akkumulationstempo in der Sowjetwirtschaft nicht höher sein könne als in den entwickelten kapitalistischen Ländern und selbst im kapitalistischen Rußland, wurde der ebenso falsche Schluß gezogen, daß die wirtschaftliche Entwicklung der UdSSR unvermeidlich in einer „abfallenden Kurve" verlaufen müßte. Die antimarxistischen Ökonomen sahen die hohen Entwicklungsraten in der Wiederaufbauperiode nicht im Zusammenhang mit den Gesetzmäßigkeiten der Herausbildung der sozialistischen Produktionsweise. Sie erklärten sie ganz einfach aus den „Wiederaufbaumöglichkeiten", die einem Aufbauprozeß, der lediglich auf die Wiederherstellung des gestörten Gleichgewichts gerichtet ist, innewohnen. Und sie prophezeiten, daß sich die Entwicklung mit dem Erschöpfen der „Wiederaufbaumöglichkeiten" unvermeidlich in einer abfallenden Kurve, die als objektive Gesetzmäßigkeit der Reproduktion in der Sowjetwirtschaft hingestellt wurde, vollziehen werde.

Die Geschichte der Industrialisierung in der UdSSR hat die Schlußfolgerung, daß das sozialistische Wirtschaftssystem rationell und hocheffektiv ist, bestätigt. Wenn der jährliche Zuwachs der Industrieproduktion in der Industrialisierungsperiode der kapitalistischen Länder zwischen 4 und 5 Prozent lag und nur in einigen Ländern in günstigsten Zeiten 8 bis 11 Prozent erreichte, dann belief er sich in der UdSSR während des ersten Planjahrfünfts auf 19,2 Prozent.

8. Die Entstellung der Entwicklungsprozesse und der sozialistischen Rekonstruktion der Volkswirtschaft

Die sozialistische Rekonstruktion der Wirtschaft, die mit der Industrialisierung eingesetzt hatte, war für die bürgerlichen Ökonomen eine allgemeine Verletzung des Gleichgewichts in der Volkswirtschaft. Den objektiv notwendigen planmäßigen Bruch mit den aus der kapitalistischen Wirtschaft übernommenen Proportionen qualifizierten sie als anormale Entwicklung der Wirtschaft, die gegen die möglichen Grenzen der realen Akkumulation verstoße.[90]

Die Politik der Partei wurde von den antimarxistischen Ökonomen als „Überindustrialisierung" hingestellt, die das Land unvermeidlich in die Katastrophe führen müsse. Sie lehnten den marxistischen Grundgedanken vom Verhältnis zwischen den beiden Abteilungen der gesellschaftlichen Produktion ab und traten

89 A. A. Barsov, Die Bilanz des Wertaustausches zwischen Stadt und Land, S. 90 bis 91, 186.

90 Vgl. N. D. Kondrat'ev, Die gegenwärtige volkswirtschaftliche Konjunkturlage im Lichte der Beziehungen zwischen Industrie und Landwirtschaft, in: Socialističeskoe chozjajstvo, 6/1925.

gegen die sozialistische Industrialisierungsmethode, gegen die vorrangige Entwicklung der Schwerindustrie und für die Umverteilung der Investitionen nach der Rentabilität der Zweige sowie für eine allgemeine Drosselung der Entwicklungsraten der Industrie auf.

Typisch für das ganze System der antimarxistischen Auffassungen von den Problemen der Industrialisierung war das folgende Programm der industriellen Entwicklung, das in der Zeitschrift „Socialističeskoe chozjajstvo" unterbreitet wurde: „Die Entwicklung der Industrie darf sich nicht über die ganze Front erstrecken, sondern nur einige Zweige, vor allem der Leichtindustrie, sowie die Zweige erfassen, deren Produktion gewisse Vorteile im Sinne der Möglichkeit des Massenabsatzes und der besseren Anpassung an den Verbraucher (Landmaschinenbau) aufweisen. Infolge des Kapitalmangels muß von der Schaffung neuer Produktionen Abstand genommen werden, auch wenn sie hohe technische Leistungen verkörpern (Traktorenbau, Automobilbau, Präzisionswerkbau, Leichtchemie). Weit rationeller ist es, einen Teil der Mittel in die landwirtschaftliche Industrie und in die Primärverarbeitung landwirtschaftlicher Produkte für den Export (industrielle Verarbeitung von Kartoffeln, Fleischindustrie, Herstellung von Schälmaschinen, Gefrierwarenproduktion, Bau von Mais-Trockenanlagen usw.), zu investieren ... Die Verteilung der Kapitalien sollte nach der Rentabilität dieses oder jenes Zweiges vorgenommen werden und das Ziel verfolgen, die Produktivkräfte des Landes unter den Bedingungen internationaler Verbindungen schnellstens zu entwickeln."[91]

Auf diese Weise wurde die sozialistische Industrialisierung als industrielle Entwicklung schlechthin dargestellt. Dieser von antimarxistischen Ökonomen vorgeschlagene Entwicklungsweg hätte unweigerlich den sozialistischen Aufbau desorganisiert. Um die Grundaufgaben des sozialistischen Aufbaus zu lösen, bedurfte es einer prinzipiell neuen, der sozialistischen Industrialisierungsmethode: der allseitigen Entwicklung der Produktion von Produktionsmitteln, der Schwerindustrie und der entschiedenen Veränderung der bisherigen Proportionen.

Der XIV. Parteitag der KPdSU, der den Kurs auf die Industrialisierung des Sowjetlandes beschloß, stellte die Aufgabe, „den wirtschaftlichen Aufbau unter dem Gesichtspunkt zu führen, daß die UdSSR aus einem Maschinen und Anlagen importierenden Land zu einem Maschinen und Anlagen produzierenden Land wird, damit die UdSSR angesichts der kapitalistischen Umkreisung auf keinen Fall zu einem wirtschaftlichen Anhängsel der kapitalistischen Weltwirtschaft wird, sondern eine selbständige, auf sozialistische Weise aufbauende wirtschaftliche Einheit, die durch ihr Wirtschaftswachstum in der Lage ist, ein mächtiges Mittel zur Revolutionierung der Arbeiter aller Länder und der geknechteten Völker der Kolonien und Halbkolonien zu werden."[92]. Einen sehr

[91] Socialističeskoe chozjajstvo, 5/1924, S. 102, 103.

[92] KPSS v rezoljucijach i rešenijach s-ezdov konferencij i plenumov CK, Bd. 3, S. 245.

großen Beitrag zur Theorie der sozialistischen Industrialisierung lieferten die Beschlüsse des Aprilplenums des ZK (1926), der XV. Parteikonferenz (Oktober-November 1926), des Vereinigten Plenums des ZK und der ZKK der KPdSU (B) (Oktober 1927) sowie des XV. Parteitages (Dezember 1927).

Bei der Ausarbeitung der Theorie der sozialistischen Industrialisierung gingen die Kommunistische Partei und die sowjetischen Ökonomen von der Aufgabe des Aufbaus des Sozialismus in der UdSSR, von der realen wirtschaftlichen Situation aus, wie sie zum Ende der Wiederaufbauperiode gegeben war. Der Kurs der Partei auf die resolute Industrialisierung des Sowjetlandes und auf die sozialistische Umgestaltung des Dorfes gründete sich auf der Notwendigkeit und Möglichkeit, qualitativ neue Relationen zwischen den Zweigen und Bereichen der gesellschaftlichen Reproduktion herzustellen. Unter Ausnutzung der ökonomischen Gesetze des Sozialismus veränderte die Partei in der Übergangsperiode die Proportionen und Tendenzen der wirtschaftlichen Entwicklung, die auf das spontane Wirken des Wertgesetzes zurückzuführen waren. So schrieb A. Leont'ev: „Durch die Besonderheiten seiner Klassenstruktur . . ., durch den veränderten Charakter der Produktionsverhältnisse hat das sowjetische Wirtschaftssystem die Möglichkeiten, Proportionen im Wirtschaftsleben herzustellen, die sich in ihrem materiellen Inhalt von den Proportionen unterscheiden, wie sie in der ‚gewohnten' kapitalistischen Warenwirtschaft hergestellt werden".[93]

Eine erste Bilanz über die Industrialisierung des Sowjetlandes zog der XV. Parteitag. Er hob in seinen Beschlüssen hervor, daß die „Entwicklung der staatlichen Großindustrie von einem kontinuierlichen Anwachsen des Anteils der Produktion von Produktionsmitteln begleitet war. Das Überschreiten der Vorkriegsnormen durch die Industrie, die Erneuerung des fixen Kapitals der sozialistischen Industrie, der Beginn grundlegender Umgestaltungen in der Produktionstechnik, die bedeutenden Erfolge der Elektrifizierung, die Schaffung und Entwicklung ganzer neuer Zweige der Industrieproduktion (Maschinenbau, Werkzeugmaschinenbau, Automobilbau, Turbinenbau, Flugzeugindustrie, chemische Industrie), der Bau neuer Betriebe, Anlagen und Werke sowie die grundlegende Neuausrüstung alter Betriebe – das sind wesentliche Erfolge der Partei und der Arbeiterklasse auf dem Weg zur Industrialisierung unseres Landes . . ."[94]

Alle Vertreter des bürgerlichen und kleinbürgerlichen ökonomischen Denkens waren sich darin einig, daß sich die Industrialisierung nur durch die Landwirtschaft vollziehen könne und werde. Aber wenn sie sich in der Charakteristik der möglichen Quellen für die Industrialisierung noch einig waren und zu begründen suchten, daß es nicht um die sozialistische Industrialisierung, sondern um eine herkömmliche industrielle Entwicklung gehen müsse, so unterschie-

93 A. Leont'ev, Zakon trudovych zatrat, 2. Auflage, Moskva 1930, S. 49.

94 KPSS v rezoljucijach i rešenijach s-ezdov, konferencij i plenumov CK, Bd. 4, Moskva 1970, S. 16.

den sie sich doch in den Wertungen, die sie über diesen Prozeß, seine Perspektiven und Auswirkungen abgaben.

In einer Betrachtung zu zwei Industrialisierungsmodellen antimarxistischer Ökonomen schrieb der sowjetische Theoretiker M. G. Bronskij: „Während sich einige von ihnen wegen des größtmöglichen Erfolgs der Industrialisierung für die Freiheit der privatwirtschaftlichen Akkumulation, für den freien Geldmarkt, für die Akkumulation auf dem Kreditweg einsetzen, der gestattet, die Mittel für den industriellen Aufbau aus anderen Gebieten der Volkswirtschaft, also von der Landwirtschaft, von den Bauern abzuschöpfen, sind andere gegen diese Methoden der Entlehnung von Mitteln für die Industrialisierung, die die Landwirtschaft schwächen. Sie setzen sich dafür ein, den Druck auf die Großbauernwirtschaft zu mildern."[95] Zur ersten Gruppe gehörten solche Ökonomen, wie A. Dezen, A. A. Sokolov sowie die Ökonomen, die für die herkömmliche industrielle Entwicklung über die traditionellen kapitalistischen Akkumulationsmethoden eintraten. Die zweite Gruppe wurde im wesentlichen von Agrarökonomen repräsentiert, die in Rußland nach wie vor ein „bäuerliches Agrarland" sehen wollten. Sie gingen davon aus, daß das Land noch lange agrarisch bleiben, landwirtschaftliche Erzeugnisse ausführen und Ausrüstungen einführen werde. N. P. Oganovskij schrieb, daß das Wirtschaftssystem auf dem Prinzip der „engsten Abstimmung der Organisation des Handels, der Industrie, der Finanzen und des Transportwesens mit der Entwicklung des Hauptzweiges unserer Volkswirtschaft – der Landwirtschaft..."[96] aufbauen müsse.

Diese Strömung innerhalb des antimarxistischen Lagers deren Vertreter von S. G. Strumilin als „Epigonen der Volkstümlerei" bezeichnet wurden, sah die Entwicklung der Industrie als „künstlich eingepflanzte schmarotzende Blume, die auf unserem Boden nur zum Schaden der Landwirtschaft, durch das Aussaugen der Lebenskräfte des Dorfes so üppig sprießen kann".[97] Natürlich war diese Strömung keine einfache Wiedergeburt der Volkstümlerideologie. Hier war das volkstümlerische Element in die bürgerliche Konzeption von der Sowjetwirtschaft eingebettet.

Diese Gruppe bürgerlicher Ökonomen meinte, daß dem Gleichgewicht des Wirtschaftssystems die Kongruenz der Preise für industrielle und landwirtschaftliche Waren auf dem Markt zugrunde liegen müsse. „Die Erhöhung der Kaufkraft des Bauern ist die Voraussetzung für die Existenz einer staatlichen Industrie und für die Erhöhung der Löhne der Fabrikarbeiter"[98], schrieb

95 M. G. Bronskij, Neokapitalistische Ideologie in der sowjetischen Wirtschaftsliteratur, in: Socialističeskoe chozjajstvo, 3/1928, S. 37.

96 N. P. Oganovskij, Die Realisierung der Ernte des Jahres 1924 und Probleme der Organisation der Volkswirtschaft, in: Socialističeskoe chozjajstvo, 3/1924, S. 33.

97 S. G. Strumilin, Industrializacija SSSR i epigony narodničestva, Moskva-Leningrad 1927, S. 5.

98 Zitiert nach: I. Žirkovič, Marktkapazität und Preise, in: Socialističeskoe chozjajstvo, 1/1924, S. 215.

L. N. Litošenko. Dieses vulgäre Gleichgewichtsschema basierte sich auf der unrichtigen Vorstellung, daß die Industrie (die in Wirklichkeit das Hauptaufkommen an Mitteln für die Industrialisierung lieferte) keine Akkumulationsquelle sei, und auf der Leugnung der Notwendigkeit, daß ein bedeutender Teil des neugeschaffenen Wertes für die erweiterte Reproduktion in der Industrie bereitgestellt werden muß. Seine Autoren behaupteten, die „Akkumulationskapitale" müßten in erster Linie in die Landwirtschaft und in die mit der Landwirtschaft verflochtenen Zweige gelenkt werden. Sie meinten, daß „niedrige Getreidepreise letztlich die Stadt nicht weniger empfindlich treffen als das Dorf"[99]. Von dieser These ausgehend, lieferten sie ein ausgeprägt negatives Urteil über die Senkung der außerordentlich hohen Getreidepreise, die infolge der Mißernte von 1921/22 zustande gekommen waren.[100]

In der Naturalsteuer, die im Anfangsstadium der NÖP eine objektive Notwendigkeit war, sahen sie eine Anomalie, die „beträchtliche Produktmengen am Markt vorbeiführt..." und verhindere, daß die Beziehungen der Bauernwirtschaft mit der Außenwelt den Charakter „gleichförmiger Veräußerung und Beschaffung der Produkte" annehmen. Sie bezeichneten die Naturalsteuer als „einseitigen und geldlosen Strom der in der Bauernwirtschaft erzeugten materiellen Güter", als „Relikt aus der Epoche der Naturalisierung der Bauernwirtschaft", also des Kriegskommunismus.[101] Der Umsatz der materiellen Güter zwischen Stadt und Land sollte nach Kondrat'evs Auffassung in strenger Übereinstimmung mit einer Hauptthese der bürgerlichen Markttheorie stattfinden, nach der jeder Verkauf zugleich Kauf zu sein hatte. Deshalb wurde die Forderung gestellt, „das Hindernis der naturalsteuerlichen Veräußerungen", das zwischen Industrie und Landwirtschaft stehe, zu liquidieren.

Bei der Darstellung der Landwirtschaft als der dynamischen Grundlage der ganzen Volkswirtschaft wurde das Volumen der Industrieproduktion ausschließlich von der Aufnahmefähigkeit des bäuerlichen Marktes abhängig gemacht.

Wenn im Kapitalismus die Kapitalakkumulation „dem Entstehen und der Entwicklung der Märkte und ihrer Aufnahmefähigkeit" voraufgehe, schrieb N. P. Makarov, dann verändere sich das Bild in einer Planwirtschaft. Die der Entwicklung der Industrie zugrunde liegende Planmäßigkeit bedeute, daß „zunächst die Aufnahmefähigkeit des Marktes berechnet sowie der Plan für die Befriedigung der Bedürfnisse aufgestellt und dann neue Industriezweige entwickelt oder alte Industriezweige gestärkt werden"[102]. Mit anderen Worten:

99 Ebenda.

100 Vgl. S. G. Strumilin, Das Problem der hohen Getreidepreise, in: Ėkonomičeskoe obozrenie, 4/1923.

101 L. N. Litošenko, Bauernwirtschaft und Markt, in: Ėkonomičeskoe obozrenie, 5/1925, S. 32, 33.

102 N. P. Makarov, Zur Frage der Wechselbeziehung zwischen Landwirtschaft und Industrie, in: Ėkonomičeskoe obozrenie, 10/1925, S. 82.

Die Entwicklung „des anderen Teils der Volkswirtschaft“ , also der Industrie, sollte an einen einzigen Faktor gebunden sein – an die Aufnahmefähigkeit des bäuerlichen Marktes. Und der Vorzug des Sozialismus sollte es sein, daß die Aufnahmefähigkeit des bäuerlichen Marktes a priori bestimmt und danach die Grenzen für die industrielle Entwicklung festgelegt werden.

Am deutlichsten kam diese Konzeption in den Arbeiten von N. D. Kondrat'ev zum Ausdruck. Als „künstliche Nebelwand“ (wie sich S. G. Strumilin ausdrückte), die das bürgerliche Wesen Kondrat'evs verbergen sollte, diente die scheinbare Sorge um die Prosperität der Landwirtschaft, die von der Industrialisierungspolitik ruiniert werde.

Kondrat'ev ließ das reaktionäre Vorurteil der Volkstümlerbewegung wiederaufleben, daß jede Entwicklung der Industrie stets zu Lasten der Entwicklung der Landwirtschaft gehen müsse. Er behauptete, daß die sozialistische Industrialisierung durch Ausplünderung des Dorfes vollzogen werde und die Verelendung der Bauernschaft in der UdSSR unerhörte Ausmaße angenommen habe.

In einer Entgegnung auf Kondrat'evs Erklärung, die Bilanz des Wertaustausches zwischen Stadt und Land stelle sich in der Sowjetwirtschaft „für das Dorf weitaus trauriger dar als in der Zeit vor dem Krieg“, stellte Strumilin fest: „Wenn man bedenkt, daß die wohlhabenderen Schichten auf dem Lande Überschußprodukte verkaufen und die ärmsten Schichten kaufen, dann muß man zugeben, daß gesenkte Preise für ländliche Produkte keineswegs für alle Schichten gleichermaßen nachteilig sind. Für die armen Bauern jedenfalls sind sie nicht unvorteilhaft, da sie deren Wohlstand auf Kosten der begüterten Schichten etwas erhöhen.“ Die „Preisschere“ zugunsten der Stadt, zu der es infolge von Teildisproportionen in der Entwicklung von Industrie und Landwirtschaft vorübergehend gekommen war, hatte sich nach dem Preisindex des Staatlichen Plankomitees 1925/26 gegegenüber 1913 auf 117 Prozent erweitert. Das bedeutete, daß das Dorf bei jedem Rubel, den es mit dem Verkauf seiner Erzeugnisse an die Stadt einlöste, 17 Kopeken einbüßte. Deshalb, so stellte Strumilin weiter fest, „betrafen die Zahlungen und Verluste die verschiedenen Schichten der Bauernschaft bei weitem nicht gleichermaßen .... Die Schichten, die landwirtschaftliche Produkte verkauften, büßten dabei infolge der ‚Schere‘ ein ..., während die anderen Schichten, die Getreide kauften, diesen Betrag für sich verbuchten“[103].

Die Berechnungen, mit denen die bürgerlichen Ökonomen operierten und aus denen sie den angeblich ihre These von der „Ausbeutung des Dorfes“ bestätigenden Schluß zogen, daß zwischen den Preisen für Erzeugnisse der Industrie und der Landwirtschaft eine erhebliche Kluft bestehe, basierten auf einem Einzelhandelspreisindex des Konjunkturinstituts, der auf offenkundig falschen Grundlagen aufgebaut war. Vor dem Sondererlaß des Rates für Arbeit und

[103] S. G. Strumilin, Očerki sovetskoj ėkonomiki, Moskva-Leningrad 1930, S. 516.

Verteidigung[104] hatte dieser Index, der, der Methodologie der bürgerlichen Vulgärökonomie folgend, nur die privaten Wirtschaftsformen anerkannte, lediglich die Preise des sogenannten „freien Marktes" registriert. Obgleich 1926/27 bereits 80 Prozent aller Waren über den vergesellschafteten Sektor des Handels realisiert wurden, erfaßte der Index des Konjunkturinstituts nur den Umsatz des privaten Sektors, auf den also nur 20 Prozent entfielen. Dadurch waren die Preise für Industriegüter um 23 Prozent, die für landwirtschaftliche Waren aber nur um 10 Prozent zu hoch ausgewiesen. „Jahrelang hat man uns anhand dieses ‚Spekulanten'-Index sowohl mit dem Gespenst einer herannahenden Inflation als auch mit einer für uns politisch unzumutbaren Öffnung der Schere gedroht"[105], schrieb Strumilin.

Natürlich war die Bauernschaft als eine mit dem Proletariat verbündete und an der Industrialisierung sozial und wirtschaftlich zutiefst interessierte Klasse an der Lösung des Akkumulationsproblems beteiligt. Aber das ging nicht durch Ausbeutung der Landwirtschaft durch die Industrie vor sich, wie es die antimarxistischen Ökonomen hinzustellen suchten. Der sowjetische Ökonom T. Berin schrieb darüber: „Wenn die Arbeiterregierung die Preise nicht nach dem Äquivalenzprinzip festlegt, dann tut sie dies nicht, um die rückständigen Wirtschaftsformen auszubeuten, sondern um im Preis den Anteil zu erfassen, den die Bauernschaft als Partner des Proletariats für alle gesellschaftlichen Belange beisteuern muß."[106]

Die Industrialisierung selbst war auch auf die Hebung der Produktivkräfte, die Entwicklung moderner Produktionsformen in der Landwirtschaft, auf die Überwindung ihrer Rückständigkeit gerichtet. Diese Aufgaben hatte die marxistische Wissenschaft ausgearbeitet und gestellt. „Sorgfältige Untersuchungen über das Problem der Landwirtschaft im System der Volkswirtschaft hatten zu der Formulierung der regulativen Idee geführt, von der wir sagten: Nur auf dem Weg der forcierten Industrialisierung liegt die Lösung des Problems der Landwirtschaft"[107], schrieb der sowjetische Ökonom A. Mendel'son. Die Industrialisierung war die entscheidende Voraussetzung für die sozialistische Rekonstruktion der Landwirtschaft.

Ihr wahres Gesicht zeigten die bürgerlichen Ökonomen bei ihren Äußerungen gegen die Befolgung einer differenzierten Politik auf dem Lande, gegen die klassenmäßige Haltung zu den verschiedenen Schichten der Bauernschaft. Kondrat'ev wandte sich gegen die wirtschaftliche Unterstützung der Kleinbauern, die er als „wirtschaftliche Katastrophe" bezeichnete. Er erklärte, daß

[104] S. G. Strumilin, Na planovom fronte, Moskva 1958, S. 350.

[105] S. G. Strumilin, Industrializacija SSSR i epigony narodničestva Moskva-Leningrad 1927, S. 66.

[106] T. Berin, Der Wert im Wirtschaftssystem der UdSSR, in: Bol'ševik 9–10/1926, S. 78.

[107] A. S. Mendel'son, Die ökonomischen Aufgaben des Jahres 1928/29, in: Problemy ėkonomiki, 1/1929, S. 9.

nur der wirtschaftlich gesunde Landwirt die Grundlage für die Akkumulation, für die Entwicklung der Landwirtschaft und der ganzen Volkswirtschaft sein könne, während die Bauern, die sich gerade noch über Wasser halten, besser für den Barrikadenkampf als für die Akkumulation taugen. Wenn wir die Kleinbauern favorisieren und das Wachstum der wirtschaftlich starken Schichten auf dem Dorf hemmen, behauptete Kondrat'ev, dann halten wir nicht nur die Entwicklung der Landwirtschaft auf, dann untergraben wir nicht nur die Möglichkeiten für die Industrialisierung des Landes, sondern geben wir auch die Möglichkeit für wirkliche Hilfeleistungen an die Kleinbauernschaft aus der Hand. Er ging davon aus, daß die Volkswirtschaft aus zwei Sektoren bestehe: aus der staatlichen Industrieproduktion, die angeblich unrationell mit außerökonomischen Methoden betrieben werde, und aus dem elementaren kleinwirtschaftlichen Sektor, dessen Spitzengruppen er zu Musterbeispielen rationellen Wirtschaftens, zur einzigen Wirtschaftsform erklärte, die Akkumulationsmittel erwirtschaftete.

Für Kondrat'ev, der die führende Rolle der Industrie bei der Neugestaltung der Wirtschaft leugnete, waren Industrie und Landwirtschaft nicht einmal gleichrangige Zweige, er meinte, daß der Landwirtschaft das Primat zukomme. Um diese These zu beweisen, berief er sich auf die Physiokraten, die behauptet hatten, die ganze wirtschaftliche Entwicklung werde von den Möglichkeiten der landwirtschaftlichen Produktion als einzig produktivem Zweig bestimmt. Er rief dazu auf, sich der „alten Wahrheit zu erinnern, die schon die Physiokraten und Adam Smith verkündet hatten, daß sich die nichtagrarischen Zweige eines Landes nicht mehr entwickeln können als es die natürlichen Ressourcen erlauben, die ihnen die Landwirtschaft liefert". Deshalb müsse „der Ausweg aus dieser schwierigen wirtschaftlichen Situation des Landes in der Abstimmung der staatlichen Ausgaben auf die Möglichkeiten gesucht werden, die in der Landwirtschaft gegeben sind . . .". Daraus zog er den Schluß, man müsse „die staatlichen Ausgaben und einige Zweige der staatlichen Wirtschaft einschränken, die von den Säften der Landwirtschaft leben"[108].

Die „führende" Rolle der Landwirtschaft suchte man auch unter anderen Gesichtspunkten zu beweisen. Die Landwirtschaft sollte in der Sowjetwirtschaft eine Art „unabhängige Variable" darstellen, da in ihr angeblich nur spontane Tendenzen wirkten. Von dieser These ausgehend, wollte Kondrat'ev die Existenz von zwei Planungsmethoden nachweisen: für die Landwirtschaft die „genetische" Methode, die die spontanen Tendenzen der Vergangenheit in der Zukunft extrapoliere, und für die Industrie die „teleologische" Methode, die von gestellten Zielen und Aufgaben ausgehe.

[108] N. D. Kondrat'ev, Der Wandel der weltweiten und der russischen Landwirtschaft während und nach dem Kriege und die Grundaufgaben unserer Agrarpolitik (Vortrag auf dem III. Agronomenkongreß), in: Vestnik sel'skogo chozjajstva, 6–7/1922, S. 19–20.

A. Mendel'son wies die Absurdität einer solchen Abgrenzung und Wesensbestimmung der Planungsmethoden nach und schrieb, diese Interpretation unterstelle stillschweigend, daß „wir uns in der Industrie bestimmte Ziele unabhängig von den Bedingungen stellen können, unter denen sich der betreffende Zweig entwickelt“[109], er meint, die Pläne wurden von vornherein als unreal, den objektiven Bedingungen nicht Rechnung tragend hingestellt.

Die Konfrontation von „teleologischer“ und „genetischer“ Methode brauchte man, um die Irrationalität des Gedankens von der Planung der Sowjetwirtschaft überhaupt zu beweisen; denn nur einen Teil der Volkswirtschaft zu planen, während der „Hauptzweig“ weiter von spontanen Kräften und Tendenzen beherrscht wird, wäre ein Unding gewesen.

Der Sowjetstaat wandte in dieser Zeit im wesentlichen indirekte Regulierungsmethoden gegenüber der Landwirtschaft an. In dem Maße, wie die sozialistische Vergesellschaftung voranschritt, sich das Genossenschaftswesen entwickelte und der Staat den Warenverkehr in die Hand bekam, ging er zur direkten Leitung und Planung der Landwirtschaft über.

In ihren Kritiken an der bürgerlichen Methodologie der Analyse der Übergangswirtschaft hoben die marxistischen Ökonomen hervor, daß der Grundmangel dieser Methodologie darin bestehe, daß sie von der Frage nach dem Charakter der Produktionsverhältnisse abstrahiere, an die Stelle der Produktionsverhältnisse die Produktionsstruktur der Volkswirtschaft setze und die ökonomischen Kategorien überhaupt in vulgärer Weise interpretiere. Die marxistische Analyse verlange, „die verschiedenen gesellschaftlichen Sektoren in unserer Wirtschaft, wie sie sich auf die einzelnen Zweige der materiellen Produktion verteilen ...“, zu untersuchen, um, wie der sowjetische Ökonom V. Kac schrieb, „das System ihrer Subordination“ zu verstehen, „das sich im Prozeß der sozialistischen Umgestaltung der ganzen Volkswirtschaft herausbildet. Da alle entscheidenden Produktionsmittel, darunter auch der Grund und Boden, in den Händen der Arbeiterklasse, des wirklichen Trägers der Produktionsverhältnisse, sozialistischen Typs sind, ist auch der sozialistische Sektor, der die Kommandohöhen in der Wirtschaft des Landes innehat, und nicht der Sektor der einfachen Warenproduktion (trotz des hohen Anteils der landwirtschaftlichen Kleinproduktion an der Wirtschaft), das führende Element in der ganzen Wirtschaft der UdSSR.“[110]

In seinem Bemühen, die Vorzüge der landwirtschaftlichen Kleinproduktion vor der vergesellschafteten Großindustrie zu begründen, schlug Kondrat'ev vor, die Akkumulationsmittel für die angeblich „nicht lebensfähigen“ sozia-

[109] Die Grundlagen des Perspektivplans für die Entwicklung der Land- und Forstwirtschaft. Referat von A. Mendel'son, in: Puti sel'skogo chozjajstva, 1/1926, S. 200.

[110] V. Kac, Das Nationaleinkommen der UdSSR im Spiegel der bürgerlichen ökonomischen Theorie, in: Problemy ėkonomiki, 1/1929, S. 106.

listischen Wirtschaftsformen durch ein System von Maßnahmen zur Festigung der Großbauernwirtschaften zu beschaffen. Ebenso wie andere bürgerliche Ökonomen spekulierte er dabei auf die Schwierigkeiten des wirtschaftlichen Aufbaus in der Periode der sozialistischen Rekonstruktion, auf die realen Widersprüche der Übergangswirtschaft und besonders auf die komplizierte Lage bei der Lösung der Problems der sozialistischen Akkumulation für die Industrialisierung. Sie gaben das Programm für die Befreiung des Agrarkapitalismus als Lösung des Problems der sozialistischen Akkumulation aus.

Dieses Programm für die wirtschaftliche Entwicklung der Großbauernschaft sollte bei freier privatkapitalistischer Akkumulation auf dem Lande und Abbau der sozialistischen Industrialisierung zum Ausgangspunkt für die bürgerliche Renaissance der Übergangswirtschaft werden. Die gefestigte Großbauernschaft und das Auslandskapital waren die sozialen Kräfte, auf die die bürgerlichen Agrartheoretiker setzten. Deshalb spielte das Problem des Außenhandelsmonopols und der Konzessionspolitik in ihrem Kampf an der Wirtschaftsfront auch eine so große Rolle. Die bürgerlichen Ökonomen bekämpften das Außenhandelsmonopol und setzten sich für die „Befreiung" des internationalen Handels und für die Herstellung „normaler" Handelsbedingungen, für Zugeständnisse an das ausländische Kapital bei der Vergabe von Konzessionen ein. Und wie stets wurden die wahren Ziele hinter der scheinbaren Sorge um die Entwicklung der Produktivkräfte verborgen.

Die bürgerlichen Ökonomen betrachteten die Sowjetwirtschaft als untrennbaren Bestandteil des kapitalistischen Weltsystems. Sie bemühten sich auf jede Weise nachzuweisen, daß die wirtschaftlichen Perspektiven der UdSSR auf der Grundlage der Entwicklung der kapitalistischen Weltwirtschaft bestimmt werden müßten. Richtung und Struktur der Entwicklung der Produktivkräfte sollten ausgehend von der führenden Rolle der internationalen Arbeitsteilung, der Weltmarktbeziehungen festgelegt werden. Dieser Interpretation folgend stellte Bazarov die Frage, ob es nicht wirtschaftlich zweckmäßig sei, in der UdSSR nur die Industriezweige zu entwickeln, die in der Perspektive mit analogen Zweigen auf dem Weltmarkt konkurrieren können.[111]

„Der Aufschwung unserer Landwirtschaft und die Möglichkeiten für die Fortführung dieser Aufwärtsentwicklung stoßen auf das Problem des breiten Zutritts der landwirtschaftlichen Waren zum Weltmarkt", schrieb Kondrat'ev. Wegen ihrer „Monopolstellung", ihrer hohen Produktionskosten und der Kreditvergünstigungen sei die Industrie in einer privilegierten Lage, während die Landwirtschaft das „volle Äquivalent" nur auf dem Weltmarkt erhalten könne.[112] Die Tatsache, daß die Politik der zaristischen Regierung auf dem Prin-

[111] Vgl. B. Bazarov, Prinzipien der Aufstellung des Perspektivplans, in: Planovoe chozjajstvo, 2/1928.

[112] N. D. Kondrat'ev, Zur Frage der Tendenzen und der gegenwärtigen Phase der weltweiten Landwirtschaft und des Weltagrarmarktes, in: Puti sel'skogo chozjajstva, 4/1926, S. 3.

zip „Wir essen uns nicht satt, sondern exportieren" beruht hatte, daß das Elend und der Hunger der Bauernmassen der zu zahlende Preis war, übergingen die bürgerlichen Ökonomen mit Schweigen. Sie beriefen sich auf die „Erfahrungen der Geschichte", die angeblich darin bestanden, daß die Entwicklung der russischen Industrie hauptsächlich an den Binnenmarkt gebunden war und ist, die Landwirtschaft aber mit dem Außenmarkt wuchs.

In die gleiche Richtung liefen die Empfehlungen der bürgerlichen Ökonomen, die Preisrelationen zwischen den Waren der Industrie und der Landwirtschaft einschneidend zu verändern. Dabei sollten die Preise für Industrieerzeugnisse gesenkt werden, und zwar besonders durch Lohnkürzungen.

In seinem Referat auf dem III. Gesamtrussischen Landwirtschaftskongreß, auf dem das bürgerliche Programm für die Entwicklung der UdSSR vorgelegt und eine konterrevolutionäre Entschließung über die Abschaffung des Außenhandelsmonopols angenommen wurde[113], erklärte B. D. Bruckus, daß die Abschaffung des Außenhandelsmonopols von den „Interessen der Bauernschaft" diktiert werde, da sie nur „aus dem Kontakt mit den reicheren Ländern ... das gebührende Äquivalent für ihr Produkt ..." erhalten könne.[114] Die Abschaffung des Außenhandelsmonopols sollte auch die Probleme der Industrialisierung lösen helfen, da die Mittel, die die Landwirtschaft aufbringe, angeblich nur unter dieser Bedingung auf dem Weltmarkt in Produktionsinstrumente für die Industrie verwandelt werden können.

In seiner Entgegnung auf die Argumente N. I. Bucharins, der vorgeschlagen hatte, auf das Außenhandelsmonopol zu verzichten, um „den bäuerlichen Warenfonds zu mobilisieren und ihn dem internationalen Warenverkehr zuzuführen", da wir dazu „selbst nicht imstande sind", wies Lenin nach, daß ein solcher Standpunkt „Verteidigung des Spekulanten, des Kleinbürgers und der bäuerlichen Oberschichten ..." bedeute und den Weg zur Industrialisierung des Sowjetlandes versperre. Zwischen dem Binnenmarkt und dem Weltmarkt gab es erhebliche Preisdifferenzen (so betrug beispielsweise der Preis für Flachs in der UdSSR weniger als ein Drittel des Preises in Großbritannien). Deshalb war es unvermeidbar geworden, daß der Exporteur „aufs rascheste, sicherste und unzweifelhafteste die gesamte Bauernschaft um sich (mobilisiert)"[115], daß „man uns den Handel kraft des Drucks nicht nur der Schmuggler, sondern der gesamten Bauernschaft aus der Hand reißen ..." und „im Dorf der übelste

113 Die XII. Gesamtrussische Parteikonferenz (August 1922) stellt in ihrer Entschließung „Über antisowjetische Parteien und Strömungen" fest, daß „die Oberschicht der sich parteilos gebenden bürgerlichen Intelligenz" bemüht war, wissenschaftliche Tagungen, darunter auch den Landwirtschaftskongreß, „zu einer Tribüne unverhohlener bürgerlicher Propaganda ..." zu machen (KPSS v rezoljucijach i rešenijach s-ezdov, konferencij i plenumov CK, Bd. 2, S. 391, 392).

114 Sel'skochozjajstvennaja žizn, 18/1922 (59).

115 W. I. Lenin, Über das Außenhandelsmonopol, in: Werke, Bd. 33, Berlin 1962, S. 441, 444.

Ausbeuter, Aufkäufer, Spekulant, Agent des Auslandskapitals, der mit dem Dollar, dem Pfund, der schwedischen Krone manipuliert, künstlich eingeführt wird".[116]

Mit der Abschaffung des Außenhandelsmonopols wären das Auslandskapital und der private Händler letztlich zu der Kraft geworden, die den bäuerlichen Inlandsmarkt organisiert hätte, so daß es zur Sprengung der ökonomischen Verbindungen zwischen der sozialistischen Industrie und dem kleinbürgerlichen Dorf gekommen wäre.

Das Dezemberplenum des ZK der KPR (B) im Jahre 1922 und der XII. Parteitag der KPR (B) im April 1923 bestätigten die „Unwandelbarkeit des Außenhandelsmonopols" und wiesen Bucharins kapitulantenhafte Vorschläge zurück. Der XII. Parteitag faßte den Beschluß, „systematische Maßnahmen zur Festigung und Entwicklung des Regimes des Außenhandelsmonopols zu ergreifen".[117]

Damit hatten die hartnäckigsten Gegner des Sozialismus unter den antimarxistischen Ökonomen, die darauf setzten, daß die Abschaffung des Außenhandelsmonopols einen Vorstoß gegen die sozialistischen Wirtschaftsformen nach sich ziehen und zur Umwandlung des Landes in eine Halbkolonie der imperialistischen Staaten führen würde, eine Niederlage erlitten. In ihrem Streben, den Kapitalismus wiedererstehen zu lassen, machten die Apologeten des Kapitalismus selbst vor dem Verzicht auf die nationale Unabhängigkeit des Sowjetlandes nicht halt.

Für die nichtmarxistische Methodologie war die scharfe Abgrenzung zwischen Industrie und Landwirtschaft typisch, die nur über Nachfrage und Angebot auf dem Markt und nur im Umfang der quantitativen Austauschrelationen miteinander verbunden sein sollten. Der Einfluß der Industrie auf die Entwicklung der Landwirtschaft wurde dabei unberücksichtigt gelassen. Die Industrie wurde in den Begriff des Marktes und der Marktbeziehungen nur als Absatzmarkt für landwirtschaftliche Erzeugnisse einbezogen.

N. N. Suchanov, ein Verfechter der abwegigen Theorie von der Konkurrenz und vom Kampf zwischen „Industrie- und Agrarkapitalismus", wollte den antagonistischen Gegensatz zwischen Stadt und Land auch auf die Wirtschaft der Übergangsperiode ausdehnen. Er meinte, daß in der Sowjetwirtschaft eine Situation entstanden sei, in der die Landwirtschaft Revanche für die lange Unterdrückung im Kapitalismus nehmen könne.

Bei der Darstellung der Beziehungen zwischen Stadt und Land als Konkurrenzverhältnisse erklärte Suchanov: „Unsere riesige Landwirtschaft hat auf der Basis der NÖP ihre Produktion derartig entwickelt und so viel Waren erzeugt, daß unsere kleine Stadt und die kleine Industrie in unserem unzureichend industrialisierten Agrarland nicht in der Lage waren, diese Erzeugnisse zu kau-

[116] Ebenda, S. 442.

[117] KPSS v rezoljucijach i rešenijach s-ezdov konferencij i plenumov CK, Bd. 2, S. 404.

fen." Auf der Suche nach Projekten für die Wiederherstellung des Marktgleichgewichts in der Volkswirtschaft kam Suchanov zu dem Schluß, daß „all die großartigen Erfolge der Industrie umsonst sein werden, weil das Dorf streikt und die Stadt nicht ernähren will".

Im Gegensatz zu V. G. Groman, der die These von der Unveränderlichkeit der Relation zwischen den Warenaufkommen von Industrie und Landwirtschaft aufgestellt hatte, machte A. V. Čajanov die Perspektiven der Volkswirtschaft davon abhängig, daß die Landwirtschaft zum dominierenden Bereich der Anwendung der gesellschaftlichen Arbeit werde. Die These, nach der die Arbeit in der Landwirtschaft die Grundlage der gesellschaftlichen Produktion sei, hatte Čajanov aus dem „Gesetz" vom abnehmenden Bodenertrag abgeleitet, das bei wachsender Bevölkerung eine Zunahme der Arbeitskräfte in der Landwirtschaft unterstellt.

Ebenso wie E. David und S. N. Bulgakov sprach auch Čajanov von der „biologischen" Natur der landwirtschaftlichen Produktion, in der die Pflanzen und Tiere als Arbeitsmittel fungieren. Das aber habe unvermeidlich eine Zunahme der individuellen Arbeit und damit die Beibehaltung der privaten Kleinproduktion in diesem Zweig zur Folge. Ein anderer Verfechter dieser Konzeption von der Entwicklung der Agrarproduktion, N. N. Kažanov, erklärte, daß man es in der Landwirtschaft mit einem konservativen Kern zu tun habe, den „kleinzukriegen" keinerlei maschinelle Technik und keine Industrialisierung imstande sei.

Aus der Summe dieser antimarxistischen Ideen und Vorstellungen leitete Čajanov den Schluß ab, daß das sozialistische System den Aufgaben, die die Entwicklung der Produktivkräfte stelle, nicht entspreche, an seine Stelle sollte das von ihm konstruierte „Bauernutopia" treten. Dieses Utopia wurde als Idylle gezeichnet, in der eine Bauernregierung, die an die Macht gekommen war, nachdem man die Diktatur des Proletariats gestürzt hatte, ein Dekret über die Abschaffung der Städte erläßt und die Existenz von Siedlungen mit mehr als 20000 Einwohnern verbietet. Die Betriebe (Fabriken, Werke, Werkstätten) sind über das ganze Land verstreut und „verlieren sich im Bauernmeer".

Die Wirtschaft des „Bauernutopia" sollte auf einer Landwirtschaft begründet sein, die als „vollkommenster Typ der Wirtschaftstätigkeit" vorgestellt wurde: auf der privaten Bauernwirtschaft, in der die manuelle Arbeit bis hin zur „individualisierten Pflege jeder einzelnen Ähre" vorherrsche. Als Ergebnis der wirtschaftlichen Entwicklung wurden bäuerliche Zwergwirtschaften präsentiert, die auf manueller Arbeit und „Kleinbeetkultur" beruhen sollten, mit anderen Worten: ein System der Landwirtschaft, in dem der Mensch zum Sklaven des Bodens wird. „Noch nie ist der Feldbau so sehr Handarbeit gewesen, wie jetzt", stellte Čajanov, ein Verfechter der konservativen Theorie von der Stabilität und den Vorzügen der Kleinproduktion in der Landwirtschaft, mit Befriedigung fest. Im Lande „Bauernutopia" sollte neben genossenschaftlichen, „kollektiv geführten Betrieben" die „Privatinitiative kapitalistischen Typs" auf den Gebieten erhalten bleiben, wo kollektiv geführte Betriebe machtlos seien. Überhaupt sollte sie als ständiger Konkurrent erhalten bleiben, der vor technischer Stagnation bewahre. Die Verwaltung des Bauernstaates sollte die Genossenschafterintelligenz wahrnehmen.

So sah diese reaktionäre kleinbürgerliche Utopie, die den von der Arbeit auf einem kleinen Stück Land versklavten Bauern für das soziale Ideal ausgab und alle politischen und ökonomischen Voraussetzungen des Sozialismus und des ökonomischen Fortschritts vernichten wollte, die Quelle und Triebkraft der gesellschaftlichen Entwicklung allein im Kapitalismus, ohne den angeblich auch die genossenschaftliche Produktion verkümmern müßte.

V. V. Vorovskij wies in einer Analyse der sozialökonomischen Struktur, die diese reaktionäre Utopie behandelt, nach, daß sie jeder realen historischen Basis entbehre, weil sie auf unversöhnlichen Widersprüchen aufgebaut sei. Im Vorwort zu Čajanovs Buch schrieb er, es sei unmöglich „gesellschaftliche Gleichheit und gesellschaftliche Gerechtigkeit zu wahren, solange die individuelle Wirtschaft und in der Industrie sogar die kapitalistische Produktion weiterbestehen". Absolut irreal sei der Gedanke von der „Schaffung eines besonderen, in sich abgeschlossenen ... Systems, für das es keine allgemeinen ökonomischen und sozialen Gesetze gibt ...". Derartige Projekte vorzubringen „heißt, die Entwicklungsgesetze der modernen Gesellschaften nicht zu begreifen, heißt, weder vom Kapitalismus, noch vom Sozialismus etwas gelernt zu haben. Und wenn man vom Bild des Utopia die Hüllen entfernt ..., dann kommt ein Land mit schwerer bäuerlicher Arbeit ..., ein geknechtetes Fabrikproletariat, eine geschickte, durchtriebene Bourgeoisie, die alle ‚drakonischen' Gesetze umgehen kann, und über allem die herrschende Intelligenz vom genossenschaftlichen Typ, die mit allen Mitteln danach trachtet, diese sinnlose Ordnung aufrechtzuerhalten, zum Vorschein".[118]

Wie es für einen kleinbürgerlichen Theoretiker typisch ist, legte Čajanov im Verlauf der rasch vor sich gehenden sozialökonomischen Umgestaltungen in den zwanziger Jahren noch weitere Modelle für eine agrarische Entwicklungsperspektive vor, wobei er den für seine Anschauungen charakteristischen Eklektizismus demonstrierte.

Bekanntlich werden die Entwicklungswege des Dorfes schon in der Epoche des Kapitalismus von der Stadt bestimmt. Die zentralisierte Leitung der Wirtschaft durch den Staat und die sich herausbildende Planmäßigkeit der wirtschaftlichen Entwicklung bieten der Stadt unter den Bedingungen der Übergangsperiode nicht nur die Möglichkeit, die Landwirtschaft auf ein höheres Niveau zu ziehen, „sondern sie schaffen auch *ein völlig anderes Verhältnis zwischen Stadt und Land* als in der kapitalistischen Gesellschaft".[119] Sie schließen

[118] P. Orlovskij (V. Vorovskij), Vorwort zu dem Buch von I. Kremnev (A. V. Čajanov): Putešestvie moego brata Alexeja v stranu krest'janskoj utopii, Moskva 1920, S. XI, XIII.

[119] KPSS v rezoljucijach i rešenijach s-ezdov, konferencij i plenumov CK, Bd. 4, S. 51.

die Ausbeutung des Dorfes durch die Stadt nicht nur aus, sondern verlangen ihre aufeinander abgestimmte Entwicklung, die von wachsendem Wohlstand der Arbeiterklasse und der Mittel- und Kleinbauern begleitet wird.

In der zweiten Hälfte der zwanziger Jahre wurde neben der Industrialisierung die sozialistische Entwicklung des Dorfes zu einem außerordentlich dringenden Problem.

Die bürgerlichen und kleinbürgerlichen Ökonomen hatten gleich nach der Revolution den Kampf gegen die Ideen von der sozialistischen Umgestaltung der Landwirtschaft aufgenommen. „Auf die Kollektivierung der Wirtschaft setzen wir keine Hoffnungen", schrieb B. D. Bruckus. „Darin bestärken uns nicht nur unsere bitteren Erfahrungen, sondern auch eine Reihe theoretischer Erwägungen, die A. V. Čajanov entwickelt wurden . . .".[120] A. V. Čajanov legte seine Theorie von der „begrenzten genossenschaftlichen Kollektivierung" vor.

Der zentrale Leitgedanke dieser Theorie war die Negation der Möglichkeit, bäuerliche Produktionsgenossenschaften oder, nach Čajanovs Terminologie, „vollständige Genossenschaften", also Kolchosen, zu bilden und folglich die Einschränkung der Kollektivierungsprozesse durch die Zirkulationssphäre. Zu dieser Theorie gehörte auch die These von den sogenannten Differentialoptima, nach der jeder Zweig der Landwirtschaft seine spezifische Konzentrationsgrenze („Optimum") aufweise, die den höchsten ökonomischen Nutzen biete. Čajanov brauchte die Kategorie Differentialoptimum ausschließlich zu dem Zweck, eine Reihe von Zweigen der Landwirtschaft besonders herauszustellen, und zwar die Geflügelzucht sowie den Obst- und Gemüsebau, in denen das Optimum angeblich die Ausmaße einer Bauernwirtschaft nicht überschreite und die deshalb voll und ganz von Familienwirtschaften betrieben werden sollten.[121] Nur der am Produkt seiner Arbeit interessierte Eigentümer einer solchen Wirtschaft könne bestimmte Funktionen ausüben, die besondere Sorgfalt erfordern.

Das Autorenkollektiv einer Monographie des wissenschaftlichen Forschungsinstituts für das Genossenschaftswesen stellte dazu fest: „Es genügt, diese Thesen nur ganz oberflächlich zu analysieren, um zu erkennen, daß Čajanovs Hauptaufgabe verständlicherweise nicht die wissenschaftliche Untersuchung des Kollektivierungsprozesses ist . . ., sondern der Kampf um die Erhaltung der individuellen Kleinwirtschaft, der Kampf um ihren kapitalistischen Entwicklungsweg. Čajanov ist zu diesem Zweck vor allem bemüht, ganze Wirtschaftsregionen und -zweige zu ‚retten', unter anderem einen so wichtigen Zweig wie die Viehwirtschaft."[122] Diese antiwissenschaftliche Konzeption von der

[120] B. D. Bruckus, Ländliche Überbevölkerung und Agrarordnung, in: Sel'skoe i lesnoe chozjajstva, 7–8/1922, S. 36.

[121] A. V. Čajanov, Osnovnye idei i formy organizacii sel'skochozjajstvennoj kooperacii, Moskva 1927, S. 51, 340–356.

[122] Osnovnye problemy socialističeskoj rekonstrukcii moločnogo životnovodstva. Pod redakciej D. Lur'e, Ja. Nikulichina, K. Tarakanova, Moskva 1931, S. 16.

„besonderen Natur“ der landwirtschaftlichen Produktion und von der „wirtschaftlichen Unmöglichkeit“ der Konzentration in der Geflügelzucht sowie im Obst- und Gemüsebau war bereits zu jener Zeit durch die breite Einführung sozialistischer Produktionsformen in der Landwirtschaft widerlegt. Um so offensichtlicher ist ihre Unhaltbarkeit heute, angesichts der allgemein breiten Entwicklung von Geflügelzuchtkomplexen und Gemüsebaukombinaten auf industrieller Grundlage.

So sollte also die bäuerliche Kleinwirtschaft als Basis der Genossenschaften erhalten und das ganze Genossenschaftssystem auf die Festigung und Entwicklung der von genossenschaftlichen Betrieben umgebenen Privatwirtschaft ausgerichtet werden. Čajanov hob hervor, daß die Genossenschaft eine „Ergänzung zur selbständigen Bauernwirtschaft ist, sie versorgt und ohne diese Wirtschaft keinen Sinn hat“.[123]

Im Jahre 1927, am Vorabend der sozialistischen Rekonstruktion der Landwirtschaft, schrieb Čajanov, daß die Bauernwirtschaft im Prozeß der Kollektivierung „in ihrem Organisationsplan die Elemente hervorhebt, in denen die Großform der Produktion unbestrittene Vorzüge vor der Kleinproduktion aufweist“ und „sie zusammen mit den Nachbarn auf der Stufe dieser Großform der Produktion, oft unter Anwendung von Lohnarbeit...“ organisiert, „ohne ihre Individualität zu zerstören“. Čajanov stellte die Genossenschaft als ein „kompliziertes soziales Gebäude, eine mehrstufige Konstruktion“ dar, in der für jeden Zweig der Landwirtschaft die optimale Größe gesucht ist und der „die private Wirtschaft zugrunde liegt“.[124]

Obgleich also Čajanov die Notwendigkeit einer Teilkollektivierung der Produktion anerkannte, gab er doch nachdrücklich zu verstehen, daß der eigentliche Kern der bäuerlichen Wirtschaft nicht kollektiviert werden dürfte, daß das Privateigentum an den Produktionsmitteln und an den Produkten unangetastet bleiben müsse, was mit einer Beibehaltung dieser Grundzelle des Privatkapitalismus gleichbedeutend war.

Er wollte nachweisen, daß „nur eine unerhebliche Menge landwirtschaftlichen Eigentums“ in „individuellen Bauernwirtschaften“ organisiert bleibe, so daß letztlich eine „Konstruktion kollektivistischer Art“ herauskomme.[125] Die „höchste Organisationsform der gesellschaftlichen Wirtschaft“ sollten dabei die Absatz- und Einkaufsgenossenschaften sein, die als „Grundelemente der künftigen sozialistischen Organisation der Landwirtschaft“ hingestellt wurden.[126] Damit negierte die Theorie von der sogenannten kooperativen Kollektivierung den allmählichen Entwicklungsprozeß des Genossenschaftswesens von den ein-

[123] A. Čajanov, Kratkij kurs kooperacii, Moskva 1925, S. 9.

[124] A. V. Čajanov, Osnovnye idei i formy organizacii sel'skochozjajstvennoj kooperacii, Moskva 1927, S. 20.

[125] Diskussion zum Thema: „Die Zukunft der Landwirtschaft“, in: Sel'skochozjajstvennaja žizn, v. 10. 3. 1922.

[126] A. V. Čajanov, Kratkij kurs kooperacii, Moskva 1925, S. 8, 9.

fachsten Formen bis zu den höchsten Formen der Produktionsvereinigung sowie die Möglichkeit und ökonomische Notwendigkeit der Überführung der Produktionsmittel der Bauernwirtschaften in Gruppeneigentum.

In seiner Arbeit „Die Kapitalien der bäuerlichen Wirtschaft und ihre Kreditierung bei der Agrarreform" stellte Čajanov dem sozialistischen Staat die Aufgabe, die Bauern mit entsprechenden Kapitalmengen zu versorgen. Nach einigen statistischen Berechnungen kam er dann zu dem Schluß, daß der „Staat immerhin mehrere Milliarden aufbringen muß". Dabei suchte er die kleine Bauernwirtschaft als Endform der landwirtschaftlichen Entwicklung darzustellen statt als historisch vorübergehende Produktionsform, der mit Unterstützung durch den proletarischen Staat der Weg zur Schaffung kollektiver Großformen eröffnet wird. Die Garantie dafür, daß die Finanzierung der kleinen Bauernwirtschaften effektiv sei, sah Čajanov in der Übergabe aller Finanzmittel an die Genossenschaften, um auf diese Weise den genossenschaftlichen Apparat, der zu Beginn der Revolution in den Händen bürgerlicher Elemente lag, zur führenden Kraft der wirtschaftlichen Umgestaltungen auf dem Lande zu machen.

Unzweideutig ließ Čajanov erkennen, welchen Schichten auf dem Lande die Genossenschaft Hilfe gewähren sollte. Die Genossenschaften sollten „mit besonderer Sorgfalt die Bedingungen ihrer Verantwortlichkeit für das angelegte Kapital ausarbeiten, Bedingungen, die der Genossenschaftsbewegung Garantien gegen die Verluste und Einbußen bieten, die ihnen entstehen, wenn Hunderttausende Wirtschaften Kredite aufnehmen und keinen landwirtschaftlichen Betrieb aufbauen können".[127]

Lenin stellt zu den Plänen und Projekten, die der Erhaltung des alten Systems der Kleinwirtschaft dienen sollten, fest, daß diese Bestrebungen vom sozialen und wirtschaftlichen Standpunkt reaktionär seien, denn „ein solcher Raubbau an der menschlichen Kraft und Arbeit, wie er mit der kleinen bäuerlichen Einzelwirtschaft verbunden ist, darf nicht länger anhalten".[128] Bei der Einzelwirtschaft „bedarf es gewaltiger materieller Mittel, um jeden Bauern mit der erforderlichen Menge Saatgut, Vieh und Inventar zu versorgen... Selbst wenn unsere Industrie außergewöhnliche Erfolge bei der Entwicklung des Landmaschinenbaus errungen hätte, so läßt sich doch unschwer einsehen, daß sogar unter dieser Voraussetzung die Versorgung jedes Kleinbauern mit ausreichenden Produktionsmitteln eine unmögliche und höchst unrationelle Sache wäre"[129], denn das würde eine ungeheure Zersplitterung der Produktivkräfte bedeuten.

Die rückständigste Produktion, die Landwirtschaft, mußte völlig umge-

[127] A. V. Čajanov, Kapitaly krest'janskogo chozjajstva i ego kreditovanie pri agrarnoj reforme, Moskva 1918, S. 1, 29, 31,

[128] W. I. Lenin, Rede auf dem I. Gesamtrussischen Kongreß der Landabteilungen, in: Werke, Bd. 28, Berlin 1970, S. 346.

[129] W. I. Lenin, Rede auf der I. Konferenz über die Parteiarbeit auf dem Lande, in: Werke, Bd. 30, Berlin 1962, S. 129.

staltet, die alten Methoden, Landwirtschaft zu betreiben, mußten verändert werden. Die Landwirtschaft mußte zu einer Produktion werden, die nach den Erkenntnissen und Leistungen von Wissenschaft und Technik betrieben wird. „Doppelt und dreifach würde die Produktivität der Arbeit steigen, das Doppelte und Dreifache an menschlicher Arbeitskraft würde für die Landwirtschaft, für die Wirtschaft überhaupt eingespart werden, wenn sich der Übergang von dieser zersplitterten Kleinwirtschaft zur Gemeinwirtschaft vollzöge."[130] Das Gegengewicht zu der von den bürgerlichen und kleinbürgerlichen Ökonomen als Selbstzweck der wirtschaftlichen Entwicklung propagierten Zielstellung, die bäuerliche Kleinwirtschaft zu entwickeln und zu festigen, bildete deshalb die marxistische Perspektive, die in der sozialistischen Umgestaltung der Landwirtschaft bestand.

Čajanov betrachtete die Genossenschaften unter zwei Aspekten, nämlich dem der Mikroebene – als lokale Form der Wirtschaftstätigkeit – und dem der Makroebene – als spezifisches autonomes System.[131]

Zur methodologischen Grundlage der antimarxistischen Auffassungen gehörte auch die Vorstellung vom diametralen Gegensatz zwischen den Entwicklungsgesetzen von Industrie und Landwirtschaft. Die Gegenüberstellung der für die Landwirtschaft angeblich typischen Dezentralisation mit der Konzentration der Industrie bildete die Grundlage für Čajanovs Zweisektorenmodell der Sowjetwirtschaft. Er meinte, die Zukunft werde durchaus nicht „monistisch" sein und sich nicht als eine „riesige Produktion" darstellen. Sie werde „dualistisch" sein und aus einer großen Fabrikwirtschaft und einer genossenschaftlichen Landwirtschaft bestehen. „Zu ‚Brot- und Fleischfabriken' (so bezeichneten sie in den zwanziger Jahren die Staatsgüter – d. Verf.) kommen wir in 400 Jahren"[132], erklärte er.

Wie alle Antimarxisten behauptete auch Čajanov, daß in der Landwirtschaft die Anarchie der zersplitterten kleinen Bauernwirtschaften, die sich unter dem Druck spontaner Faktoren entwickeln und sich keiner Regulierung unterziehen lassen, uneingeschränkt herrsche. Deshalb bezeichnete er die Einbeziehung der Bauernwirtschaften in das Gesamtsystem der Volkswirtschaft als die „grundlegende, die wichtigste" und „komplizierteste" Frage des staatskapitalistischen Systems (so nannte Čajanov die Wirtschaft der Übergangsperiode – d. Verf.). Als Lösung für dieses Problem empfahl Čajanov, „in die künftige Organisation der Landwirtschaft solche Elemente der Weiterentwicklung einzuführen, die die Grundlage für das künftige sozialistische System der Volkswirtschaft sein könnten".

130 W. I. Lenin, Rede auf dem I. Gesamtrussischen Kongreß der Landabteilungen, ebenda, S. 346.

131 A. V. Čajanov, Die landwirtschaftliche Kooperation als Form der Organisation der landwirtschaftlichen Produktion der UdSSR, in: Ėkonomičeskoe obozrenie, 6/1925, S. 59.

132 Diskussion zum Thema „Die Zukunft der Landwirtschaft", in: Izvestija v. 12.3. 1922.

Da Čajanov die Möglichkeit einer breiten Entwicklung der „horizontalen Konzentration" und der massenweisen Bildung landwirtschaftlicher Artels und Kollektive zur gemeinschaftlichen Bodenbearbeitung verneinte, erklärte er die „vertikale Konzentration" der Bauernwirtschaften in Form von Genossenschaften zum Hauptweg. Für ihn war sie „unter unseren Bedingungen der einzig mögliche Weg zur Einführung von Elementen der Großwirtschaft, der Industrialisierung und des staatlichen Plans in die Bauernwirtschaft . . .".[133] Dieser Weg sollte in der allmählichen und stufenweisen Absonderung von Zweigen der Einzelwirtschaft und der Organisation ihres Leitzentrums in Gestalt von gesellschaftlichen Großbetrieben bestehen, ohne dabei die Grundlagen der Einzelbauernwirtschaft zu zerstören. Der Prozeß der Kollektivierung, der die private Kleinwirtschaft in gesellschaftliche Wirtschaft verwandelte, sollte allgemein über die Zirkulationssphäre erfolgen, ohne die private Produktion der Bauernwirtschaften zu berühren.

Der sowjetische Ökonom M. Sulkovskij, der dem realen Inhalt von Čajanovs „Genossenschaftstheorien" auf den Grund ging, stellte fest, daß Čajanov unter „kooperativer Kollektivierung" ganz einfach die genossenschaftliche Vereinigung von Bauernwirtschaften über den Warenverkehr und die Vergesellschaftung einiger Nebenzweige der Produktion und Verarbeitung verstehe, wobei die Hauptzweige weiterhin den Einzelbauernwirtschaften verbleiben sollten.[134]

Čajanovs kleinbürgerlicher Genossenschaftsplan gehörte zu den Quellen einer rechtsopportunistischen Theorie, nach der die Generallinie für den Weg des Dorfes zum Sozialismus die Absatz- und Einkaufsgenossenschaften sein sollten.

Čajanov betrachtete die Gesamtheit der genossenschaftlichen Organisationen als spezifisches Wirtschaftssystem, das nicht nur von der Beibehaltung der in Familienbesitz befindlichen Einzelbauernwirtschaften gekennzeichnet sei, sondern auch selbstgenügsamen Charakters sein, eine Art „Staat im Staat" bilden müsse. Darin sah er auch die Perspektive der inneren sozialökonomischen Wandlung der Genossenschaftsbewegung „bei Ablösung der politischen Herrschaft der Kapitalisten durch die Macht der werktätigen Massen". Während das Genossenschaftssystem unter den Verhältnissen der kapitalistischen Ordnung keinerlei neue Gesellschaftsordnung darstellen könne, so verändere sich die Situation von Grund auf, wenn das System der landwirtschaftlichen Genossenschaft „mit seinem gesellschaftlichen Kapital und seiner hohen Konzentration der Produktion bei einem planmäßigen Charakter der Arbeit unter Verhältnisse der sozialistischen Gesellschaft oder zumindest in das bei uns bestehende System des Staatskapitalismus gelang". Unter diesen Bedingungen verwandele sich das Genossenschaftssystem „in eine Hauptkomponente des sozialistischen Produktionssystems". Ob-

[133] A. V. Čajanov, Die landwirtschaftliche Kooperation als Form der Organisation der landwirtschaftlichen Produktion der UdSSR, in: Ėkonomičeskoe obozrenie, 6/1925, S. 60, 65.

[134] Zitiert aus: Na agrarnom fronte, 9/1930, S. 25.

gleich Čajanov das Genossenschaftssystem als mögliche „Komponente" der sozialistischen Produktion bezeichnete, war er der Ansicht, daß die Genossenschaft weder eine kapitalistische, noch eine sozialistische Wirtschaftsform sei. Sie sollte so etwas wie eine dritte, absolut unabhängige Organisationsform der Bauernwirtschaften sein, die diese auf eine höhere Stufe hebe.

Da, wie Čajanov behauptete, nicht das Kapital, sondern die angeblich lebensunfähige sozialistische Wirtschaft den Gegensatz zum Genossenschaftssystem bilde, könnten nur dann die Gipfel der genossenschaftlichen Macht erreicht und die landwirtschaftliche Produktion organisiert werden, wenn die rationellste ökonomische Form gewählt werde. Und diese Form identifizierte er mit der Genossenschaft privater Wirtschaften. Das System der genossenschaftlichen Wirtschaft als spezifisches selbständiges System sollte aus mächtigen genossenschaftlichen Organisationen gebildet werden, die „über alle Kommandostellen" der Landwirtschaft verfügen.

Als konkreten Schritt zur Verwirklichung seines Genossenschaftsprogramms empfahl Čajanov, das „örtliche gesellschaftliche Kapital in seinen kreditgenossenschaftlichen Formen" auf jede Weise zu entwickeln und zu festigen. Er stellte es als die angeblich einzige Kraft dar, die den auf dem Lande „entstehenden Privatkapitalen" widerstehen könnte. Čajanov plante, die großen „Kapitale" in den Kredit- und landwirtschaftlichen Genossenschaften mit Hilfe einer beträchtlichen Erhöhung der staatlichen Finanzierung zu bilden. Seiner Ansicht nach sollte die Landwirtschaftsbank nur „ein Kreditapparat und im Finanzbereich ein Revisionsapparat bleiben, auf keinen Fall aber organisatorische Funktionen im System des Genossenschaftsaufbaus übernehmen".[135] Er beabsichtigte ein unabhängiges Genossenschaftssystem zu bilden, das lediglich über Kredit- und Finanzbeziehungen mit dem Staat verbunden sein sollte, und auch das nur wegen der „Bedürftigkeit" der genossenschaftlichen Organisationen. Wenn sie sich erst gefestigt hätten, sollten sie zum Grundstock eines mächtigen Genossenschaftssystems im Rahmen einer angeblichen staatskapitalistischen Wirtschaft werden.

A. A. Rybnikov, ein Anhänger von Čajanovs Auffassungen, meinte, daß die Genossenschaft alle Produktionszweige einbeziehen müßte. Zu diesem Zweck sollten die genossenschaftlichen Betriebe ihre Stellung in der bestehenden Ordnung festigen, weil sie „nur dann in der Lage sein werden, die Hochburg des Industriekapitalismus, die Erzeugung von Halbfabrikaten, in die eigenen Hände zu nehmen, wenn sie ihre Kräfte und Mittel vereinigen".[136] Die Ideologen des „Kooperativismus" glaubten, daß in der historischen Perspektive eine besondere Epoche anbrechen werde, in der sich das Genossenschaftssystem auf allen Gebieten und in allen Bereichen der Wirtschaft durchsetze und daß ein neues, genossenschaftliches Zeitalter in der Entwicklung der Volkswirtschaft eingeleitet werde.

[135] A. V. Čajanov, Zur Frage der Organisation des kleinen Agrarkredits, in: Ėkonomičeskoe obozrenie, 1/1925, S. 70, 75.

[136] A. A. Rybnikov, Organizacija kooperativnogo proizvodstva, Moskva 1919, S. 6, 37.

Diese theoretischen Positionen bestimmten auch die Aktivität der bürgerlichen Genossenschaftler, die gegen eine staatliche Kontrolle über die Tätigkeit der Genossenschaften und dabei auch gegen die Nationalisierung der Moskauer Volksbank, das Kreditzentrum der Genossenschaften, gerichtet war. Im November 1918 war eine Delegation von Genossenschaftlern (der auch Čajanov angehörte) zu Lenin entsandt worden, die erreichen sollte, daß die Nationalisierung der Kreditgenossenschaftsbank rückgängig gemacht und die Unabhängigkeit des Kredit- und Finanzzentrums der Genossenschaften gegenüber dem Staat hinsichtlich der Leitung der ganzen Genossenschaftsbewegung im Lande erhalten bliebe.[137] In der Errichtung der Kontrolle über die Tätigkeit der Genossenschaften sah man den Bankrott ihrer wirtschaftlichen Unabhängigkeit und den Untergang der ökonomischen Grundsätze des Genossenschaftswesens.

Die sozialistische Vergesellschaftung, die Leitung von einem einheitlichen Zentrum aus, die wesentliche Grundzüge des Sozialismus sind, verlangten objektiv nach wirtschaftlicher Zentralisation. Lenin erkannte die Notwendigkeit der Genossenschaften als spezifische Wirtschaftsform an, stellte aber zugleich die Aufgabe, die bürgerlichen und kleinbürgerlichen Genossenschaften von Grund auf umzugestalten und sie zu sozialistischen zu entwickeln. Erreicht wurde dies dadurch, daß die innere Struktur und die Prinzipien der genossenschaftlichen Organisation umgewandelt wurden und sie sich unter dem bestimmenden Einfluß des staatlichen sozialistischen Eigentums entwickelten. Diese Einflußnahme erfolgte über den Mechanismus der Kredit- und Finanzbeziehungen. Darin bestand auch die von Lenin aufgedeckte Möglichkeit, die Genossenschaften umzugestalten, denn, indem sie sich in organischer Verbindung mit dem allgemeinen Volkseigentum und unter dessen Einfluß entwickelten, nahmen sie neue Züge an.

In einer Antwort an Genossenschaftler, die die „Unabhängigkeit" der Genossenschaften vom Sowjetstaat „verteidigten", schrieb Lenin: „Das große Werk, das die Genossenschaften geleistet haben, muß unbedingt mit jenem großen Werk vereinigt werden, das die Sowjetmacht vollbracht hat ... Diese Hoffnung auf ‚Unabhängigkeit' kann es nur dort geben, wo vielleicht noch Hoffnung auf eine Rückkehr zur Vergangenheit besteht".[138] Den „Genossenschaftlern, der Mittelbauernschaft gegenüber haben wir eine Verständigungspolitik durchgeführt und werden sie auch weiterhin durchführen, wobei wir jeden Versuch, die *Linie* der Sowjetmacht und des sozialistischen Sowjetaufbaus zu verändern, vereiteln werden".[139]

Der Aufbau des Sozialismus schafft Voraussetzungen zur Erschließung neuer Eigenschaften und Möglichkeiten der Genossenschaften. Nur im Sozialismus

137 Vgl. W. I. Lenin, Wertvolle Eingeständnisse Pitirim Sorokins, in: Werke, Bd. 28, Berlin 1970, S. 188.

138 W. I. Lenin, Rede auf dem III. Kongreß der Arbeitergenossenschaften, in: Werke, Bd. 28, Berlin 1970, S. 336.

139 W. I. Lenin, Wertvolle Eingeständnisse Pitirim Sorokins, in: Werke, Bd. 28, Berlin 1970, S. 188.

findet die Genossenschaft Spielraum für ihre allseitige Entwicklung, erhält sie die Möglichkeit, ihren Prinzipien und Aufgaben gemäß zu wirken. Mit der Anwendung genossenschaftlicher Formen wird es möglich, ein einheitliches System der Volkswirtschaft statt einer dualistischen Gesellschaft zu schaffen, in der die Genossenschaften im Gegensatz zur staatlichen Industrie stehen. Nach Čajanov sollte die Genossenschaft keine Form des sozialistischen Eigentums, sondern ein besonderes Gebilde – „gesellschaftliches Kapital" – sein, eine konkurrenzfähige Form, die nicht nur vom Staat unabhängig sei, sondern mit ihrer Kraft und Macht das staatliche Eigentum niederhalte.

Wegen ihrer Gruppenisoliertheit können die genossenschaftlichen Verhältnisse niemals, unter keinen sozialökonomischen Bedingungen, führend sein. Sie stehen stets unter dem Einfluß des grundlegenden Produktionsverhältnisses. In der Übergangsperiode und im Sozialismus sind dies die Verhältnisse des staatlichen Eigentums. Das auf dem gesellschaftlichen Eigentum an den Produktionsmitteln beruhende sozialistische Wirtschaftssystem kann nur einheitlich und allumfassend sein, jedoch nicht auf mehrere Sektoren aufgesplittert. Im Gegensatz zu Čajanovs Ansichten stellt die Genossenschaft im Sozialismus eine Wirtschaftsform dar, mit der die Mehrsektorenwirtschaft überwunden wird.

Die antimarxistische ökonomische Lehre hat noch eine weitere Konzeption über die Perspektiven der Landwirtschaft hervorgebracht, nach der diese Perspektiven nur auf dem Weg der kapitalistischen Konzentration erweitert werden können. Ihre Autoren hatten die Spezifik der agrarwirtschaftlichen Entwicklung unter den Verhältnissen der Übergangsperiode nicht begriffen und entstellten sie, indem sie nach wie vor behaupteten, der Landwirtschaft der UdSSR ständen nur zwei Entwicklungswege offen: entweder die Bildung von Großfarmen oder die unaufhaltsame Zerstückelung und Verkleinerung der bäuerlichen Produktion. Einen anderen Weg gebe es nicht. Den sozialistischen Entwicklungsweg des Dorfes hielt sie für Phantasterei.

L. N. Litošenko, N. D. Kondrat'ev und andere versuchten nachzuweisen, daß die soziale Differenzierung der Bauernwirtschaften sowie die kapitalistische Entwicklung des Dorfes unabwendbar seien. Kondrat'ev bezeichnete die Kollektivierung als Problem der „kommenden 600 Jahre". Er beteuerte, daß die Klein- und Mittelbauern mit ihren eigenen Ressourcen die Produktivkräfte der Landwirtschaft nicht entwickeln könnten und schlug vor, „die Landwirtschaft auch über eine gewisse Verstärkung des Differenzierungsprozesses auf dem Lande zu entwickeln"[140], weil eine gesunde Einzelwirtschaft die historisch notwendige Stütze sei. „Und diese Stütze ist im Gegensatz zu Stolypinschen Zeiten nicht aus politischen, sondern aus rein wirtschaftlichen Erwägungen, aus Gründen der Wiedergeburt der Landwirtschaft notwendig"[141], erklärte Litošenko. Er behaup-

[140] N. D. Kondrat'ev, Zur Frage der Differenzierung auf dem Lande, in: Puti sel'skogo chozjajstva, 5/1927, S. 139.

[141] L. N. Litošenko, Referat auf dem Allrussischen Agronomenkongreß, in: Pravda v. 9. 3. 1922.

tete, daß der proletarische Staat vor der objektiven Notwendigkeit stehe, von der Orientierung auf den Mittelbauern zur Orientierung auf die wohlhabenden Großbauernwirtschaften überzugehen.

Statistisches Material, das diese Schlußfolgerungen erhärtete, enthielt eine im Jahre 1925 von der Zentralverwaltung für Statistik veröffentlichte fehlerhafte Getreide- und Viehfutterbilanz, der zufolge die Großbauernschaft der Hauptproduzent der Warenproduktion war. Auf Beschluß der ZKK der Arbeiter- und Bauerninspektion wurde eine Sonderkommission gebildet, die die Arbeit der Zentralverwaltung für Statistik analysieren sollte. An der Spitze dieser Kommission stand J. A. Jakovlev, ein hervorragender Funktionär der Partei und Forscher auf dem Gebiet der sozialistischen Entwicklung des Dorfes. Dabei wurden unrichtige methodologische Prinzipien bei der Aufstellung der Bilanz nachgewiesen.[142] V. S. Nemčinov errechnete, daß in den Jahren 1926-1927 die Großbauern 20 Prozent des Warenaufkommens an Getreide geliefert hatten. Das Hauptaufkommen stammte von den mittleren Wirtschaften, die zusammen mit den Kleinbauern 74 Prozent des Marktgetreides lieferten.

Die bürgerlichen Ökonomen waren gegen eine Nivellierungspolitik auf dem Lande, gegen eine progressive Besteuerung, gegen Maßnahmen zur Regulierung der Marktbeziehungen und der Akkumulationsprozesse, wie vertragliche Bindungen, außerordentliche Maßnahmen bei der Getreidebeschaffung, Aufschlüsselung der Pläne auf das Dorf usw.

Kondrat'ev schrieb, daß „nur die Klassen eine historisch positive, wirtschaftliche Mission erfüllen, die progressiv sind und denen die Zukunft gehört. Die Kleinbauernschaft hat diese Merkmale nicht. Sie ist keine wirtschaftliche Kraft, sondern eine wirtschaftliche Katastrophe . . . Jeder ökonomische Kampf gegen die starken, gefestigten Schichten des Dorfes muß entschieden gestoppt werden". In Wirklichkeit setzten die bürgerlichen Ökonomen, die, nach einem Ausspruch von S. G. Strumilin, durch ihre überlebte Ideologie völlig blind geworden waren[143], auf eine Klasse, die von der Geschichte zum Untergang verurteilt war.

Diese Gruppe von Ökonomen interpretierte das Wesen der Bauernwirtschaft als privatwirtschaftlich, „auf Erwerb gerichtet", und betrachtete sie als Variante der kapitalistischen Wirtschaft. Litošenko behauptete, die Bauernwirtschaft könne sich nur bei uneingeschränkter Freiheit der Marktbeziehungen entwickeln, wenn nämlich das ihr eigene „Bestreben nach maximalem Einkommen" realisiert werde.[144]

Die antimarxistischen Ökonomen vertraten die Ansicht, daß für die private Grundlage der ganzen Wirtschaft die Voraussetzungen geschaffen und „das Prin-

142 Vgl. Ja. A. Jakovlev, Ob ošibkach chlebo-furažnogo balansa CSU i ego istolkovatelej, Moskva 1926.

143 S. G. Strumilin, Očerki sovetskoj ėkonomiki, Moskva-Leningrad 1930, S. 517.

144 L. N. Litošenko, Evoljucija i progress krest'janskogo chozjajstva, Moskva 1923, S. 24.

zip der freien landwirtschaftlichen Initiative und Aktivität" sowie eine „feste und klare juristische Garantie für die landwirtschaftliche Initiative", die der Marktkonjunktur entspreche, gesichert werden müssen. Diese Wirtschaftspolitik sollte eine „Reform der Bodengesetzgebung ... im Sinne der Herstellung einer festeren Bindung des Landwirts an den Boden, im Sinne größerer Freiheit und Elastizität im Fruchtwechsel und in der Wahl der Bodennutzungsformen" zum Mittelpunkt haben[145], und zwar bis zur Entnationalisierung des Bodens und zur Übergabe des Rechts an den Landwirt, über die auf seinen Boden anfallende Grundrente zu verfügen. Zu erwähnen wäre noch, daß die antimarxistischen Ökonomen mit all diesen Fragen auf dem III. Gesamtrussischen Agronomenkongreß aufwarteten, wo über das „Privateigentum an Grund und Boden", die Wiedereinführung des Grundkredits und der Grundstückshypothek diskutiert wurde. Obgleich alle Referate und Resolutionen auf diesem Kongreß von Gegnern des Sozialismus verfaßt waren, wurde doch die Resolution über die Entnationalisierung des Bodens in der UdSSR nicht angenommen.

Die neuen sozialökonomischen Bedingungen, die Veränderung des Charakters der Agrarverhältnisse wandelten den sozialökonomischen Entwicklungsprozeß auf dem Lande von Grund auf. Im sowjetischen Dorf kam es zur Stärkung der mittleren Wirtschaften, wobei aus dem wohlhabenderen Teil der mittleren Wirtschaften auch die Großbauern einen gewissen Zuwachs erhielten. Die Zahl der Kleinbauern ging zurück, da ein beträchtlicher Teil von ihnen in die Mittelbauerngruppe aufstieg oder von der Proletarisierung erfaßt wurde, die jetzt allerdings einen anderen sozialen Inhalt hatte als die Proletarisierung des Dorfes im Kapitalismus. Zugleich entstanden mit der planmäßigen Entwicklung der sozialistischen Produktionsverhältnisse sozialistische Wirtschaftsformen. Die Industrialisierung des Sowjetlandes zog die Überführung der Landwirtschaft auf eine neue materielle Basis nach sich. Die sozialistische Industrialisierung veränderte die ökonomischen Verbindungen zwischen Stadt und Land von Grund auf, indem sie die Voraussetzungen für die allseitige Entwicklung des Produktionsbündnisses, der materiellen Grundlage für das Bündnis von Arbeiterklasse und Bauernschaft, schuf und der sozialistischen Großproduktion auf dem Lande die technische Basis gab.

Der Sowjetstaat konnte sich bei der Entwicklung der Volkswirtschaft für die längere Perspektive nicht auf unterschiedliche sozialökonomische Grundlagen, einerseits auf die sozialistische Großindustrie und andererseits auf eine technisch rückständige bäuerliche Kleinproduktion, stützen, die „unausgesetzt, täglich, stündlich, elementar und im Massenumfang Kapitalismus ..." erzeugt.[146] „Jetzt,

[145] N. D. Kondrat'ev, Der Wandel der weltweiten und der russischen Landwirtschaft während und nach dem Kriege und die Grundaufgaben unserer Agrarpolitik (Vortrag auf dem III. Agronomenkongreß), in: Vestnik sel'skogo chozjajstva, 6–7/1922, S. 19, 20, 21.

[146] W. I. Lenin, Der „linke Radikalismus", die Kinderkrankheit im Kommunismus, in: Werke, Bd. 31, Berlin 1970, S. 8.

da die Wiederaufbauperiode im wesentlichen abgeschlossen ist", wurde auf der XVI. Parteikonferenz festgestellt, „werden die *begrenzten Möglichkeiten* der Entwicklung der Kleinwirtschaft und *besonders des Wachstums ihres Warenaufkommens* bei den gegebenen Ausmaßen und Methoden der Produktion deutlich. Wir haben deshalb einen zu großen Rückstand der Landwirtschaft hinter dem Entwicklungstempo der Industrie zu verzeichnen ...".[147]

Die entscheidende Methode für die Überwindung der Rückständigkeit der Landwirtschaft, der Disproportionen in der Entwicklung von Stadt und Land, war die sozialistische Rekonstruktion der Landwirtschaft, die Kollektivierung. Im Beschluß der XVI. Parteikonferenz hieß es: „Dem kapitalistischen Weg der Schaffung der *einzelbäuerlichen* Großwirtschaft stellt die Sowjetmacht die proletarische Methode der Schaffung einer *gesellschaftlichen* Großwirtschaft über die Bildung von Produktionsgenossenschaften, die Kollektivierung, entgegen, die der Klein- und Kleinstwirtschaft mit Unterstützung und unter der Leitung der Sowjetmacht die Möglichkeit gibt, sich auf der Basis kollektiver Arbeit zu vergrößern und das höchste Niveau von Technik und Kultur zu erreichen. Dieser Entwicklungsweg, der einzige Weg zur Befreiung der Millionen Bauern von Elend und Ruin, bedeutet nicht nur Einschränkung des Wachstums der kapitalistischen Elemente auf dem Lande, sondern auch ihre Verdrängung durch die gesellschaftliche (staatliche und kollektivierte) Großwirtschaft."[148] Bei der Ausarbeitung der Kollektivierungspolitik stützte sich die Partei auf Lenins Lehren. „Wenn die bäuerliche Wirtschaft sich weiterentwickeln kann, so muß man auch den weiteren Übergang auf fester Basis sichern, der weitere Übergang aber besteht unweigerlich darin, daß die äußerst unvorteilhaften und äußerst rückständigen, zersplitterten bäuerlichen Kleinbetriebe sich durch allmählichen Zusammenschluß zur gesellschaftlichen Großlandwirtschaft organisieren."[149]

Die Hauptlinie des Kampfes der Antimarxisten auf dem Gebiet der Agrartheorie bestand darin, den Gedanken und die Praxis der Kollektivierung zu diskreditieren. Der Kampf gegen das Kollektivierungsprogramm lief in verschiedene Richtungen. N. P. Makarov erklärte, die Kolchosbewegung habe mit der sozialistischen Umgestaltung der Landwirtschaft nichts gemein. Diese Bewegung erfasse ausschließlich die Kleinbauernwirtschaften, die die kollektivistische Produktionsform und die Hilfe des Staates ausnutzen, um zu wohlhabenden Wirtschaften zu werden. Er schrieb: „Die Kolchosen sind vor allem eine Wiederaufbaubewegung. Diese verarmten, wenig begüterten Schichten kommen zu dieser Form der Vergesellschaftung und bedienen sich ihrer, um ihren elementaren, armseligen Lebensstandard zu heben ... Es ist nichts Negatives darin zu sehen, daß sich diese Kleinbauernwirtschaften am Ende des Planjahrfünfts zu mittleren

147 KPSS v rezoljucijach i rešenijach s-ezdov, konferencij i plenumov CK, Bd. 4, S. 208.

148 Ebenda, S. 209.

149 W. I. Lenin, Referat über die Naturalsteuer, in: Werke, Bd. 32, Berlin 1961, S. 196.

Einzelwirtschaften ausweiten. Das ist eine Phase des Wiederaufbauprozesses."[150]

Mit der bürgerlichen Auslegung des Wesens der Kollektivwirtschaften und der Weigerung, sie als sozialistische Produktionsformen anzuerkennen, waren auch opportunistische Konzeptionen verbunden. Die Rechtsopportunisten stellten die Kolchosbewegung als „sozialfürsorgerische" Einrichtung für die Kleinbauern dar, wobei sie erklärten, daß die große Masse der Bauernwirtschaften in ihrer Entwicklung die Kollektivwirtschaften meiden werde, da der „Hauptweg" des Dorfes zum Sozialismus über die Absatz- und Einkaufsgenossenschaften führe. Die Trotzkisten leugneten selbst die Möglichkeit, daß sich eine kollektivwirtschaftliche Eigentumsform, die sozialistisches Eigentum verkörpert, entwickeln könne. Sie meinten, daß die Zusammenlegung bäuerlicher Produktionsmittel und die Herausbildung einer qualitativ neuen Eigentumsform ebenso unmöglich sei, wie die Herstellung eines Schiffes aus mehreren Fischerbooten.

Der Aufstieg der kleinen Bauernwirtschaft, die zum ersten Mal in der Geschichte so günstige Bedingungen erhielt, regte auch zu bürgerlichen Illusionen über die Möglichkeit eines besonderen nichtkapitalistischen Entwicklungsweges des Dorfes an. Es entstand eine ganze Palette von Kollektivierungstheorien, die die Grundprinzipien der sozialistischen Umgestaltung des Dorfes entstellten. Der objektive Zweck dieser Art Theorien bestand darin, die Positionen der privaten Bauernwirtschaft zu verteidigen, wobei man den Worten nach die Notwendigkeit ihrer sozialistischen Rekonstruktion anerkannte.

A. N. Čelincev, ein eifriger Verfechter der Kleinwirtschaft auf dem Lande, interpretierte die allseitige Unterstützung, die der sozialistische Staat den Klein- und Mittelbauern gewährte, als Politik, die auf die Verewigung der kleinbäuerlichen Produktion gerichtet sei, und als Beweis dafür, daß die Grundlagen der Privatwirtschaft unverrückbar seien.

In Kreisen kleinbürgerlich orientierter Agrartheoretiker war man der Meinung, die Revolution habe die Grundlage für den „Anbruch einer Epoche gelegt, in der schließlich alle wichtigen Voraussetzungen, die für die rasche Entwicklung der Produktivkräfte in unserer zahlenmäßig so großen bäuerlichen Wirtschaft notwendig sind, ungehindert verwirklicht werden können".[151] Von diesen Positionen aus schätzte Čelincev auch die Kolchosbewegung ein. Er meinte, daß die sozialistische Rekonstruktion der Landwirtschaft nur zur Verwirklichung von zwei Produktionsformen in der Landwirtschaft führen werde, nämlich der Kollektivwirtschaften und der kleinen Bauernwirtschaft. Die kollektivwirtschaftliche Produktionsform sei lediglich aus der Notwendigkeit entstanden, die Positionen der kleinen Bauernwirtschaft zu festigen und ihre Proletarisierung abzuwenden. Deshalb wurde der kollektivwirtschaftlichen Produktion in der Landwirtschaft

150 Zitiert nach: Socialističeskaja rekonstrukcija sel'skogo chozjajstva, 9–10/1930, S. XI.

151 G. Tanašev, Das Tempo des agronomischen Fortschritts bei uns auf dem Lande, in: Vestnik sel'skogo chozjajstva, 1/1925, S. 10.

nur eine Hilfsfunktion zuerkannt: Die Kollektivwirtschaften sollten schwer zugängliche Ländereien erschließen, überschüssiges Arbeitskräftepotential aufnehmen, die agrarische Überbevölkerung abbauen, zur „agrikulturellen Avantgarde“ für die kleine Bauernwirtschaft werden und vor allem das Problem der Warenproduktion lösen helfen. Und das alles, um die Kleinproduktion zu konservieren.[152]

Čelincev, der die Kollektivwirtschaften als gelungene Form für die „Lösung des Problems der Marktproduktion“ betrachtete, hielt die kleine Bauernwirtschaft nach wie vor für intensiver als die Großwirtschaft und sah im wirtschaftlichen Aufschwung der Klein- und Mittelbauern, der ausschließlich der Agrarpolitik des proletarischen Staates zu verdanken war, nur einen weiteren Beweis für die „Stabilität“ und Lebensfähigkeit der bäuerlichen Produktion.

Während die unverhohlen bürgerliche Positionen einnehmenden Ökonomen (wie z. B. Litošenko) die Bauernwirtschaft als Variante der kapitalistischen Wirtschaft betrachteten, behaupteten Čelincev und Čajanov, daß die kleine Bauernwirtschaft keineswegs kapitalistischer Natur sei. Vielmehr sei sie eine selbständige nichtkapitalistische, „familiengebundene“ Produktionsform, die keiner sozialen Differenzierung unterliege und unter der Voraussetzung, daß der Staat sie unterstütze, eine Zukunft habe.

Von kleinbürgerlichen Vorstellungen geleitet, beabsichtigte Čelincev, das Problem des Lebensstandards der Kleinbauern und der Entwicklung der Produktivkräfte in der Landwirtschaft allein mit der Einschränkung der ausbeuterischen Tendenzen der Großbauernschaft zu lösen. Er bestritt sowohl die Notwendigkeit der sozialistischen Rekonstruktion als auch einer forcierten sozialen Differenzierung auf dem Lande und setzte sich für einen dritten, imaginären Entwicklungsweg des Dorfes auf der Grundlage der kleinbäuerlichen Privatwirtschaft als der ausschlaggebenden und massenhaften Betriebsform in der Landwirtschaft ein. Čelincev vertrat den Standpunkt, daß sich die Landwirtschaft auch ohne sozialistische Umgestaltung progressiv entwickeln könne. Objektiv betrachtet war die Verteidigung der kleinbürgerlichen Ordnung letztlich gleichbedeutend mit der Verteidigung der kapitalistischen Entwicklungstendenzen.

Die kleinbürgerlichen Illusionen über einen „besonderen“ Entwicklungsweg des Dorfes und über die Möglichkeit eines gleichmäßigen Aufstiegs der Bauernwirtschaften führten objektiv zum Kampf gegen die sozialistische Umgestaltung der Landwirtschaft. So sagte Ja. A. Jakovlev in seinem Referat „Die nächsten Aufgaben der Kolchosbewegung“ auf dem I. Unionskongreß der Kollektivwirtschaften: „Wir können den Großbauern nicht einfach absägen und es damit bewenden lassen. Wenn wir diesen Weg gehen würden, dann würden letzten Endes auf Kosten des Ruins von Millionen Wirtschaften aus den Kleinwirt-

[152] A. N. Čelincev, Über die Prinzipien des Aufbaus und der Produktionstypen unserer Kolchose, in: Puti sel'skogo chozjajstva, 11/1928, S. 22–25.

schaften Tausende und Hunderttausende kapitalistische Großbauernwirtschaften hervorgehen."[153]

Ausgehend von der bürgerlichen Vorstellung, daß sich die Wirtschaftsformen im Konkurrenzkampf herauskristallisieren und ausprägen, wandte sich Čelincev gegen die materielle Förderung der Kollektivwirtschaften. Er verlangte hinsichtlich der Versorgung mit Land, der Kreditgewährung, der Vertragspolitik usw. „gleiche Bedingungen" für Kollektivwirtschaften und Privatwirtschaften. Čelincevs Auftreten gegen die ökonomische Stimulierung der sozialistischen Umgestaltung des Dorfes bedeutete nichts anderes, als gerade die Unterstützung der Klein- und Mittelbauern abzulehnen und die Stärkung der kapitalistischen Elemente auf dem Lande zu unterstützen. Čelincevs Konzeption vom „freien Nebeneinanderbestehen" und von „gleichen Möglichkeiten" für den privaten und gesellschaftlichen Sektor war gegen die Leitung der sozialökonomischen Entwicklungsprozesse auf dem Lande durch den sozialistischen Staat gerichtet.

Eine andere Variante der Theorie von der spontanen Entwicklung der Landwirtschaft stellte Čajanovs Konzeption von der „Selbstkollektivierung" der Bauernwirtschaften dar. In einer Zeit, da die Kollektivierung zu einer Massenbewegung geworden war, trat Čajanov mit der Behauptung hervor, daß sich das Dorf ohne jede Hilfe des Proletariats in Richtung auf den Sozialismus entwickle. Er meinte, daß die sozialistische Großproduktion in der Landwirtschaft durch die „organisierte Wiedergeburt der Bauernwirtschaften in Superwirtschaften, durch ihre Selbstkollektivierung"[154] entstehe. Der Sinn der Theorie von der „Selbstkollektivierung" bestand in dem Versuch, den Vormarsch der Bauernschaft zur sozialistischen Produktion von der Führung durch die Arbeiterklasse abzuschneiden, dem Staat eine Politik der passiven Beobachtung der Prozesse, die sich auf dem Lande elementar vollziehen, aufzuzwingen.

Der sowjetische Ökonom A. Gajster schrieb über diese Äußerungen Čajanovs: „Wir müssen ganz klar begreifen, daß die Wurzel von Čajanovs Theorien darin besteht, die Rolle und Bedeutung des Kampfes um den wirklich sozialistischen Inhalt der Bewegung zu verunglimpfen; denn nach Čajanovs Ansicht erkennen die Bauern in der Kollektivwirtschaft zwar ihre eigene Natur, überwinden sie jedoch nicht. In ihrer neuen Interpretation stellt Čajanovs Theorie den Versuch dar, das Bestreben des Kleinbürgertums, hier und dort die Führung durch das Proletariat aus dem Weg zu räumen, theoretisch zu untermauern. Die führende Rolle des Proletariats bei der Kollektivierung auf dem Lande erwähnt Čajanov nicht, und natürlich ist das kein Zufall."[155] Die Theorie von der sogenannten Selbstkollektivierung der Bauernmassen war eine Spielart der Theorie des

[153] Ja. A. Jakovlev, Za kolchozy, Kollektivnoe ili kulackoe chozjajstvo, Moskva-Leningrad 1928, S. 15.

[154] A. V. Čajanov, Das Heute und das Morgen der großen Landwirtschaft, in: Ėkonomičeskoe obozrenie, 9/1929, S. 50.

[155] Na agrarnom fronte, 2/1930, S. 74, 75.

„Selbstlaufs" im sozialistischen Aufbau. Sie war objektiv gegen die entscheidende Voraussetzung für die sozialistische Rekonstruktion der Wirtschaft – die planmäßige und zielbewußte Leitung der ganzen wirtschaftlichen Entwicklung durch den sozialistischen Staat – gerichtet. Das Freiwilligkeitsprinzip bei der Bildung der Kollektivwirtschaften bedeutete nicht, daß das Proletariat auch nur im geringsten auf seine organisierende Rolle, auf die Führung der Bewegung der Bauernmassen, auf die Stimulierung der Kollektivierungsprozesse und auf seinen politischen und wirtschaftlichen Einfluß auf die Kleinwirtschaft verzichtete.

Während Čajanov bis zum Jahre 1929 noch Gegner der Großbetriebe in der Landwirtschaft war, tat er sich schon 1930 als Apologet der Gigantomanie, von Superwirtschaften hervor.

Ausgehend von der Forderung der Partei, alle Erscheinungsformen der bürgerlichen und kleinbürgerlichen Ideologie unversöhnlich zu bekämpfen, unterzogen I. Vermeničev, S. Dubrovskij, M. Kraev, L. Kricman, M. Kubanin, I. Laptev, L. Ljubošic, V. Miljutin, Ja. Nikulichin, M. Sulkovskij und andere sowjetische Ökonomen die antimarxistischen Agrartheorien einer entschiedenen Kritik.

Eine wichtige Etappe im Kampf gegen die antiwissenschaftlichen Theorien von der Entwicklung der Landwirtschaft war eine Konferenz marxistischer Agrartheoretiker im Dezember 1929. Theoretische Konferenzen fanden auch in der Kommunistischen Akademie, im Internationalen Agrarinstitut und in anderen Institutionen statt.

Die I. Unionskonferenz marxistischer Agrartheoretiker hat im Kampf gegen die antimarxistischen Agrartheorien eine bedeutende Rolle gespielt. Hier hielt Stalin sein Referat „Zu Fragen der Agrarpolitik in der UdSSR", in dem er die antimarxistischen Theorien vom „Gleichgewicht" und vom „Selbstlauf" im sozialistischen Aufbau sowie von der „Stabilität" der kleinen Bauernwirtschaft der Kritik unterzog.

Die Konferenz zog Bilanz über den erfolgreichen theoretischen Kampf, der während der ganzen zwanziger Jahre gegen die bürgerlichen und kleinbürgerlichen Ideologen geführt worden war. Diesem Thema war ein spezielles Referat mit dem Titel „Der Kampf an der Agrarfront und die sozialistische Rekonstruktion der Landwirtschaft" gewidmet.

In der Resolution der I. Unionskonferenz marxistischer Agrartheoretiker hieß es, daß „die zurückliegende Periode vom siegreichen Vormarsch der marxistisch-leninistischen Theorie, von schonungslosem Kampf gegen bürgerliche und kleinbürgerliche konterrevolutionäre Ideologen, vom unablässigen Kampf gegen Abweichungen von den einzig richtigen und einzig revolutionären Prinzipien des Leninismus, von denen sich die Arbeiterklasse und ihre Partei bei ihrer großen Arbeit am Aufbau des Sozialismus im Sowjetland leiten lassen, gekennzeichnet war. Stets hat die marxistisch-leninistische Theorie die bürgerlichen und kleinbürgerlichen Theorien zur Agrarfrage schonungslos bekämpft und ihren gegen die

Interessen des Proletariats und der Hauptmassen der Bauernschaft gerichteten Inhalt aufgedeckt"[156].

In den Arbeiten der marxistischen Ökonomen wurde nachgewiesen, daß die bürgerlichen Theorien kein abstraktes Schema, sondern Ausdruck der kapitalistischen Tendenz waren, die unter den wirtschaftlichen Verhältnissen der Übergangsperiode real existierte, daß sie das Programm der kapitalistischen Elemente im Lande ideologisch formulierten. Sie waren ein geschlossenes System von Anschauungen, die auf die Festigung der kapitalistischen Elemente gerichtet waren, die sich dem sozialistischen Aufbau widersetzten.

Der systematische Kampf an der ideologischen Front, die Entlarvung des auf die Restaurierung kapitalistischer Verhältnisse gerichteten Wesens der antimarxistischen Konzeptionen waren eine wichtige Voraussetzung für den Sieg der Kollektivierungspolitik und der ganzen sozialistischen Rekonstruktionspolitik.

Die antisozialistischen Theorien wurden nicht nur im ideologischen Kampf überwunden. Ihr völliger Zusammenbruch wurde von der Praxis, von der sozialistischen Wirklichkeit selbst bestätigt. Der sozialistische Aufbau in der UdSSR war der Prüfstein, der den Bankrott der bürgerlichen und kleinbürgerlichen Konzeptionen mit aller Deutlichkeit offenbarte.

[156] Beschlüsse der I. Unionskonferenz marxistischer Agrartheoretiker, in: Na agrarnom fronte, 1/1930, S. 118.

4. ABSCHNITT

9. KAPITEL

Karl Kautsky und die Theoretiker des Austromarxismus über die ökonomischen Probleme der sozialistischen Revolution und des Sozialismus

Die Entstellung der Marxschen Theorie der sozialistischen Revolution

Nach der Großen Sozialistischen Oktoberrevolution verstärkte sich die revolutionäre Bewegung in Europa. Die Auflösung Österreich-Ungarns gab den Anstoß zu einer breiten Entwicklung der revolutionären Arbeiterbewegung in allen Teilen dieses ehemaligen Staatengebildes. Das erforderte von der Führung der Sozialdemokratie eine neue Taktik und trug zweifellos zur Evolution der sozialdemokratischen Theorien bei. Die Theoretiker der österreichischen Sozialdemokratie, deren Auffassungen stark vom Einfluß des zentristischen Kerns der deutschen Sozialdemokratie und dessen Patriarchen, Karl Kautsky, geprägt waren, bemühten sich, die Grundsätze ihres Parteiprogramms mit den Postulaten des europäischen Zentrismus und speziell mit den Ansichten Kautskys zu verbinden. Diese Besonderheit des Austromarxismus erklärt sich unter anderem daraus, daß es in Österreich keine starke, geschlossene und an marxistischen Traditionen reiche revolutionäre Strömung gab, wie sie der „Spartakusbund" in Deutschland verkörperte. Die Kommunistische Partei, die sich im Jahre 1918 formiert hatte, war noch zu schwach. Der linke Flügel, der seinerzeit unter der Führung von Friedrich Adler stand, krankte an jenem „Linksradikalismus", wie er dem „linken" Opportunismus eigen ist. Deshalb blieb die führende Rolle in der österreichischen Arbeiterbewegung der zentristischen Führung überlassen.

Der Zerfall des österreichischen Kaiserreiches und die Bildung neuer Staaten in Mittel- und Südosteuropa entsprechend dem Versailler Friedensvertrag, konnten die Bindungen, die in der bis dahin einheitlichen Sozialdemokratischen Partei Österreich-Ungarns bestanden hatten, nicht mit einem Schlag lösen. Damit dehnte sich der Einfluß der Sozialdemokratischen Partei Österreichs und ihrer aus Anhängern des Austromarxismus bestehenden Führung auf die sozialdemokratischen Parteien der neu gegründeten Staaten sowie auf die ganze europäische Arbeiterbewegung aus. Eine nicht unwesentliche Rolle spielte dabei auch der Umstand, daß führende Funktionäre der Sozialdemokratischen Partei Österreichs von 1918 bis zum faschistischen Putsch im Jahre 1934 mehrmals an der Spitze der Regierung standen oder den Koalitionsregierungen, die mit der Bourgeoisie gebildet wurden, angehörten und so diese Macht zur Festigung und Ausweitung ihres Einflusses auf die europäische Arbeiterbewegung nutzen konnten.

Diese Faktoren begünstigten die Entwicklung des Austromarxismus in der

Zeit zwischen den beiden Weltkriegen und das Vordringen von so bekannten und „angesehensten" (wie Lenin sich ausdrückte) Theoretikern wie die zu unterschiedlichen Zeiten zur österreichischen Sozialdemokratie gestoßenen Karl Kautsky und Rudolf Hilferding sowie Otto Bauer, Karl Renner, Max Adler, Friedrich Adler und anderer Vertreter des Austromarxismus.

Natürlich wäre es nicht richtig, ihre Konzeptionen alle über einen Kamm zu scheren. Jeder hatte eigene Auffassungen vom Sozialismus und von der Entwicklung der Arbeiterbewegung. Doch traten sie alle in die Fußstapfen von Eduard Bernstein und wurden in der Zeit zwischen den beiden Weltkriegen zu Ideologen des Reformismus und Revisionismus in der Arbeiterbewegung.

Die farbigste und schillerndste Figur von ihnen war Kautsky, der nach einem Ausspruch Lenins die „größte Autorität der II. Internationale" darstellte und dessen Konzeption die raffinierteste und „jesuitischste", geschlossenste und am besten verschleierte Phrase des Opportunismus in einem war. Wie eng der Austromarxismus mit dem Kautskyanertum liiert war, trat nach dem ersten Weltkrieg und der Großen Sozialistischen Oktoberrevolution besonders deutlich zutage. Deshalb galt die Kritik, die Lenin im Jahre 1920 am Kautskyanertum geübt hatte, auch dem Austromarxismus. Lenin schrieb: „Die in der ganzen Welt anwachsende proletarische revolutionäre Bewegung im allgemeinen und kommunistische Bewegung im besonderen kann der Analyse und Aufdeckung der theoretischen Fehler des ‚Kautskyanertums' nicht entraten."[1]

Später, an seinem Lebensabend, hat Kautsky unverhohlen zugegeben, daß er den Marxismus revidiere. Doch wollte er glauben machen, daß er durch die Revision die Lehre der Begründer des Marxismus „weiterentwickelte". „Also zeitweise Revisionen des Marxismus sind unvermeidlich, ja unerläßlich . . .". Nur bringe ein „Revisionismus, der den Marxismus nicht weiter entwickelt, sondern bloß in Frage stellt und verneint, um zu vormarxistischen Denkweisen zurückzukehren, . . . sicher keinen wissenschaftlichen Fortschritt"[2].

Gleichzeitig aber verkündete Kautsky eine andere These: „Was ich im folgenden gebe, das ist eine Begründung meiner eigenen Geschichtsauffassung . . . Indem ich hier meine eigene Auffassung zur Darstellung bringe, entfällt von vornherein jeder Streit darüber, ob ich diesen oder jenen Marxschen Satz richtig auffasse."[3] So finden wir einerseits das Vorhaben, den Marxismus weiterzuentwickeln, andererseits aber eine faktische Abgrenzung von der Lehre von Marx und Engels. Dieser Eklektizismus, der für Kautskys Weltanschauung typisch ist, verfolgte weitreichende Ziele, nämlich den Marxismus durch Opportunismus zu ersetzen und der Entwicklung der internationalen revolutionären Arbeiterbewegung eine andere Richtung zu geben.

[1] W. I. Lenin, Der Imperialismus als höchstes Stadium des Kapitalismus, in: Werke, Bd. 22, Berlin 1971, S. 197.

[2] Karl Kautsky, Die materialistische Geschichtsauffassung, Zweiter Band, Berlin 1927, S. 630.

[3] Ebenda, Erster Band, Berlin 1927, S. 16.

Die Evolution der Kautskyschen Ideen und der der Theoretiker des Austromarxismus hat verschiedene Phasen durchlaufen. Besonders deutlich wurde ihr Renegatentum gegenüber dem Marxismus in der Stellung, die sie zum Leninismus und zur sozialistischen Revolution in Rußland einnahmen. Kautsky machte Lenin und den Bolschewiki den Vorwurf, daß sie es mit der Lehre von Marx zu genau nähmen, sie „orthodox“ auslegten. Aber wenn Kautsky seine Anschuldigungen noch in getarnter Form vorbrachte, tat es Renner ganz unverhohlen. Kautsky minderte die Bewußtheit und Organisiertheit der in der Schule dreier Revolutionen und des Bürgerkrieges gestählten und von der bolschewistischen Partei geführten Arbeiterklasse herab, er glaubte nicht an ihre Kraft und erklärte, das Sowjetvolk sei einer Sozialisierung auf kulturellem Entwicklungsniveau noch nicht fähig.

Um die sozialistische Vergesellschaftung der Produktion in der UdSSR in Verruf zu bringen, machten Kautsky und die Theoretiker des Austromarxismus vor nichts halt. Da die bald überall bekannt gewordenen Erfolge dieses Prozesses so gar nicht zu ihren Erfindungen passen wollten, gaben sie schließlich nicht ihrer „Theorie“, sondern der Wirklichkeit die Schuld. Sie zählten Sowjetrußland zu den „barbarischen Ländern . . ., deren arbeitende Bevölkerung die Notwendigkeiten der Industrie noch nicht begriffen hat“[4] und nicht wisse, daß diese nur dann mit Erfolg betrieben werden könne, wenn man das kapitalistische Eigentum mit besonderer Vorsicht behandle.

Das kulturelle Entwicklungsniveau ist kein abstrakter, von der Gesellschaftsordnung isolierter Begriff. Es wird vielmehr von den sozialökonomischen Lebensbedingungen erst geprägt. Nachdem die Ausbeutung abgeschafft und im führenden Wirtschaftssektor sozialistische Klassenverhältnisse hergestellt waren, schuf die Sowjetmacht die politischen und wirtschaftlichen Bedingungen zur Lösung der komplizierten Aufgaben der Kulturrevolution.

Lenin hatte die Forderung gestellt, auf revolutionärem Wege zuerst die Voraussetzungen für die Entwicklung der Kultur zu erringen, um „*dann* schon auf der Grundlage der Arbeiter- und Bauernmacht und der Sowjetordnung, vorwärts (zu) schreiten und die anderen Völker ein(zu)holen“[5]. Kautsky und ähnliche „Pedanten“ haben, wie Lenin sich ausdrückte, die Spezifik der russischen Revolution nicht begriffen, die darin bestand, daß in Rußland die politische und soziale Umwälzung der kulturellen Umwälzung, der Kulturrevolution vorausging[6].

Kautsky leugnete die Notwendigkeit der Diktatur des Proletariats beim Übergang zum Sozialismus und erklärte, Lenin und die Bolschewiki würden den gesetzmäßigen Entwicklungsgang der Gesellschaft, vor allem aber den Entwicklungsprozeß der Demokratie und des Staates, stören, wenn sie den Aufbau des Sozialismus mit der Diktatur des Proletariats verbänden.

[4] Ebenda, Zweiter Band, Berlin 1927, S. 436.
[5] W. I. Lenin, Über unsere Revolution, in: Werke, Bd. 36, Berlin 1962, S. 465.
[6] Vgl. ebenda, S. 461.

Um die Lehre der Begründer des Marxismus über die Notwendigkeit des Zerbrechens der bürgerlichen Staatsmaschinerie und deren Ablösung durch die politische Macht der Arbeiterklasse, die Diktatur des Proletariats, zu verfälschen, berief sich Kautsky auf Marx selbst. Er behauptete, Marx habe nur „gelegentlich" einmal von Diktatur des Proletariats gesprochen und nicht erklärt, welche Staatsordnung für diese politische Situation in Frage komme: „Wie immer Marx die Diktatur des Proletariats verstanden haben mag, für die Diktatur als die zur Befreiung des Proletariats unerläßliche Staatsform hat er sich nirgends ausgesprochen." [7]

Marx und Engels haben jedoch die proletarische Revolution nie von der Frage nach der Art der Macht getrennt. Die politische Aufgabe der Revolution sahen die Klassiker des Marxismus darin, die bürgerliche Form des Staates zu vernichten und den Staat aus einem „der Gesellschaft übergeordneten in ein ihr durchaus untergeordnetes Organ zu verwandeln" [8]. Lenin bezeichnete die Frage nach der Diktatur des Proletariats als die Frage „nach dem Wesensinhalt der proletarischen Revolution" [9].

Das alles spricht dafür, daß Kautsky keinen klaren Begriff von der Dialektik hatte, nach der sich die politische Organisation der Arbeiterklasse in der Übergangsperiode entwickelt und daß er auf Bakunins Positionen abgeglitten war. Bakunin war gegen den proletarischen Staat; er hatte die marxistische Theorie der proletarischen Revolution entstellt und behauptet, für den Marxismus sei die Diktatur des Proletariats nur „vorübergehend und kurz". Marx wies diese Behauptung empört zurück und erwiderte, daß „die *Klassenherrschaft* der Arbeiter über den mit ihnen kämpfenden Schichten der alten Welt nur so lang besteht, als die ökonomische Grundlage der Klassenexistenz nicht vernichtet ist" [10].

Im Jahre 1927 erschien Kautskys zweibändiges Werk „Die materialistische Geschichtsauffassung". Zu Recht nannte Kautsky es die „Quintessenz" seines Lebenswerks. Hier hat er seine Auffassungen zu den Grundproblemen der Philosophie, der politischen Ökonomie und der Theorie des Sozialismus in zusammenfassender Form dargelegt. Zu den Besonderheiten dieses Werkes gehört, daß Kautsky hier weitreichende, teils umstrittene und seinerzeit noch ungeklärte Probleme der Philosophie, der politischen Ökonomie, der Soziologie und der Politik vor dem Hintergrund der Geschichte der menschlichen Gesellschaft, von ihrer Entstehung bis zum Übergang zum Sozialismus, darstellt.

Eine weitere Besonderheit von Kautskys Werk „Die materialistische Geschichtsauffassung" besteht darin, daß es im Unterschied zu seinen früheren Büchern

[7] Karl Kautsky, Die materialistische Geschichtsauffassung, Zweiter Band, Berlin 1927, S. 469–470.

[8] Karl Marx, Kritik des Gothaer Programms, in: MEW, Bd. 19, Berlin 1969, S. 27.

[9] W. I. Lenin, Die proletarische Revolution und der Renegat Kautsky, in: Werke, Bd. 28, Berlin 1970, S. 229.

[10] Karl Marx, Konspekt von Bakunins „Staatlichkeit und Anarchie", in: MEW, Bd. 18, Berlin 1962, S. 636.

einen kurzen Abriß über die gewaltige Entwicklung der sozialistischen Revolution in der UdSSR enthielt. Kautsky sah sich veranlaßt, den Erfolgen des sozialistischen Aufbaus im ersten Land, daß die Knechtschaft des Kapitals abgeworfen hatte, Rechnung zu tragen und gegen die Arbeiten Lenins zu polemisieren. So mußte dieses Buch stärker mit Argumenten ausgestattet werden, mußte der Autor in seinen Äußerungen vorsichtiger und vor allem bemüht sein, sie als marxistisch auszugeben.

Kautskys Werk „Die materialistische Geschichtsauffassung“ war von unverhohlenem Antisowjetismus geprägt und gegen die Theorie und Praxis des Marxismus-Leninismus in der UdSSR gerichtet. Kautsky prophezeite, daß die Situation in Sowjetrußland „nicht zu sozialistischer Produktion führen kann, sondern in einem Chaos enden muß“, das von einer Rückkehr zu privatem Kapitalismus abgelöst werden könnte.[11] Kautsky hat bis zu seinem Lebensende am Antikommunismus festgehalten.

Im Gegensatz zu ihm hat Otto Bauer, ein führender Theoretiker des Austromarxismus, in den letzten Lebensjahren sein Verhältnis zum Aufbau des Sozialismus in der UdSSR korrigiert. Anfang der zwanziger Jahre hatte Bauer noch behauptet, in Rußland sei ein „bürokratischer Staatssozialismus“ errichtet worden, der „den Despotismus des Unternehmers bloß durch den Despotismus des Bürokraten ersetzt ..., solange sich die Arbeiterschaft die Fähigkeit zur Selbstregierung in ihrem Arbeitsprozeß noch nicht erworben hat“[12]. Mitte der dreißiger Jahre hatte Bauer seine Ansichten über die sozialistische Revolution und die sowjetische Wirtschaft stark revidiert. So schrieb er in einem Beitrag für die ungarische Zeitschrift „Szocializmus“: „Nur in der naiven und idyllischen Vorstellungswelt des Reformismus ist noch der Glaube lebendig, in unserer kapitalistischen Gesellschaft könne die Arbeiterklasse allmählich, Schritt für Schritt, zu soviel Macht kommen, daß sie die Grundlagen des Kapitalismus untergraben und der bürgerlichen Demokratie nach und nach sozialistischen Inhalt verleihen könne.“[13]

In seinem letzten Buch „Zwischen zwei Weltkriegen?“, das 1936 in der Emigration veröffentlicht wurde, hob Bauer den demokratischen Charakter der sowjetischen Staats- und Gesellschaftsordnung hervor. Hier gab er seiner Überzeugung Ausdruck, daß die sozialistische Gesellschaft in der UdSSR der ganzen Welt die Vorzüge demonstriere, die der Sozialismus in wirtschaftlicher, sozialer und kultureller Hinsicht gegenüber dem Kapitalismus habe.

[11] Karl Kautsky, Die materialistische Geschichtsauffassung, Zweiter Band, Berlin 1927, S. 475.
[12] Otto Bauer, Geschichte der österreichischen Revolution, Wien 1923, S. 171.
[13] Otto Bauer, Elöszó Marx „18 Brumaire“, in: „Szocialismus“, 11/1936, S. 529.

Die philosophischen Grundlagen der Auffassungen Kautskys und der Theoretiker des Austromarxismus von der Wirtschaft des Sozialismus

Kautsky und die Ideologen des Austromarxismus vertraten die gleichen philosophischen Anschauungen. Die gemeinsame Haltung zu den Grundproblemen des historischen Materialismus und zur politischen Ökonomie bedingte auch eine gewisse Einheitlichkeit in ihren theoretischen Ansichten und in der praktischen Tätigkeit.

Ebenso wie Kautsky wollten auch die Theoretiker des Austromarxismus den Marxismus zu einer „empirischen Wissenschaft" degradieren und ihn durch die Aufnahme des Positivismus verwässern. Max Adler erklärte ohne Umschweife: „Der vielberufene Materialismus Marxens war nichts anderes als der Positivismus der modernen Wissenschaft . . ." [14] In einem Brief aus dem Jahre 1909 schrieb Kautsky, daß er unter Marxismus keine Philosophie verstehe, sondern eine Erfahrungswissenschaft, die besonders auf dem Verständnis der Geschichte beruht. Dieses Geschichtsverständnis sei natürlich nicht mit der idealistischen Philosophie vereinbar, wohl aber mit der Machistischen Erkenntnistheorie.

Mit seiner Haltung wollte Kautsky den Ruf des konsequentesten Marxisten überhaupt beanspruchen und konsequenter als Marx selbst sein. Einleitend zu seinem Werk „Die materialistische Geschichtsauffassungg" schrieb er, „Marx und Engels . . . waren von Hegel ausgegangen, ich ging von Darwin aus" [15]. Kautsky biologisierte die Entwicklung des gesellschaftlichen Lebens. Den Materialismus Darwins und die spontane Dialektik übernahm er allerdings nicht. Dem Entstehungsprozeß des Menschen legte er den subjektiven Faktor zugrunde, um die materialistische Theorie von der Entstehung des Menschen und der Gesellschaft zu verwerfen. Das, was dem spontanen Materialisten Darwin unzulässig schien, tat der „Marxist" Kautsky, wenn er die Entstehung der menschlichen Gesellschaft aus in der Natur verborgenen Rätseln und Willensbestrebungen erklären wollte [16].

Um aber die Entstehung der Produktion und der Gesellschaft durch das Bewußtsein zu erklären, mußte er wiederum die Herkunft des Bewußtseins erklären. Dazu berief sich Kautsky auf den Neokantianismus, um Darwins naturwissenschaftliche Auffassungen mit der Kantschen Interpretation des Wollens und des „apriorischen" Wissens zu ergänzen. Und so schrieb er: „Es ist nicht daran zu zweifeln, daß in letzter Linie unser Wollen nicht durch unser Erkennen

[14] Max Adler, Marx und Engels als Denker, Frankfurt/Main 1972, S. 191.

[15] Karl Kautsky, Die materialistische Geschichtsauffassung, Erster Band, Berlin 1927, S. 17.

[16] Charles Darwin schrieb in seiner Autobiographie (Leipzig-Jena 1959, S. 100): „Es war aber in gleicher Weise offenbar, daß weder die Wirksamkeit der umgebenden Bedingungen noch der Wille der Organismen (besonders was die Pflanzen betrifft) die zahllosen Fälle erklären konnte, in denen Organismen aller Art ihrer Lebensweise wunderbar angepaßt sind . . .".

bestimmt wird, sondern schon vor jeglicher Erkenntnis da ist und daß es auf diese selbst bestimmend einwirkt“ [17].

Hierin stimmten Kautskys Auffassungen völlig mit den Ansichten des von Max Adler geführten Flügels des Austromarxismus überein, der ebenso wie Bernstein der Marburger Schule des Neokantianismus nahestand. Zu den Hauptmerkmalen dieser Schule gehörte die subjektivistische Interpretation der ökonomischen Verhältnisse. So behauptete Adler, daß „ökonomische Verhältnisse ... *selbst etwas Geistiges sind*, nur als Geistiges überhaupt verstanden werden können, weil ökonomische Verhältnisse ja eben menschliche Verhältnisse sind, nur die elementaren grundlegenden Beziehungen des vergesellschafteten Menschen“ [18]. Doch hatte Marx lange vor Kautsky nachgewiesen, daß die Art des menschlichen Wollens von den gesellschaftlichen Bedingungen des materiellen Lebens der Menschen bestimmt wird.

Ein weiterer Wesenszug des Neokantianismus bestand darin, daß er die sozialen Verhältnisse von den ökonomischen Verhältnissen trennte und anstelle der Produktionsverhältnisse soziale, angeblich aus der biopsychischen Natur des Menschen sich ableitende Verhältnisse setzte. Adler erklärte, daß der Mensch nicht deshalb sozial sei, weil er in der Gesellschaft lebt, aber er könne in der Gesellschaft leben, weil er in seinem Selbstbewußtsein schon unmittelbar sozial ist, das heißt, daß er sich bei wesentlicher Ähnlichkeit durch das psychische Verhältnis zu seinen Zeitgenossen unterscheidet.[19] Die aus dem menschlichen Bewußtsein abgeleiteten sozialen Verhältnisse wurden bei den Neokantianern zu nicht klassengebundenen Verhältnissen.

Ein deutliches Beispiel für die Trennung von ökonomischen und sozialen Verhältnissen liefert die Konzeption von der kapitalistischen Wirtschaft, wie sie von Karl Renner dargeboten wurde. Renner meinte, im Kapitalismus weise der Wirtschaftsprozeß drei Bestandteile auf:

1. die technischen Beziehungen der Menschen im Produktionsprozeß,
2. die Zusammenfassung von Menschen als Arbeitskräfte in „eine Willenmaschinerie“ und
3. schließlich ihr Zusammentreffen auf dem Markt als „rechtliche Eigentümer“.

Die technischen Beziehungen im Produktionsprozeß der Betriebe (Werkstätten, Fabriken) betrachtete er als kollektive Verhältnisse. Unter sozialen Verhältnissen verstand er die „Gesellung“ von Menschen „in eine Willenmaschinerie“. Das Zusammentreffen der einzelnen Willen auf dem Markt verleihe dem Wirtschaftsprozeß sozialen Charakter. „Daß wollende Menschen sozusagen in eine Willenmaschinerie zusammengesellt werden können, die Gesellung von Arbeits-

[17] Karl Kautsky, Die materialistische Geschichtsauffassung, Zweiter Band, Berlin 1927, S. 714.

[18] Max Adler, Marx und Engels als Denker, Frankfurt/Main 1972, S. 62.

[19] Vgl. Max Adler, Engels als Denker. Angegebene Stelle hier aus der russischsprachigen Ausgabe, Leningrad-Moskva 1927, S. 9, übernommen.

kräften ist ein gesellschaftliches oder soziales Phänomen und der wirtschaftliche Vorgang ist immer zugleich auch ein sozialer Prozeß"[20], schrieb Renner. Die Marktbeziehungen der Produzenten in der Zirkulationssphäre waren für Renner juristische Beziehungen, die in der kapitalistischen Wirtschaft die bestimmende Rolle spielen: „Der Zirkulationsprozeß ist offenbar ... der oberste Gesetzgeber und Richter der kapitalistischen Gesellschaft ..."[21].

Da Renner die sozialen Verhältnisse von den ökonomischen Verhältnissen trennt, vermischt er den Charakter der Produktionsverhältnisse mit dem der Produktion und der Aneignung. Der gesellschaftliche Charakter der Produktion entsteht im Produktionsprozeß selbst und tritt in der Zirkulationssphäre lediglich in Erscheinung. Die maschinelle Großproduktion und die ihr entsprechende Arbeitsteilung – Kooperation und Spezialisierung – weisen im Kapitalismus spezifisch gesellschaftlichen Charakter auf. Auf einer bestimmten Entwicklungsstufe gerät der gesellschaftliche Charakter der Produktion in Widerspruch zur privatkapitalistischen Aneignungsform, also mit dem kapitalistischen Eigentum an den Produktionsmitteln und am Produkt der Arbeit. Dieser Widerspruch, den Renner in seinen Ausführungen faktisch aufhebt, durchdringt alle sozialen Verhältnisse der kapitalistischen Gesellschaft.

Eine von den sozialen Verhältnissen isolierte Analyse der ökonomischen Verhältnisse bedeutete jedoch, die Lehre von Marx über die Einheit der sozialen und ökonomischen Struktur der Gesellschaft zu negieren und dem Marxismus den Neokantianismus unterzuschieben.

Nach der Lehre von Marx hängen die sozialen und ökonomischen Verhältnisse miteinander zusammen, sie bilden verschiedene Seiten einer organischen Einheit, und sie spiegeln sich in ihrem Ausdruck gegenseitig wider. Die Theoretiker des Austromarxismus und Kautsky wollten in dieser Frage zwischen den Auffassungen, die Marx in seinen Frühwerken und in seinen reifen Arbeiten vertreten hat, einen Gegensatz rekonstruieren. Eine derartige Konfrontation entbehrt jedoch jeder Grundlage; Marx hatte bereits in seinen Frühwerken, als er den Idealismus in Hegels philosophischem System kritisierte, die Struktur der bürgerlichen Gesellschaft aus den ökonomischen Verhältnissen abgeleitet.[22] In seinen reiferen Werken, so im „Ökonomischen Manuskript" von 1857/1858, in „Zur Kritik der Politischen Ökonomie" und im „Kapital", hat Marx dargestellt, daß der gesellschaftliche Produktionsprozeß „sowohl Produktionsprozeß der materiellen Existenzbedingungen des menschlichenLebens wie ein in spezifischen, historisch-ökonomischen Produktionsverhältnissen vor sich gehender, diese Produktionsverhältnisse selbst und damit die Träger dieses Prozesses, ihre

[20] Karl Renner, Die Wirtschaft als Gesamtprozeß und die Sozialisierung, Berlin 1924, S. 14.

[21] Ebenda, S. 338.

[22] Näheres dazu vgl. G. G. Ter-Grigorjan, Problema social'-nogo i ėkonomičeskogo pri genezise archaičeskoj formacii, in: Sbornik naučnych trudov Jerevanskogo instituta, Bd. 27, Serija: obščestvennyje nauki, 4/1972 (Erevan).

materiellen Existenzbedingungen und ihre gegenseitigen Verhältnisse, d. h. ihre bestimmte ökonomische Gesellschaftsform produzierender und reproduzierender Prozeß"[23] ist. Das Kriterium, das bei der Unterscheidung der Hauptepochen in der Entwicklungsgeschichte der Gesellschaft die bestimmende Rolle spielt, sind in der Lehre von Marx jene sozialen Beziehungen zwischen den Menschen, die ihre grundlegenden Verhältnisse, die Produktionsverhältnisse, ausdrücken.

Da Kautsky und die Austromarxisten die sozialen und ökonomischen Verhältnisse voneinander trennten, entstellten sie das Wesen der von den Klassikern des Marxismus entdeckten materialistischen Geschichtsauffassung. Die Reduzierung des Materialismus auf den Positivismus und auf die Verbindung mit dem Neokantianismus bildete auch die Grundlage für die Leugnung der Möglichkeit, die ökonomischen Bewegungsgesetze der Gesellschaft zu erkennen. Kautsky meinte, die gesamte vorangegangene Geschichte, einschließlich des Kapitalismus sei zwar erkennbar, es sei jedoch problematisch, die Gesetzmäßigkeiten der künftigen gesellschaftlichen Entwicklung zu ergründen, weil die Erkenntnis nicht über die Erfahrung, über das empirische Wissen hinausreiche.[24] Bestenfalls lasse sich diese Erkenntnis auf subjektive, willkürliche Prognosen „transzendenter" Art reduzieren.[25]

Die Leugnung der Möglichkeit, die ökonomischen Bewegungsgesetze der Gesellschaft zu erkennen, führte schließlich dazu, auch die Berechtigung einer politischen Ökonomie des Sozialismus abzulehnen. So behauptete Kautsky, die politische Ökonomie sei „die Lehre von den Gesetzen der gesellschaftlichen Wirtschaft unter der Herrschaft der Warenproduktion"[26].

Da Kautsky und die Austromarxisten die Sozialismustheorie als Nebenprodukt der Geistesarbeit einzelner Denker betrachteten, leugneten sie im Grunde auch die Möglichkeit, die Marxsche Methodologie auf die Untersuchung der ökonomischen Verhältnisse des Sozialismus anzuwenden und maßen der Analyse der Grundlagen des Sozialismus, wie sie die Begründer des Marxismus geliefert hatten, keine Bedeutung bei.

Die Theorie vom „Hineinwachsen des Kapitalismus in den Sozialismus"

In der Zeit zwischen den beiden Weltkriegen wurden Kautsky und die Theoretiker des Austromarxismus zu offenen Apologeten des Kapitalismus, zu eifrigen Verkündern der Theorie vom „Hineinwachsen des Kapitalismus in den Sozialis-

[23] Karl Marx, Das Kapital, Dritter Band, in: MEW, Bd. 25, Berlin 1972, S. 826.
[24] Vgl. Karl Kautsky, Ethik und materialistische Geschichtsauffassung, Stuttgart 1906, S. 36.
[25] Karl Kautsky, Die materialistische Geschichtsauffassung, Zweiter Band, Berlin 1927, S. 757–758.
[26] Karl Kautsky, Die historische Leistung von Karl Marx, Berlin 1919, S. 7–8.

mus", deren Grundlagen von Eduard Bernstein gelegt worden waren. Die Renaissance dieser Theorie in modernisierter Form war eine Reaktion auf den Sieg des revolutionären Marxismus in Rußland. Sie war von dem Bemühen der Austromarxisten getragen, die Arbeiterbewegung von den Ideen des Sozialismus abzulenken.

Die Anhänger der Theorie vom „Hineinwachsen des Kapitalismus in den Sozialismus" wollten nachweisen, daß der Übergang zum Sozialismus auch ohne den revolutionären Bruch mit den kapitalistischen Produktionsverhältnissen möglich sei. Sie betrachteten die sozialistische Umgestaltung der Wirtschaft als eine rein quantitative Häufung von Elementen des Sozialismus innerhalb des Kapitalismus, als automatisch eintretendes Ergebnis aus dem Wirken der Gesetze des Kapitalismus.

Die methodologische Grundlage dieser Theorie bildete die These vom Primat der Zirkulationssphäre. In der Zirkulation sahen ihre Verfechter die Sphäre, deren Entwicklungsprozesse zu einer allmählichen „Transformation des Kapitalismus in den Sozialismus" führen. Karl Renner schrieb, das Ergebnis der fortschreitenden Vergesellschaftung laufe darauf hinaus, daß „die kapitalistische Entwicklung selbst, daß sozusagen die Automatik des Kapitals sozialisiert ... Im Schoße der alten Gesellschaft reifen in der Tat alle Elemente einer neuen Gesellschaft aus, in der Tat: Das Kapital sozialisiert.[27]

Der Übergang auf die Theorie vom „Hineinwachsen des Kapitalismus in den Sozialismus" verlangte eine neue Interpretation der ökonomischen Theorie von Marx. Die Theoretiker des Austromarxismus behaupteten, daß die Marxsche Analyse des Kapitalismus veraltet und kein Instrument zum Handeln mehr sei. Als Ursachen dafür betrachteten sie die Veränderung des Charakters der Arbeit in den kapitalistischen Unternehmen und der Struktur der Arbeiterklasse sowie die „Durchgeistigung" der mechanischen und die Mechanisierung der geistigen Arbeit.[28]

Um den Marxismus seines revolutionären Geistes zu berauben und ihn zu einer für das Kleinbürgertum annehmbaren Theorie zu machen, mußte die Scheidewand niedergerissen werden, die den Kapitalismus von dem zur Realität gewordenen Sozialismus trennte. Eben diesem Zweck sollte die Theorie vom „Hineinwachsen des Kapitalismus in den Sozialismus" dienen. Einerseits wollte sie die Unterschiede zwischen Kapitalismus und Sozialismus verwischen, um andererseits den Aufbau des Sozialismus in der UdSSR in Verruf zu bringen und Theorie und Praxis des wissenschaftlichen Sozialismus zu verleumden.

Um den Kapitalismus dem Sozialismus näherzubringen, ja gleichzustellen, stellten die Theoretiker des Austromarxismus zu Beginn der dreißiger Jahre die Theorie von der „Rationalisierung der kapitalistischen Wirtschaft" auf. Nach

[27] Karl Renner, Die Wirtschaft als Gesamtprozeß und die Sozialisierung, Berlin 1924, S. 369–370.

[28] Karl Renner, Marxismus, Krieg und Internationale, Stuttgart 1917, S. 37–38.

dieser Theorie rationalisiere die Zirkulationssphäre das Wirtschaftsleben der kapitalistischen Gesellschaft automatisch; sie fordere eine ständige Steigerung der Arbeitsproduktivität, mit der auch die Löhne der Arbeiter und deren Kaufkraft wachsen würden. Je mehr sich deshalb das Bankkapital entwickle, um so geringer werde die Möglichkeit von Krisenerscheinungen.

Die Konzeption von der „Rationalisierung der kapitalistischen Wirtschaft" baute auf der von der Produktionssphäre isolierten Analyse der Konsumtions- und Zirkulationssphäre auf. Um die bestehenden kapitalistischen Verhältnisse zu rechtfertigen, versuchten Karl Renner und Otto Bauer das Verhältnis zwischen Kapitalisten und Arbeitern ausschließlich auf die sozialen Beziehungen juristisch gleichgestellter Personen auf dem Markt zu reduzieren. Sie zogen dann den Schluß, daß die Arbeiterklasse am Wachstum der kapitalistischen Produktion und an der Rationalisierung der Wirtschaft interessiert sei.

Der „Rationalisierungstheorie" folgend, erklärte Bauer die Weltwirtschaftskrise von 1929–1933 aus der unzureichenden Entwicklung des Monopolkapitals und einer darauf zurückzuführenden fehlerhaften Rationalisierung in einzelnen kapitalistischen Unternehmen und Monopolen, die deshalb durch den Staat sozialisiert werden müßten.

Der Gedanke von der „Organisation und Rationalisierung" der Produktion wurde mehr und mehr mit dem der staatlichen Eingriffe in das Wirtschaftsleben verbunden, die notwendig seien, um zyklische Überproduktionskrisen abwenden zu können.

In der Entwicklung der staatlichen Wirtschaftsregulierung sahen die Austromarxisten einen Beweis für die Richtigkeit ihrer Theorie von der „Transformation des Kapitalismus in den Sozialismus", mit der sie den Anspruch erhoben, den Marxismus bereichert zu haben. Gleichzeitig leiteten aber bürgerliche Ökonomen diese Maßnahmen aus den Erfordernissen der Entwicklung des Kapitalismus, aus der Notwendigkeit zur Festigung dieser Ordnung ab. So hat beispielsweise die Theorie von John Maynard Keynes die weitgehende Einmischung des Staates in die Wirtschaft als ein Rezept für die Heilung des kranken Kapitalismus angesehen.

Die Gesetze des Kapitalismus bewirkten im imperialistischem Stadium die Verschmelzung der Monopole mit dem Staat, die Ausnutzung des Staates durch die Monopole, wodurch die Gesamtinteressen der kapitalistischen Reproduktion gesichert werden sollten. Diese Prozesse liefen jedoch nicht auf ein „Hineinwachsen des Kapitalismus in den Sozialismus" hinaus, wie Kautsky und die Theoretiker des Austromarxismus behaupteten, sondern auf das Hinüberwachsen des Monopolkapitalismus in den staatsmonopolistischen Kapitalismus.

Die Theorie der „Sozialisierung"

Zu den Elementen der Theorie vom „Hineinwachsen des Kapitalismus in den Sozialismus" gehörte die „Sozialisierung", die als Hauptinstrument der „Transformation" des Kapitalismus in den Sozialismus und als Hauptelement des Sozialismus in den Grenzen des Kapitalismus hingestellt wurde.

Die These von der „Sozialisierung" beruhte auf der Entstellung der ökonomischen Lehre von Marx, und hier vor allem der Marxschen Eigentumstheorie. Einerseits interpretierten Kautsky und die Austromarxisten das Eigentum nach dem Vorbild von Proudhon als juristische Kategorie, um andererseits die juristisch interpretierten Eigentumsverhältnisse in das System der ökonomischen Verhältnisse aufzunehmen. Den Eigentumsbegriff reduzierte Kautsky in seinem Werk „Die materialistische Geschichtsauffassung" auf technische Beziehungen im Produktionsprozeß sowie auf juristische und sozialpolitische Verhältnisse. „Drei Faktoren sind es, die das Eigentum jeweilig bestimmen. Einmal Gründe technischer Zweckmäßigkeit, die mitunter solche technischer Notwendigkeit werden. Dann Traditionen, die gerade auf dem Gebiete des Eigentums sehr tief gehen und schwer zu überwinden sind, sowie endlich die Machtverhältnisse im Gemeinwesen." [29]

Marx hat nachgewiesen, daß das Eigentum als ökonomisches Verhältnis nicht das Verhältnis des Menschen zu einem Ding, sondern das Verhältnis zwischen Menschen wegen der Dinge ausdrückt. So schrieb Marx über die Urgesellschaft, auf die sich Kautsky mit Vorliebe bezog: „Und sobald der erste tierische Zustand aufhört, das Eigentum auf die Natur immer schon vermittelt durch sein Dasein als Mitglied eines Gemeinwesens, Familie, Stamm etc., durch ein Verhältnis zu andren Menschen, das sein Verhältnis zur Natur bedingt." [30]

Kautsky setzte an die Stelle des Eigentums als ökonomische Kategorie und als ein auf die Produktionsmittel und die Produktionsergebnisse bezogenes Verhältnis zwischen den Menschen, eine Kategorie des Gewohnheits- und bürgerlichen Rechts. Die Interpretation des Eigentums als durch die Tradition geheiligtes Produkt der gesellschaftlichen Anerkennung bildete die theoretische Plattform, von der aus Kautsky die Nationalisierung der Industrie durch die Sowjetmacht angriff. Da die Nationalisierung durch Dekret verfügt worden sei, sei der Verfall der Industrie und die Wiederherstellung des kapitalistischen Eigentums in Sowjetrußland unvermeidlich[31].

[29] Karl Kautsky, Die materialistische Geschichtsauffassung, Zweiter Band, Berlin 1927, S. 151.

[30] Karl Marx, Theorien über den Mehrwert, Dritter Teil, in: MEW, Bd. 26. 3, Berlin 1974, S. 370.

[31] Karl Kautsky, Die materialistische Geschichtsauffassung, Zweiter Band, Berlin 1927, S. 585, 593–594.

Kautskys Prognosen mußten vor allem deshalb scheitern, weil er nicht begriffen hatte, daß der sozialistische Entwicklungsweg der sowjetischen Wirtschaft durch die Umwälzung in den ökonomischen Eigentumsverhältnissen garantiert war, die ihre juristische Verankerung im Dekret über die Nationalisierung fand und die Grundlage für die Entwicklung des gesamten Systems der sozialistischen Produktionsverhältnisse bildete.

Zum Unterschied von Kautsky befaßten sich die Austromarxisten Karl Renner und Otto Bauer weniger mit allgemeintheoretischen Eigentumsproblemen. Sie bemühten sich vielmehr, die „Sozialisierung" als Hauptelement des „Hineinwachsens des Kapitalismus in den Sozialismus" ökonomisch zu begründen.

Renner widmete der ökonomischen Begründung der Sozialisierung eine spezielle Schrift, während Bauer, der den Sozialisierungsplan in dem Buch „Der Weg zum Sozialismus" unterbreitete, in der österreichischen Revolution von 1918 bis 1919 den Versuch unternahm, ihn in die Praxis umzusetzen. Die „Sozialisierungs"-Theorie Renners und Bauers enthielt folgende Behauptungen:

Erstens habe die moderne kapitalistische Wirtschaft eine „vollständige Hierarchie" der Leitung – von der Werkstatt bis zum Konzern – geschaffen, deshalb sei die Produktion vergesellschaftet und trage die Arbeit kollektiven Charakter; „die Produktion findet also durchaus gesellschaftlich statt".

Zweitens sei das Eigentum, die Aneignung, das Ergebnis juristischer Transaktionen in der Zirkulationssphäre. Deshalb sei die Aneignung „unlösbar mit der Zirkulation verwachsen und die Zirkulation besorgt den Stoffwechsel der menschlichen Gesellschaft und diese Funktion muß offensichtlich bei jedem sozialen System irgendwie erfüllt werden"[32]. Im Kapitalismus komme es durch das Wirken des Wertgesetzes in der Zirkulationssphäre zur Umverteilung der Kapitalien und des Eigentums, bei der die funktionsfähigsten und energischsten Unternehmer gewinnen. Dieser Umverteilungsprozeß des Kapitals bedeute zugleich Expropriation der Eigentümer selbst, so daß er „eine beständige Besitzumwälzung ... die Eigentumsrevolution in Permanenz" bewirke. Die Zirkulationssphäre gleiche alle Widersprüche des Kapitalismus aus und bringe eine natürliche oder automatische Sozialisierung hervor. „Hierin liegt der springende Punkt der Entwicklung seit Marx' Kapital."[33]

Drittens komme es mit der Entwicklung des Managertums und der Umwandlung der Monopole in „halböffentliche" Anstalten im Schoße des Kapitalismus „automatisch" zu einer noch unbewußten Sozialisierung, die deshalb noch eine „Halbheit" sei. „Unsere Untersuchung hat gezeigt", stellte Renner selbstsicher fest, „daß der Kapitalismus tatsächlich an seiner Selbstaufhebung arbeitet, daß er selbst das Chaos unzähliger Privateigentümer und Privatbetriebe ordnet und

[32] Karl Renner, Die Wirtschaft als Gesamtprozeß und die Sozialisierung, Berlin 1924, S. 339.

[33] Ebenda, S. 352.

vergesellschaftet."[34] Dieser „sozialisierte Kapitalismus" werde Realität, sobald die Sozialdemokratie mit ihrem Programm zur Stimulierung der „automatischen Umwandlung" des Kapitalismus in den Sozialismus an die Macht komme.

Aus diesen theoretischen Postulaten wurden folgende Schlüsse gezogen. Die Sozialisierung sollte bei Aufrechterhaltung des Privateigentums, der Lohnarbeit und der Aneignung des Mehrwerts durch die Kapitalisten stattfinden. Nicht erstrecken sollte sie sich auf die kleinen und mittleren kapitalistischen Unternehmen in Stadt und Land, weil sie mit der Sozialisierung der Großbanken und des Großgrundeigentums automatisch unter die Kontrolle der „großen Staatskonzerne" gerieten. Die Sozialisierung sollte von einer Entschädigungszahlung aus Steuergeldern der Bevölkerung begleitet sein.

„Ist auf solchen Wegen alles, was im Lande wirtschaftlich von Bedeutung ist, unter die Kontrolle des Staates gestellt", folgerte Renner weiter, „so beherrscht es kraft der Kapitalintegration von selbst, was an Mittel- und Kleinbetrieben da ist, und beschränkt diese Kapitalsplitter auf Verwaltungslohn. Unnötig, zweckwidrig und grundsätzlich auch nicht gefordert, daß hörig gewordenes Kapital expropriiert werde, nachdem es erstens der Gesellschaft selbst hörig und zweitens der Ausbeuterfunktion beraubt ist!"[35]

Die Konzeption von der „Sozialisierung", die den Kern der Theorie vom „friedlichen Hineinwachsen des Kapitalismus in den Sozialismus" ausmachte, ging vom Primat der Zirkulationssphäre aus, in der die kapitalistischen Ausbeutungsverhältnisse am stärksten verschleiert und mystifiziert sind.

Die Zirkulationssphäre verstärkt den gesellschaftlichen Charakter der Produktion, sie beschleunigt über den Kredit und das Bankkapital die Konzentration und Zentralisation des Kapitals und spitzt den Grundwiderspruch des Kapitalismus in ungeheurem Maße zu. Obwohl die kapitalistische Vergesellschaftung der Zirkulationssphäre die objektiven materiellen Voraussetzungen für den Sozialismus schafft, bewirkt sie doch kein automatisches Hinüberwachsen des Kapitalismus in den Sozialismus. Auch durch die Sozialisierung der Banken, also deren Übergabe an die Gesellschaft, ist das nicht zu erreichen. Lenin wies nach, daß die Nationalisierung der Banken der Gesellschaft zwar ein Instrument zur Kontrolle und Regulierung von Produktion und Verteilung in die Hände gibt, jedoch eine bürgerlich-demokratische Maßnahme bleibt, weil sie die privatkapitalistischen Eigentumsverhältnisse nicht verändert. Die Verschmelzung aller Banken zu einer einzigen Staatsbank, stellte Lenin fest, bedeutet an sich nicht die geringste Veränderung der Eigentumsverhältnisse und nimmt keinem einzigen Eigentümer auch nur eine Kopeke weg.[36] Nur mit der sozialistischen Vergesellschaftung auch aller anderen Kommandohöhen der Volkswirtschaft, mit dem Zerbrechen der kapitalistischen Produktionsverhältnisse auf revolutionärem

[34] Ebenda, S. 369. [35] Ebenda, S. 374.

[36] Vgl. W. I. Lenin, Die drohende Katastrophe und wie man sie bekämpfen soll, in: Werke, Bd. 25, Berlin 1970, S. 339.

Wege erhält die Vergesellschaftung der Zirkulationssphäre sozialistischen Charakter.

Die austromarxistische Theorie der „Sozialisierung“ gab den Staatskapitalismus als Sozialismus aus, und der Versuch, diese Theorie während der österreichischen Revolution 1918–1919 in die Praxis umzusetzen, bestätigte diese Ambitionen. Otto Bauer, der nach den Novemberereignissen von 1918 an der Spitze der gegründeten Sozialisierungskommission stand, entfaltete eine großangelegte Werbekampagne für seinen „Sozialisierungsplan“, den er als Gegensatz zur Nationalisierung anpries, wie sie Sowjetrußland durchgeführt hatte. Doch reduzierte sich dieser Plan schließlich auf den Zusammenschluß einiger kleiner Lederfabriken mit einer staatlichen Schuhfabrik und zwei genossenschaftlichen Großeinkaufsgesellschaften, die das Betriebskapital beibrachten. Später wurden noch mehrere solcher Vereinigungen gebildet, die jedoch selbst in den entsprechenden Zweigen der Volkswirtschaft keine entscheidende Rolle spielten.

Wie Bauer später schrieb, bildeten einige dieser Vereinigungen „Mischformen“, das heißt, daß auch Privatkapital beteiligt war. Die Betriebsräte, denen die Leitung der Vereinigungen oblag, setzten sich aus Vertretern des Privatkapitals und des Staates zusammen.[37] Die Vereinigungen nahmen am Marktgeschehen ebenso teil wie das Privatkapital und waren deshalb dem Wirken der spontanen Gesetze des Kapitalismus ausgesetzt. Im Jahre 1921 aber, als sich die Wogen des revolutionären Aufschwungs in Österreich geglättet hatten, waren nur noch ein paar kleine Inseln dieser „Sozialisierung“ geblieben: eine kleine Fabrik mit 110 Arbeitern in Steyer, drei kleine Schuhfabriken, der Wiener Lombard und einige Pharmaziewerkstätten.

Zur Theorie vom „Hineinwachsen des Kapitalismus in den Sozialismus“ gehörte auch die Konzeption von der „Demokratisierung der Produktion“, die eng mit der Theorie der „Sozialisierung“ zusammenhing. Diese Konzeption setzte der staatlichen Leitung der sozialistischen Volkswirtschaft die unmittelbare Beteiligung der Arbeiterklasse an der Leitung der Wirtschaft entgegen. Kautsky behauptete, die Verstaatlichung gewisser Produktionszweige und die staatliche Regelung des Umsatzes ihrer Produkte werde nicht „rationell betrieben werden können als Funktion der staatlichen Hoheitsverwaltung“[38]. Renner führte diesen Gedanken weiter: „Jeder Eingriff in den ökonomischen Gesamtprozeß . . . trifft zuerst die Arbeiterklasse selbst . . .“[39].

In Wirklichkeit aber ist die allgemeine staatliche Leitung der Wirtschaft eine Voraussetzung für die planmäßige Funktion und Entwicklung der sozialistischen Wirtschaft. Sie steht einer wirklichen sozialistischen Wirtschaftsdemokratie

[37] Vgl. Otto Bauer, Geschichte der österreichischen Revolution, Wien 1923, S. 174 bis 175.

[38] Karl Kautsky, Die materialistische Geschichtsauffassung, Zweiter Band, Berlin 1927, S. 163.

[39] Karl Renner, Die Wirtschaft als Gesamtprozeß und die Sozialisierung, Berlin 1924, S. 371.

nicht entgegen, sondern schafft erst die Bedingungen für die Entfaltung ihrer verschiedenen Formen.

Die Theoretiker des Austromarxismus erklärten die Arbeiterräte in den kapitalistischen Unternehmen zu einem Instrument für die Veränderung der wirtschaftlichen und gesellschaftlichen Ordnung. Die im Jahre 1919 in Österreich gegründeten Betriebsräte sollten dazu berufen sein, „die Arbeiterschaft jedes Betriebes als ein Ganzes, als eine Gemeinde zu konstituieren und sie mit eigenen Organen auszustatten, die in ihrem Auftrage den Betrieb ihrer Kontrolle, ihrer Mitbestimmung unterwerfen sollen".

Das Leben hat auch diese Illusion des Austromarxismus zerstört. Die „Reglementierung der Volkswirtschaft", die den Betriebsräten zur Aufgabe gemacht worden war, reduzierte sich, wie Bauer einräumte, auf den Schutz der „wirtschaftlichen, sozialen und kulturellen Interessen" der Arbeiter und Angestellten sowie auf betriebstechnische Fragen, auf den Arbeitsschutz und auf Lohn- und Akkordfragen.[40]

Der Gedanke, über die „Produktionsdemokratie" den Kapitalismus in den Sozialismus zu „transformieren", ohne mit dem bürgerlichen Staat zu brechen und ohne die Diktatur des Proletariats zu errichten, war ebenso unhaltbar wie die These von der „Sozialisierung" ohne revolutionäre Veränderung der Eigentumsverhältnisse.

Die Frage der planmäßigen Ausnutzung der Ware-Geld-Beziehungen in einer Übergangswirtschaft konnten Kautsky und die Theoretiker des Austromarxismus nicht einmal als Problem erkennen. Sie leugneten die ökonomischen Funktionen der Diktatur des Proletariats und deren Fähigkeit, die Ware-Geld-Beziehungen in der Übergangsperiode zu regeln. Zu den Hauptargumenten, die Kautsky gegen Lenins Lehre von der sozialistischen Revolution vorbrachte, gehörte die Behauptung, die Diktatur des Proletariats sei „nicht imstande, die Beweglichkeit und Anpassungsfähigkeit zu erlangen, die der Produktions- und Zirkulationsprozeß der Warenwelt erheischt . . ."[41]

Auch in der hier untersuchten Periode setzte Kautsky die auf dem Privateigentum beruhende Produktion mit Warenproduktion schlechthin gleich. So meinte er, daß die sozialistische Wirtschaft entsprechend den Erfordernissen der modernen Arbeitsteilung aus einer Vielzahl von Betrieben bestehen werde, die im Gegensatz zur Warenproduktion schon nicht mehr einzelnen Privateigentümern, sondern der Gesamtheit der Konsumenten gehöre, deren Bedürfnisse sie zu befriedigen haben. Da er aber das Wertgesetz und das Geld als unabhängig von der Warenproduktion betrachtete, räumte er die Notwendigkeit von Wert und Geld auch für den Sozialismus ein. Er meinte, daß das Wertgesetz und das

[40] Otto Bauer, Geschichte der österreichischen Revolution, Wien 1923, S. 166–167, 169.

[41] Karl Kautsky, Die materialistische Geschichtsauffassung, Zweiter Band, Berlin 1927, S. 471.

Geld im Sozialismus ungeachtet dessen existieren werde, daß die private Produktion und die private Konkurrenz abgeschafft seien.

Kautsky nahm dem Wert, dem Geld und dem Preis den sozialökonomischen Inhalts und isolierte sie von den Produktionsverhältnissen. So betrachtete er das Geld als organisatorische und technische Form, deren sich die Menschen wegen seiner Bequemlichkeit bedienten. Kautsky sah im Geld nicht die Produktionsverhältnisse in ihrer historisch bestimmten Form, sondern eine ewige Kategorie, die rein technische Funktionen zur Vermittlung der Arbeitsteilung erfülle. Deshalb, so meinte er, „wird eine weitgehende Arbeitsteilung und eine weitgehende Individualisierung der Bedürfnisbefriedigung gerade dann das Geld unentbehrlich machen, wenn Wert darauf gelegt wird, daß keiner unentgeltlich für andere arbeiten muß, keiner ausgebeutet wird“[42].

Eine Kritik dieser Konzeption hatte Engels bereits in einem Brief an Kautsky anläßlich eines Aufsatzes über Rodbertus geliefert. Engels schreibt hier, daß Kautsky mit dem Wert ähnlich verfahren sei, wie Rodbertus mit dem Kapital, womit er „alle *schlechten* Eigenschaften, nämlich alle *wirklichen* Kapitaleigenschaften, aus dem Kapital beseitigt“. „In der Tat aber ist der ökonomische Wert eine der Warenproduktion angehörige Kategorie und *verschwindet* mit ihr . . . wie er vor ihr nicht bestand. Das Verhältnis von Arbeit zu Produkt drückt sich vor der Warenproduktion und nach ihr nicht mehr in der Form von Wert aus.“[43]

Wert, Geld, Preis und andere Ware-Geld-Formen können im Sozialismus nur deshalb ausgenutzt werden, weil im ersten Stadium der kommunistischen Gesellschaftsordnung die Warenproduktion und das ihr entsprechende System sozialistischer Ware-Geld-Beziehungen noch existieren.

Wenn Karl Kautsky und die Theoretiker des Austromarxismus vor dem ersten Weltkrieg noch bestrebt waren, sich als Marxisten auszugeben, dann wurden sie in der Zeit zwischen den beiden Weltkriegen zu kleinbürgerlichen Vulgärtheoretikern des Sozialismus. Nachdem sie endgültig in das Lager des Opportunismus übergegangen waren, schufen sie die Grundlagen für die heutigen reformistischen Modelle von der sozialistischen Wirtschaft.

[42] Ebenda, S. 204.

[43] Engels an Kautsky. 20. September 1884, in: MEW, Bd. 26, Berlin 1967, S. 209–210.

10. KAPITEL

Der Laboursozialismus

Das Wesen des Laboursozialismus

Die britische Labour Party führt ihre Gründung auf eine Konferenz der Trade Unions, der Genossenschaften, der Unabhängigen Arbeiterpartei und der Fabian Society im Jahre 1900 zurück. Auf dieser Konferenz wurde ein „Komitee der Arbeitervertretung" gegründet, das 1906 den Namen „Labour Party" annahm. Ihre endgültige Gestalt nahm die Partei zwei Jahrzehnte später an, als sie sich zum Partner der Konservativen Partei in einer bürgerlichen Zweiparteienherrschaft gemacht hatte und ihre Mitgliederzahl auf 4 Millionen angestiegen war. Die erste Labourregierung wurde von J. MacDonald im Jahre 1924 gebildet. Im Entstehen und Werden der Labour Party spiegelten sich die Schwierigkeiten und Besonderheiten der Entwicklung des Kapitalismus in Großbritannien und das Anwachsen der Arbeiterbewegung unter den Bedingungen der allgemeinen Krise des Kapitalismus wider.

Die Schwierigkeiten, mit denen sich der britische Imperialismus konfrontiert sah, waren vor allem auf seine koloniale Prägung, auf den Kapitalexport sowie auf die Erscheinungsformen von Parasitismus und Fäulnis zurückzuführen, die früher als in anderen Ländern zutage traten. Die britische Bourgeoisie, die über riesigen Kolonialbesitz verfügte, auf dem Weltmarkt eine Monopolstellung innehatte und gewaltige Reichtümer angehäuft hatte, exportierte in großem Ausmaß Kapital. Sowohl am Vorabend des ersten Weltkrieges (1913), als auch vor dem zweiten Weltkrieg (1938) war Großbritannien der führende Kapitalexporteur; seine Auslandsinvestitionen bezifferten sich auf 18 Mrd. bzw. 23 Mrd. Dollar.

Unter den Bedingungen der fortschreitenden Monopolisierung und der ungleichmäßigen wirtschaftlichen Entwicklung mußten diese Ausmaße des „Parasitismus im Quadrat" die technische Entwicklung und Modernisierung der Produktion in Großbritannien selbst hemmen und die Tendenz zur Stagnation verstärken. So ging der Bruttozuwachs des fixen Kapitals (zu den Preisen von 1958 berechnet) in den ersten beiden Jahrzehnten des 20. Jahrhunderts zurück und erreichte im Jahre 1925 nur den Stand vom Anfang des Jahrhunderts.[1] Dadurch kam es zu niedrigen Wachstumsraten der Industrieproduktion und zum Nieder-

[1] The British Economy. Key Statistics 1900–1966, Cambridge 1967, S. 13.

gang wichtiger Industriezweige. Verglichen mit dem entsprechenden Zeitraum des vorigen Jahrhunderts, waren die Zuwachsraten der Industrieproduktion im ersten Drittel des 20. Jahrhunderts erheblich geschrumpft, wie die folgenden Angaben belegen[2]:

Jahre	Zuwachs in Prozent	Jahre	Zuwachs in Prozent
1800/09–1810/19	22,2	1900/09–1910/19	12,2
1810/19–1820/29	38,6	1910/19–1920/29	14,1
1820/29–1830/39	47,2	1920/29–1930/38	25,8

Die niedrigen Wachstumsraten und Überproduktionskrisen führten zu Überkapazitäten und zu Arbeitslosigkeit riesigen Ausmaßes. In den zwanziger und dreißiger Jahren lag die Arbeitslosenzahl zwischen 2,5 und 2,8 Millionen[3]. Damit verschlechterte sich die materielle Lage der Werktätigen, der Antagonismus zwischen Arbeit und Kapital spitzte sich zu, und der Klassenkampf verstärkte sich. In diese Zeit fällt auch der erste Generalstreik in der Geschichte Großbritanniens (Mai 1926).

Angesicht der zunehmenden Klassenwidersprüche, des Anwachsens der Gewerkschaftsbewegung und des Strebens der Arbeiter nach einer unabhängigen Klassenpolitik suchte die britische Bourgeoisie nach neuen Methoden und Formen des Einflusses auf die werktätigen Massen. Mit Unterstützung der korrumpierten Arbeiteraristokratie, reformistischer Gewerkschaftsfunktionäre und der Parteispitze gelang es den herrschenden Klassen, die bürgerliche Ideologie unmittelbar in die Arbeiterbewegung, in die Labour Party hineinzutragen. Obgleich die Labour Party auf der Basis der Gewerkschaftsbewegung entstanden war und sich hauptsächlich aus Arbeitern zusammensetzte, bezeichnete Lenin sie in einer Beurteilung ihrer in den zwanziger Jahren betriebenen Politik als eine bürgerliche Partei, weil sie von Reaktionären geführt wurde, die ganz im Geiste der Bourgeoisie handelten[4].

Erleichtert wurde der bürgerliche Einfluß durch die eigentümliche Struktur der Labour Party, die die Hauptmasse der Arbeiter von der Entscheidung über Parteifragen fernhielt. So wurde die Entscheidung über den Beitritt zur Partei nicht von den einzelnen Gewerkschaftern, sondern von der Gewerkschaftsführung gefällt. Deshalb bestand und besteht bis heute die Hauptmasse der Parteimitglieder aus Gewerkschaftern, die mit den Befugnissen der Kollektivmitgliedschaft in die Partei eintraten. Die Einzelmitgliedschaft, die 1918 eingeführt wurde, verstärkte den bürgerlichen Einfluß, weil sie auch Vertretern der Bourgeoisie den Eintritt in die Partei ermöglichte. Die labouristische Parlamentsfraktion,

[2] British Economic Growth 1688–1959, Cambridge 1962, S. 297.

[3] The British Economy. Key Statistics 1900–1966, Cambridge 1967, S. 8.

[4] W. I. Lenin, Rede über die Zugehörigkeit zur britischen Arbeiterpartei, in: Werke, Bd. 31, Berlin 1970, S. 247.

die gegenwärtig die Regierung bildet, ist an die Beschlüsse der jährlichen Labourkonferenzen und selbst an die Entscheidungen des Nationalen Exekutivkomitees der Partei nicht gebunden. Infolgedessen sind die programmatischen Dokumente, die auf den Parteikonferenzen beschlossen wurden, häufig nicht erfüllt worden, und die Arbeiterbewegung geriet in die Bahnen bürgerlicher Reformpolitik. Wegen des Gegensatzes der Klasseninteressen der einfachen Parteimitglieder und der verbürgerlichten Labourführung gab und gibt es in der Partei einen rechten und linken Flügel, fand und findet ein Kampf zwischen der proletarischen und tradeunionistischen Richtung statt.

Eine Analyse der rechtslabouristischen Wirtschaftstheorien aus der Zeit zwischen den zwanziger und den vierziger Jahren offenbart, daß diese Theorien sich eng an die Auffassungen bürgerlicher Ökonomen anlehnten, besonders aber an die von Wirtschaftstheoretikern, die meinten, daß sich der Funktionsmechanismus der kapitalistischen Reproduktion mit einigen Reformen wieder normalisieren lasse. Aber während die bürgerlichen Ökonomen die Notwendigkeit staatlicher Eingriffe in die Wirtschaft damit begründeten, daß diese den Kapitalismus verbessern würden, beurteilten labouristische Theoretiker diese Eingriffe als Maßnahmen, die „unmittelbar" zum Sozialismus führten.

Diese Interpretation der Prozesse, die sich unter den Verhältnissen des staatsmonopolistischen Kapitalismus vollzogen, war auch davon geprägt, daß sie vor dem Hintergrund des erfolgreichen Aufbaus des Sozialismus in der UdSSR stattfanden. Während die kapitalistische Welt von Wirtschaftskrisen erschüttert wurde und viele Menschen unter Not und Entbehrungen zu leiden hatten, entwickelte sich die Planwirtschaft des ersten sozialistischen Landes in gleichbleibend hohem Tempo. Die Sowjetunion war für die Arbeiter aller Länder zum Vorbild geworden, sie hatte bewiesen, daß es für die Befreiung von der Ausbeutung, für die Beseitigung der Arbeitslosigkeit und für ein besseres Leben reale Perspektiven gab. Unter diesen Bedingungen waren die Interpretation der staatsmonopolistischen Eingriffe als „sozialistische" Maßnahmen sowie die Behauptung, der Sozialismus sei ohne Revolution, ohne Diktatur des Proletariats realisierbar, gegen den Marxismus-Leninismus gerichtet und sollten als Mittel dienen, die Werktätigen vom revolutionären Kampf abzulenken.

Alle Erwägungen der rechtsorientierten Theoretiker des Labourismus über die Möglichkeit eines friedlichen, allmählichen „Hineinwachsens" des Kapitalismus in den Sozialismus waren von der Furcht vor der Revolution, von der Ablehnung revolutionärer Kampfmethoden durchdrungen. George Cole, ein führender Labourtheoretiker, behauptete, daß der britische Sozialismus das Beispiel einer gemäßigten und allmählichen Politik sei.[5] Hugh Dalton schrieb, daß die Labour Party dem britischen Volk ein Programm friedlicher Umgestaltungen vorgelegt habe und der Hang zu Kompromissen ein nationaler Wesenszug des Engländers

[5] Vgl. George D. H. Cole, The Intelligent Man's Guide Through World Chaos, London 1932, S. 610.

sei.[6] Die Ideologen des Labourismus begründeten die These von der „allmählichen Transformation“ des Kapitalismus in den Sozialismus damit, daß der Sozialismus im Schoße des Kapitalismus, ja sogar in vorkapitalistischen Produktionsweisen entstehe. Für sie war der in allen kapitalistischen Ländern bestehende staatliche Sektor bereits Sozialismus: „Einen solchen sozialisierten Sektor, Keime einer öffentlichen Planwirtschaft, gibt es in allen zivilisierten Gemeinwesen. Sie haben alle ein System öffentlicher Finanzen und bestimmte öffentliche Einrichtungen, zu denen auch das Gericht, die Polizei, die Zivilverwaltung und einige Streitkräfte als unverzichtbares Minimum gehören“[7].

Sozialistische Produktionsverhältnisse können jedoch nicht im Rahmen des Kapitalismus entstehen. Sie bilden sich erst nach der Errichtung der Diktatur des Proletariats, mit der revolutionären Umgestaltung der sozialökonomischen Struktur der Gesellschaft heraus.

Um die Möglichkeit des Entstehens sozialistischer Verhältnisse im Schoße des Kapitalismus zu begründen, stellten die Theoretiker des Labourismus moralisch-ethische Probleme in den Vordergrund. Evan Durbin, der zu den Autoren der Theorie vom „demokratischen Sozialismus“ gehört, schrieb, daß der Glaube der Labour Party „an eine gemäßigte und demokratische Form des Sozialismus das natürliche Resultat ihres langsam wachsenden Glaubens an menschliche Freiheit, Gleichheit und Brüderlichkeit“ sei[8]. Glaube, Moral und Ethik sollten es also sein, die die Ablösung des Kapitalismus durch den Sozialismus notwendig machen. Hinter dem Versuch, die Moral als ahistorische, von den ökonomischen und sonstigen gesellschaftlichen Verhältnissen unabhängige Kategorie hinzustellen, verbarg sich das Bemühen, nachzuweisen, daß der Sozialismus auch ohne Veränderung der Eigentumsverhältnisse aufgebaut werden könne, das Bestreben, die Werktätigen zum Verzicht auf den Klassenkampf zu überreden.

Dem gleichen Zweck dienten auch die labouristischen Argumente von der Notwendigkeit einer „gerechten“ Verteilung, der Abschaffung der ungleichen Verteilung der Vermögen und Einkommen. Dabei wurde eine gleichmäßigere Verteilung bereits als Übergang zum Sozialismus hingestellt. Nach Durbin sollte derjenige Sozialist sein, „der glaubt, daß es vom ethischen und moralischen Gesichtspunkt sehr wichtig ist, die Ungleichheit zwischen den Menschen und Klassen zu beseitigen, sofern sie sich auf die Besitzvererbung und auf Institute gründet, die für Dienste zugunsten der Reichen geschaffen wurden“[9]. Cole schrieb von einer „Labourregierung, die voller Entschlossenheit ist, die Armen reicher zu machen und zum Sozialismus voranzuschreiten . . .“[10].

Eine gleichmäßigere Verteilung der Einkommen wäre, so meinten die Labou-

[6] Hugh Dalton, Practical Socialism for Britain, London 1935, S. 5–7.
[7] Ebenda, S. 26–27.
[8] Evan F. M. Durbin, Problems of Economic Planning, London 1949, S. 21.
[9] Ebenda, S. 45.
[10] George D. H. Cole, Principles of Economic Planning, London 1935, S. 404.

risten, mit Hilfe von Finanz- und Kreditmaßnahmen erreichbar. Gregory Crossman bemerkte in einer Analyse der Grundideen von Douglas Jays Buch „Argumente für den Sozialismus", das 1938 erschien, daß nach Jays Auffassungen „die Frage nach dem Sozialismus die Frage nach der Armut ist, und seine Argumentation besteht darin, daß dieses Problem in England mit bestimmten finanziellen Maßnahmen und mit kollektiver Kontrolle über bestimmte Industriezweige gelöst werden kann"[11]. Cole schrieb, daß die Sozialisten die Verstaatlichung der Banken deshalb in den Mittelpunkt ihrer Politik stellen, weil dies die Kontrolle über Kapitale und Kredite gewährleiste, die ihrerseits erlaube, den Arbeitslosen Arbeit zu geben und die Einkommen gleichmäßiger zu verteilen.[12] Jay sah das Hauptinstrument für eine „gerechtere Verteilung" in den Steuern.[13]

Die Praxis hat allerdingt bewiesen, daß das Steuersystem Großbritanniens und der anderen kapitalistischen Länder kein Instrument zur „Annäherung an den Sozialismus", sondern ein Hebel für die zusätzliche Ausbeutung der Arbeiterklasse ist. In den kapitalistischen Industrieländern kommt heute der überwiegende Anteil am Steueraufkommen der zentralen Staatshaushalte (70 bis 80 Prozent) aus Arbeitseinkommen.

Als Gegner der Revolution und Befürworter der allmählichen Entwicklung hatten sich die Rechtslabouristen vom Marxismus losgesagt. Cole stellte dazu fest, daß der Sozialismus in Großbritannien nie marxistisch gewesen sei und sich selten der marxistischen Terminologie bedient habe.[14] Ähnlich äußerte sich Dalton: „Was uns betrifft, so war der marxistische Einfluß unbedeutend. Wenn wir schon unter dem Einfluß von Theoretikern standen, dann waren es hauptsächlich die unsrigen: Bentham und Owen, Morris und Ruskin, Blatchford, die Webbs (Sidney und Beatrice – d. Verf.), Shaw, in mancher Hinsicht Wells, Tawney und Cole."[15]

Die Rechtslabouristen entstellten den Sozialismus, indem sie ihren „Sozialismus" in den Gegensatz zum Marxismus brachten und nachzuweisen suchten, daß man auf friedlichem Weg, durch Teilreformen im Bereich der Verteilung und des Austauschs, zum Sozialismus kommen könne, wobei sie die Moral als das Wichtigste hinstellten.

[11] The Road to Recovery, London 1947, S. 99.
[12] Vgl. George D. H. Cole, The Intelligent Man's Guide Through World Chaos, London 1932, S. 612.
[13] Douglas P. Jay, The Socialist Case, London 1947, S. 238.
[14] Vgl. George D. H. Cole, Simple Case for Socialism, London 1935, S. 35.
[15] Hugh Dalton, Practical Socialism for Britain, London 1935, S. 17.

Die labouristischen Vorstellungen vom Eigentum an den Produktionsmitteln im Sozialismus

In den zwanziger und dreißiger Jahren gingen die Theoretiker des Labourismus noch davon aus, daß der Sozialismus auf dem gesellschaftlichen Eigentum an den Produktionsmitteln beruht. So schrieb Cole, daß der Sozialismus das gesellschaftliche Eigentum an den lebenswichtigen Produktionsmitteln voraussetze.[16] Dalton stellte hierzu fest: „Die Sozialisten meinen, daß das gesellschaftliche Eigentum und die gesellschaftliche Kontrolle das Privateigentum und die private Kontrolle in einem stetig wachsenden Sektor der Wirtschaftstätigkeit ablösen muß." [17]

Zugleich aber waren die Theoretiker des Rechtslabourismus bemüht, strukturelle Veränderungen in den Formen des kapitalistischen Eigentums (Übergang von der Herrschaft der individuellen Form des kapitalistischen Eigentums zum Vorherrschen der kollektiven Form, der Aktiengesellschaften) für einen grundlegenden Wandel im Wesen des kapitalistischen Eigentums auszugeben. Sie behaupteten, das Eigentum an den Produktionsmitteln spiele nicht länger die bestimmende Rolle in der Gesellschaft. So meinte Durbin, daß mit der Verbreitung des Aktienkapitals das Eigentum am industriellen Kapital die sozialen Funktionen, auf die es sich gründe, völlig abgegeben habe.[18]. In der Form des Aktienkapitals verteile sich das Eigentum auf eine Vielzahl von Kleineigentümern, so daß Kontrolle und Verwaltung vom Eigentum getrennt und verselbständigt werden. Zugleich verbessere sich angesichts der wachsenden Rolle der Gewerkschaften die materielle Lage der Werktätigen, und der Lohnarbeiter werde zum Kleineigentümer.

Diese Interpretation der Entwicklung der kapitalistischen Eigentumsformen hatte mit der Wirklichkeit nichts gemein. Natürlich haben die kapitalistischen Unternehmen heute überwiegend die Form von Aktiengesellschaften. Und es trifft auch zu, daß der Besitzer von einigen Aktien keinerlei Einfluß auf die Leitung der Produktion ausübt und diese von bezahlten Managern wahrgenommen wird. Mit einer „Transformation" der kapitalistischen Produktionsverhältnisse aber hat das nichts zu tun. Lenin hatte nachgewiesen, daß mit der Entwicklung der Aktiengesellschaften die Herrschaft der Finanzoligarchie nicht schwächer, sondern noch verstärkt wird. Denn die Hauptfragen der Aktivität des kapitalistischen Unternehmens, die mit der Entwicklung der Produktion, der Arbeit der Manager und der Profitausschüttung verbunden sind, werden von den Großaktionären entschieden.

Da die Theoretiker des Labourismus die Konzentration des Kapitals in den Händen der Großaktionäre leugneten, trennten sie die Konzentration und Zentralisation des Kapitals von der Konzentration der Produktion. Die methodologische

[16] George D. H. Cole, Simple Case for Socialism, London 1935, S. 7.
[17] Hugh Dalton, Practical Socialism for Britain, London 1935, S. 93.
[18] Evan F M. Durbin, The Politics of Democratic Socialism, London 1940, S. 135.

Grundlage für diese Betrachtungsweise war die Leugnung des Primats der Produktion, die Überbetonung der Rolle der Zirkulationssphäre, wie sie für das bürgerliche und kleinbürgerliche ökonomische Denken überhaupt typisch ist.

Das Hauptinstrument für die allmähliche Abschaffung des Privateigentums, also auch für den Aufbau des Sozialismus, sahen die Ideologen des Labourismus in einer hohen Erbschaftssteuer. Dabei faßten sie den Eigentumsbegriff nur als juristische Kategorie auf: „Eigentum ist ein Sammelbegriff von Rechten, und eines von diesen Rechten stellt, wie das Gesetz in den kapitalistischen Ländern heute besagt, das Recht auf die uneingeschränkte, weder in der Größe noch zeitlich begrenzte Vererbung des durch andere geschaffenen Reichtums unter Privatpersonen dar.“ [19]

Indessen setzt die sozialistische Umwälzung des Systems der Produktionsverhältnisse vor allem die Veränderung des Eigentums als ökonomisches Verhältnis, als Verhältnis zwischen den Menschen bezüglich der Aneigung der Produktionsmittel und der materiellen Güter voraus, die im Produktionsprozeß geschaffen werden. Die Praxis hat bewiesen, daß die bereits Ende des vorigen Jahrhunderts eingeführte Erbschaftssteuer kaum irgendwelchen Einfluß auf die Verteilung des Eigentums zugunsten der Werktätigen hat und folglich auch die dem Kapitalismus innewohnende Trennung der Arbeitskraft von den Produktionsmitteln nicht beseitigt.

Auch das Nationalisierungsproblem interpretierten die labouristischen Theoretiker im bürgerlichen Geist. Sie setzten sich für Teilnationalisierungen bei voller Werterstattung ein. „Das zweite Prinzip, von dem sich die Labouristen in der ersten Etappe der Machtausübung leiten lassen müssen, ist die Nationalisierung eines wichtigen, aber in seiner Größe begrenzten Teils des industriellen Systems; die Übergabe des Eigentums muß mit der vollen Kompensation des Wertes der Aktien an ihre Eigentümer einhergehen“, schrieb E. Durbin.[20] Näher mit der Nationalisierung bei voller Werterstattung der Aktien zum Marktpreis befaßten sich H. Dalton und D. Jay, die sich dabei auf das Programm der Labour Party von 1934 und auf Herbert Morrisons Arbeit „Sozialisierung und Transportwesen“ beriefen.[21]

Wie sah dies nun in der Praxis aus? Die Nationalisierung einzelner Zweige (z. B. der Hüttenindustrie), die nach dem zweiten Weltkrieg von der Labourregierung durchgeführt wurde, brachte den ehemaligen Eigentümern Entschädigungszahlungen ein, die höher waren als das Kapital der Unternehmen. Diese Nationalisierung ermöglichte der Bourgeoisie, ihre Kapitale in hochrentable Zweige zu übertragen, und verschaffte ihr letztlich monopolistische Höchstprofite.

19 Hugh Dalton, Practical Socialism for Britain, London 1935, S. 335.

20 Evan F. M. Durbin, The Politics of Democratic Socialism, London 1940, S. 301.

21 Hugh Dalton, Practical Socialism for Britain, London 1935, S. 167; Douglas P. Jay, The Socialist Case, London 1947, S. 201.

Bezeichnend war die Haltung der Labourtheoretiker zur Rangfolge der Zweige und Bereiche, die nationalisiert werden sollten. In den zwanziger und dreißiger Jahren wagten sie lediglich von der Nationalisierung der Bank von England und darauf des Außenhandels, des Verkehrswesens und der extraktiven Industrie zu sprechen.[22] Diese Empfehlungen der Ideologen des Labourismus gingen über die Forderungen der bürgerlichen Nationalisierung, die den Belangen der kapitalistischen Reproduktion entsprachen, nicht hinaus. Die britischen Nationalisierungen in der Nachkriegszeit waren auf die Förderung der Infrastruktur und besonders kapitalintensiver Unternehmen gerichtet, die die Voraussetzungen für die profitable Arbeit der privatkapitalistischen Unternehmen bieten. So entfielen auf die zur Infrastruktur im weitesten Sinne zählenden Zweige (einschließlich Hüttenindustrie) über 95 Prozent der Beschäftigten und 90 Prozent der Kapitalanlagen des ganzen nationalisierten Sektors.[23]

Die Verteidigung des bürgerlichen Eigentums zeigte sich auch darin, daß man die sogenannten öffentlichen Körperschaften zur sozialistischen Organisationsform der nationalisierten Zweige erklärte. So sagte Dalton über den Rundfunksender BBC, daß dieser nach dem Prinzip der öffentlichen Körperschaft aufgebaut sei und ein „sozialistisches Modell" darstelle[24]. Als Beispiel Beispiel führten Dalton und Jay den Minister für Verkehrswesen in der damaligen Labourregierung, H. Morrison, an, der 1931 ein Projekt für die Verwaltung des Londoner Verkehrswesens nach dem Prinzip der öffentlichen Körperschaft unterbreitet und dies als „Musterbeispiel für den Sozialismus" bezeichnet hatte. Der Vorzug dieser Organisations- und Verwaltungsform sollte, den Ideologen des Labourismus zufolge, darin bestehen, daß es hierbei keine überflüssige Zentralisation der Leitung und keine kleinliche Bevormundung der nationalisierten Unternehmen durch den Staat gebe. Die Kontrolle über die nationalisierten Unternehmen sollte nicht von den Ministerien, sondern vom Parlament ausgeübt werden[25], und zwar über die periodische Besprechung der allgemeinen Politik der Unternehmen und ihrer Ergebnisse, statt über tagtägliche Eingriffe der Politiker in die Einzelheiten der Verwaltung. Obgleich die Theoretiker des Labourismus für die Wahrung des Prinzips der Eigenfinanzierung in den nationalisierten Unternehmen waren, meinten sie doch, daß diese vom Staat subventioniert und kreditiert werden sollten.

Die öffentliche Körperschaft ist die Form der Verwaltung nationalisierter Unternehmen, deren sich der bürgerliche Staat bedient, um die bürgerlichen

[22] Vgl. Herbert S. Morrison, The Peaceful Revolution, London 1943, S. 41; Hugh Dalton, Practical Socialism for Britain London 1935, S. 149; Harold J. Laski, Reflection on the Revolution of Our Time, London 1944, S. 307.

[23] Gosudarstvennaja sobstvennost' i antimonopolističeskaja bor'ba v stranach razvitogo kapitalizma, Moskva 1973, S. 97.

[24] Hugh Dalton, Practical Socialism for Britain, London 1935, S. 97.

[25] Ebenda, S. 94–100; Douglas P. Jay, The Socialist Case, London, 1947, S. 263.

Eigentumsverhältnisse dem heutigen Entwicklungsstand der Produktivkräfte und der kapitalistischen Vergesellschaftung der Produktion anzupassen. Im Vergleich mit der Organisation der staatskapitalistischen Unternehmen in der Form von Aktiengesellschaften, ist die öffentliche Körperschaft, obwohl in gewissem Grad operativ selbständig, stärker der staatlichen Kontrolle unterworfen. Zugleich aber erlaubt die Form der öffentlichen Körperschaft den Repräsentanten der Finanzoligarchie, Positionen in der Verwaltung der zu den nationalisierten Zweigen gehörenden Unternehmen zu bekleiden. Geleitet werden die nationalisierten Unternehmen gewöhnlich von den früheren Direktoren.

Der Mehrwert, der in den nationalisierten Zweigen der extraktiven Industrie entsteht, wird zugunsten der privaten Monopole in der verarbeitenden Industrie umverteilt. So zahlen die privaten Monopole für Brennstoffe und Elektroenergie nur einen Bruchteil dessen, was die Bevölkerung zu zahlen hat. Die kolossalen Ablösungsbeträge, die den früheren Besitzern zu Lasten der Steuerzahler gewährt werden, sowie die Kredite und Subventionen für die öffentlichen Körperschaften erhöhen die Profite der privatkapitalistischen Unternehmen. Daraus erklärt sich auch, daß im Jahre 1972 die 19 größten Privatmonopole in der verarbeitenden Industrie Großbritanniens 4,2mal mehr Profite erzielten und eine um das 4,3fache höhere Profitrate aufwiesen als 19 öffentliche Körperschaften, die überwiegend in der extraktiven Industrie, im Verkehrswesen und in der Erzeugung von Elektroenergie engagiert sind. Dabei betrugen ihre Kapitalvorschüsse nur 96 Prozent und ihre Beschäftigtenzahl nur 82 Prozent der entsprechenden Größen der öffentlichen Körperschaften.[26]

So beschrieben die Ideologen des Labourismus in ihrem Sozialismusmodell eigentlich nichts anderes als den im staatlichen Wirtschaftssektor verkörperten staatsmonopolistischen Kapitalismus, der den Mechanismus der kapitalistischen Reproduktion unter den neuen Verhältnissen und mit neuen Methoden funktionstüchtig erhalten soll.

In verschiedenen Zweigen wollte das labouristische Sozialismusmodell das individuelle Privateigentum an den Produktionsmitteln verewigen. So schrieb Dalton: „Die Pragmatiker unter den Sozialisten gliedern die Zweige und Dienste oft in kleine Gruppen auf: in solche, die für die Sozialisierung reif sind; solche, die deshalb noch nicht völlig reif sind, weil sie weniger bedeutsam oder noch unzureichend standardisiert sind, aber einer gewissen Reorganisation und öffentlichen Regulierung bedürfen; und in Zweige, die eine geringere Rolle spielen und heute gänzlich dem Privateigentum überlassen werden können."[27] Jay war der Meinung, daß auch neue Unternehmen von geringerer Größe nicht nationalisiert werden sollten.[28] Damit hatten die Theoretiker des Labourismus schon zu jener

[26] The Times 1000 Leading Companies in Britain and Overseas, 1973–1974, London 1973, S. 14–15.

[27] Hugh Dalton, Practical Socialism for Britain, London 1935, S. 141.

[28] Vgl. Douglas P. Jay, The Socialist Case, London 1947, S. 263–264.

Zeit das Sozialismusmodell nach dem Typ der „Mischwirtschaft“, also nach einer Theorie konstruiert, die nach dem zweiten Weltkrieg in den Arbeiten von Charles Anthony Crosland, G. Cole und anderer Ökonomen so weite Verbreitung gefunden hat.

Die Auffassungen der Ideologen des Labourismus vom sozialistischen Wirtschaftsmechanismus

Die eindrucksvollen Erfolge bei der Erfüllung der ersten Fünfjahrpläne in der UdSSR verstärkten das Interesse der bürgerlichen und reformistischen Ideologen am Problem der Planung. Auch die Theoretiker des Labourismus gingen an diesem Problem nicht vorbei. So schrieb Durbin: „Wir liegen nicht falsch, wenn wir sagen, daß wir alle jetzt Planer sind.“[29] Sie bezeichneten die Labour Party als eine „planende Partei“, und die Planung als notwendiges Attribut eines effektiven Wirtschaftssystems. Durbin beurteilte die Planwirtschaft als Wirtschaft „mit offenen Augen, weil sie die Möglichkeit eröffne, die Bedürfnisse der Gesellschaft zu ermitteln, den Einfluß der einzelnen Maßnahmen auf die Entwicklung der gesamten Wirtschaft zu verfolgen und normale Beziehungen zwischen der Produktions- und Finanzsphäre herzustellen“[30]. Die Ideologen des Labourismus behaupteten, daß es nicht nur im Sozialismus, sondern auch im Kapitalismus eine Planung der Volkswirtschaft gebe. Während in Rußland „die vollständige Planwirtschaft wirkt, werden in den USA weitreichende und kühne Planungsexperimente unternommen, erweitert sich während der dreißiger Jahre in Italien und Deutschland die wirtschaftliche Macht der autoritativen Regierungen, gibt es in England Keime einer Finanz- und Agrarplanung“[31].

Unter Planung verstanden die rechtslabouristischen Theoretiker die staatliche Kontrolle, die Einmischung des Staates in die Wirtschaft. Die Erweiterung seines Bereichs wurde mit den wachsenden Ausmaßen der Unternehmen, mit der Kartellierung der Produktion und mit der Bildung öffentlicher Körperschaften in Zusammenhang gebracht. Sie setzten Planung mit zentraler Kontrolle gleich und konstruierten einen Gegensatz zwischen dieser und der spontan wirkenden Konkurrenz auf dem Markt sowie der automatischen Regulierung der Produktion durch den Preismechanismus.[32]

Obgleich die zentrale Kontrolle als Form der staatskapitalistischen Regulierung die Spontaneität des Marktes in gewissem Maße einschränkt, bildet sie doch keinen antagonistischen Widerspruch zu ihr. Auch die höchste Form der staatsmonopolistischen Regulierung – die Wirtschaftsprogrammierung, die heute in

[29] Evan F. M. Durbin, Problems of Economic Planning, London 1949, S. 41.
[30] Vgl. ebenda, S. 51–56.
[31] Ebenda, S. 41.
[32] Vgl. Hugh Dalton, Practical Socialism for Britain, London 1935, S. 243.

den kapitalistischen Industrieländern praktiziert wird und in den Grenzen der kapitalistischen Produktionsverhältnisse bestimmte Möglichkeiten für die Einflußnahme des Staates auf den Reproduktionsprozeß zur Entwicklung der Produktivkräfte schafft – kann die Anarchie der Produktion in der ganzen Gesellschaft nicht beseitigen. Lenin schrieb dazu: „Eine vollständige Planmäßigkeit boten die Trusts natürlich nicht, bieten sie bis auf den heutigen Tag nicht und können sie nicht bieten."[33]

Wegen ihrer probürgerlichen Haltung sahen die rechtsorientierten Theoretiker des Labourismus auch keinen Zusammenhang zwischen Sozialismus, gesellschaftlichem Eigentum an den Produktionsmitteln und planmäßiger Führung der Volkswirtschaft. Dalton schrieb über das Wesen und die Ziele der Planung, daß Planung nicht mit Sozialismus gleichzusetzen sei. „Sozialismus ist vor allem eine Eigentumsfrage, während Planung eine Frage der Kontrolle und Leitung ist."[34] In gleicher Weise äußerte sich Durbin, wenn er feststellte, daß der Unterschied zwischen den Konservativen und der Labour Party nicht in der Einstellung zur Planung, sondern in der Haltung zum Sozialismus liege und auch die Konservative Partei nicht gegen die Planung sei.[35] Wenn die Theoretiker des Labourismus den Inhalt der Planung auf die Kontrolle der Produktion seitens des Staates und seine Einmischung in die Wirtschaftsprozesse reduzierten, so betrachteten sie dabei den bürgerlichen Staat als ein über den Klassen stehendes Organ, das die Interessen der ganzen Gesellschaft vertrete. Außerdem setzten sie die sozialistische Planung, die der Realisierung der auf der Basis des gesellschaftlichen Eigentums entstehenden ökonomischen Gesetze dient, mit der staatskapitalistischen Regulierung gleich.

Als hartnäckige Gegner der Direktivplanung hielten die Labourtheoretiker bestenfalls eine im wesentlichen indikative Planung für notwendig. Durbin hob hervor, daß Planung nicht Aufstellung eines einheitlichen Gesamtplans bedeute. „Sie bedeutet Änderung der Verantwortlichkeit, Übergang der Macht von kleineren Aktiengesellschaften an öffentliche Körperschaften, die der obersten, das Volk vertretenden Wirtschaftsmacht rechenschaftspflichtig sind."[36] Jay meinte auch, die Planung sollte „vernünftig aber nicht allseitig"[37] sein.

Die Praxis hat die Effektivität und die unbestreitbaren Vorzüge der direktiven Volkswirtschaftsplanung bewiesen. In der UdSSR und anderen sozialistischen Ländern hat die Direktivplanung gleichbleibend hohe Wachstumsraten des gesellschaftlichen Produkts, des Nationaleinkommens und des materiellen Wohlstands ermöglicht. Dabei bedeutet Direktivgebundenheit keineswegs, daß die Tätigkeit der Betriebe und Vereinigungen auf kleinliche Weise reglementiert wird. Der

33 W. I. Lenin, Staat und Revolution, in: Werke, Bd. 25, Berlin 1970, S. 456.
34 Hugh Dalton, Practical Socialism for Britain, London 1935, S. 247.
35 Evan F. M. Durbin, Problems of Economic Planning, London 1949, S. 41.
36 Ebenda, S. 44, 96–99.
37 Douglas P. Jay, The Socialist Case, London 1947, S. 272.

sozialistische Staat legt die entscheidenden Proportionen der Reproduktion zentral fest und schlüsselt sie auf die Grundeinheiten der Wirtschaft in Gestalt von Auflagen für einen bestimmten Kreis von Hauptkennziffern fest. In den Grenzen dieser Auflagen handeln die Betriebe und Vereinigungen selbständig, um die Wege zu finden, auf denen die Auflagen am besten erfüllt werden können.

Die feindselige Haltung zur Direktivplanung zeigte sich deutlich in der Darstellung der Fünfjahrpläne für die Entwicklung der sowjetischen Wirtschaft. So behauptete Cole in einer Analyse des ersten Fünfjahrplans, die Industrialisierung sei nicht objektiv notwendig gewesen und dem Sowjetvolk von oben aufgezwungen worden.[38] Natürlich mußte das Sowjetvolk in den Nachkriegsjahren bestimmte Opfer bringen, weil die Industrialisierung aus eigenen Mitteln, ohne irgendwelche Hilfe von außen und bei empfindlichem Mangel an qualifizierten Kadern durchgeführt werden mußte. Aber erst die Industrialisierungspolitik schuf die Voraussetzungen für den Aufbau der materiell-technischen Basis des Sozialismus, für die technisch-wirtschaftliche Unabhängigkeit des Landes und die Festigung seiner Verteidigungsfähigkeit. Die rechtslabouristischen Theoretiker machten sich zu Nachbetern der Hirngespinste antikommunistischer und antisowjetischer Ideologen und sahen keinen Unterschied zwischen den Quellen der sozialistischen und der kapitalistischen Industrialisierung. Der kapitalistischen Industrialisierung liegt jedoch bekanntlich die brutale Ausbeutung der Arbeiter im Inland wie auch in den abhängigen Ländern zugrunde. Dagegen bedient sich der Sozialismus völlig anderer Akkumulationsquellen.

Das labouristische Sozialismusmodell wollte Plan und Markt zu einer Kombination zusammenfügen, in der der Spontaneität die entscheidende, bestimmende Rolle zufiel. Dieses Modell räumte freie Preisbildung und einen spontan wirkenden Markt für Konsumgüter und Produktionsmittel ein.

In einem 1936 geschriebenen Aufsatz mit dem Titel „Die Wirtschaftsrechnung in einer Planwirtschaft", in dem sich Durbin mit L. Mises und F. Hayek auseinandersetzt, heißt es: „Wenn man von der demokratischen Doktrin ausgeht, dann ist es notwendig, sich mit den Verbrauchern über ihren Bedarf zu konsultieren. Deshalb muß es einen freien Konsumgütermarkt geben. Um eine unproduktive Verschwendung der Ressourcen zu vermeiden, müssen die Produktionskosten jeder Ware den Kosten der Alternativwaren angepaßt werden, auf die verzichtet werden mußte. Deshalb muß es auch einen freien Markt für Produktionsfaktoren geben."[39] Auch Jay wies auf die Notwendigkeit eines spontanen Marktes hin: „Zugleich können die realen Produktionsmittel (Maschinen, Fabriken usw.) von den Produktionseinheiten auf herkömmlichem Wege gekauft und verkauft werden. Die übrigen Positionen des ‚Kostpreises' der Unternehmen

[38] George D. H. Cole, The Intelligent Man's Guide Through World Chaos, London 1932, S. 545.

[39] Evan F. M. Durbin, Economic Calculus in a Planned Economy, in: Problems of Economic Planning, London 1949, S. 141.

(Löhne und Gehälter) machen ebenfalls keine Schwierigkeiten. In einer sozialistischen Gesellschaft können sie, sollte man es für wünschenswert halten, nach dem Prinzip des laissez faire bestimmt werden."[40]

Damit sollten im labouristischen Planwirtschaftsmodell sowohl die Arbeitskraft als auch die Produktionsfonds und ganze Produktionskomplexe Handelsobjekt sein. Am konsequentesten vertrat Durbin diesen Standpunkt: „Die Schlußfolgerung aus all diesen Überlegungen ist recht einfach. Die Zweige und Produktionseinheiten innerhalb des sozialistischen Sektors müssen sich eines Systems von Preisen und Produktionskosten bedienen, wenn die Verbraucher die Macht über sie behalten wollen."[41]

Die Rolle des zentralen Planungsorgans reduzierten die Theoretiker des Labourismus darauf, daß es die spontane Marktkonkurrenz und das freie Spiel der Preise in bestimmten Grenzen zu halten habe. „Die oberste Wirtschaftsmacht muß dann nur eine allgemeine Instruktion erlassen, nach der der Produktionsausstoß auf einem Niveau festgelegt wird, bei dem die Preise für alle erzeugten Waren ungefähr den Grenzkosten für die Produktion dieser Waren entsprechen. Damit wäre das Problem in diesem Fall gelöst. Die streng logische Direktive, die allen Verwaltungen zu erteilen wäre, liefe auf folgendes hinaus: Stellt die Erzeugnismenge her, bei der der Preis für eure Ware den Grenzkosten der Produktion gleichkommt."[42]

Doch ist bei spontaner Preisgestaltung über den Markt keine planmäßige sozialistische Wirtschaft möglich. Die planmäßige Entwicklung der sozialistischen Wirtschaft setzt einen Gesamtplan, der die Hauptproportionen der Reproduktion festlegt und Direktivcharakter hat, und die Ausnutzung der Ware-Geld-Beziehungen innerhalb und bei bestimmender Rolle des Plans voraus.

Selbst unter der NÖP gab es eine staatliche Regulierung der Elemente der spontanen Marktbeziehungen. Lenin schrieb am 16. November 1921 an G. M. Kržižanovskij, daß „die Neue Ökonomische Politik den einheitlichen staatlichen Wirtschaftsplan *nicht ändert* und seinen Rahmen *nicht überschreitet*, sondern die *Art und Weise* ändert, *wie* seine Verwirklichung *in Angriff genommen wird*"[43].

Für die Autoren des labouristischen Modells von der sozialistischen Wirtschaft gab es keine qualitativen Unterschiede zwischen den Wertkategorien im Kapitalismus und im Sozialismus. Sie interpretierten Wert und Preis vom Gesichtspunkt der Grenznutzentheorie. So schrieb Cole, der eigentliche ökonomische Inhalt des Wertes sei die Knappheit. „Die Dinge, die einen Wert haben, sind diejenigen, die knapp sind ... Eine vergesellschaftete Wirtschaft verlangt ... kollektive Entscheidungen über die Verwendung der knappen realen Produktionsfaktoren, einschließlich sowohl der Arbeitskraft als auch der Rohstoffe, Maschinen und

[40] Douglas P. Jay, The Socialist Case, London 1947, S. 252.
[41] Evan F. M. Durbin, Problems of Economic Planning, London 1949, S. 88.
[42] Ebenda, S. 83–84.
[43] W. I. Lenin, An G. M. Krshishanowski, in: Werke, Bd. 35, Berlin 1971, S. 510.

anderen verfügbaren Produktionsmittel. Der Wert ist eine Kraft, die Nutzensgüter schaffen kann und all diesen Produktionsfaktoren innewohnt. Die Wertgröße jedes dieser Faktoren hängt von dessen Nutzen bei der Wertbildung ab.“ [44] Da die Labourtheoretiker Wert und Preis nicht voneinander unterschieden, hielten sie die *Produktionskosten* sowie Nachfrage und Angebot für die Faktoren, die beide gleichermaßen den Preis bestimmten. „In der Tat hängt der Preis eines Gutes sowohl von der Nachfrage als auch von den *Produktionskosten* ab“[45], schrieb Jay. Diese Überlegungen waren nichts anderes als eine Neuauflage der vulgären, eklektizistischen Preistheorie der englischen bürgerlichen Ökonomen Jevons und Marshall.

Auch bei der Analyse der Ware-Geld-Beziehungen im Sozialismus ließen sich die Labourtheoretiker von den Auffassungen der bürgerlichen politischen Ökonomie leiten. So behauptete Durbin bei der Untersuchung von Fragen der Kreditpolitik, daß eine gemäßigte und kontrollierte Inflation nicht nur in Kriegszeiten, sondern auch in Friedenszeiten wünschenswert sei, weil sie die Entwicklung der Produktion stimuliere und die Beschäftigung der Arbeiter sichere.[46] Die Verfechter des Laboursozialismus lösten den Preis von seiner objektiven Grundlage, dem Wert, wobei sie der Auffassung waren, daß der Preis im Sozialismus durch Vereinbarung mit den Verbrauchern festgelegt werden müsse. „Die Preise, die von den sozialistischen Betrieben eingesetzt werden, können nicht von diesen selbst bestimmt werden. Sie müssen das Ergebnis von Absprachen mit Vertretern der Verbraucher sein und im Extremfall von einem im Rahmen der nationalen Planung wirkenden Organ bestimmt werden.“ [47]

Nicht die subjektiven Einschätzungen der Verkäufer und Käufer liegen jedoch dem Preis zugrunde, sondern der gesellschaftliche notwendige Arbeitsaufwand. Die sozialistische Gesellschaft verteilt die Vorräte planmäßig und legt die Produktionsgrößen bei den verschiedenen Waren nach den gesellschaftlichen Bedürfnissen fest. Sie regelt die in Umlauf befindliche Geldmenge entsprechend der Preissumme der Erzeugnisse. Die planmäßige Preisbildung berücksichtigt bei jeder Warengruppe das Verhältnis von Nachfrage und Angebot. Aber das bedeutet nicht, daß damit der Wert aufhört, Grundlage des Preises zu sein, daß die Preise durch Vereinbarung mit den Verbrauchern zustande kämen und daß sie Ergebnis der Konfrontation der subjektiven Wertungen von Herstellern und Verbrauchern wären.

Bei der Analyse der Ware-Geld-Form, deren sich die Sowjetwirtschaft bediente, behauptete Cole, in der UdSSR würden die Preise willkürlich festgelegt. Auch das Geld hätte hier keine reale Grundlage, es sei lediglich eine Recheneinheit,

[44] George D. H. Cole, The Meaning of Marxism, London 1948, S. 242, 252.
[45] Douglas P. Jay, Socialism in the New Society, London 1962, S. 37.
[46] Evan F. M. Durbin, How to Pay for the War, London 1939, S. 58–59; Evan F. M. Durbin, Socialist Credit Policy, S. 32.
[47] Hugh Dalton, Practical Socialism for Britain, London 1935, S. 99–100.

deren man sich als technisches Rechenmittel bediente, und Gewinn und Verlust seien in den sozialistischen Betrieben nicht Ausdruck der wirklichen Effektivität der Produktion.[48] „Mit anderen Worten: Die Vergleichbarkeit mit Hilfe des Geldes, die in der Sowjetwirtschaft scheinbar in großen Ausmaßen existiert, ist in Wirklichkeit eine Illusion ... Diese Messungen werden mit Hilfe der knappen realen Produktionsfaktoren vorgenommen und erscheinen nur der Bequemlichkeit der gesellschaftlichen Rechnung halber im Geldausdruck."[49]

Das effektive Wirken der sozialistischen Wirtschaft setzt voraus, daß den materiellen Interessen der Gesellschaft, der Kollektive und der einzelnen Produzenten Rechnung getragen wird. Dabei verlangt die Form der wirtschaftlichen Rechnungsführung, deren sich die sozialistischen Betriebe bedienen, daß die Ware-Geld-Beziehungen und das Wertgesetz ausgenutzt werden. Sie bedingt das Äquivalenzprinzip in den Beziehungen zwischen den Betrieben, Wirtschaftlichkeit, Rentabilität, materielle Verantwortlichkeit und Kontrolle durch den Rubel. Diese Prinzipien sind nur dann realisierbar, wenn die Preise den gesellschaftlich notwendigen Aufwand für die Herstellung der Waren widerspiegeln.

Auch in der Haltung zum Grundprinzip der sozialistischen Wirtschaftsleitung, zum demokratischen Zentralismus, zeigte sich der Antikommunismus der Labourtheoretiker. Sie wollten den Syndikalismus und die Dezentralisierung als Garanten einer demokratischen Entwicklung hinstellen. Cole schrieb dazu: „Je mehr das System in den Grenzen der von den Bedürfnissen errichteten einheitlichen Organisation dezentralisiert ist, um so mehr Garantien gibt es, daß es in Theorie und Praxis demokratisch geleitet wird."[50] Da die rechtslabouristischen Theoretiker den Einfluß der kleinbürgerlichen Ideologie auf die Arbeiterklasse verkörperten, konnten sie sich nicht vorstellen, daß die sozialistische Demokratie Zentralismus verlangt und daß der Zentralismus unter den Verhältnissen planmäßiger Wirtschaftsführung die Interessen der ganzen Gesellschaft ausdrückt. Gerade der demokratische Zentralismus verlangt eine stürmische Entwicklung der Demokratie, die sich darin äußert, daß die Werktätigen über ihre Tätigkeit in den Machtorganen, in den verschiedenen gesellschaftlichen Organisationen und in den das ganze Volk erfassenden Diskussionen über die Perspektivpläne an der Entscheidung über Fragen der Produktion und der ganzen Wirtschaft teilnehmen, daß Kritik und Selbstkritik gefördert werden usw.

Die kritische Analyse des labouristischen Sozialismusmodells aus der Zeit zwischen den zwanziger und den vierziger Jahren ist deshalb so aktuell, weil viele heutige Konzeptionen des Rechtslabourismus Thesen enthalten, die aus dieser Zeit stammen. Dazu gehört die Interpretation der Nationalisierung, des Eigentums an den Produktionsmitteln und des Verhältnisses von Plan und Markt. Schon zu jener Zeit wurden die Grundlagen für die Theorie von der sogenannten Mischwirtschaft, das Fundament des heutigen Laboursozialismus, gelegt.

[48] George D. H. Cole, The Meaning for Marxism, London 1948, S. 255.
[49] Ebenda, S. 256.
[50] George D. H. Cole, Principles of Economic Planning, London 1935, S. 323.

11. KAPITEL

Fragen der sozialistischen Wirtschaft in der ungarischen sozialdemokratischen Literatur

Der Übergang vom Kapitalismus zum Sozialismus

Als ihr Endziel hatte die Ungarische Sozialdemokratische Partei den Aufbau des Sozialismus verkündet. Obgleich sie offiziell niemals von diesem Ziel abgegangen ist, hat sie doch zu dieser Frage nicht immer die richtige Haltung bezogen. Deshalb ist es wichtig, die Auffassungen der Sozialdemokraten vom Aufbau des Sozialismus zu analysieren.

Allen Ideologen der Sozialdemokratie gemeinsam war, daß sie die Existenz der objektiven Voraussetzungen des Sozialismus im damaligen Entwicklungsstadium des Kapitalismus verneinten. Die sozialdemokratischen Theoretiker behaupteten, daß der Kapitalismus noch nicht reif sei für die sozialistische Revolution. Manche Theoretiker bezogen diese These auf alle entwickelten kapitalistischen Länder, andere nur auf Rußland.

Die Verfechter der erstgenannten Richtung gingen davon aus, daß der Kapitalismus der freien Konkurrenz noch nicht überlebt sei. Sie erklärten, daß die Monopolverbände der zwanziger und dreißiger Jahre das Produkt feudaler Monopole seien, und forderten, daß der Kapitalismus zur freien Konkurrenz zurückkehren müsse.[1] Sie behaupteten, daß die Voraussetzungen für den Übergang zum Sozialismus erst dann geschaffen werden könnten, wenn die kapitalistischen Monopole auf dem Boden der Konkurrenz entstehen.

Da die ungarischen Theoretiker der Sozialdemokratie den wirklichen Charakter der Epoche des Monopolkapitalismus nicht erkannten, schoben sie die sozialistische Revolution auf die ferne Zukunft. Zu der gleichen Schlußfolgerung, die die reformistischen Praktiken rechtfertigte, kamen auch die Wirtschaftstheoretiker, die die Voraussetzungen des Sozialismus von der wachsenden Bevölkerungsdichte abhängig machten (zum Beispiel S. Garbai).[2]

Die Vertreter der zweiten Richtung bezweifelten die Möglichkeit des Aufbaus des Sozialismus in Rußland, weil dort der Kapitalismus nicht weit genug entwickelt gewesen sei. S. Szerdahelyi schrieb dazu: „Der tiefe Irrtum des Bolsche-

[1] Vgl. L. Bàlint, A kollektivizmus gazdaságpolitikai elöfeltétellei, in: Szocializmus, 1929, S. 65; L. Còra, Szociáldemokrácia és Alkotmány, in: Szocializmus, 1937, S. 470.

[2] S. Garbai, Uj utakon a hatalomért, Bratislava 1935, S. 98.

wismus besteht darin, daß er die Fakten der gesellschaftlichen und ökonomischen Entwicklung unbeachtet läßt, um Ziele zu erreichen, die selbst in weiter entwickelten Ländern nicht realisierbar sind."[3] Szerdahelyi meinte, daß der Sozialismus zunächst in den am weitesten entwickelten kapitalistischen Ländern siegen müsse.

Das war auch weitgehend die offizielle Haltung der Ungarischen Sozialdemokratischen Partei. So hatte sich die Partei, besonders im ersten Jahrzehnt des 20. Jahrhunderts, die Aufgabe gestellt, den Kapitalismus zu fördern, weil sie davon ausging, daß er in Ungarn zu wenig entwickelt sei. Sie bemühte sich Verbindungen zu bürgerlichen Parteien aufzunehmen und den gemeinsamen Kampf gegen den Feudalismus zu organisieren.

Szerdahelyi und andere Ideologen der ungarischen Sozialdemokratie behaupteten, daß in Ungarn wie auch in Rußland erst dann vom Aufbau des Sozialismus gesprochen werden könne, wenn der Kapitalismus einen bestimmten Entwicklungsstand erreicht habe und in seinem Schoß die erforderlichen Voraussetzungen des Sozialismus heranreifen. Dabei beriefen sie sich auf den angeblich unzureichenden Entwicklungsstand der Produktivkräfte und der kapitalistischen Produktionsverhältnisse.

Ihre Ansicht, daß der Aufbau des Sozialismus in Sowjetrußland zum Scheitern verurteilt sei, glaubten die Sozialdemokraten nicht nur mit inneren, sondern auch mit äußeren Ursachen begründen zu müssen. So leitete L. Farago seine Auffassung, daß der Aufbau des Sozialismus in Sowjetrußland undurchführbar sei, aus der Unmöglichkeit des Nebeneinanderbestehens von zwei einander entgegengesetzten Wirtschaftssystemen und der fehlenden Unterstützung seitens der höher entwickelten Länder ab.

Die sozialdemokratischen Theoretiker ignorierten das Gesetz der ungleichmäßigen wirtschaftlichen und politischen Entwicklung des Kapitalismus, das Lenin nach einer gründlichen Analyse des Monopolkapitalismus entdeckt hatte. Lenin war zu der Erkenntnis gelangt, daß das kapitalistische Weltsystem ein Entwicklungsniveau erreicht hatte, bei dem für die sozialistische Revolution objektiv reif war. Von dem Gesetz der ungleichmäßigen Entwicklung ausgehend, war er dann zu dem Schluß gekommen, daß der Sozialismus in einem einzelnen Land siegen könnte: „Die Ungleichmäßigkeit der ökonomischen und politischen Entwicklung ist ein unbedingtes Gesetz des Kapitalismus. Hieraus folgt, daß der Sieg des Sozialismus zunächst in wenigen kapitalistischen Ländern oder sogar in einem einzeln genommenen Lande möglich ist."[4]

Die völlig irrigen Auffassungen der sozialdemokratischen Ideologen waren gegen den Sozialismus gerichtet. Sie bildeten die theoretische Begründung

[3] S. Szerdahelyi, A töke. Jegyzetek a „Kapitäl" I Magyar forditásához, in: Szocializmus, 1922, S. 342.

[4] W. I. Lenin, Über die Losung der Vereinigten Staaten von Europa, in: Werke, Bd. 21, Berlin 1970, S. 345.

für die Politik der rechten Führung der Ungarischen Sozialdemokratischen Partei, die das Bündnis mit der Bourgeoisie suchte.

Die sozialdemokratischen Theoretiker erkannten die Notwendigkeit einer Übergangsperiode vom Kapitalismus zum Sozialismus an. So schrieb B. Szász: „Es wäre ein Fehler, zu glauben, daß die sozialdemokratische Partei, wenn sie zur Macht gekommen ist, sofort eine sozialistische Gesellschaftsordnung schaffen kann."[5] Ähnliche Ansichten wurden auch auf einer Konferenz geäußert, die im Jahre 1936 unter Beteiligung von Vertretern sozialdemokratischer Parteien Westeuropas stattfand. Allerdings waren die Interpretationen, die die Wirtschaftswissenschaftler mancher Länder zur Übergangsperiode vom Kapitalismus zum Sozialismus lieferten, recht eigenartig.[6]

Sie meinten, daß sich der Übergang mit dem allmählichen Entstehen der Bedingungen für den Sozialismus im Rahmen des Kapitalismus vollziehen müsse. Die allmähliche quantitative Anhäufung von Elementen des Sozialismus im Schoße des Kapitalismus sollte dann zum Entstehen der neuen Gesellschaft führen.

Zum Problem des Übergangs zum Sozialismus gab es bei den Theoretikern der ungarischen Sozialdemokratie zwei Standpunkte. Während einige glaubten, daß in den kapitalistischen Ländern während der dreißiger Jahre der Übergang zum Sozialismus bereits begonnen habe, behaupteten die anderen, der Übergang zum Sozialismus beginne erst, wenn die sozialdemokratischen Parteien die Macht erobert haben.

Der erste Standpunkt war zu der Zeit, die dem Machtantritt Hitlers unmittelbar vorausging, weit verbreitet. Ungarische Wirtschaftswissenschaftler und Politiker hoben hervor, daß der Kampf um den Sozialismus mit Hilfe der Verbreitung sozialistischen Gedankengutes in allen Institutionen der bürgerlichen Gesellschaft geführt werden müsse. Sie behaupteten, daß die bürgerliche Demokratie, der Parlamentarismus, die stürmische Entwicklung des Verkehrswesens, des Telefons und der Telegrafie sowie die starke Ausdehnung des Pressewesens den Weg für die Entstehung und allmähliche Ausbreitung von Elementen des Sozialismus ebneten. Diese Auffassungen hat später S. Propper verkündet, als er schrieb, daß solche „bereits nationalisierten und munizipalisierten Bereiche wie das Verkehrswesen, die Wasser- und Stromversorgung, die Post, der Telefonverkehr, die großen Krankenhäuser, das Gesundheitswesen und die allgemeine Schulbildung, die Eingriffe des Staates in alle Bereiche des Wirtschaftslebens, die Ausbreitung des staatlichen Protektionismus und selbst die Rationalisierung der Trusts, Kartelle und Betriebe natürlich der Beginn eines Übergangsprozesses sind . . .; das alles ist noch kein Sozialismus, aber die bereits beginnende Epoche der Vergesellschaftung der Produktionsmittel"[7]. Der Begründer derartiger Auffassungen ist E. Bernstein gewesen.

[5] B. Szász, A szozializmus utja és feladatai a mai helyzetben, in: Szocializmus, 124, S. 352.

[6] Vgl. A szocialista munkatervek problémai, in: Szocializmus, 7/1936, S. 340.

[7] S. Propper, Az uj ipari forradalom, Budapest 1933, S. 148–149.

Angesichts der immer stärker werdenden Bedrohung durch den Faschismus und schließlich des Machtantritts der deutschen Faschisten, begannen die nüchterner denkenden Vertreter der Sozialdemokratie zu erkennen, wie haltlos diese Auffassungen waren. In den offiziellen Pressorganen der Ungarischen Sozialdemokratischen Partei meldeten sich immer mehr Stimmen zu Wort, die darauf aufmerksam machten, daß die staatliche Wirtschaftsregulierung in den kapitalistischen Ländern kein Element des Sozialismus sei. Der Machtantritt der Faschisten war schließlich der Beweis, daß eine reformistische Politik und Praxis nicht die Voraussetzungen für den Sieg der sozialistischen Revolution schafft und unter ungünstigen Bedingungen tragische Folgen haben kann.

Unter dem Einfluß der faschistischen Gefahr in Deutschland wandelten sich auch die Ansichten der hartnäckigsten Anhänger der Reformpolitik. I. Mónus, einer der aktivsten Repräsentanten des Reformismus schrieb im Jahre 1933: „Dieser Staatskapitalismus kann die abstoßendste Form einer neuen Sklaverei annehmen, aber er kann auch der Übergang vom Kapitalismus zum Sozialismus sein."[8] Aber schon im Jahre 1937 revidierte I. Mónus seine Auffassungen: „Eine neue Wirtschaft entsteht, eine gemischte Wirtschaft: die Intervention des Staates bei Erhaltung des privaten Wirtschaftssystems. Es wäre falsch, in der Einmischung des Staates Sozialismus sehen zu wollen; denn das ist kein Sozialismus. Es ist die Anwendung von Zwangsmitteln auf eine private Wirtschaft, deren Krise die Grundlagen der Staats- und Gesellschaftsordnung erschüttert hat."[9] Schließlich brach Mónus im Rechenschaftsbericht auf der Parteikonferenz im gleichen Jahr endgültig mit dem Gedankengut Bernsteins: „So, wie wir in der Jugend gelehrt haben, daß wir in die sozialistische Gesellschaft hineinwachsen, dürfen wir nicht mehr denken ... Der Sozialismus verwirklicht sich nicht von selbst wir müssen ihn aufbauen."[10]

Der zweite Standpunkt wurde von den Theoretikern entwickelt, die meinten, daß die Eroberung der Macht die unabdingbare Voraussetzung für den Übergang zum Sozialismus sei.

Das im Jahre 1903 beschlossene Programm der Ungarischen Sozialdemokratischen Partei zählte die Eroberung der politischen Macht zu den Vorbedingungen für den Aufbau des Sozialismus. Das Instrument dafür sollten die Agitation und Propaganda und der Klassenkampf in Wirtschaft und Politik sein. Obwohl das Programm den Widerstand der herrschenden Klassen in Betracht zog, wurde die Diktatur des Proletariats mit keinem Wort erwähnt. Die Sozialdemokratie propagierte die Möglichkeit des Machtantritts durch Wahlen. Dieser Weg hatte in sozialdemokratischen Kreisen allgemeine Zustimmung gefunden.

[8] I. Mónus, A szocializmus sorsa – az emberiség sorsa, in: Szocializmus, 7–9/1933, S. 202.

[9] Világgazdasági problemák, in: Szocializmus, 2–3/1937, S. 54.

[10] I. Mónus, A szocializmus világképe, in: Szociáldemokrata füzetek, 18, S. 14–15.

Der Fehler der Sozialdemokraten bestand nicht darin, daß sie die Möglichkeit des Machtantritts auf friedlichem Wege vertraten. Der Marxismus-Leninismus erkennt durchaus an, daß die Macht auch ohne Waffengewalt erobert werden kann: „Es ist völlig gesetzmäßig, daß die Formen des Übergangs der Länder zum Sozialismus in Zukunft noch mannigfaltiger sein werden. Dabei ist es nicht unbedingt erforderlich, daß die Verwirklichung der Formen des Übergangs zum Sozialismus unter allen Umständen mit einem Bürgerkrieg verbunden ist. Der Leninismus lehrt, daß die herrschenden Klassen die Macht nicht freiwillig abtreten. Aber die größere oder geringere Schärfe des Klassenkampfes für den Übergang zum Sozialismus, die Anwendung oder Nichtanwendung von Gewalt bei diesem Übergang hängen nicht so sehr vom Proletariat als vielmehr von der Stärke des Widerstandes der Ausbeuter gegen den Willen der überwältigenden Mehrheit der Werktätigen, von der Anwendung der Gewalt durch die Ausbeuterklasse selbst ab.“ [11]

Die sozialdemokratischen Theoretiker irrten jedoch, wenn sie die Eroberung der Macht *nur* über den unbewaffneten Kampf akzeptierten, die Notwendigkeit der Diktatur des Proletariats leugneten und der Inbesitznahme der Positionen in der Wirtschaft nicht die erforderliche Bedeutung beimaßen.

Ohne den Widerstand der Ausbeuterklassen auf wirtschaftlichem Gebiet niederzuhalten, ist es unmöglich, die Macht zu behaupten. Nachdem die Arbeiterklasse gesiegt hat, muß sie die wirtschaftliche Macht der Bourgeoisie unbedingt und auf jede erdenkliche Weise brechen. Anderenfalls büßt sie die politische Macht sehr schnell wieder ein. Das hat sich auch am Beispiel der Novemberrevolution 1918 in Deutschland gezeigt, als die rechte Sozialdemokratie, die während des Aufschwungs der Revolution an der Macht war, darauf verzichtete, der Bourgeoisie die wirtschaftliche Macht zu entreißen, was schließlich zur Niederlage der Revolution beitrug.

Das gleiche zeigt auch das chilenische Beispiel. Zu den Hauptursachen für die vorläufige Niederlage der Revolution in Chile gehörte, daß die Unidad Popular, die ohne bewaffneten Kampf an die Macht gekommen war, den Widerstand der Monopole und des Großgrundbesitzes nicht brechen und die Wirtschaftssabotage nicht verhindern konnte.

Die reformistische Konzeption von der „Mischwirtschaft“

Bezüglich der Wege zum Aufbau des Sozialismus nach der Machteroberung ging das im Jahre 1903 aufgestellte Programm der Ungarischen Sozialdemokratischen Partei von marxistischen Positionen aus. Es besagte, daß das Privateigentum an den Produktionsmitteln nach der Eroberung der Macht in ge-

[11] Entschließung des XX. Parteitages der Kommunistischen Partei der Sowjetunion zum Rechenschaftsbericht des ZK der KPdSU, Berlin 1956, S. 101–102.

sellschaftliches Eigentum umgewandelt werden müsse. Es wurde von der Liquidierung aller Formen der kapitalistischen Wirtschaft und von der Organisation einer sozialistischen Produktion gesprochen.

In den dreißiger Jahren ließen die Theoretiker der Sozialdemokratie diese richtigen Positionen fallen. Jetzt leugneten sie die Notwendigkeit, die privatkapitalistische Wirtschaft abzuschaffen, und räumten lediglich die Enteignung des Monopolkapitals ein. Sie verlangten, die freie Konkurrenz im privatkapitalistischen Sektor zu fördern, weil sie glaubten, die Gesellschaft brauche eine gut funktionierende kapitalistische Wirtschaft, die freie Konkurrenz und die Unterstützung der Privatinitiative. Die sozialistische Wirtschaft stellten sie sich als eine „Mischwirtschaft" vor, was faktisch bedeutet, daß sie den Sozialismus durch den Staatskapitalismus ersetzten.

Derartige Auffassungen waren in der sozialdemokratischen Literatur jener Zeit weit verbreitet. In verschiedenen Schattierungen wurden sie von S. Garbai, M. Kertész, B. Szász und anderen Wirtschaftswissenschaftlern vertreten.

Garbei betonte zwar die Notwendigkeit, das Eigentum der Aktiengesellschaften, das für die Sicherung der wirtschaftlichen Macht des Landes und für die planmäßige Leitung der Volkswirtschaft ausreiche, zu nationalisieren. Zugleich aber trat er auch für die Erhaltung des individuellen kapitalistischen Eigentums, für eine gesunde Privatwirtschaft ein, die, so meinte er, die gesellschaftlichen Interessen keineswegs beeinträchtige, sondern die unabdingbare Voraussetzung für ein rasches Produktionswachstum sei.

Auch Kertész trennte das Finanzkapital und die Monopolherrschaft von der auf dem individuellen kapitalistischen Eigentum beruhenden nichtmonopolisierten Wirtschaft. Er meinte, daß das Finanzkapital, das Eigentum der Kirche, der großen Kartelle, die Hüttenindustrie und die Energiewirtschaft in gesellschaftliches Eigentum übergeführt werden müßten; „die Produktionsmittel nicht monopolistischen Charakters, die der Mehrheit der Bevölkerung das Brot geben, müssen auch weiterhin der Privatwirtschaft und der freien Konkurrenz überlassen bleiben".[12]

Kertész setzte die weniger monopolisierten Zweige mit niedrigerem Konzentrationsniveau der Produktion und des Kapitals den Bereichen der Volkswirtschaft, in denen die auf Privateigentum und persönlicher Arbeit des Eigentümers beruhende kleine Warenproduktion überwog, und dem individuellen Eigentum des Lohnarbeiters an Konsumtionsmitteln gleich; denn er betrachtete diese grundsätzlich unterschiedlichen Eigentumsformen als „individuelle Aneignung der Arbeitsprodukte".

Natürlich ist eine solche Gleichsetzung völlig unhaltbar. Kertész aber brauchte sie, um die These von der Beibehaltung des privatkapitalistischen Einzeleigentums an den Produktionsmitteln mit der Berufung auf das „Manifest der Kom-

[12] M. Kertész, Gondolatok az uj szociáldemokrata munkatervhez, in: Szocializmus, 4/1934, S. 148.

munistischen Partei" zu begründen, in dem Marx und Engels feststellten, daß die Kommunisten die individuelle Aneignung von Konsumtionsmitteln durch die werktätigen Klassen keineswegs abschaffen wollen. So schrieb Kertész: „In Privateigentum bleiben müßte, so meine ich, die Bau- und Textilindustrie, die Landwirtschaft, der Handel, das Handwerk sowie die ganze Handels- und Gewerbetätigkeit, in der noch keine Trennung von Arbeit und Kapital stattgefunden hat." [13]

Auch Szász meinte, daß nur die Großbetriebe in gesellschaftliches Eigentum übergeführt werden müßten, die bereits den Status von Monopolen hatten.[14]

Auf diese Weise hatten die sozialdemokratischen Theoretiker ein Wirtschaftssystem konstruiert, in dem das gesellschaftliche Eigentum mit dem Privateigentum koexistieren und das Eingreifen des Staates in die Wirtschaft einer staatskapitalistischen Regulierung gleichkommen sollte. Der Unterschied bestand lediglich darin, daß einige von ihnen dieses System schon als sozialistisch werteten, während andere behaupteten, es diene den Interessen der ganzen Gesellschaft und es nähere sich dem Sozialismus.

Es war für die reformistischen Theoretiker bezeichnend, daß sie an der wirtschaftlichen Kraft und Effektivität des vergesellschafteten Sektors, an seiner Fähigkeit, einen reibungslosen Wirtschaftsablauf zu sichern, zweifelten. Da sie die Nationalisierung nur auf Monopolunternehmen beschränkten, zogen sie einen Trennungsstrich zwischen diesen und den großen und mittleren nichtmonopolisierten Betrieben. Wie Lenin aber nachgewiesen hatte, sind die Monopole das unausbleibliche Produkt der Konzentration der kapitalistischen Produktion, wenn dieser Prozeß eine bestimmte Entwicklungsstufe erreicht hat. Sie können nur dann beseitigt werden, wenn auch der Boden vernichtet wird, dem sie entwachsen, nämlich der Kapitalismus. Die Ideologen des Reformismus strebten einen Staatskapitalismus ohne Monopole an. Doch übersahen sie dabei, daß das Eingreifen des bürgerlichen Staates in die Wirtschaft von den gleichen Ursachen hervorgerufen wird, die auch die Monopole hervorbringen: vom Widerspruch zwischen der zunehmenden Vergesellschaftung der Produktion und den privaten Eigentumsverhältnissen. Diesen Widerspruch zu lösen, bedeutet, die wirtschaftliche und politische Macht der Monopole abzuschaffen. Wenn aber die privatkapitalistischen Verhältnisse weiterbestehen, ist das unmöglich.

Die Schlußfolgerungen der sozialdemokratischen Theoretiker auf diesem Gebiet waren reaktionäre Utopien und erinnerten in gewissem Maße an die „ökonomische Romantik" Sismondis, der die kleine Warenproduktion verallgemeinern, dabei die aus ihr hervorgehenden kapitalistischen Verhältnisse einschränken und die sozialen Widersprüche des Kapitalismus durch die Rückkehr der Gesellschaft zur früheren Epoche beseitigen wollte.

[13] Ebenda.

[14] B. Szász, A szocializmus utja és feladatai a mai helyzetben, in: Szocializmus, 1934, S. 357.

Das Verhältnis zum Aufbau des Sozialismus in der UdSSR

Das Sowjetland war dabei, die ersten Schritte auf dem sozialistischen Weg zu gehen. Ungarns Werktätige verfolgten diese Prozesse mit großer Aufmerksamkeit. Obgleich viele Sozialdemokraten meinten, Rußland sei noch nicht reif für den Sozialismus, sahen sie sich doch gezwungen, die wichtigsten Etappen des sozialistischen Aufbaus in der UdSSR zu analysieren.

Die führenden Theoretiker des Reformismus entstellten den Verlauf und den Charakter der Nationalisierung in Sowjetrußland. Z. Rónai behauptete, daß die Vergesellschaftung der Produktionsmittel nicht das Wesen des Sozialismus ausdrücke. Er konstruierte einen Gegensatz zwischen Planmäßigkeit und gesellschaftlichem Eigentum an den Produktionsmitteln: „Eine planmäßige Leitung der Produktion, die den Interessen der Konsumenten Rechnung trägt, das ist das Wesen des Sozialismus, und nicht der Wechsel des Eigentümers."[15]

Natürlich ist der Eigentümerwechsel, also die Übergabe der entscheidenden Produktionsmittel in gesellschaftliches Eigentum nur der erste Schritt beim Aufbau einer sich planmäßig entwickelnden sozialistischen Wirtschaft. Der Aufbau des Sozialismus verlangt eine vielschichtige Arbeit zur Organisation der sozialistischen Produktionsverhältnisse, zur Ausarbeitung und Durchsetzung der Methoden für die planmäßige Wirtschaftsführung. Aber diese Aufgaben sind ohne die Übergabe der entscheidenden Produktionsmittel in Volkseigentum nicht lösbar.

Ebenso wie andere sozialdemokratische Theoretiker glaubte auch Rónai nicht an die Fähigkeit der Arbeiterklasse Sowjetrußlands, die mit der Nationalisierung verbundenen komplizierten Probleme zu lösen, glaubte er nicht daran, daß die Revolution von der Mehrheit der Intelligenz unterstützt würde. Das Leben hat jedoch bewiesen, wie grundlos diese Skepsis war. Rónai erklärte, die Nationalisierung werde die materielle Lage der Arbeiter nicht wesentlich verändern[16], wobei er „vergaß" , daß der Gesellschaft mit der Nationalisierung auch der Anteil am Nationaleinkommen zufällt, den sich früher die Ausbeuterklassen angeeignet hatten. Die Abschaffung des Profits, die Verwendung des Mehrprodukts im Interesse der Gesellschaft bedeuten, daß die Werktätigen und nur sie direkt oder indirekt Nutznießer des Mehrprodukts werden. Das aber muß schließlich zu einer wesentlichen Erhöhung des materiellen Wohlstandes der Werktätigen führen.

Bezeichnend war die Entwicklung, die die Einschätzung der Neuen Ökonomischen Politik durch die Sozialdemokraten erfuhr. Zuerst wurde die NÖP als Politik hingestellt, die auf den Aufschwung der Sowjetwirtschaft bei Unversehrtheit ihrer sozialistischen Grundlagen gerichtet war. Aber schon im April 1922 bezeichneten sie die NÖP als „theoretischen und praktischen Bankrott

[15] Z. Rónai, A szocializáció kérdéseihez, in 'Világosság v. 9. Februar 1921, S. 86.
[16] Ebenda, S. 86.

des kommunistischen Experiments". In einem Aufsatz, den die Zeitschrift „Szocializmus" anläßlich des Todes von Lenin veröffentlichte, wurde die Neue Ökonomische Politik als Rückzug „auf die Positionen des Kapitalismus" bezeichnet, „der jetzt in Rußland unter dem Aushängeschild des Kommunismus seine Auferstehung feiert"[17]. Diese schroffe Wende in der Beurteilung der NÖP war ebenso wie die bereits dargelegten Fakten Ausdruck der Verschärfung des antisowjetischen Kurses, den die Parteien der II. Internationale eingeschlagen hatten.

Die Erfolge des ersten Planjahrfünfts in der Entwicklung der sowjetischen Volkswirtschaft erregten erneut die Aufmerksamkeit führender Funktionäre der Sozialdemokratie für die Sowjetwirtschaft. Da die Industrialisierung die entscheidende Frage des Aufbaus des Sozialismus war, was auch die sozialdemokratischen Theoretiker einräumten, stellten sie die Probleme der Industrialisierung in den Mittelpunkt ihrer Diskussionen über die Möglichkeit der Erfüllung des Fünfjahrplans.

Hinsichtlich der Realisierbarkeit der Direktiven des ersten Fünfjahrplans für die Industrialisierung schlossen sich die rechtsorientierten Führer der Ungarischen Sozialdemokratischen Partei im wesentlichen den Auffassungen von Friedrich Adler an, die weitgehend mit den Ansichten Karl Kautskys identisch waren. Ebenso wie Kautsky leugnete auch F. Adler den sozialistischen Charakter der Sowjetwirtschaft. Aber im Gegensatz zu Kautsky hielt er das Industrialisierungsprogramm des ersten Fünfjahrplans für realisierbar. Und wenn Adler die Rolle der technischen Erfahrungen der kapitalistischen Länder für die Verwirklichung des Industrialisierungsprogamms überbewertete, so war dies auch für den ungarischen Sozialdemokraten V. Böhm typisch, wenngleich in etwas geringerem Maße.

Da es den Arbeitern in der UdSSR an den notwendigen Fertigkeiten und den Arbeitern und Ingenieuren an Erfahrungen in der Leitung moderner Betriebe fehle, so behauptete der schon erwähnte Funktionär der Ungarischen Sozialdemokratischen Partei I. Mónus, könne die sowjetische Industrie weder die neue Technik meistern, noch die technischen Erfahrungen der industriell fortgeschrittenen kapitalistischen Länder übernehmen.[18]

Das Sowjetland war bekanntlich viele Jahre lang einer Wirtschaftsblockade ausgesetzt, und auch nachdem die Blockade aufgehoben war, fehlte es an den Voraussetzungen für die Entwicklung normaler Wirtschaftsbeziehungen zwischen der UdSSR und den westlichen Ländern. Der Übernahme von Erfahrungen der wirtschaftlich fortgeschrittenen kapitalistischen Länder durch die sowjetische Industrie standen Hemmnisse im Wege, die von den Theoretikern des Reformismus geflissentlich verschwiegen wurden. Sie schätzten nicht nur die Möglichkeiten, sondern auch die Maßstäbe der Anwendung ausländischer Erfahrungen falsch ein. Die Ergebnisse aus der Erfüllung des ersten Fünf-

[17] Szocializmus, 2/1924, S. 51. [18] Szocializmus, 10/1930.

jahrplans demonstrierten die unschätzbaren Vorzüge des Sozialismus bei der Realisierung des wissenschaftlich-technischen Fortschritts.

Völlig einseitig interpretierten die sozialdemokratischen Wirtschaftstheoretiker das Problem der Quellen für die sozialistische Industrialisierung. So ging Böhm davon aus, daß die im ersten Fünfjahrplan vorgesehenen wirtschaftlichen Entwicklungsraten mit dem erforderlichen Arbeitskräfte- und Rohstoffaufkommen abgesichert waren. Und völlig zu Recht hob er auch hervor, daß die Gewinnverwendung im Interesse der Gesellschaft ein Wesenszug der Sowjetwirtschaft sei. Andererseits aber sah er die „finanzielle Grundlage der Sowjetwirtschaft" im „niedrigen Lebensstandard der Arbeiter und Bauern, im niedrigen Reallohn infolge der hohen Preise, der Rationalisierung und des Warenmangels"[19].

Das Bild, das Böhm von den Akkumulationsquellen gezeichnet hatte, war einseitig. Natürlich mußte das Sowjetvolk viele Opfer bringen, um die technische und wirtschaftliche Rückständigkeit seines Landes zu beseitigen. Die Hauptquelle der inneren Akkumulation zu jener Zeit waren jedoch das im gesellschaftlichen Sektor erzeugte Mehrprodukt und die Gewinnabschöpfungen aus dem privatwirtschaftlichen Sektor.

Hin und wieder sah sich die „Népszava", das Organ der Ungarischen Sozialdemokratischen Partei, gezwungen, die Erfolge der Sowjetunion im Produktionswachstum anzuerkennen. Sie führte Wachstumsdaten an und bemerkte dazu: „Das sind wirklich imposante Zahlen."[20] Andererseits aber war eine Artikelserie, die diese Zeitung im Jahre 1931 über die Sowjetwirtschaft veröffentlichte, ausgeprägt antisowjetisch. In diesen Artikeln wurde der Typ der wirtschaftlichen Entwicklung in der UdSSR verzerrt wiedergegeben und als rein extensiv hingestellt. Der anonym gebliebene Verfasser entstellte auch das Wesen des sozialistischen Wettbewerbs und die Dynamik der Arbeitsproduktivität. Als Folge der Rationalisierung prophezeite der Verfasser eine Zunahme der Arbeitslosigkeit, das heißt er konstruierte einen automatischen Zusammenhang zwischen dem technischen Fortschritt und der Arbeitslosigkeit, der sich unabhängig von der Gesellschaftsordnung durchsetze.

Man wollte nicht wahrhaben, daß die Arbeitslosigkeit im Kapitalismus nicht die Folge der technischen Entwicklung, der Modernisierung der Produktion schlechthin, sondern der kapitalistischen Form ist, in der sie sich vollzieht, obgleich einige sozialdemokratische Theoretiker, wie zum Beispiel R. Kruppa, meinten, daß nicht die Rationalisierung der Produktion bekämpft werden müsse, sondern die Minimierung ihrer sozialen Ergebnisse, wie sie im Kapitalismus zu beobachten sei.[21]

[19] V. Böhm, Az orosz forradalom ötéves terve, in: Világosság füzetek, 5/1929, S. 19.
[20] Oroszország és az ötéves gazdasági program in: Népszava v. 26. April 1931, S. 5.
[21] Vgl. A racionalizálás és a munkásság, in: Szocializmus, 1927, S. 411; A munkanélküliség problémája, in: Szocializmus, 1930, 199.

Die Praxis hat bewiesen, daß die Prognose einer Arbeitslosigkeit in der UdSSR unbegründet war. Sie mußte es schon deshalb sein, weil im Sozialismus die Vervollkommnung der Produktion von einem Produktionswachstum begleitet ist, bei dem die Beschäftigtenzahl ständig zunimmt und die Arbeitskräfte planmäßig auf die Zweige und Bereiche der Volkswirtschaft umverteilt werden. Zugleich wird die Verkürzung der Arbeitszeit zu einem entscheidenden Faktor für die Gestaltung der sozialistischen Lebensweise.

Die ungarische Sozialdemokratie begrüßte die Nationalisierung und die Übergabe der Nutzungsrechte des Bodens an die Bauern. Auch die Wirtschaftstheoretiker, die meinten, Rußland sei ebenso wie Ungarn erst für eine bürgerlich-demokratische Revolution reif, begrüßten diesen Schritt der Großen Sozialistischen Oktoberrevolution, stellten ihn aber als notwendiges Element bürgerlicher Umgestaltungen hin. Und diejenigen, die die proletarische Revolution nicht ablehnten, sahen in der Liquidierung des feudalen Grundbesitzes den ersten Schritt zur Neugestaltung der Landwirtschaft.

Erhebliche Meinungsverschiedenheiten gab es indessen über die sozialistische Reorganisation der Landwirtschaft. Der rechte Flügel der ungarischen Sozialdemokratie nahm eine ausgesprochen feindselige Haltung zu den Maßnahmen der Sowjetmacht ein. So äußerte sich I. Mónus in einem Aufsatz, der unter dem Titel „Die russische Frage“ in der Zeitschrift „Szocializmus“ veröffentlicht wurde, mit Genugtuung über die russische Agrarrevolution, die den Großgrundbesitz abgeschafft hatte. Im gleichen Atemzug aber erklärte er sich als Gegner einer sozialistischen Umgestaltung der Landwirtschaft. Angeregt von Kautskys Buch „Der Bolschewismus in der Sackgasse“, das 1930 erschienen war, behauptete I. Mónus, daß die begonnene sozialistische Rekonstruktion der Landwirtschaft die Bauern von der Bevolution abschrecke und damit zur Katastrophe, zur Niederlage der Sowjetordnung führen könne. Er meinte, daß man im Interesse der Revolution von der Bildung landwirtschaftlicher Genossenschaften abgehen und zur bäuerlichen Einzelwirtschaft zurückkehren müsse.

Eine andere Auffassung zu dieser Frage vertrat V. Böhm. Er betonte, daß die Bildung von Genossenschaften sowohl aus wirtschaftlichen als auch aus politischen Gründen notwendig sei. Die Versorgung der Bevölkerung könne nur mit einer fortgeschrittenen, auf der Großproduktion beruhenden Landwirtschaft sichergestellt werden. Für ihn standen die Vorzüge der Großproduktion gegenüber der Kleinwirtschaft außer jedem Zweifel. „Die Überlegenheit der Großwirtschaft – gleich ob Staatsgut oder Kollektivwirtschaft – ist von Standpunkt des ökonomischen Nutzeffekts praktisch kaum anzuzweifeln.“[22]

Völlig zu Recht machte Böhm auch auf eine andere wichtige Ursache der Kollektivierung aufmerksam, indem er feststellte, daß sich unter der NÖP ein gewisses Wiederaufleben der großbäuerlichen Elemente gezeigt habe. Das Ku-

[22] V. Böhm, Az orosz forradalom öteves terve, in: Világosság füzetek, 5/1929, S. 14.

lakentum war zu einer wirtschaftlichen Macht geworden. Es hielt die Getreidevorräte zurück und gefährdete so die Versorgung der Stadtbevölkerung, wobei es damit auch politischen Druck ausübte. Deshalb mußte das Kulakentum zerschlagen werden.

Die Kollektivierung der Landwirtschaft war von der Notwendigkeit diktiert, den rasch wachsenden Bedarf der Bevölkerung an Lebensmitteln und der Industrie an Rohstoffen zu befriedigen. Mit der kleinen Bauernwirtschaft war dieses Problem nicht lösbar. Zudem war das Nebeneinanderbestehen zweier grundsätzlich verschiedener Typen von Produktionsverhältnissen auf die Dauer nicht möglich. Die Landwirtschaft mußte in sozialistische Bahnen gelenkt werden.

Auch zu den Wegen und Methoden der Kollektivierung auf dem Lande gab es in der ungarischen sozialdemokratischen Literatur zwei gegensätzliche Auffassungen. Die eine Auffassung war die von V. Böhm, der von den Erfolgen der Kollektivierung sprach: „Innerhalb von 13 Jahren ist dies die zweite beispiellose Revolution in der Landwirtschaft und in der Wirtschaftsführung.“[23] „Das grandiose und kühne Experiment (die Organisation der Kollektivwirtschaften und Staatsgüter – E. S.) macht die russische Wirtschaft zu einer der führenden in der Welt.“[24] Böhm bezeichnete die staatlichen Landwirtschaftsbetriebe in der Sowjetunion, die Staatsgüter, als moderne Großbetriebe, die in der Lage seien, das Lebensmittelproblem zu lösen und den Export zu erhöhen. Er hob die wohldurchdachte und zielbewußte Form der Kollektivierung hervor und wertete die Folgen der dabei aufgetretenen Fehler und den Prozeß ihrer Beseitigung sehr objektiv.

Ganz anders war die Haltung von I. Mónus und weiterer Ideologen des rechten Flügels der Sozialdemokratie. Allerdings erfuhr die Position von Mónus gewisse Wandlungen. Angesichts der Erfolge der sowjetischen Landwirtschaft waren er und seine Kollegen gezwungen, die Kollektivierung nicht mehr in Bausch und Bogen zu verurteilen, sondern ihre Ergebnisse teilweise anzuerkennen. „Sei es, wie es sei, Erfolge sind da. Sie müssen beachtet, ja mehr noch, es muß analysiert werden, was dahinter steckt.“[25]

Andererseits aber bezeichnete Mónus die Kollektivierung als „aus dem Mangel an einer hinreichend durchdachten Konzeption resultierende Eile, die den Interessen der russischen Agrarrevolution zuwiderläuft“. Die Vertreter dieser Auffassungen behaupteten, daß sich mit der Vergrößerung der Zahl der Kollektivwirtschaften nicht die Konsumtion des russischen Arbeiters und Bauern erhöhe, sondern nur die Wirtschaft des Sowjetstaates, vor allem durch das Anwachsen des Getreideexports, festige.

Es bedarf keines besonderen Beweises, daß die wirtschaftliche Festigung des Sowjetstaates nicht nur kein Widerspruch zu den Interessen der Arbeiter

[23] Ebenda. [24] Ebenda, S. 16.
[25] Oroszország és az ötéves gazdasági program, in: Népszava v. 7. Mai 1931, S. 6.

und Bauern war, sondern diesen Interessen voll und ganz entsprach. Die wachsende Zahl und die Festigung der Kollektivwirtschaften trugen dazu bei, die materielle Lage der Werktätigen zu verbessern.

Fast alle Theoretiker der Sozialdemokratie interpretierten die Sowjetwirtschaft als staatskapitalistisch, werteten den sowjetischen „Staatskapitalismus" aber als Übergang zum Sozialismus. L. Farago, V. Böhm und der anonyme Verfasser der in der „Népszava" veröffentlichten Artikelserie glaubten in der Sowjetwirtschaft Merkmale des Staatskapitalismus zu entdecken. So wurde in einem Beitrag in der „Népszava" gefragt: „Ist der Fünfjahrplan Sozialismus?" Und die Antwort lautete: „Der Fünfjahrplan ist kein Sozialismus, sondern Staatskapitalismus. Doch ist die Tatsache nicht zu leugnen, daß die staatsmonopolistische Wirtschaftsweise der Weg zum Sozialismus ist."[26] Und Böhm schrieb: „Die Sowjetwirtschaft ist Staatskapitalismus, der zielbewußt die privatkapitalistischen Elemente ausmerzt."[27]

Diese Leugnung des sozialistischen Charakters der Sowjetwirtschaft gründete sich auf zwei Thesen. Einerseits behaupteten die sozialdemokratischen Theoretiker, daß bei der Rekonstruktion der Volkswirtschaft keine sozialistischen, sondern staatskapitalistische Methoden angewandt würden. Andererseits verglichen sie die für die Sowjetwirtschaft typischen Merkmale mit ihren Vorstellungen von der sozialistischen Wirtschaft und kamen danach zu dem Schluß, daß die Sowjetwirtschaft keine sozialistischen Merkmale aufweise.

Sehen wir uns zunächst den Standpunkt an, daß der staatsmonopolistische Charakter der Wirtschaft auf der Anwendung von Methoden beruht, die nicht sozialistisch zu nennen seien. Es wurde bereits eine Arbeit von Böhm über die Quellen der sozialistischen Industrialisierung zitiert, in der er diese Quellen nicht als sozialistischer, sondern staatskapitalistischer Art wertete[28]. Die gleiche Ansicht vertrat auch der Verfasser der Artikelserie in der „Népszava".

Die Geschichte hat bewiesen, daß die Methoden zur Mobilisierung der Ressourcen, die während des Aufbaus der materiell-technischen Basis des Sozialismus in der UdSSR angewandt wurden, gestatteten, ein in technischer und wirtschaftlicher Hinsicht rückständiges Land in unerhört kurzer Zeit in eine hochentwickelte Industriemacht mit fortgeschrittener, auf genossenschaftlicher Basis beruhender Landwirtschaft zu verwandeln. Ohne eine leistungsfähige Industrie und eine mechanisierte landwirtschaftliche Großproduktion hätte die Sowjetunion die Kriegsmaschinerie Hitlers, für die das ganze von den Faschisten okkupierte Europa arbeitete, nicht bezwingen können. Mit der in den ersten Planjahrfünften entstandenen materiell-technischen Basis des Sozialismus wurden die Voraussetzungen für die gegenwärtige Etappe der entwickelten sozialistischen Wirtschaft, für die Erhöhung des Volkswohlstandes

[26] Oroszország és az ötéves gazdasági program, in: Népszava v. 20. Mai 1931.
[27] V. Böhm, Az orosz forradalom ötéves terve, in: Világosság füzetek, 5/1929, S. 28–29.
[28] Vgl. ebenda, S. 20.

und die Verbesserung der Arbeits- und Lebensbedingungen des Sowjetvolkes geschaffen.

Die sozialdemokratischen Theoretiker hatten nicht begriffen, daß das Gesetz vom vorrangigen Wachstum der Produktion von Produktionsmitteln in der Etappe des Aufbaus der materiell-technischen Basis des Sozialismus bedeutend höhere Wachstumsraten in der Produktion von Produktionsmitteln als in der von Konsumtionsmitteln verlangte. Es wäre zu jener Zeit unmöglich gewesen, den Aufbau der Schwerindustrie, von der die wirtschaftliche Unabhängigkeit und die Verteidigungsfähigkeit eines Landes bestimmt wird, zu forcieren und gleichzeitig den Lebensstandard der Bevölkerung ebenso rasch zu erhöhen. Angesichts der politischen und wirtschaftlichen Aufgaben, die seinerzeit vor der UdSSR standen, war die Verwendung des überwiegenden Teils vom Zuwachs des gesellschaftlichen Produkts und des Nationaleinkommens für den Aufbau der Schwerindustrie die einzig effektive Methode der Verteilung der Ressourcen.

Das alles heißt durchaus nicht, daß es beim Aufbau des Sozialismus keine Schwierigkeiten und Fehler gegeben hätte. Die Sowjetunion mußte das Fundament der sozialistischen Gesellschaft aufbauen, ohne auf irgendwelche praktischen Erfahrungen zurückgreifen zu können. So war es unvermeidlich, daß auf dem Weg des sozialistischen Aufbaus und den dabei angewandten Methoden Fehler und Mängel auftreten mußten.

Auch sollte man nicht vergessen, daß von den ersten Jahren der Sowjetmacht an die Konsumtion der Bevölkerung ständig hohe Wachstumsraten aufwies, wenngleich der Lebensstandard der Werktätigen in der Sowjetunion zu jener Zeit weitaus niedriger war als der der wirtschaftlich fortgeschrittenen kapitalistischen Länder.

Nicht vergessen werden sollte auch, daß V. Böhm zwar den niedrigen Lebensstandard als wichtigste Akkumulationsquelle hinstellte, zugleich aber anerkannte, daß der Lebensstandard der Bevölkerung in der UdSSR schon zu jener Zeit höher war als im Zarismus[29]. Er schrieb auch über die zahlreichen Leistungen des Sowjetlandes bei der Lösung sozialer Aufgaben, besonders auf dem Gebiet des Arbeitsschutzes, der Erholung der Werktätigen und der Betreuung der Kinder. Anerkennung zollte er gleichermaßen der Wohnungspolitik des Sowjetstaates und dem kulturellen Aufschwung der Sowjetgesellschaft. So stellte er fest: „Das Programm des kulturellen Aufbaus gehört zu den interessantesten und begeisterndsten Teilen des Fünfjahrplanes.[30] Unter den ungarischen Sozialdemokraten war Böhm der einzige, der den Problemen der Kultur so große Bedeutung beimaß und die wirkliche Kulturrevolution, die sich in der Sowjetunion vollzogen hatte, erkannte und schätzte.

Auch antisowjetisch eingestellte Ideologen des Reformismus (z. B. K. Pejer

29 V. Böhm, Az ötéves orosz gazdasági terve, in: Világosság, Mai 1930, S. 2.

30 V. Böhm, Az orosz forradalom ötéves terve, in: Világosság füzetek, 5/1929, S. 25.

und M. Buchinger) sahen sich gezwungen, den wachsenden Wohlstand der Werktätigen in der UdSSR anzuerkennen.

Im großen und ganzen aber war diese Richtung der sozialdemokratischen Auffassungen von der Spekulation auf die Schwierigkeiten und Mängel, die es während des sozialistischen Aufbaus in der UdSSR gab, sowie von der Ignorierung der Erfolge gekennzeichnet, die bei der Erhöhung des Lebensstandards der Werktätigen erzielt wurden.

Um das sozialistische Wesen der Sowjetwirtschaft zu leugnen, brachten die Theoretiker der Sozialdemokratie eine ganze Reihe von Argumenten vor, mit denen sie Abweichungen von ihrem reformistischen Alternativmodell des Sozialismus nachwiesen.

Die Hauptmerkmale dieses Modells waren in den dreißiger Jahren die Abschaffung der Warenproduktion, die Vergütung der Werktätigen nach dem „vollen Arbeitswert" und die Verteilung nach den Bedürfnissen.

Für Böhm bestand das spezifische Merkmal der sozialistischen Planwirtschaft darin, daß sie „nicht Waren, sondern Konsumgüter"[31] herstellt. Da sich Böhm in dieser Frage dogmatisch verhielt und Lenins Beitrag zur politischen Ökonomie des Sozialismus ignorierte, mußte er zu dem Schluß kommen, daß die Sowjetwirtschaft nicht sozialistisch, sondern staatskapitalistisch sei, weil sie Waren produziert. Für wahrhaft sozialistisch hielten die reformistischen Theoretiker nur eine solche Wirtschaft, die „den vollen Arbeitswert, das Äquivalent für die Arbeitszeit, auszahlt, die in den von den Arbeitern produzierten Gütern verkörpert ist"[32].

Diese These war keineswegs neu. Schon Ferdinand Lassalle hatte Mitte des vorigen Jahrhunderts die Forderung aufgestellt, daß im Sozialismus der „unverkürzte Arbeitsertrag" ausgezahlt werden müsse. Marx hatte diese irreführende Losung in der „Kritik des Gothaer Programms" scharf kritisiert und nachgewiesen, daß auch in einer Gesellschaft, in der „die Arbeitsmittel Gemeingut sind und die Gesamtarbeit genossenschaftlich geregelt ist" Abzüge vom „unverkürzten Arbeitsertrag" notwendig sind. Ein Teil des gesellschaftlichen Gesamtprodukts dient zum Ersatz der verbrauchten Produktionsmittel, zur Ausdehnung der Produktion, zur Bildung des Reserve- oder Assekuranzfonds sowie der gesellschaftlichen Konsumtionsfonds und zur Unterhaltung der nichtproduktiven Sphäre.[33]

Die Forderung nach dem „unverkürzten Arbeitsertrag" lief auf die Wiedergeburt der völlig falschen Vorstellungen des kleinbürgerlichen Sozialismus hinaus. Und wenn sie in das reformistische Modell von Sozialismus aufgenommen wurde, dann war dies schon mehr als ein theoretischer Mißgriff. Die Verfechter dieses Modells brauchten ganz offensichtlich dieses Argument, um den

[31] Ebenda, S. 29.

[32] Oroszország és az ötéres gazdasági program, in: Népszava v. 23. April 1931, S. 3.

[33] Karl Marx, Kritik des Gothaer Programms, in: MEW, Bd. 19, Berlin 1969, S. 18–19.

Aufbau des Sozialismus, wie er in der UdSSR Praxis geworden war, bei den Werktätigen in Mißkredit zu bringen und das erste Land des Sozialismus in der Welt in möglichst düsteren Farben zu malen.

Schließlich stellte das von den sozialdemokratischen Wirtschaftstheoretikern konstruierte Modell den Sozialismus als Gesellschaft dar, in der „jeder nach seinen Fähigkeiten produziert und nach seinen Bedürfnissen verbraucht"[34]. Böhm meinte, daß das eigentliche Merkmal der sozialistischen Gesellschaft die Verteilung nach den Bedürfnissen auf der Grundlage eines Überflusses an Produkten sei. Im allgemeinen beriefen sich die sozialdemokratischen Theoretiker mit besonderer Vorliebe auf Marx, um ihre Behauptungen zu untermauern. Aber im letztgenannten Fall fehlte diese Berufung. Und das nicht ohne Grund.

Bekanntlich hatte Marx von zwei Phasen der neuen Gesellschaft gesprochen: von der niederen Phase, dem Sozialismus, und von der höheren Phase, dem Kommunismus. In der „Kritik des Gothaer Programms" wies er nach, daß im Sozialismus die Verteilung nicht nach den Bedürfnissen, sondern nach der Arbeitsleistung erfolgt. Erst auf einer sehr hohen Entwicklungsstufe der Produktivkräfte, der gesellschaftlichen Arbeitsteilung und des Menschen selbst wird es möglich sein, zur höheren Phase des Kommunismus und zur Verteilung nach den Bedürfnissen überzugehen.

Die sozialdemokratischen Theoretiker waren bemüht, diese weithin bekannten Leitgedanken des Marxismus zu ignorieren, um mit ihrem willkürlich konstruierten Modell von der sozialistischen Wirtschaft den sozialistischen Charakter der Sowjetwirtschaft in Zweifel zu stellen. Deshalb definierten sie die wirtschaftliche Ordnung der UdSSR als Staatskapitalismus, der sich auf den Sozialismus hin bewege. Zu dieser Schlußfolgerung waren sie durch folgenden Gedankengang gekommen: Da der Aufbau des Sozialismus noch nicht abgeschlossen sei (es handelt sich um die Zeit Anfang der dreißiger Jahre) und die wirtschaftlichen Leitungsfunktionen vom Staat wahrgenommen werden, könne die sowjetische Wirtschaftsordnung nur als Staatskapitalismus definiert werden. Dabei unterzogen sich die reformistischen Theoretiker nicht einmal der Mühe, den Begriff „Staatskapitalismus" zu erläutern.

In der marxistisch-leninistischen Literatur wird der Begriff „Staatskapitalismus" in zwei Bedeutungen gebraucht: Erstens als Eingreifen des bürgerlichen Staates in das Wirtschaftsleben, wobei folglich die Herrschaft kapitalistischer Produktionsverhältnisse vorausgesetzt wird. Im imperialistischen Staat nimmt dieser Staatskapitalismus die Form des staatsmonopolistischen Kapitalismus an. Zweitens hat Lenin für die Übergangsperiode vom Kapitalismus zum Sozialismus den Begriff „Staatskapitalismus" für den Bereich der Übergangswirtschaft verwendet, der von der Kooperation des privaten und des staatlichen Sektors gekennzeichnet war, und vom proletarischen Staat

[34] I. Mónus, A kapitalizmus világképe, in: Népszava v. 24. Mai 1931, S. 7.

reguliert wurde. Dieser Bereich war in bestimmten Grenzen von kapitalistischen Produktionsverhältnissen geprägt.

Allerdings hat sich der staatskapitalistische Bereich in der Sowjetwirtschaft bekanntlich nicht einmal in der Übergangsperiode in größerem Maße entfalten können. Während der Erfüllung der beiden ersten Planjahrfünfte beherrschte schließlich der sozialistische Sektor die ganze Wirtschaft.

12. KAPITEL

Der Zusammenbruch der ökonomischen Konzeptionen des Anarchismus nach dem Sieg der sozialistischen Revolution

Viele Jahrzehnte lang hatten Anarchisten verschiedener Strömungen unterschiedliche Varianten ihrer Doktrin gegen den Marxismus vorgebracht. Sie betrachteten den wissenschaftlichen Sozialismus als überholte Spielart des „Staatssozialismus", den die Geschichte selbst zum Abtreten verurteilt hatte. Die Verkünder des Anarchoindividualismus (Stirner, Proudhon, Tucker und die Neonihilisten), des gewaltlosen Anarchismus (Tolstoj und die mystischen Anarchisten), des Anarchokommunismus (Bakunin, Kropotkin, die assoziierten Anarchisten und die Maximalisten) sowie des Anarchosyndikalismus erklärten, daß sie ganz besonders prädestiniert seien, in die „Geheimnisse der Zukunft" einzudringen.

Nach dem Sieg der Großen Sozialistischen Oktoberrevolution begann Rußland den Sozialismus aufzubauen. Viele politische Parteien sahen ihre ökonomischen Konzeptionen härtesten Prüfungen ausgesetzt. Da man auch den Anarchisten die Möglichkeit gegeben hatte, sich an den sozialen Umgestaltungen, an der Lösung der ökonomischen Probleme des sozialistischen Aufbaus zu beteiligen, konnten sie ihre Fähigkeiten unter Beweis stellen. Trotz ihrer ideologischen Differenzen mit den Bolschewiki arbeiteten Anarchisten in fast allen sowjetischen Institutionen mit, gaben Zeitungen und Zeitschriften heraus; ihre Organisationen konnten Versammlungen und sogar Konferenzen abhalten. Bald aber zeigte sich, daß die anarchistischen Gruppen nicht gewillt waren, sich an der Aufbauarbeit der Revolution zu beteiligen. Sie gaben der Demagogie den Vorzug und zeigten sich gänzlich unfähig, zur Lösung der ökonomischen Probleme des Sozialismus beizutragen.

Die ökonomische Plattform des Anarchismus

Einen Eindruck von den ökonomischen Konzeptionen der Petrograder Anarchokommunisten vermitteln die Materialien, die sie in ihrer Zeitschrift „Trud i Volja" („Arbeit und Wille") veröffentlichten. Dieses Presseorgan erschien ab Dezember 1917, und war als „Zweiwöchentliches Organ der Anarchisten" gedacht. Die erste Ausgabe der Zeitschrift stellte sich der Öffentlichkeit mit dem Leitartikel „Unsere Aufgaben" vor, in der die Aufgaben der Anarchokommunisten aufgeführt und die Freiheit als Nichtexistenz jeder Obrigkeit und als Möglichkeit, „alles Lebensnotwendige" ohne Lohnarbeit zu erhalten und das eigene Leben so zu gestalten, „wie es jeder andere gestaltet", definiert war. Brüderlichkeit galt als „Möglichkeit und Pflicht, andere nicht auszubeuten". Das Programm der Anarchokommunisten stand also unter dem deutlichen Einfluß des „Arbeitersozialismus". So schlugen sie vor, das Land „dem Volk und nicht seinen Auserwählten", die Industriebetriebe „den Arbeitern und nicht dem Staat" und die Handelsbetriebe den Werktätigen zu übergeben: die Waffen dem Volk, „alle Macht dem Volk und nicht seinen Deputierten".

In einem anderen Beitrag in der gleichen Ausgabe wurde den Bolschewiki empfohlen, Petrograd zur „freien Stadt" zu erklären (um der Restauration der „bürgerlichen Autokratie" entgegenzuwirken). In einem gewissen Widerspruch zum Leitartikel wurde dann vorgeschlagen, in Petrograd die Kommune auszurufen, die Häuser zu konfiszieren, die Wohnungen neu zu verteilen, den Aufkauf von Rohstoffen und Lebensmitteln zu organisieren, den Industriebetrieben bei der Schaffung eines Groß- und Einzelhandelssystems zu helfen, die Bürger zu bewaffnen, Notleidenden Kredite zu gewähren, die Stadt in Kreise (mit eigenen Parlamenten oder Räten) aufzugliedern und die Hochschulen den Kommunen zu unterstellen. Man betonte, daß es sich dabei um keine anarchistische Kommune handeln sollte, immerhin sollte den Bürgern Petrograds das Recht eingeräumt werden, ihr Leben „nach sozialistischen und selbst nach anarchosozialistischen Prinzipien" zu gestalten. In dem Presseaufsatz „Organisiert Euch, Genossen!" riefen die Anarchisten dazu auf, Gruppen zu bilden die Beitragszahlung zu organisieren, Propaganda zu betreiben, wöchentliche Versammlungen auf der Basis der „freiwilligen Gemeinschaft, ohne jegliche Komitees und Sowjets" zu veranstalten. Nur in manchen Fällen sollten „Exekutivsowjets" gestattet werden. In dem umfangreichen Presseaufsatz „Die Lüge vom Staatssozialismus" wurde A. Mengers Buch „Neue Staatslehre" sehr unzulänglich interpretiert, wobei man auch nicht davor zurückschreckte, den Marxisten Auffassungen zuzuschreiben, die sie in Wirklichkeit bekämpften. Dabei stellte man heraus, daß es die „bedauernswerten Staatssozialisten" schon nicht mehr gewagt hätten, das wiederzugeben, was die „Apostel des Imperialismus und Theokratismus" zum Ausdruck brachten, weil ihre Ideen „entlarvt" seien. Den Zeitgenossen wurde empfohlen, die „Revolution auf revolutionärem Wege zu vollenden"[1].

Schon die erste Ausgabe der Zeitschrift konnte den Einfluß, den die Erfolge der Sowjetmacht bereits im ersten Monat ihres Bestehens auf die Anarchisten ausgeübt hatten, nicht verhehlen. Die Verfasser der erwähnten Aufsätze mußten ihre Position mit dem Begriff „Arbeitersozialismus" umkleiden, obwohl ihre Projekte vom Sozialismus weit entfernt waren. Sie meinten, der proletarische Staat werde für den Aufbau des Sozialismus nicht benötigt, die Produktionsmittel und der Austausch müßten freien Gemeinwesen und den „un-

[1] Trud i Volja, 1/1917, S. 1–15.

mittelbaren Produzenten“ übergeben werden. Auf diese Weise sollte der Sowjetstaat zur Untätigkeit und zur sofortigen Auflösung verurteilt werden, und das zu einer Zeit, da die Konterrevolution den Bürgerkrieg vorbereitete und die Stärkung des proletarischen Staates in jeder Hinsicht erforderlich war.

Gegen die gewaltsame Enteignung der Kapitalisten hatten die Anarchisten nichts einzuwenden. Doch lehnten sie entgegen jeder Logik den Zwang als Mittel zum Schutz des Volkseigentums ab. Unter einer Kommune, wie sie in Petrograd ausgerufen werden sollte, verstanden sie einen Kleinstaat, der die Gewalt ausüben, ein eigenes Heer besitzen, das Wirtschaftsleben organisieren, die Wohnungen der Bourgeoisie enteignen und das Volksbildungswesen verwalten sollte. Eine solche Kommune, die unter dem Namen „Freie Stadt“ fungieren sollte, wies alle Attribute eines Kleinstaates auf. Auf diese Weise löste sich die antistaatliche Haltung der Anarchokommunisten in nichts auf, sobald sie versuchten, die ökonomischen und politischen Probleme auch nur einer einzigen Stadt zu lösen.

Die Oktoberrevolution hatte bewiesen, welche Bedeutung der politischen Organisiertheit des Proletariats zukommt. Die Anarchisten aber demonstrierten ihre politische und organisatorische Unfähigkeit, indem sie sich auf leere Appelle zur Organisation beschränkten und zugleich gegen die „Komitees und Sowjets“ auftraten.

Eine sehr anschauliche Vorstellung von der Plattform des Anarchismus im Jahre 1918 vermitteln die Protokolle des Allrussischen Kongresses der Anarchokommunisten, der vom 25. bis 28. Dezember 1918 unter der Leitung von A. Karelin stattfand. Nur 15 Gouvernements hatten ihre Vertreter zu diesem Kongreß entsandt. Dazu kamen noch ein paar Gäste. Auf dem Kongreß wurde erklärt, daß dem Allrussischen Bund der Anarchokommunisten die friedlichen Anarchokommunisten, die Anarchosyndikalisten und selbst die Anarchoindividualisten angehören könnten, soweit sie die „Ordnung der freien Kommunen“ anerkennen. Es stellte sich heraus, daß der Bund nur 550 eingetragene Mitglieder hatte, obgleich rund 3000 Anarchisten mit ihm liiert waren. Der Kongreß faßte keinerlei Beschlüsse, weil er diese für eine Erscheinungsform der Gewalt hielt. Registriert wurden lediglich die Meinungsverschiedenheiten. Zur Hauptfrage, dem Verhältnis zur Sowjetmacht, wurde kein einziger Grundsatz aufgestellt. Viele Anarchisten sprachen sich für die Zusammenarbeit mit der Sowjetmacht und für die Mitarbeit in ihren nichtadministrativen Organen aus, und es wurde sogar betont, daß die Sowjets den Belangen des Volkes Rechnung trügen. Andere Anarchisten aber erklärten, daß jede Mitarbeit in den Machtorganen den Grundprinzipien des Anarchismus widerspreche. In einer Grundsatzerklärung hieß es, daß die Mitarbeit in den Sowjets darauf orientiert sein müsse, die Sowjets in „machtlose Organe“ umzuwandeln. Den Anarchisten wurde empfohlen, die Arbeit in den Betriebsräten, in den Hauskomitees und Genossenschaften zu aktivieren und „Lebenskommunen“ zu gründen[2].

[2] Protokoly I Vserossijskogo s-ezda anarcho-kommunistov v 1918 g., Petrograd, S. 1–48.

Der Kongreß der Anarchokommunisten orientierte die Anwesenden auf die Untergrabung des Sowjetstaates und rief sie auf, die auf den Kampf gegen die bürgerliche Konterrevolution und die ausländische Intervention gerichteten Maßnahmen der proletarischen Diktatur zu boykottieren. Die Anhänger der anarchistischen Doktrin wurden aufgefordert, sich auf die Kultur-, Bildungs-, medizinischen und andere Einrichtungen zurückzuziehen, die ihnen ihre Lebensmittelrationen garantierten.

Der Kongreß lief im Grunde darauf hinaus, die illusionären Vorstellungen Bakunins und Kropotkins vom Gemeinwesen wieder zum Leben zu erwecken. Unter den Bedingungen der proletarischen Revolution und angesichts der Existenz von Industriezentren, die die allgemeine wirtschaftliche Entwicklungstendenz in Rußland bestimmten, war dies völlig absurd. Die Anarchokommunisten priesen den Munizipalsozialismus, sie idealisierten seine armseligen Projekte und bemäntelten sie mit hochtrabenden Phrasen. Die Ideen des Munizipalsozialismus waren eine dem Fabianismus und Labourismus nahestehende Spielart des Reformismus. In der Praxis artete der Anarchismus zum Teil in Banditentum aus.

Nach dem Kongreß veröffentlichten anarchistische Gruppen ein „Manifest", in dem der Weltkrieg verurteilt und die Staatsmacht als schädlich hingestellt wurde, weil die „staatliche Obrigkeit, die Reichen und Kapitalisten und die in ihrem Sold stehenden Gelehrten die Werktätigen in Sklaverei, in Leibeigenschaft und in Soldknechtschaft halten". Man empfahl, die Städte und Dörfer zu freien Gemeinden zu erklären, Gemeindeverbände (zur Selbstverteidigung) zu bilden, Faulenzer und Schmarotzer aus den Städten auszuweisen, die Brennstoffe von gesellschaftlichen Lagern zu beziehen, die Betriebe „freien Arbeiterartels" zu übergeben, eine Allrussische „Arbeiterbank" (für die Ausreichung zinsloser Kredite) zu gründen, auf die Anwendung von Geld zu verzichten, die Bank mit der Organisation eines „planmäßigen Austauschs der Konsumgüter" zu beauftragen, den Handwerkern geeignete Räumlichkeiten und Maschinen zur Verfügung zu stellen, die „Lebensmittelvorräte" nach Straßen, Häusern und Wohnungen aufzuteilen, „Kleinstlager" zu bilden, die Heilung und „Versorgung der Invaliden" kostenfrei zu machen, die allgemeine Bewaffnung einzuführen, wichtige Angelegenheiten durch die „Rayonvertretungen" zu klären und Abgeordnete in den Stadtsowjet zu entsenden, ohne ihnen jedoch „exakte Aufträge" zu erteilen. Wenn sich eine „oppositionelle Minderheit" bilde, dann solle sie sich zwanglos so arrangieren, wie sie es könne. Den freien Dörfern wurde empfohlen, den Boden gemeinschaftlich zu bestellen, die Produkte „pro Kopf" aufzuteilen und für die Überschüsse Erzeugnisse aus der Stadt einzutauschen. Die Losungen des „Manifests" hießen: „Weder Herren noch Herrscher!" und „Es leben die freien Städte und freien Dörfer!".

Das im „Manifest" dargelegte Programm zeichnete sich durch ungewöhnlich viele und mannigfaltige Forderungen aus. Es war sogar angeführt, daß das Brennholz vom Lager zu beziehen sei. Mit dieser Detaillierung der wirtschaftlichen

Forderungen sollte bemäntelt werden, daß das „Manifest“ unfähig war, Antwort auf die Fragen zu geben, die die sozialistische Revolution stellte. Die Verfasser des „Manifests“ stellten die sozialische Revolution mit der bürgerlich-demokratischen auf eine Stufe. Die Aufgaben des Kampfes um den Sozialismus wurden durch demokratische Umgestaltungen, wenngleich radikaler Art, ersetzt. Die Übergabe des Bodens an die bäuerlichen Gemeinden wurde als sozialistische Maßnahme ausgegeben, obwohl diese Übergabe die Entwicklung des Kapitalismus nicht unmittelbar beeinträchtigte und zumindest die kapitalistische Entwicklung nicht ausschloß. Die Losung „Die Fabriken den Arbeitern!“ verlor sich unter zahlreichen zweitrangigen Forderungen.

Der Hauptmangel des „Manifests“ aber bestand darin, daß es ein von den Positionen des Anarchokommunismus und Anarchosyndikalismus diktiertes falsches Aktionsprogramm enthielt. So sollten auch die Großbetriebe den „Arbeiterartels“ übergeben werden, was sicher einen Rückschritt bedeutet hätte und selbst das Vergesellschaftungsniveau der Produktion vermindern würde, das schon im Kapitalismus erreicht worden war. Eine derartige Maßnahme hätte die Gefahr heraufbeschworen, daß das Gruppeneigentum zur herrschenden Eigentumsform geworden wäre. Die genossenschaftliche Eigentumsform nimmt erst dann sozialistischen Charakter an, wenn das staatliche Volkseigentum dominiert. Mit den „Arbeiterartels“ wäre die faktisch bereits vergesellschaftete Großproduktion zersplittert worden, während es doch Aufgabe der Genossenschaften ist, die zersplitterten Kleinbetriebe der Handwerker und Bauern zusammenzuschließen. Die „freien Artels“ hätten nicht einmal vermocht, die sozialen Funktionen einer Genossenschaft, deren begrenzte Möglichkeiten offensichtlich waren, wahrzunehmen.

Der Sozialismus ist mit der Erweiterung und Entwicklung der Großproduktion untrennbar verbunden; die Konservierung überholter und wirtschaftlich uneffektiver Produktionsformen, die zudem noch kapitalistische Tendenzen in der Wirtschaft hervorbringen, gehört dagegen nicht zu seinen Aufgaben. Das „Manifest“ aber ließ Proudhons Plan, der kleinen Warenwirtschaft „unentgeltliche Kredite“ zu gewähren, in Gestalt der „Arbeiterbanken“ wiederaufleben. Diesem Kredit wurde zwar ein proletarisches Gepräge verliehen, doch änderte das am Wesen der Sache nichts; der kleinbürgerliche Charakter derartiger Projekte war allzu offensichtlich. Wie Proudhon sah das „Manifest“ der Anarchokommunisten vor, derartigen Banken auch die Organisation des Austauschs zu übertragen.

Das Manifest“ der Anarchokommunisten interpretierte die wirtschaftlichen Aufgaben der antikapitalistischen Revolution lediglich vom Standpunkt der Konsumtion, wobei sie die Aufgaben auf den gegebenen Moment begrenzte und die Fragen der Organisation der Produktion und die generellen Aufgaben des Sozialismus ignorierte. Die Ausdehnung der Produktion, der Kampf gegen die Desorganisation der Wirtschaft, die Ausarbeitung neuer Prinzipien der Arbeitsorganisation und der Produktionsleitung waren mit keinem Wort erwähnt. Man proklamierte das Prinzip der gleichen Verteilung der Produkte und wollte nicht sehen, daß eine derartige Gleichmacherei negative Folgen für die Dynamik der Produktion und ihre rationelle Organisation haben müßte. Forderungen dieser Art spiegelten die allgemeine Orientierung der Anarchokommunisten auf den sofortigen Übergang zum „Verbraucherkommunismus" wider. Die Ablehnung der Übergangsperiode vom Kapitalismus zum Sozialismus und deren eigenartige Interpretation sind überhaupt typisch für den Anarchismus. Seine rein von konsumtiven Gesichtspunkten getragene Betrachtung der Probleme des Sozialismus und Kommunismus machte eine richtige und schöpferische Lösung der ökonomischen Probleme der proletarischen Revolution unmöglich.

Das „Manifest" der Anarchokommunisten stellte eine Reihe aktueller Aufgaben, die zum Teil radikaler Natur waren. Es rief zur Expropriation des Großgrundbesitzes, des bürgerlichen Eigentums, des Hausbesitzes usw. auf, gab aber keine Antwort auf die Frage nach den politischen Voraussetzungen zur Realisierung dieser Aufgaben. Man plante, das Land in zahlreiche „freie Städte" aufzugliedern, obwohl klar war, daß sich solche weitreichenden Aufgaben wie die Enteignung der Bourgeoisie, der Kampf gegen den Kapitalismus, die Zerschlagung der Weißgardisten und der Interventen nicht mit Hilfe von „Rayonvertretungen" lösen ließen. Die späteren Ereignisse haben die Richtigkeit dieser Schlußfolgerung sehr deutlich bewiesen. Der Sozialismus benötigt sowohl die staatliche Leitung der Volkswirtschaft als auch eine starke Armee. Die Organisation der sozialistischen Großproduktion ist ohne Spezialisten, Wissenschaftler und ohne wirtschaftliche Verwaltung nicht möglich. In den Fragen der sozialistischen Wirtschaft zeigten die Anarchokommunisten absolute Unkenntnis. Insgesamt war der Anarchismus faktisch zu einer antisozialistischen Strömung geworden.

Das „Manifest" übte zwar heftige Kritik am Kapitalismus, zugleich aber bewies es, daß die Vertreter des Anarchismus die Entwicklungsgesetze des Kapitalismus und die Besonderheiten seines monopolistischen Stadiums nicht begriffen. Trotz der Herrschaft der Monopole, des weit fortgeschrittenen Konzentrationsprozesses des Kapitals und der Produktion hielten die Anarchokommunisten die Kleinproduktion im Jahre 1918 noch immer für lebensfähig. Ihre verworrene Interpretation des Kapitalismus konnte nicht Ausgangspunkt für eine fundierte, wissenschaftliche Lösung der ökonomischen Probleme des Sozialismus sein.

Nach dem Sieg der Großen Sozialistischen Oktoberrevolution gaben sich die Anarchokommunisten der trügerischen Hoffnung hin, daß die Bolschewiki allmählich auf ihre Positionen übergehen und die Sowjets sich von selbst auflösen würden. Das macht die Broschüre „Rußland im Jahre 1930" deutlich, deren Verfasser, A. Karelin, prophezeite, daß schon im Jahre 1930 die Städte freie Kommunen geworden, die Dörfer zum Naturalaustausch mit den Städten sowie zur Anlegung von Lebensmittellagern und zur Konsumtion nach kommunistischen Prinzipien übergegangen sein würden.

Karelin entwarf in dieser Broschüre seine Vorstellung eines voluntaristischen Sprungs zum „Kommunismus". Die Kollektivierung der Bauernwirtschaften wurde dabei in völlig abwegiger Weise interpretiert; sie wurde mit dem Verschwinden des Warenaustauschs und dem Übergang zur kommunistischen Verteilung gleichgesetzt.

Im Jahre 1918 gab der Moskauer Verband für ideologische Propaganda des Anarchismus eine Deklaration heraus, in der dazu aufgerufen wurde, „sich von der Macht des Gesetzes freizumachen“, zu erkennen, daß „die persönliche Freiheit unverletzbar ist“, die Kräfte auf die „Überwindung der Kultur“ zu richten, „jeden und alle“ zu lieben, an den Menschen zu glauben und auf die Zerstörung des „auf Gewalt beruhenden Systems“ hinzuarbeiten.[3]

Die Deklaration der Moskauer Anarchisten bot allen Grund zu der Feststellung, daß die Anarchisten in jenem schweren Jahr der großen Revolution, die die kapitalistische Welt erschütterte, den realen Sozialismus bekämpften, sich ideologisch der Konterrevolution anschlossen und dies mit verzweifeltem Wehklagen über Freiheit und deren Unantastbarkeit, über die Tugenden der weltweiten Liebe und der christlichen Demut bemäntelten. Der Anarchismus erklärte sich als „Lehre von der Kultur“, um zugleich die Losung auszugeben, die Kultur müsse überwunden werden.

Die sogenannten „Pananarchisten“ wollten im Jahre 1918 nachweisen, daß die Intelligenz und die Wissenschaft reaktionär seien. Sie erklärten sich zu Gegnern der Universitäten und der Hochschulbildung. Karl Marx nannten sie den „besten Freund der Bourgeoisie“ und einen „Dompteur des Proletariats“. Die Wurzel des Übels sahen sie in der Wissenschaft und im Marxismus. Selbst das Gravitationsgesetz laufe auf „reinste Konterrevolution“ hinaus, behaupteten die Panarchisten.[4]

Im Panarchismus zeigte sich die Konfusion der anarchistischen Anschauungen besonders deutlich. Die Propagierung des „Konsumkommunismus“, die verantwortungslose Einstellung zu den ökonomischen Problemen des Sozialismus, die Ablehnung jeder Staatlichkeit, die Appelle, sich den Gesetzen der proletarischen Diktatur nicht zu unterwerfen, bedeuteten faktisch Aufwiegelei zum Gangstertum. Der Anarchismus artete in Kriminalität aus. Seine Anhänger waren an den Untaten der Machno-Bande beteiligt und bemühten sich, ihr den ideologischen Rückhalt zu geben.

Sehr deutlich kam der Bankrott des Anarchismus in den Erklärungen zum Ausdruck, die die Anarchouniversalisten nach der Oktoberrevolution abgaben. Einer ihrer Sprecher, A. L. Gordin, erklärte im Jahre 1920, das „Hauptinteresse des Anarchismus muß der politischen Aktivität gelten“, denn der „Anarchismus ist archipolitisch“, obgleich er Macht ablehne. Der „nichtstaatliche Kommunismus“, das freie Gemeindewesen, so räumte man ein, „steht niedriger als der

[3] Deklarazija Moskovskogo sojuza idejnoj propagandy anarchizma, Moskva 1918, S. 1–4.

[4] Br. Gordiny, Besedy s anarchistom-filosofom, Petrograd 1918, S. 15, 34, 39–40, 60, 79.

Staat", weil er die Wirtschaft zerstückele und ihre Produktivität senke. Er sei „völlig vom bürgerlichen Geist durchdrungen" und packe „das Übel der kapitalistischen Welt" nicht an der Wurzel. Statt dessen orientierten sich die Anarcho-universalisten auf die friedliche Wirtschaft, forderten sie die „Universalisierung der Produktionsinstrumente und der Konsumgüter". Man erklärte, die Arbeit sei für alle Pflicht, solange sie nicht „auf Maschinen übertragen" werden könne. Alle Produkte sollten einem „gemeinsamen Hort" zugeführt werden, von dem jeder den ihm zustehenden Anteil erhalten könnte. Zugleich aber sei die „Übergangszeit undenkbar ohne Diktatur", die den „parasitären und auf Gewalt beruhenden Elementen" die wirtschaftlichen und politischen Privilegien nehmen müsse. In Gordins Broschüre wurde die Anarcho-Volkstümlerei, „stumpfsinniges Rebellentum", die Anwendung von Terror und partiellen Enteignungen abgelehnt und die Losung von der weltweiten „universellen Expropriation der Expropriateure" ausgegeben.[5]

Aus den obigen Darlegungen wird deutlich, daß die Anarchisten die Notwendigkeit der politischen Aktivität, des Aufbaus eines neuen Staates und die Überlegenheit des Sozialismus über die Gemeindeordnung oder den „unabhängigen Kommunismus" anerkannten. Im Grunde lief das auf das Eingeständnis hinaus, daß das Programm des Anarchismus völlig zusammengebrochen war.

Viele Anarchisten wandten sich am 7. September 1923 in der „Pravda" mit einer „Deklaration" an die Öffentlichkeit, in der sie zugaben, daß der Anarchismus zur „Lösung der anstehenden Aufgaben der Revolution" unfähig sei, weil er danach trachte, einander ausschließende Ideen zu verbinden und kein „streng klassenmäßiges Gedankengut" habe. Die Erfahrungen der russischen Revolution hätten bewiesen, so heißt es in der Deklaration, daß der Sieg nicht allein durch Zerstörungen zu erringen sei, und daß diese Revolution den besten Traditionen der I. Internationale gefolgt wäre. Im Januar 1925 ging bei der Zeitung „Svezda" ein reumütiger Brief von Vertretern der einst militantesten Gruppe „Nabat" ein, die ihre Emissäre selbst unter den Truppen von „Vater" Machno hatte. Das war das ruhmlose Ende der Geschichte des Anarchismus in Rußland.

P. A. Kropotkins Anschauungen

Die Ereignisse der Großen Sozialistischen Oktoberrevolution und die ökonomischen und politischen Probleme, die sie stellte, riefen in Kropotkins Anschauungen eine große Verwirrung hervor. Kropotkin hielt die Bolschewiki für „neue Jakobiner" und erkannte die Bedeutung ihrer revolutionären Aktionen an. So verzichtete er zwar auf öffentliche Kundgebungen, weil er erkannte, daß er eine Niederlage erlitten hatte. Was sich jedoch nicht änderte, waren seine theoretischen Auffassungen.

[5] A. L. Gordin, Anarchizm-universalism, Moskva 1920, S. 10, 13–15, 21, 23, 28–30, 34.

Die Grundlage für die wirtschaftliche Entwicklung Rußlands sah Kropotkin in den Genossenschaften. Am 14. Januar 1918 sprach er auf einem Treffen von Genossenschaftern in Moskau. Dabei erklärte er, daß die „Nachrichten über einen Frieden" mit Deutschland finster seien und im Zentrum Europas ein „riesiger Eroberungsstaat" im Entstehen sei. Kropotkin behauptete, daß die Genossenschafter zu den „Hauptkämpfern" gegen Deutschland, gegen dessen Geist, Kultur und Handelsübermacht werden könnten. Er empfahl den Genossenschaftern, auch für die politische Erziehung des Volkes Sorge zu tragen, es mit den Ideen der Selbstverwaltung und des Föderalismus, mit den Ideen des „freien Sozialismus" und dem Leben Westeuropas bekannt zu machen. Ein weites Tätigkeitsfeld wurde den Aktivisten der Genossenschaftsbewegung bei der „Sozialisierung von Austausch und Handel" und beim Aufbau der künftigen sozialistischen Gesellschaft vorgezeichnet, und zwar „nicht mit Dekreten, sondern durch den Aufbau des Lebens". Kropotkin gab die Losung aus, „den Absatz zu organisieren", womit, so meinte er, die Produktion mit Leichtigkeit in Gang gesetzt und auf die Bedürfnisse des Volkes ausgerichtet werden könnte. Er berief sich dabei auf das Beispiel Englands, wo die Konsumgenossenschaften weite Verbreitung erfahren hätten, Produktionsgenossenschaften entstanden seien und der Staat „die Ernten ganzer Länder" aufkaufe, um sie dann über die Genossenschaften zum Selbstkostenpreis zu verkaufen.

Auch für die Organisation der Produktion maß Kropotkin den Genossenschaften größte Bedeutung bei. Ebenso wie Proudhon erklärte auch er, daß das Geldproblem unschwer mit Hilfe des Kredits zu lösen sei, und der erfordere nur Vertrauen. Er sprach davon, daß „die Ära der Sozialisierung von Konsumtion und Produktion", der Sozialisierung des Bodens und seiner Bestellung sowie der Fabrikproduktion und des Handels angebrochen sei.[6]

Für Kropotkin war die Genossenschaft der langsame, aber „sichere Weg zum Sozialismus". Er maß den Handwerkergenossenschaften große Bedeutung bei und erklärte unter Berufung auf die Erfahrungen der englischen Handwerker, daß der Staat die Genossenschaftsbewegung unterstützen müsse. Auf Versammlungen der Genossenschaften sprach er davon, daß die revolutionäre Wende in Rußland einen gewaltigen Aufschwung der Produktivkräfte und der Geisteskraft bewirken werde und die Revolution dem Volk ein weites Feld eröffne. In einem Brief aus dem Jahre 1920 hob Kropotkin hervor, daß die syndikalistische Bewegung in den letzten 50 Jahren eine „gewaltige Rolle bei der Bildung einer obrigkeitsfreien kommunistischen Gesellschaft" gespielt habe. In den kommenden 50 Jahren würde die Genossenschaftsbewegung zum „schöpferischen Kern des kommunistischen Lebens" werden, der zur Organisation kommunistischer Gemeinwesen führe[7].

Diese Äußerungen Kropotkins machen deutlich, daß der Haupttheoretiker

[6] P. A. Kropotkin, Reč' na mitinge obščestva potrebitelej, Moskva 1918, S. 3–7.
[7] Pamjati P. A. Kropotkina, Petrograd-Moskva 1922, S. 101–103, 121.

des Anarchokommunismus das Wesen der ökonomischen und politischen Auswirkungen der Großen Sozialistischen Oktoberrevolution nicht begriffen hatte, wenn er auch ihren fördernden Einfluß auf die Entwicklung der Produktivkräfte, der Kultur und der politischen Aktivität der Volksmassen bejahte. In keinem Vortrag erwähnte er den neuen Staat, die völlige Änderung der politischen Situation, die Expropriation der Gutsherren und der Bourgeoisie, die neue, sozialistische Produktionsweise, die Übergabe des Bodens an die Bauern, die Vollendung der Bodenreform, obwohl gerade dies der Aktivität aller Genossenschaftsformen ein weites Feld eröffnet hatte, wie Lenin feststellte. Kropotkin berief sich auf das Beispiel der englischen Genossenschaften und propagierte damit die reformistischen Ideen des Genossenschafts-Sozialismus. Auf die Hauptfragen, die im Verlauf der sozialistischen Revolution auf der Tagesordnung standen, blieb er die Antwort schuldig.

Am 28. April 1919 schrieb Kropotkin eine „Adresse an die westeuropäischen Arbeiter", die er an eine Delegation englischer Arbeiter richtete. In dieser Adresse begrüßte Kropotkin den Zerfall des Russischen Reiches und verkündete zugleich die Grundsätze der Autonomie und des Föderalismus. Er sah auch jetzt noch sein Ideal in der „Föderation der Landgemeinden und freien Städte".

Kropotkin bejahte die Notwendigkeit der Sowjets und bemerkte, daß sie 1905 und 1917 auf Initiative der Massen entstanden waren. Er stellte jedoch die Forderung auf, daß den Sowjets nur der angehören dürfe, der in der materiellen Produktion arbeite. Zwar räumte er ein, daß die Revolution die Möglichkeit eröffnete, eine neue Gesellschaft auf neuer ökonomischer Grundlage aufzubauen, doch hielt er das Wirken des Staates besonders in der Produktion und Zirkulation für „schädlich". Dabei hob er hervor, daß „eine Zentralisierung nicht in der Lage ist, die konstruktive Arbeit zu leisten, die eine sozialistische Revolution verlangt", denn dazu seien Wissen, Hände und das freiwillige Zusammenwirken von Spezialisten und örtlichen Behörden erforderlich. So riet er den westeuropäischen Arbeitern in seiner „Adresse", die sowjetischen Erfahrungen nicht zu übernehmen, weil sie diesen Grundsätzen nicht entsprächen. Kropotkin meinte, der erste Weltkrieg habe neue Bedingungen geschaffen und der Sozialismus sei auf der Basis der „lokalen Autonomie und freien Initiative" weit vorangekommen.[8]

Kropotkins „Adresse an die westeuropäischen Arbeiter" beweist, daß er selbst eineinhalb Jahre nach dem Sieg der sozialistischen Revolution die ökonomischen und politischen Aufgaben der Revolution nicht begriffen hatte und sich mit dem einfachen Wiederholen anarchistischer Formulierungen außerordentlich dogmatisch verhielt. Die Oktoberrevolution, die das Zeitalter des Kommunismus eröffnete, interpretierte er als Ergänzung und Vollendung der antifeudalen französischen Revolution Ende des 18. Jahrhunderts, die dem sozialen Inhalt nach eine bürgerliche Revolution war. Kropotkin konnte sich

[8] Kropotkins Revolutionary Pamphlets, New York 1927, S. 252–256.

nicht von der Vermengung der antifeudalen Revolution mit der sozialistischen, bürgerlichen und proletarischen Revolution lösen, die für den Anarchismus typisch war. Deshalb interpretierte er die vor der Sowjetmacht stehenden Probleme als Probleme der Demokratie im allgemeinen und der bürgerlichen Demokratie im besonderen. Während Rußland von den Horden der Interventen attackiert und von weißgardistischen Banden verwüstet wurde und die Revolution in Gefahr war, schlug Kropotkin vor, die politische Zentralisation abzuschaffen ,die Sowjetmacht zu zerstückeln und ihre Funktionen „freien Städten", ja selbst Landgemeinden zu übertragen.

Die Anarchisten identifizierten jede Form des Staatsapparates mit Bürokratie. Kropotkin hatte kein Verständnis für die sowjetische Wirklichkeit und wiederholte nur die schablonenhaften Phrasen der Anarchisten von der „Bürokratisierung" der Macht in Sowjetrußland. In der typischen Art der Anarchisten lehnte er die führende Rolle der bolschewistischen Partei bei der Entwicklung der Wirtschaft ab. Dabei umging er die Frage, wie ohne die Führung der Partei die proletarischen Massen vereinigt, die Bauern organisiert und die neue Gesellschaft gefestigt werden sollte. Dem Aufbau des Sozialismus in Sowjetrußland hatte er lediglich eine mittelmäßige Idealisierung des modernen Kapitalismus entgegenzuhalten, wie sie für den Reformismus typisch ist.

Im Jahre 1920, wenige Monate vor seinem Tod, begann Kropotkin einen Aufsatz mit dem Titel „Was tun?" zu schreiben, der ein Programm für die Tätigkeit der Anarchisten in der revolutionären Bewegung darstellen sollte. In diesem Aufsatz wurden alle Revolutionen mit Taifunen an der asiatischen Küste des Stillen Ozeans verglichen. In dem Aufsatz hieß es, daß die Revolution einem Erdbeben gleichkomme, das niemand steuern könne, auch nicht die regierende Partei. In dieser Situation, so meinte Kropotkin, dürften sich die Anarchisten der Revolution nicht widersetzen, denn sie habe bereits begonnen und gehe ihren Weg, Zerstörung und Schrecken hinterlassend, weil die „Revolution kein friedlicher Fortschritt" sei. Sie auf einen anderen Weg zu führen, seien die Anarchisten außerstande, man müsse abwarten, bis sich die Revolution ausgetobt habe und es „unumgänglich zur Reaktion" komme. Das einzige, was die Anarchisten tun könnten, sei, ihre Energie darauf zu verwenden, Wut und „Kraft der heranziehenden Reaktion" einzudämmen. Zu den Aufgaben der Anarchisten gehöre es, die Leidenschaften der kämpfenden Seiten zu besänftigen. Man müsse alle Menschen sammeln und vereinen, die fähig seien „die konstruktive Arbeit in die Hände zu nehmen, wenn sich die Revolution erschöpft hat"[9].

Dieses unvollendet gebliebene Vermächtnis Kropotkins beweist, daß er bis an das Ende seiner Tage die anarchistischen Auffassungen von der Revolution als eines spontanen und nicht regulierbaren Phänomens aufrechterhielt und sie zugleich vom Standpunkt des historischen Voluntarismus und Fatalismus

[9] Ebenda, S. 256–259.

interpretierte. Wohl berief sich Kropotkin auf die historischen Erfahrungen der bürgerlichen Revolution, doch zog er dabei nicht in Betracht, daß die französische Revolution von 1789-1794 zunächst unter der Führung der Girondisten und dann erst der Jakobiner stand und von diesen gelenkt wurde. Er wollte nicht erkennen, daß die Große Sozialistische Oktoberrevolution von den Bolschewiki vorbereitet worden war und unter ihrer Führung stand. Natürlich haben in der Weltgeschichte viele Revolutionen spontan begonnen, doch stellte sich jedesmal heraus, daß der Sieg ohne die feste Führung durch eine bestimmte Partei nicht möglich gewesen wäre.

Jahrzehntelang hatte sich Kropotkin seines Radikalismus gebrüstet, und nun, an seinem Lebensabend, hielt er es plötzlich mit der Neutralität, sprach von den Schrecken der Zerstörung und prophezeite, daß sich die Revolution erschöpfen und die Reaktion den Sieg davontragen werde. Der einst so furchteinflößende Apostel der Zerstörung gefiel sich nun in der Rolle des die „schweren Zeiten" beklagenden Außenseiters. Die eigentliche Bedeutung der Schrift „Was tun?" aber besteht darin, daß Kropotkin hier die Niederlage des Anarchismus während der großen Revolution eingestand. Die anarchistische Bewegung hatte so völlig ihren Sinn verloren.

Kropotkin empfahl den Anarchisten „konstruktive Arbeit" zu leisten, die allerdings erst dann möglich werde, wenn die Kräfte der Revolution verbraucht seien und die Reaktion gesiegt habe. Erst dann würde sich den Anarchisten die ihnen „gemäße Aufgabe" bieten. Offensichtlich sollte es sich dabei um harmlose Propaganda und um eine „friedliche Erneuerung" handeln. So war es kein Zufall, daß er die „konstruktive Arbeit" als direkten Gegensatz zur proletarischen Revolution, der nur Schrecken und Zerstörung zugeschrieben wurden, hinstellte.

In gewissem Maße hat Kropotkin den Triumph des Bolschewismus eingestanden. Im Dezember 1918 schrieb er einem Freund, man müsse „gerechterweise zugeben, daß die Kommunisten wahrhafte Sozialisten sind. Sie haben die Möglichkeit der sozialen Revolution und der Befreiung der Arbeiterklasse von der Macht des Kapitals in der Praxis nachgewiesen". Im Januar 1919 erklärte Kropotkin in einem anderen Brief: „Die Sozialdemokraten träumten zwar von der sozialen Revolution, doch sie hatten sie auf die lange Bank geschoben. Sie glaubten, das Volk sei noch nicht reif dazu. Dagegen hatten die Bolschewiki aufgehört, mit dem Sozialismus zu spielen, und sie schritten vom Wort zur Tat. Darin besteht ihr großes Verdienst." Schließlich sei noch aus einem dritten Brief zitiert, in dem es hieß, daß „die Aufgaben der Bolschewiki stets mit den Aufgaben all derer übereinstimmten, die mit Herz und Tat für die Befreiung der Werktätigen eintraten. Alle, denen die Revolution teuer ist, müssen unverzüglich zur Hilfe eilen, sollen den russischen Revolutionären helfen und sich an ihrem verzweifelten Kampf beteiligen. Von Herzen bedaure ich, alt und schwach zu sein und mich an der russischen Revolution nicht aktiv beteiligen zu können." [10]

[10] Zit. nach: N. K. Lebedev, P. A. Kropotkin, Moskva 1918, S. 72–73.

Ende Oktober 1920 erklärte Kropotkin in einem Gespräch mit I. Ginburg: „Mehr als die anderen Formen der Revolution bringt uns der Kommunismus der Verwirklichung der Ideale des Anarchismus näher, ist er gewissermaßen eine Etappe auf diesem Wege."[11] Dieser Versuch, den Sieg des wissenschaftlichen Sozialismus, des Bolschewismus, als Etappe auf dem Weg zur Verwirklichung der „Ideale des Anarchismus" hinzustellen, entbehrt jeder Grundlage. Zugleich aber war er Ausdruck einer ideologischen Teilkapitulation Kropotkins im Kampf gegen den Marxismus.

Die Entlarvung des kleinbürgerlichen Wesens des Anarchismus durch W. I. Lenin

Keine Strömung des Anarchismus vermochte den Sozialismus aufzubauen, seine Wirtschaft und Kultur zu entwickeln. Das wird bei den heutigen Anarchisten, die die anarchistische Phraseologie als Ausdruck „echt revolutionären Geistes" hinstellen wollen, allzu leicht vergessen. Die Erfahrung, die soziale Praxis, die Geschichte der großen proletarischen Revolution haben gezeigt, daß der Anarchismus jeder Grundlage entbehrt.

W. I. Lenin schrieb in seiner Arbeit: „Der ‚linke Radikalismus', die Kinderkrankheit im Kommunismus": „Und wenn der Anarchismus in Rußland, obwohl der Anteil des Kleinbürgertums an der Bevölkerung größer ist als in den westeuropäischen Ländern, während der beiden Revolutionen (1905 und 1917) und während der Vorbereitung zu ihnen einen verhältnismäßig geringfügigen Einfluß ausübte, so muß das zweifellos zum Teil dem Bolschewismus als Verdienst angerechnet werden, der stets den rücksichtslosesten und unversöhnlichsten Kampf gegen den Opportunismus geführt hat. Ich sage ‚zum Teil', denn von noch größerer Bedeutung für die Schwächung des Anarchismus in Rußland war der Umstand, daß er in der Vergangenheit (in den siebziger Jahren des 19. Jahrhunderts) die Möglichkeit hatte, sich ungewöhnlich üppig zu entfalten und seine Unrichtigkeit, seine Untauglichkeit als führende Theorie der revolutionären Klasse restlos zu offenbaren."[12]

Die Geschichte hat dem Anarchismus eine vernichtende Niederlage bereitet. Im Jahre 1917 befanden sich die russischen Anarchisten noch ganz im Fahrwasser der Ereignisse und beteiligten sich, als die Aufgabe auf der Tagesordnung stand, den bürgerlichen Staat zu zerschlagen und die Ausbeuterordnung zu stürzen. Da die Anarchisten aber zur Zerstörung alles Bestehenden aufriefen, trugen sie desorganisierende Elemente in die Reihen des revolutionären Proletariats hinein.

[11] Pamjati P. A. Kropotkina, S. 98.

[12] W. I. Lenin, Der „linke Radikalismus", die Kinderkrankheit im Kommunismus, in: Werke, Bd. 31, Berlin 1970, S. 17.

Nach dem Sieg der Großen Sozialistischen Oktoberrevolution wurde der Anarchismus zum Feind der Revolution und seine Zerschlagung eine der aktuellsten Aufgaben. Während Sowjetrußland vom Hunger bedroht wurde, hintertrieben die Anarchisten mit ihrer demagogischen „Freiheits“-Losung die organisierte Lebensmittelerfassung, um sich auf die Seite des Spekulantentums zu schlagen, das die Versorgung gefährdete. Sie wollten sich an die Spitze der spontanen kleinbürgerlichen Bewegungen stellen, die schwankende Haltung des Kleinbürgertums ausnutzen und der Konterrevolution zuführen. Die Geschichte der Machno-Bande hat das wahre Gesicht des Anarchismus mit aller Deutlichkeit gezeigt.

Deshalb bekämpften die Bolschewiki den Anarchismus von den ersten Tagen der Sowjetmacht an. Dieser Kampf dauerte während des Bürgerkrieges an, und wurde auch nach Ende des Bürgerkrieges weitergeführt. Lenin berief sich bei der Entlarvung des Anarchismus bereits auf die Erfahrung des sozialistischen Aufbaus und auf die eindeutigen Ergebnisse der proletarischen Revolution.

Auf dem dritten Gesamtrussischen Sowjetkongreß stellte Lenin am 12. (25.) Januar 1918 in seinem Schlußwort fest, daß „in der Epoche der radikalen Zerschlagung der bürgerlichen Ordnung die Vorstellungen vom Anarchismus endlich lebendige Formen annehmen. . . Und während ein Teil der Anarchisten, der noch immer unter dem Einfluß der veralteten Auffassungen steht, mit Furcht von den Sowjets redet, steht die neue, frische Strömung des Anarchismus eindeutig auf der Seite der Sowjets, in denen sie die Lebenskraft und die Fähigkeit erkennt, die Sympathie und die schöpferische Kraft der Massen zu wecken.“ [13]

Lenin wies nach, daß der Anarchismus angesichts der schwierigen Probleme, vor denen Sowjetrußland stand, als es den sozialistischen Aufbau in Angriff nahm, völlig unhaltbar geworden war, So schrieb er in dem Aufsatz „Die nächsten Aufgaben der Sowjetmacht:“ „Wir sehen jetzt besonders anschaulich, wie richtig der marxistische Leitsatz ist, daß Anarchismus und Anarchosyndikalismus *bürgerliche* Strömungen sind, in welch unveränderlichem Gegensatz sie zum Sozialismus, zur proletarischen Diktatur, zum Kommunismus stehen. Der Kampf für die Verwurzelung der Idee der *sowjetischen* staatlichen Kontrolle und Rechnungsführung in den Massen, für die Verwirklichung dieser Idee, für den Bruch mit der verfluchten Vergangenheit, die gelehrt hat, den Erwerb von Brot und Kleidung als eine ‚Privatsache‘, den Kauf und Verkauf als ein Geschäft, das ‚nur mich angeht‘, zu betrachten – dieser Kampf ist eben der gewaltige Kampf der sozialistischen Bewußtheit gegen das bürgerlich-anarchistische Element, ein Kampf von weltgeschichtlicher Bedeutung.“ [14]

[13] W. I. Lenin, Schlußwort zum Bericht des Rats der Volkskommissare. 12. (25.) Januar 1918, in: Werke, Bd. 26, Berlin 1961, S. 475.

[14] W. I. Lenin, Die nächsten Aufgaben der Sowjetmacht, in: Werke, Bd. 27, Berlin 1970, S. 244.

Und er fügte hinzu: „Es wäre die größte Dummheit und der unsinnigste Utopismus, wollte man annehmen, daß der Übergang vom Kapitalismus zum Sozialismus ohne Zwang und ohne Diktatur möglich sei.“ [15]

In seinem Aufsatz „Über die Hungersnot“, den Lenin am 22. Mai 1918 verfaßt hat und in dem er sich für das Getreidemonopol und die staatliche Kontrolle über die Verteilung des Getreides einsetzte, schrieb er: „Es genügt, auch nur ein klein wenig über diese Bedingungen des Sieges über den Hunger nachzudenken, um den ganzen Abgrund der Borniertheit jener verächtlichen Schwätzer des Anarchismus zu erkennen, die die Notwendigkeit einer Staatsgewalt ... für den Übergang vom Kapitalismus zum Kommunismus ... verneinen“. Und gerade im Kampf um das Brot „zeigt sich mit vollster Klarheit die Notwendigkeit einer eisernen revolutionären Macht, die Diktatur des Proletariats ...“ [16]. Entweder die Arbeiter festigen ihre Diktatur und zwingen den Kulaken, sich unterzuordnen, oder die Bourgeoisie wird mit Hilfe der Kulaken und indirekter Unterstützung der linken Sozialrevolutionäre und der Anarchisten den Sieg davontragen.

Künftig, so deutete Lenin an, werde die Bedeutung der Organe des Sowjetstaates immer mehr zunehmen, die die wirtschaftlichen und kulturellen Funktionen wahrnehmen. So schrieb er, daß es einem „Apparat von der Art des Obersten Volkswirtschaftsrats beschieden ist, zu wachsen, sich zu entwickeln, zu erstarken und die gesamte wichtigste Tätigkeit der organisierten Gesellschaft zu umfassen“ [17].

Die Spaltung der Anarchistenbewegung, die 1918 begonnen hatte, setzte sich im Jahre 1919 fort, und viele Anarchisten sahen sich veranlaßt, von ihren überholten Vorurteilen abzugehen.

In seinem Bericht über die Außen- und Innenpolitik des Rats der Volkskommissare auf der Sitzung des Petrograder Sowjets am 12. März 1919 erklärte Lenin: „Die Anarchisten, die Gegner der Macht überhaupt waren, haben, nachdem sie die sowjetische Form der Staatsmacht kennengelernt haben, die Sowjetmacht anerkannt. Damit haben sie von der Theorie des Anarchismus, der jede wie auch immer geartete Macht negiert, keinen Stein auf dem anderen gelassen.“ [18]

Die Theorien des Anarchismus sind von den Ereignissen des Bürgerkrieges und vom sozialistischen Aufbau selbst widerlegt worden. „Wenn wir früher mit allgemeinen Wahrheiten Propaganda trieben, so machen wir jetzt *Propaganda durch die Arbeit*“, führte Lenin auf dem VIII. Parteitag der KPR (B) am 23. Mai 1919 aus. „Das ist auch Propaganda, aber Propaganda durch die Tat – nur nicht im Sinne isolierter Aktionen irgendwelcher Hitzköpfe, über

[15] Ebenda, S. 254. [16] Ebenda, S. 303. [17] Ebenda, S. 404.

[18] W. I. Lenin, Bericht über die Außen- und Innenpolitik des Rats der Volkskommissare auf der Sitzung des Petrograder Sowjets. 12. März 1919, in: Werke, Bd. 29, Berlin 1971, S. 2.

die wir in der Zeit der Anarchisten und des alten Sozialismus viel gelacht haben."[19]

Nachdem der Bürgerkrieg mit einem grandiosen Sieg des Sowjetvolkes endete, galt es die wirtschaftliche Zerrüttung zu bewältigen. In dieser komplizierten, vom wirtschaftlichen Ruin gekennzeichneten Situation wurden die konterrevolutionären Elemente, die an den Fronten des Bürgerkrieges eine Niederlage erlitten hatten, wieder aktiv und hofften, indem sie auf die wirtschaftlichen Schwierigkeiten setzten, sich in der politischen Arena rächen zu können. Die Schwankungen kleinbürgerlicher Elemente, die mit der Pflichtablieferung unzufrieden waren und „freien Handel" haben wollten, wirkten sich aus. Die Arbeiterklasse litt unter den Schwierigkeiten in der Lebensmittelversorgung, und Fabriken und Werke lagen still.

Unter diesen Verhältnissen aktivierten anarchosyndikalistische Elemente ihre Tätigkeit besonders in den Gewerkschaften, indem sie Druck auf die Arbeiterklasse ausübten.

Lenin hat die anarchosyndikalistische Plattform mehrmals scharf zurückgewiesen. Er entlarvte den anarchosyndikalistischen Charakter der Empfehlungen, die Leitung der Industrie einem „Gesamtrussischen Kongreß der Produzenten" zu übertragen, und wies nach, daß derartige Maßnahmen die Grundlage der Diktatur des Proletariats untergraben und die Kollektive der einzelnen Zweige und Betriebe isolieren würden. An die Stelle des allgemeinen Volkseigentums an den Produktionsmitteln würde das Gruppeneigentum treten, das die Grundsätze der Produktionsplanung im Maßstab der gesamten Gesellschaft negiert. Lenin begegnete diesen Projekten anarchosyndikalistischer Prägung mit der gründlichen Analyse der realen Situation und der Bedingungen für die wirtschaftliche und politische Entwicklung Sowjetrußlands.

Lenins Kampf gegen den Anarchismus hat auch für die heutige kommunistische Weltbewegung, für den Aufbau des Sozialismus und Kommunismus in der Gegenwart hervorragende Bedeutung. In verschiedenen kapitalistischen Ländern war während des letzten Jahrzehnts – als Reaktion auf die Entwicklung des staatsmonopolistischen Kapitalismus, die Bürokratisierung des Staatsapparates, die Verstärkung der Monopolherrschaft, den Ruin des Kleinbürgertums, auf das kolossale Anwachsen der Steuerlasten und der Staatsausgaben für die Unterhaltung des Beamtenapparates und für die Finanzierung des Militarismus – eine Neuformierung des Anarchismus zu beobachten. Unter solchen Umständen sind kleinbürgerliche Elemente der Bevölkerung für obrigkeitsfeindliche Losungen besonders aufnahmebereit, sie beginnen die Rechtmäßigkeit jeder Staatsordnung in Zweifel zu ziehen und gehen auf anarchistische Positionen über. Das breite Ausmaß der Studentenunruhen in den letzten Jahren förderte die Verbreitung anarchistischer Illusionen.

[19] W. I. Lenin, VIII. Parteitag der KPR (B). Bericht über die Arbeit auf dem Lande, 23. März 1919, in: Werke, Bd. 29, Berlin 1971, S. 195.

Der Anarchismus von heute führt einen erbitterten Kampf gegen den Kommunismus. Er tritt unter dem Panier des streitbaren Antietatismus auf, setzt den bürgerlichen Staat mit dem des Proletariats gleich, leugnet die Rechtmäßigkeit der staatlichen Form des sozialistischen Eigentums und der zentralen Leitung der Volkswirtschaft, propagiert die ökonomische Konzeption des Anarchosyndikalismus und Losungen wie die von einer „postkommunistischen Revolution", von der Herstellung einer „neuen Zivilisation", von der Wiedergeburt der „freien Kommunen", von der Realisierung der Prinzipien einer „direkten Demokratie" und vom autonomen Individuum[20].

Indessen sind all diese Projekte und Illusionen kleinbürgerlicher Prägung nur Ausdruck einer schon zurückliegenden Geschichtsetappe. Während der Vorbereitung der Großen Sozialistischen Oktoberrevolution und des darauf folgenden ideologischen Kampfes wurden sie bereits überwunden. Die heutigen Anarchisten werfen dem Kommunismus „Verkalkung" vor und brüsten sich damit, daß nur ihre Ideen zeitgemäß seien. Damit tun sie nichts anderes, als die Phraseologie des russischen Anarchismus aus der Zeit von 1917 bis 1921, die während der großen Ereignisse der proletarischen Revolution und des sozialistischen Aufbaus eine völlige Niederlage erlitten hatten, aufleben zu lassen. Der bürgerliche Antikommunismus bedient sich der anarchistischen Phraseologie, um die staatliche Form des sozialistischen Eigentums, die zentrale Planung der Volkswirtschaft und die Existenz des sozialistischen Staates selbst sowie die führende Rolle der kommunistischen Parteien in Mißkredit zu bringen. Deshalb kommt den historischen Erfahrungen des unversöhnlichen Kampfes der Bolschewiki gegen den Anarchoindividualismus, den Anarchokommunismus, die Machnobewegung und den Anarchosyndikalismus auch heute noch unschätzbare Bedeutung zu.

Lenin hat mit seiner Kritik an den anarchistischen Konzeptionen auch die Erfindungen der heutigen Anarchisten, ihre Verleumdung des Sozialismus und den kleinbürgerlichen Charakter ihrer Projekte bloßgelegt.

20 Vgl. F. Ja. Poljanskij, Socializm i sovremennyj anarchizm, Moskva 1973.

13. KAPITEL

Kritik revisionistischer Auffassungen von der sozialistischen Wirtschaft

Die Unhaltbarkeit der revisionistischen Konzeptionen vom Eigentum an den Produktionsmitteln und von der Rolle des Staates im Sozialismus

Bei der Ausarbeitung und Realisierung des Plans für den Aufbau des Sozialismus hatten Lenin und die Kommunistische Partei der Sowjetunion nicht nur gegen bürgerliche, sondern auch gegen revisionistische Auffassungen über die Grundprobleme des Sozialismus zu kämpfen. Dieser Kampf hatte prinzipielle Bedeutung, weil nicht nur der Verlauf der sozialistischen Revolution in Rußland davon abhing, sondern auch die Perspektiven der kommunistischen Bewegung und des revolutionären Weltprozesses.

Der Kampf fand an zwei Fronten statt, nämlich sowohl gegen die Theorien eines „Links"revisionismus als auch des Rechtsrevisionismus. Beide drückten sie die Anschauungen und die Ideologie des Kleinbürgertums aus; sie waren die Medien des bürgerlichen Einflusses auf die Arbeiterklasse, obgleich sie sich in den Losungen und in der Betrachtungsweise zu Einzelproblemen des wirtschaftlichen Aufbaus voneinander unterschieden. Während die Rechtsrevisionisten unverhohlene Kapitulanten waren und an die Arbeiterklasse appellierten, ihre Errungenschaften zugunsten der Bourgeoisie aufzugeben, verbargen die „Linken", denen auch die Trotzkisten zuzurechnen sind, ihren Rückzug gegenüber dem Imperialismus hinter revolutionären Phrasen. Die Konzeptionen der „Links-"und Rechtsrevisionisten verflochten sich und ergänzten einander. Deshalb stellten beide gleichermaßen eine Gefahr für den sozialistischen Aufbau dar.

So bediente sich der Trotzkismus „linker" Phrasen und hat schließlich unter der Flagge, die Errungenschaften der Oktoberereignisse und der proletarischen Weltrevolution zu verteidigen, die Rolle der Diktatur des Proletariats beim wirtschaftlichen Aufbau entstellt. Da er die ökonomischen Funktionen des sozialistischen Staates auf bloße Administration, auf gewaltsame, militante Leitungsmethoden reduzierte und die Rolle der Politik verabsolutierte, leugnete er im Grunde die Bedeutung der ökonomischen Methoden der Volkswirtschaftsleitung. Die „Links-"Revisionisten meinten, der Sozialismus und Kommunismus sei allein mit politischen Maßnahmen, insbesondere durch Agitation und Propaganda, einzuführen.

Die Trotzkisten wurden von den „Ultralinken“ in Deutschland unterstützt, und zwar besonders von Arkadi Maslow und Ruth Fischer, die meinten, sie hätten Widersprüche, einen unversöhnlichen Antagonismus zwischen den Methoden des Aufbaus des Sozialismus in der UdSSR und den Grundsätzen des Kommunismus entdeckt. Die Haltung Trockijs wurde von ihnen als die einzig richtige bezeichnet.

Die „Linkskommunisten“, an deren Spitze 1918 Bucharin stand, und die „Arbeiteropposition“ von 1921 (A. Šljapnikov, S. Medvedev und andere), die auf dem Boden des Anarchosyndikalismus standen, entstellten das Verhältnis zwischen Ökonomie und Politik, indem sie Ökonomie und Politik voneinander isolierten und als gegensätzlich betrachteten. Unter der Losung der „Arbeiterselbstverwaltung“ in den staatlichen Unternehmen, der Übergabe der Volkswirtschaftsleitung an die Gewerkschaften, traten sie im Grunde für die Schwächung der führenden Rolle der Arbeiterklasse und ihrer Partei bei der Leitung der Produktion, für einen von der Diktatur des Proletariats unabhängigen Aufbau des Sozialismus ein.

Die Leitsätze, die heute von den Theoretikern des „Marktsozialismus“ aufgestellt werden, sind organisch mit den Theorien der Anarchosyndikalisten der zwanziger Jahre verbunden, in denen die zentrale Leitung der Wirtschaft durch den Staat als ein der Tätigkeit der Betriebe fremdes Element hingestellt wurde, als Element, das gegen die objektiven ökonomischen Gesetze verstoße. Die Forderung nach voller wirtschaftlicher Selbständigkeit bedeutete, die führende Rolle der Kommunistischen Partei und des sozialistischen Staates in der Wirtschaft zu leugnen.

Weder die Trotzkisten noch die Anarchosyndikalisten hatten begriffen, daß die Wirtschaft stets der Politik zugrunde liegt. Die Wirtschaft spielt die entscheidende Rolle bei der Gestaltung der Politik und der anderen Überbauformen sowie der ihnen entsprechenden Institute. Schon Engels hatte festgestellt, daß es sinnlos sei, „um die politische Diktatur des Proletariats“ ... zu kämpfen, „wenn die politische Macht ökonomisch ohnmächtig“ ist.[1]

Die Behauptung der Revisionisten, der sozialistische Staat hätte in der Übergangsperiode vom Kapitalismus zum Sozialismus und im Sozialismus selbst keine ökonomischen Funktionen, steht im Widerspruch zum Marxismus-Leninismus und zum tatsächlichen Geschichtsverlauf.

Die Politik der jeweiligen Klasse drückt verallgemeinert ihre ökonomischen Interessen aus, die von der Stellung dieser Klasse im System der gesellschaftlichen Produktion bestimmt werden. Nichts anderes wollte Lenin mit seiner Feststellung sagen, daß die Politik der konzentrierte Ausdruck der Ökonomie, ihre Verallgemeinerung und ihre Vollendung ist. Die marxistisch-leninistische Politik ist stets der konzentrierte Ausdruck der ökonomischen Grundinteressen der Arbeiterklasse und aller Werktätigen, sie ist Ausdruck der herangereiften

[1] Engels an Schmidt, 27. Oktober 1890, in: MEW, Bd. 37, Berlin 1974, S. 493.

Erfordernisse der wirtschaftlichen Entwicklung der Gesellschaft. Die ökonomische Rolle der Diktatur der Arbeiterklasse, die auf dem Erkennen und der Ausnutzung der objektiven ökonomischen Gesetze des sozialistischen Aufbaus beruht, zeigt sich vor allem in der Umwandlung der kapitalistischen in die sozialistische Wirtschaft. Diese Umwandlung entspricht den grundlegenden Lebensinteressen der Werktätigen. Der sozialistische Staat organisiert die planmäßige Leitung aller Volkswirtschaftszweige in der gesamten Gesellschaft. Er ist der unmittelbare Organisator der gesellschaftlichen Produktion.

Die grundsätzlich neue ökonomische Rolle des sozialistischen Staates ergibt sich aus den sozialistischen Eigentumsverhältnissen zu den Produktionsmitteln. Die ökonomische Rolle der Diktatur des Proletariats zu leugnen, bedeutete deshalb, den sozialistischen Charakter des staatlichen Eigentums (des Volkseigentums) an den Produktionsmitteln zu leugnen.

Auf dem XIV. Parteitag der KPdSU (B) behauptete die trotzkistische Opposition, daß die sowjetische staatliche Industrie nicht als sozialistisch bezeichnet werden könne und daß die staatliche Industrie, der Außenhandel und die Staatsbank der UdSSR staatskapitalistisch seien.

Die trotzkistische Opposition stellte die äußeren Ähnlichkeiten in den Vordergrund, die die sozialistischen Staatsbetriebe mit kapitalistischen Unternehmen aufweisen (die Einstellung von Arbeitskräften, die Entlohnung, der Kauf und Verkauf von Waren) und entstellte damit den Inhalt der Produktionsverhältnisse und das Ziel der Produktion in den sozialistischen Betrieben. Der sowjetischen Industrie schrieb man die Tendenz zur Wiederherstellung der vorrevolutionären Verhältnisse zu. Man ignorierte Lenins Worte, nach denen die Staatsbetriebe unter der Diktatur des Proletariats konsequent sozialistische Betriebe sind. Die Angriffe der „linken“ Revisionisten gegen das Volkseigentum waren nichts anderes als die Abkehr von einem Grundprinzip des Sozialismus.

Während einer Diskussion in der Sozialistischen Akademie zum Thema „Über die Rolle des Staatskapitalismus“ erklärte E. Preobraženskij, die sozialistische Industrie sei mit der kleinbäuerlichen Privatwirtschaft verbunden, deshalb sei sie von den gleichen Prozessen gekennzeichnet, wie die kapitalistische Industrie. Sie könne demgemäß nicht als sozialistisch bezeichnet werden.

Der XIV. Parteitag der KPdSU (B) charakterisierte diese Position als „Entstellung des Leninismus“[2]. Und in der Resolution des XV. Parteitages der KPdSU (B) heißt es, daß die Leugnung der sozialistischen Charakters der sowjetischen Staatsbetriebe die trotzkistisch-menschewistische Opposition zur Verleumdung der UdSSR und zur Ablehnung der proletarischen Kultur in der UdSSR geführt hatte.[13]

2 KPSS v rezoljucijach i rešenijach s-ezdov, konferencij i plenumov CK, Bd. 3, Moskva 1970, S. 248.

3 KPSS v rezoljucijach i rešenijach s-ezdov, konferencij i plenumov, CK, Bd. 4, Moskva 1970, S. 20.

Auch die heutigen „Links“revisionisten treten mit ihrer Behauptung, die wirtschaftlich relativ selbstständigen Staatsbetriebe im Sozialismus seien staatskapitalistische Betriebe, direkt in die Fußstapfen von Trockij (Trotzki).

In Wirklichkeit sind die Staatsbetriebe unter der Diktatur des Proletariats sozialistische und keine staatskapitalistischen Betriebe. Die Produktionsmittel und das in der Staatsbetrieben erzeugte Produkt sind Volkseigentum, dessen Einsatz und Verwendung vom sozialistischen Staat geplant und organisiert wird.

Die Anarchosyndikalisten behaupteten, daß die staatliche Form des Volkseigentums die unmittelbaren Produzenten von den Produktionsmitteln trenne und diese Trennung nur dadurch zu beseitigen sei, daß man den Kollektiven die Betriebe in „Selbstverwaltung“ übergebe. Sie wollten damit das Gruppeneigentum zur Hauptform des gesellschaftlichen Eigentums im Sozialismus machen. Die Konzeption der „Arbeiteropposition“ sah vor, die Einzelleitung abzuschaffen, die Betriebe der Leitung von Arbeiterkollektiven zu unterstellen und den Obersten Volkswirtschaftsrat durch einen Kongreß der Produzenten zu ersetzen.

Die Übergabe der volkseigenen Produktionsmittel in das Eigentum von Produzentenkollektiven hätte bedeutet, das einheitliche Volkseigentum zu zersplittern, so daß die Volkswirtschaft zu einem Konglomerat voneinander abgesonderter, völlig isolierter Einzelbetriebe geworden und die Realisierung des gesellschaftlichen Gesamtinteresses in Frage gestellt worden wäre. Gerade das staatliche Volkseigentum gewährleistet die unmittelbare Verbindung der Arbeitskraft mit den Produktionsmitteln im Maßstab der ganzen Gesellschaft, die Eigentümerin der Produktionsmittel ist und den Produktionsprozeß organisiert.

Zu den für die KPdSU und die revolutionäre Weltbewegung bedeutsamsten Fragen gehörte die Möglichkeit des Sieges des Sozialismus in einem einzelnen Land, das Verhältnis zwischen den äußeren und inneren Faktoren der wirtschaftlichen Entwicklung.

Für den „Links“-Opportunismus war stets ein Dogmatismus typisch, der sich mit „revolutionären“ Phrasen gebärdete. Das Unvermögen der „Links-“ Revisionisten, die reale Situation, das Kräfteverhältnis der Klassen wissenschaftlich zu analysieren, kam darin zum Ausdruck, daß sie den Grundsatz der materialistischen Dialektik ignorierten, die konkreten historischen Bedingungen zu beachten. Das alles führte zu Abenteurertum in der revolutionären Praxis und zur Leugnung der objektiven Gesetze der gesellschaftlichen Entwicklung. Mit ihrer Theorie von der „permanenten Revolution“ traten die „Linken“ gegen die Leninsche Theorie der sozialistischen Revolution auf. Sie verneinten die Möglichkeit des Sieges des Sozialismus in einem einzelnen, von entwickelteren kapitalistischen Staaten umgebenen Land. Die XIV. Parteikonferenz der KPR(B), der XIV. Parteitag der KPdSU (B) und die erweiterte Plenartagung des Exekutivkomitees der Kommunistischen Internationale zerschlugen die trotzkistische Theorie von der „permanenten Revolution“ und verteidigten Lenins Plan vom Aufbau des Sozialismus in einem einzelnen Land. Auf der VII. Plenartagung des Exekutivkomitees der Komintern stellte M. Z. Manuilskij, der über die internationale Bedeutung des Aufbaus des Sozialismus in einem einzelnen Land sprach, fest, daß Zweifel an der Möglichkeit, den Sozialismus in einem einzelnen Land aufzubauen, „nicht nur das Vertrauen in unseren sozialistischen Aufbau, sondern in den Sozialismus schlechthin untergraben“.[4]

Die Trotzkisten verneinten die Existenz der äußeren wie auch inneren Bedingungen für den Sieg der sozialistischen Revolution und des Sozialismus in Rußland. Als äußere Bedingung, die den Aufbau des Sozialismus unmöglich mache, wurde die Bindung der sowjetischen Wirtschaft an die kapitalistische Weltwirtschaft genannt.

Davon ausgehend, zogen die Trotzkisten den Schluß, daß der Sowjetstaat stets unter der Kontrolle des Weltmarkts stehen und das Entwicklungstempo der sowjetischen Industrie von dem der Weltwirtschaft abhängig sein werde. Die Industrialisierung der Sowjetlandes verringere nicht etwa seine Abhängigkeit vom kapitalistischen Weltmarkt, von der technischen und wirtschaftlichen Entwicklung in den kapitalistischen Ländern, sondern vergrößere sie noch. Unterstützt wurde Trockij von Zinov’ev, der erklärte, daß die Bindung der UdSSR an den kapitalistischen Weltmarkt dadurch verstärkt werde, daß die Inlandspreise völlig von den Weltmarktpreisen bestimmt werden.

Das war nichts anderes als die völlige Revision der Leninschen Theorie der sozialistischen Revolution. Bereits im April 1918 stellte Lenin auf der Tagung des Gesamtrussischen Zentralexekutivkomitees in seinem „Referat über die nächsten Aufgaben der Sowjetmacht“ fest, wer von der Geschichte erwarte, daß sie die sozialistischen Trupps der verschiedenen Länder in strenger Aufeinanderfolge und Planmäßigkeit in Bewegung setze, der habe keine Ahnung von der Revolution oder lehne es ab, die sozialistische Revolution zu unterstützen.[5]

Auf der VII. Plenartagung des Exekutivkomitees der Komintern sowie in dem Referat V. P. Miljutins „Über das Problem der Disproportion im wirtschaftlichen Entwicklungstempo der UdSSR“, das dieser anläßlich einer Diskussion in der Kommunistischen Akademie im Jahre 1926 hielt, wurde die Konzeption der Trotzkisten, nach der das wirtschaftliche Entwicklungstempo der UdSSR von dem der kapitalistischen Länder abhängig sei, scharf kritisiert. Miljutin stellte fest, daß bei der Bestimmung des wirtschaftlichen Entwicklungstempos des Sowjetlandes von den volkswirtschaftlichen Ressourcen

[4] Puti mirovoi revoljucii. Sed’moi rasširennyj plenum Ispolkoma Kommunističeskogo Internacionala, Stenografičeskij otsčet, Bd. 2, Moskva-Leningrad 1927, S. 157.

[5] Vgl. W. I. Lenin, Referat über die nächsten Aufgaben der Sowjetmacht, in: Werke, Bd. 27, Berlin 1970, S. 280.

und von der Aufnahmefähigkeit des Binnenmarktes ausgegangen werden müsse[6] und die Verschärfung der Widersprüche des Kapitalismus das wirtschaftliche Entwicklungstempo der UdSSR noch forciere.[7]

Natürlich gab es einen Zusammenhang zwischen den Inlandspreisen und den Weltmarktpreisen. Doch konnte der Weltmarkt nicht die Inlandspreise diktieren, weil diese vom sozialistischen Staat planmäßig festgelegt wurden und das Außenhandelsmonopol bestand.

M. Z. Manuilskij stellte auf der VII. Plenartagung der Komintern fest, daß die sowjetische Wirtschaft sowohl hinsichtlich der Weltmarktpreise als auch hinsichtlich der Perspektiven ihrer Industrialisierung in gewissem Maße an den Weltmarkt gebunden sei. Doch dürfe man daraus keinen Fetisch machen, seine Macht nicht überschätzen. „Die Theorie Trockijs, derzufolge unsere sozialistische Wirtschaft vom Weltkapitalismus abhängig sei, überschätzt die Dauerhaftigkeit der kapitalistischen Stabilisierung. Wir glauben gerade deshalb an den Sieg unseres sozialistischen Aufbaus, weil wir wissen, daß die Elemente des Sozialismus die kapitalistischen Elemente überwinden werden, daß die UdSSR mit ihrer Wirtschaft ein Faktor für die Störung der Stabilität der kapitalistischen Wirtschaft ist."[8]

Der Sieg des Sozialismus zunächst in einem einzelnen Land und die Koexistenz von Staaten mit unterschiedlicher Gesellschaftsordnung verlangten die Entwicklung wirtschaftlicher Beziehungen zwischen ihnen. Die UdSSR war an der wirtschaftlichen Zusammenarbeit mit den Ländern der kapitalistischen Welt interessiert, weil diese Zusammenarbeit zu den Faktoren gehörte, die das Wachstum des sozialistischen Sektors förderten und zur Erhaltung des Friedens beitrugen. Die Außenhandelsbeziehungen ermöglichten, die Errungenschaften der internationalen Wissenschaft und Technik auszunutzen, und waren so eine Hilfe bei der technischen Rekonstruktion der Volkswirtschaft.

Angesichts der Verschärfung des Marktproblems war auch der Kapitalismus an Wirtschaftsbeziehungen mit dem Land des Sozialismus interessiert.

Nach der diplomatischen Anerkennung des Sowjetlandes schloß ein kapitalistisches Land nach dem anderen Handelsabkommen mit ihm ab. Der Außenhandelsumsatz der UdSSR begann allmählich zu steigen.

Sowohl die rechten als auch die „linken" Revisionisten empfahlen, die Außenhandelsbeziehungen auszudehnen und dabei sogar den Verlust des Außenhandelsmonopols in Kauf zu nehmen. Der damalige Volkskommissar für Außenhandel, G. Sokolnikov, schlug vor, das Außenhandelsmonopol durch ein Regime von Handelskonzessionen, durch weitgehende Freiheiten der Trusts und Genossenschaften im Handel mit dem ausländischen Kapital zu ersetzen. Auch E. Preo-

6 Vestnik Kommunističeskoj akademii, 16/1923, S. 224.

7 Ebenda, S. 225.

8 Puti mirovoj revoljucii. Sed'moi rasširennyj plenum Ispolkoma Kommunističeskogo Internacionala. Stenografičeskij otčet, Bd. 2, Moskva-Leningrad 1927, S. 159.

braženskij setzte sich für die Abschaffung des Außenhandelsmonopols ein. Die Rechten warfen der Partei vor, sie komme dem ausländischen Kapital zu wenig entgegen, sie schlugen vor, die Bedingungen zu korrigieren und dem Weltimperialismus größere Zugeständnisse zu machen.[9]

Lenin stellte in seinem Brief vom 3. März 1922 fest, Sokolnikovs Vorschlag würde dahin führen, daß die Ausländer in Rußland alle Waren aufkaufen und ausführen, und er verlangte, das „Außenhandelsmonopol auf keinen Fall zu untergraben"[10]. Der XII. Parteitag der KPR (B) unterstrich in der Resolution zum Rechenschaftsbericht des ZK der KPR (B) die Beibehaltung des Außenhandelsmonopols.[11]

Die Vorzüge, die den Sozialismus im Vergleich zum Kapitalismus auszeichnen, bewirkten, daß die sozialistische Wirtschaft wuchs, sich entwickelte und festigte. Und wenn der Sozialismus schließlich die Grenzen des Landes, in dem er zuerst gesiegt hatte, überschritt und zum Weltsystem wurde, so ist das eine deutliche und überzeugende Bestätigung für die Lebensfähigkeit und Richtigkeit der genialen Lehre Lenins.

Die „Links"-Opportunisten zweifelten an der Möglichkeit, in der UdSSR den Sozialismus aufzubauen, und zwar nicht nur wegen der äußeren, sondern auch wegen der inneren Voraussetzungen. Trockij wertete die Maßnahmen des Staates, die darauf gerichtet waren, den Sozialismus in einem einzelnen Land aufzubauen, als „nationale Autarkie" und als „Preisgabe" der Interessen der proletarischen Weltrevolution ab. Weder im revolutionären Kampf noch beim Aufbau des Sozialismus, so behauptete Trockij, könne und werde die Bauernschaft Verbündeter des Proletariats sein. Da die Trotzkisten nicht an die führende Rolle der Arbeiterklasse gegenüber der Bauernschaft beim Aufbau des Sozialismus glaubten, schlugen sie Maßnahmen vor, die zum Bruch des Bündnisses von Arbeiterklasse und Bauernschaft und damit zum Ruin der sozialistischen Wirtschaft geführt hätten.

Die Verwandtschaft des Trotzkismus mit dem Anarchosyndikalismus zeigte sich in der Frage der Beziehungen zwischen der Arbeiterklasse und der Bauernschaft auch in der internationalen Arbeiterbewegung. Bei der Diskussion der Bauernfrage auf dem II. Kongreß der Komintern wandten sich die Vertreter einiger sozialistischer Parteien (Giacinto Serrati, Artur Crispien) gegen die Leninsche Politik des Bündnisses mit den Halbproletariern und Mittelbauern. Sie behaupteten, daß Zugeständnisse an die Bauernschaft bedeute, die Interessen des Proletariats zugunsten der Bauernschaft preiszugeben.[12] Lenin

[9] Vgl. KPSS v rezoljucijach i rešenijach s-ezdov, konferencij i plenumov CK, Bd. 2, Moskva 1970, S. 510.

[10] W. I. Lenin, Brief an L. B. Kamenev, 3. März 1922, in: Polnoje sobranije sočinenij, Bd. 44, Moskva S. 428.

[11] KPSS v rezoljucijach i rešenijach s-ezdov, konferencij i plenumov CK, Bd. 2, Moskva 1970, S. 404.

[12] II. Kongress Kommunističeskogo Internacionala. Stenografičeskij otsčet, Petrograd 1921, S. 264.

entgegnete darauf, daß eine Verbesserung der Lage der Bauernschaft auf Kosten der Großgrundbesitzer durchaus keine kleinbürgerliche Maßnahme sei. Wenn der Kleinbauer von der proletarischen Revolution nichts habe, dann werde er keinen Unterschied sehen zwischen dem, was früher war, und der Rätediktatur.[13] Ohne das feste Bündnis mit der Bauernschaft, so stellte Lenin fest, sei die politische Macht des Proletariats und ihre Erhaltung nicht möglich. Das Bündnis des Proletariats mit der Bauernschaft sei oberstes Prinzip der Diktatur des Proletariats. So schrieb er in seiner Arbeit „Der ‚linke Radikalismus' die Kinderkrankheit im Kommunismus": Die „*kleinen Warenproduzenten* ... kann man nicht verjagen, man kann sie nicht unterdrücken, *man muß* mit ihnen *zurechtkommen*, man kann (und muß) sie nur durch eine sehr langwierige, langsame, vorsichtige organisatorische Arbeit ummodeln und umerziehen"[14].

Ebenso wie die „linken", waren auch die rechten Opportunisten gegen die sozialistische Industrialisierung, obgleich die Begründungen für ihre ablehnende Haltung unterschiedlich waren. Statt sich für ökonomisch fundierte Wachstumsraten einzusetzen, die den objektiven Tendenzen und realen Möglichkeiten für die Entwicklung der sowjetischen Wirtschaft Rechnung trugen, brachten die Trotzkisten die Losung vom „gigantischen Sprung" mit allen Mitteln auf. Und während sie einerseits „Höchstraten" verlangten, verneinten sie andererseits die Möglichkeit, daß die sozialistische Produktion auf der Basis der inneren Reserven wachsen könne.

Die trotzkistische Losung von der „Diktatur der Industrie" bedeutete, daß die Industrie durch Ausbeutung der Bauernschaft, durch deren übermäßige Steuerbelastung entwickelt werden sollte. Damit wäre bei der Bauernschaft der Anreiz zur Arbeit beseitigt worden, so daß die Industrie weniger Rohstoffe und die Bevölkerung weniger Lebensmittel erhalten hätte. Letztlich hätten diese Maßnahmen die Industrialisierung nicht vorangetrieben, sondern desorganisiert.

Unterstützt wurde Trockij auch von Preobraženskij, der bemüht war, die bauernfeindliche Haltung der Trotzkisten zu rechtfertigen. Er stellte das sogenannte Gesetz von der ursprünglichen sozialistischen Akkumulation auf. Dieses Gesetz lief darauf hinaus, daß die Akkumulation der materiellen Ressourcen, die sich in der Hand des Staates befinden, in der Periode des Aufbaus des Sozialismus nicht aus Mitteln dieses staatlichen Sektors bestritten werden sollte, sondern hauptsächlich aus dem in der kleinen Bauernwirtschaft erzeugten Mehrprodukt sowie aus dem Mehrwert der kapitalistischen Betriebe. Preobraženskijs „Gesetz der ursprünglichen sozialistischen Akkumulation" war die direkte Fortsetzung der trotzkistischen Theorie von der „permanen-

[13] Vgl. W. I. Lenin, Rede über die Bedingungen für die Aufnahme in die Kommunistische Internationale, in: Werke, Bd. 31, Berlin 1970, S. 238.

[14] W. I. Lenin, Der „linke Radikalismus", die Kinderkrankheit im Kommunismus, in: Werke, Bd. 31, Berlin 1970, S. 29.

ten Revolution". Wie diese Theorie lief auch Preobraženskijs Gesetz auf die Forderung nach einer „Superindustrialisierung" durch Ausbeutung der Bauernwirtschaften mittels überhöhter Industriepreise hinaus.

Ideologen des heutigen Antikommunismus haben die Theorie von der „ursprünglichen sozialistischen Akkumulation" wieder aus den Schubladen hervorgekramt. So wollen die amerikanischen Sowjetologen A. Bergson, H. Grossman und R. Daniels nachgewiesen haben, daß die Entwicklung der Volkswirtschaft der UdSSR allgemein und die Industrialisierung speziell nach Trockijs und Preobraženskijs Rezepten verlaufen sei. Damit wird ein ganz bestimmtes Ziel verfolgt. Die Praxis der sozialistischen Industrialisierung in der UdSSR soll in den Augen der Völker der Entwicklungsländer diskreditiert werden. Man will nachweisen, daß sie mit dem Ruin der Bauernschaft verbunden gewesen und folglich für diese Länder unannehmbar sei.

Die trotzkistische Theorie von der „ursprünglichen sozialistischen Akkumulation" und ihre heutigen bürgerlichen und „links"revisionistischen Varianten entstellen den Charakter und die Quellen der Mittel für die sozialistische Industrialisierung, sie verzerren das Wesen der ökonomischen Beziehungen zwischen der Arbeiterklasse und der Bauernschaft und zwischen Stadt und Land in der Periode des Aufbaus des Sozialismus.

Die Rechtsopportunisten verlangten das Industrialisierungstempo zu drosseln. Sie meinten, daß die Landwirtschaft die Grundlage der Wirtschaft Rußlands sei, und stellten das Industrialisierungsprogramm als ein Programm hin, das den Interessen der Bauernschaft widerspricht. Den einzigen Weg zur Konzentration in der Landwirtschaft sahen sie in der kapitalistischen Farmwirtschaft. Bucharin unterstützte den Gedanken von der Drosselung des Industrialisierungstempos. Seine Vorschläge liefen auf eine „gezügelte" Investitionspolitik in der Industrie, vor allem in der Schwerindustrie, hinaus.

In Wirklichkeit hat sich die Industrialisierung in der UdSSR nicht nach, sondern ganz im Gegensatz zu diesen „Theorien" vollzogen. Die Wirtschaftspolitik der KPR (B) ging vom Leninschen Leitgedanken über die materiell-technische Basis des Sozialismus aus, mit der alle Bereiche des Wirtschaftslebens umgestaltet und die sozialistischen Produktionsverhältnisse durchgesetzt werden können.

Das sozialistische Eigentum an den wichtigsten Produktionsmitteln und die planmäßige Entwicklung der Wirtschaft ermöglichten, die dem Sozialismus immanenten Akkumulationsquellen, die inneren Reserven, zu erschließen. Auf dem Gesamtukrainischen Bergarbeiterkongreß im Jahre 1926 sagte Dzierżyński, daß die Hauptquellen der Akkumulation für die Industrie die sozialistischen Staatsbetriebe selbst seien: vor allem die Rationalisierung der Produktion, strengste Material- und Brennstoffökonomie und die Verbesserung der Organisation der Betriebsleitung: „Wir können und müssen die Mittel innerhalb des Landes erschließen." [15]

[15] F. E. Dzeržinskij, (Dzierżyński), Izbrannye proizvedenija, Bd. 2, Moskva 1927, S. 301.

Die XV. Parteikonferenz der KPdSU (B) wies auf die Notwendigkeit hin, die inneren Reserven für die Entwicklung der Industrie zu mobilisieren. Als Hauptquelle der Erschließung wurde die Akkumulation in der vergesellschafteten Industrie durch Reduzierung der Gemeinkosten, die Erhöhung der Umschlagsgeschwindigkeit der Produktionsfonds, die Rationalisierung der Industrie, die Nutzbarmachung modernster Erkenntnisse der Technik, die Steigerung der Arbeitsproduktivität und die Erhöhung der Arbeitsdisziplin bezeichnet. Als eine zusätzliche Quelle wurde die Umverteilung der Einnahmen der anderen Wirtschaftszweige über den Staatshaushalt angesehen. Einen Teil für die Akkumulation sollte der Außenhandel liefern. Eine gewisse Hilfe bei der Akkumulation der Mittel für die Industrialisierung konnten die Spareinlagen der Bevölkerung, das Kreditsystem und die Staatsanleihen im Inland bieten.

Die Industrialisierung des Landes stützte sich hauptsächlich auf das Aufkommen der Industrie selbst und nicht auf das der Bauern, wie es die Autoren der Theorie von der „ursprünglichen sozialistischen Akkumulation" und ihre heutigen Nachbeter nachweisen wollten. Aus den folgenden Angaben wird das sehr deutlich: Nach einer von S. G. Strumilin aufgestellten Bilanz der Beziehungen zwischen dem Staat und der Landwirtschaft im ersten Planjahrfünft erhielt die Landwirtschaft und hier besonders die Kleinbauern, mehr als sie dem Staat gab. So erhielt der Staat in diesen fünf Jahren (1928/29–1932/33) 11031 Millionen Rubel von der Landwirtschaft, darunter von den Unternehmern 2623 Millionen, von den Mittelbauern 7525 Millionen und von den Kleinbauern 883 Millionen Rubel.

Die staatlichen Zuführungen zur Finanzierung der Landwirtschaft und für andere Ausgaben des Dorfes betrugen 7697 Millionen Rubel, und unter Berücksichtigung des Vorteiles aus der Spanne zwischen den Preisen für Erzeugnisse der Industrie und der Landwirtschaft belief sich der Saldo der Bilanz zugunsten des Dorfes auf 416 Millionen Rubel. Vom sozialen Gesichtspunkt ergab sich dabei folgendes Bild: Die Unternehmer gaben dem Staat in den fünf Jahren 1555 Millionen Rubel; die Mittelbauern erhielten 971 Millionen Rubel und die Kleinbauern 1000 Millionen Rubel vom Staat[16]. Damit erhielt das Dorf erheblich mehr zurück als der Staat in Form von Steuern und Anleihen abgeschöpft hatte.

Damit hatte die sozialistische Industrialisierung die Behauptung der Revisionisten widerlegt, daß ein von kapitalistischen Staaten umgebenes Land zu jener Zeit unmöglich aus eigener Kraft seine technisch-wirtschaftliche Rückständigkeit liquidieren, die Produktivkräfte entwickeln, sein wirtschaftliches Potential vergrößern und den materiellen und kulturellen Lebensstandard der Werktätigen erhöhen könnte.

Einig waren sich die „linken" und rechten Revsionisten auch in der ablehnenden Haltung zum Leninschen Genossenschaftsplan, der den Aufbau einer

[16] S. G. Strumilin, Na planovom fronte, S. 474–475.

genossenschaftlichen Großproduktion auf dem Lande durch Zusammenschluß der bäuerlichen Einzelwirtschaften vorsah, und zwar zunächst auf dem Gebiet des Absatzes und der Versorgung und später auf dem Gebiet der Produktion.

Da die „Linken" die Theorie von der „konterrevolutionären Haltung" der Bauernschaft vertraten und eine Einbeziehung der Bauern in den sozialistischen Aufbau für unmöglich hielten, sprachen sie sich gegen die Bildung von Genossenschaften aus, deren sozialistischen Charakter unter der Diktatur des Proletariats sie leugneten. Wie die Trotzkisten waren auch die Rechtsrevisionisten gegen die Genossenschaftsbildung, dabei gingen sie jedoch von den Interessen der Großbauern aus. Sie setzten sich für die Erhaltung der Einzelbauernwirtschaft und gegen die weitere Bildung von Kollektivwirtschaften und Staatsgütern ein, die sie als „Sozialversorgungseinrichtungen" und „Armengenossenschaften" bezeichneten. Ebenso wie die Repräsentanten des bürgerlichen ökonomischen Denkens sprachen auch die Rechtsopportunisten von einer gegensätzlichen Entwicklung von Stadt und Land, von der „sozialen Homogenität" der Bauernwirtschaften und von den Vorzügen, die die Kleinwirtschaft gegenüber der Großwirtschaft habe.

Bucharin meinte, daß die sozialistische Wirtschaft auf dem Lande nicht unmittelbar aus dem Produktionsprozeß heraus entstehe, sondern aus dem Zirkulationsprozeß. In dem Maße, wie die Bauernwirtschaften über den Zirkulationsprozeß in „sozialistische Bahnen" gelenkt würden, verschwänden auch die Klassenunterschiede, um sich schließlich in der klassenlosen Gesellschaft gänzlich aufzulösen. Dabei wollte er neben „werktätigen" Genossenschaften auch Genossenschaften der Großbauern zulassen, die, so meinte er, mit Hilfe der Banken und des Kreditsystems in den Sozialismus hineinwachsen, dabei aber „zu einem gewissen Grad Fremdkörper" bleiben würden. Nicht die Kollektivwirtschaften und Staatsgüter bezeichneten den „Hauptweg", auf dem die Kleinbauernwirtschaft zum Sozialismus schreiten müsse, sondern verschiedene Arten von Genossenschaften, die die Bauern mit Hilfe des Handels zusammenschlössen. Bucharin hat dabei die Rolle und Bedeutung der Handelsverbindungen bei der Umgestaltung der Landwirtschaft überbewertet und die planmäßigen Methoden der Einflußnahme auf die Volkswirtschaft ignoriert.

Der XV. Parteitag der KPdSU (B) erteilte solcherart opportunistischen Theorien eine entschiedene Abfuhr. Der Parteitag bekräftigte, daß die Wirtschaftspolitik der Partei darin besteht, die Landwirtschaft durch Mechanisierung und Intensivierung sowie Umstellung auf in technischer und sozialer Hinsicht höhere Formen der Wirtschaftsführung, durch den genossenschaftlichen Zusammenschluß der Landbevölkerung, durch staatliche und Kredithilfe, die ausschließlich den bäuerlichen Klein- und Mittelbetrieben gewährt werden sollte, und durch eine richtig abgestimmte Preispolitik für landwirtschaftliche und industrielle Erzeugnisse zu entwickeln. Diese Maßnahmen sollten die Einkünfte der Bauernwirtschaft und den materiellen und kulturellen Lebensstandard der armen und mittleren Bauernschaft erhöhen helfen.

Der XV. Parteitag der KPdSU (B) bezeichnete die Haltung der Trotzkisten, die meinten, es sei unmöglich, die Bauern in den sozialistischen Aufbau einzubeziehen, als „Absage an den Leninschen Genossenschaftsplan“[17]. Das Plenum des ZK der KPdSU (B) von November 1929 bestätigte die Richtigkeit der Politik der Partei und wies den völligen Zusammenbruch des Opportunismus, seine Kapitulation vor den Schwierigkeiten des sozialistischen Aufbaus nach. In den Beschlüssen des Plenums kamen die charakteristischen Merkmale der Leninschen Lehre vom Genossenschaftswesen unter den Verhältnissen der Diktatur der Arbeiterklasse zum Ausdruck, die darin bestanden, einen völlig anderen Typ von Agrarverhältnissen zu entwickeln als im Kapitalismus. Unter der Herrschaft des Volkseigentums an den entscheidenden Produktionsmitteln nimmt die Genossenschaft sozialistischen Charakter an. Das Volkseigentum bestimmt den Charakter der Entwicklung der ganzen sozialistischen Produktion und damit auch des genossenschaftlichen Sektors.

Auch die internationale kommunistische Bewegung erklärte sich mit der auf den Aufbau des Sozialismus in der UdSSR gerichteten Wirtschaftspolitik der KPdSU (B) solidarisch. Das X. Plenum des Exekutivkomitees der Kommunistischen Internationale, das im Jahre 1929 tagte, stellte fest, daß die UdSSR unter der Führung der KPdSU (B) trotz Schwierigkeiten den sieghaften Angriff auf die kapitalistischen Elemente in Stadt und Land entfaltet und das entscheidende Übergewicht der sozialistischen über die kapitalistischen Wirtschaftsformen gesichert habe. Das Plenum des EKKI begrüßte den mächtigen Aufschwung der Massenkollektivierung der Landwirtschaft, des Aufbaus von Kollektivwirtschaften, Staatsgütern und MTS sowie das stürmische Wachstum der sozialistischen Industrie, die in einem noch engeren Bündnis von Arbeiterklasse und Bauernschaft, in der Festigung der Grundpositionen der proletarischen Diktatur resultierten.[18]

Die Kollektivierung der Landwirtschaft, durch die es möglich wurde, die kleinbäuerliche Wirtschaft in eine sozialistische gesellschaftliche Großproduktion zu verwandeln, war der geschichtlich größte Sieg des Sozialismus auf dem Lande. Der Aufbau des Sozialismus in der UdSSR war nicht nur Prüfstein und Bestätigung für die Richtigkeit des von der Partei eingeschlagenen Kurses, sondern auch der praktische Beweis für die Unhaltbarkeit der verschiedenen opportunistischen Konzeptionen.

[17] KPSS v rezoljucijach i rešenijach s-ezdov, konferencij i plenumov CK, Bd. 4, Moskva 1970, S. 58.

[18] X. plenum IKKI. Tezisy, rezoljucii, postanowlenija, Moskva-Leningrad 1929, S. 8–9.

Die revisionistischen Entstellungen des Verhältnisses zwischen Planmäßigkeit und Ware-Geld-Beziehungen

Zu den zentralen Fragen der Wirtschaftswissenschaft in den zwanziger Jahren gehörte die Frage nach der planmäßigen Organisation der sowjetischen Wirtschaft und der Ausnutzung der Ware-Geld-Beziehungen. Die Vertreter der bürgerlichen Richtung (N. N. Šapošnikov, N. D. Kondrat'ev, L. N. Jurovskij) erkannten zwar den Worten nach die Existenz des Planungsprinzips in der sowjetischen Wirtschaft an, betrachteten es jedoch als Abart der kapitalistischen Warenwirtschaft.

Die Vertreter der offen bürgerlichen Richtung wurden von den Rechtsopportunisten unterstützt, an deren Spitze Bucharin stand. Bucharin ging davon aus, daß die sozialistische Wirtschaft eine Kombination von Elementen der Planmäßigkeit und der Spontaneität sei. Aufgabe der Planungsorgane sei es, ein bestimmtes Gleichgewicht zwischen beiden herzustellen. Die Planung sollte die Funktion der Kontrolle über die Einhaltung universeller, allgemein verbindlicher Proportionen in der Verteilung der Arbeit ausüben. Den Marxschen Leitsatz, daß die Arbeit die Grundlage für die Existenz der menschlichen Gesellschaft ist und in bestimmten Proportionen auf die Wirtschaftszweige verteilt werden muß, interpretierte Bucharin als ewiges und unveränderliches „Gesetz des Arbeitsaufwandes", das unabhängig von der sozialökonomischen Ordnung wirke. Auf der Grundlage dieses „Gesetzes" werde die gesellschaftliche Arbeit sowohl im Kapitalismus als auch in der sowjetischen Wirtschaft verteilt. Auf diese Weise wurden die spezifischen Gesetze des Sozialismus ignoriert und die Unterschiede zwischen dem sozialökonomischen Wesen und den Zielen der kapitalistischen und der sozialistischen Produktion negiert.

Unter Lenins Randglossen zu Bucharins Buch „Die Ökonomik der Transformationsperiode" finden wir nach den Worten: „Die Aufgaben, vor denen das Proletariat steht, sind im großen und ganzen formal, d. h. unabhängig vom sozialen Inhalt des Prozesses, die gleichen wie die der Bourgeoisie bei der erweiterten negativen Reproduktion: Ökonomisierung aller Ressourcen, ihre planmäßige Nutzung, maximal mögliche Zentralisierung" die Bemerkung: „,Meine' Bogdanowsche *Begriffsscholastik* ist ,Mein' Hauptgegner"[19].

Da Bucharin den sozialen Aspekt der Reproduktion ignorierte, negierte er auch die sozialen Motive und Auswirkungen des Wachstums der Arbeitsproduktivität. Er behauptete, die einzig richtige Politik des Proletariats sei eine Politik, die das Wachstum der Produktivkräfte gewährleiste, wobei es unwichtig sei, wodurch und wo die Arbeitsproduktivität steige.

In Wirklichkeit aber bestand die Wirtschaftspolitik des Sowjetstaates in der Übergangsperiode darin, durch das Wachstum der Arbeitsproduktivität das Übergewicht der sozialistischen über die kapitalistischen Wirtschaftsformen zu gewährleisten und die letzteren zu verdrängen.

[19] Zitiert nach: Leninskij sbornik, XI., S. 363.

Auf einer Diskussion in der Kommunistischen Akademie im Jahre 1926 brachte Preobraženskij die Theorie von den „zwei Regulatoren" vor. Er sagte, daß es in der Übergangsperiode zwei Wirtschaftstypen gebe: die staatliche und die private Wirtschaft, von denen jede ihr eigenes Bewegungsgesetz habe. Preobraženskij meinte, daß die staatliche Wirtschaft durch das Planungsprinzip gekennzeichnet sei, und interpretierte es rein subjektivistisch, indem er es auf das „Gesetz der ursprünglichen sozialistischen Akkumulation" reduzierte"; in der privaten Wirtschaft dagegen wirke das Wertgesetz. Preobraženskij wollte nachweisen, daß die Planungstätigkeit des Staates eine Gesamtheit von Willensakten sei, die eigentlich keine objektive Grundlage hätten. Die Entwicklung der sowjetischen Wirtschaft sei die Resultante zweier einander bekämpfender Regulatoren. Damit teilte Preobraženskij die Wirtschaft der Übergangsperiode in zwei selbständige, voneinander unabhängige Teile. Nach dieser Theorie sollte die Wirtschaftspolitik des Staates die passive Widerspiegelung des Kampfes der beiden Wirtschaftstypen sein. Die widersprüchliche Haltung Preobraženskijs zeigte sich auch in seiner Einstellung zu den Ware-Geld-Beziehungen. Obgleich er sich für zwei Regulatoren in der Volkswirtschaft der Übergangsepoche einsetzte, behauptete er, daß die Banken bereits keinen fortschrittlichen Charakter mehr besäßen und die staatliche Wirtschaft über die verhältnismäßig begrenzten Möglichkeiten, die die Banken zu bieten hätten, hinausgehen müßte.

In Wirklichkeit war die Übergangsperiode von einer einheitlichen, wenngleich nicht widerspruchsfreien Wirtschaft gekennzeichnet. Da der sozialistische Wirtschaftssektor der bestimmende Sektor war, übte er bestimmenden Einfluß auf Art und Richtung der gesamten volkswirtschaftlichen Entwicklung aus. Die dem sozialistischen Sektor innewohnende Planmäßigkeit grenzte das spontane Wirken des Wertgesetzes ein. Dabei wurde das Wertgesetz im sozialistischen Sektor planmäßig ausgenutzt. Die Regulierung der Proportionen und deren Veränderung setzte eine planmäßige Ausnutzung der Wertformen voraus.

Anläßlich einer Diskussion über die ersten Erfahrungen des Staatlichen Plankomitees mit der Ausarbeitung des Volkswirtschaftsplanes für 1925/26 wandte sich G. Sokolnikov gegen die Übernahme von Kontrollziffern für dieses Planjahr. Er behauptete, daß angesichts der Existenz zahlreicher Einzelbauernwirtschaften, „einer ganzen Reihe kleinster spontaner Pläne und Marktkonjunkturen" eine rationelle und planmäßige Nutzung aller im Lande vorhandenen Ressourcen unmöglich sei. Deshalb schlug er vor, einen Plan anzunehmen, der sich der Marktsituation anpassen könne.

Diese Erklärung Sokolnikovs war nicht nur gegen den Plan für das Wirtschaftsjahr 1925/26 gerichtet, sondern gegen die Planwirtschaft überhaupt. S. G. Strumilin entgegnete darauf, man könne sich nicht einverstanden erklären mit der „Unterschätzung unserer Planungsmöglichkeiten in Sokolnikovs Programm, das . . . uns vorschlägt, unsere Pläne der Marktsituation ‚anzupassen' . . . Nein, wir dürfen uns ihr nicht anpassen. Das ist der einzig verläßliche Weg zu einer möglichst reibungslosen und krisenfreien Entfaltung unserer sozialistischen Wirtschaft."[20]

Die Rechtsrevisionisten setzten sich für die Erweiterung des privaten Handels ein und waren gegen Restriktionen auf diesem Gebiet. Sie wollten Industrie und Handel weitgehend entstaatlichen und dezentralisieren, sie verlangten neue Zugeständnisse an das Privatkapital und sogar die Wiederherstellung der bürgerlichen Freiheiten. Bucharin meinte, das Planungsprinzip habe die Marktverbindungen, die noch lange Zeit die grundlegenden und bestimmenden Beziehungen sein müßten, zerstört.

In der heutigen revisionistischen Konzeption von der „Selbstregulierung durch den Markt" sind diese Positionen weiterentwickelt worden. Ihre Vertreter behaupten, daß das entscheidende Instrument für die Entwicklung der Volkswirtschaft nicht der staatliche Plan, sondern die Preise sein müßten und stellen das Wertgesetz als einzigen Regulator der sozialistischen Wirtschaft hin, was der unvermeidlichen Schwächung der planmäßigen Leitung der Volkswirtschaft gleichkäme.

Die Trotzkisten verlangten, in der Leitung der Wirtschaft militärische Methoden durchzusetzen. Trockij wollte die planmäßige Wirtschaftsführung nach dem Vorbild der Armee organisieren. Die Trotzkisten waren gegen eine größere Rolle der Planungsorgane bei der Leitung der Volkswirtschaft, besonders auf dem Gebiet der Finanz- und Kreditpolitik. Sie attackierten den GOELRO-Plan, den sie für zu langsam und für „unrevolutionär" hielten. Hierin zeigte sich der für den „linken" Opportunismus typische Subjektivismus, der die Trotzkisten mit den Volkstümlern, Sozialrevolutionären und anderen kleinbürgerlichen Ideologen verband. Lenin stellte dazu fest, daß ein Hauptmangel „sowohl der Volkstümler als auch der Liquidatoren sowie der verschiedenen Intellektuellengrüppchen, der „Wperjod"–Leute, der Plechanovleute, der Trotzkisten, ... Subjektivismus ..."[21] ist.

Der Subjektivismus und der daraus resultierende Voluntarismus in der Darstellung der Probleme der Wirtschaftsleitung bedeuteten, daß der objektive Charakter der ökonomischen Gesetze des Sozialismus geleugnet und Objektivität mit Spontaneität verwechselt wurde. Daraus, daß im Sozialismus die spontane Bewegungsform der Wirtschaft liquidiert wird, zog man den Schluß, daß der Staat nach Gutdünken Gesetze schaffen könne. Die bewußte Ausnutzung der Gesetze wurde als Ablösung von „Gesetzmäßigkeit durch Planmäßigkeit", als „Liquidierung" der objektiven ökonomischen Gesetze hingestellt.

Derartige Auffassungen vom Verhältnis zwischen der Wirtschaftspolitik und den objektiven ökonomischen Gesetzen waren in den zwanziger Jahren in der sowjetischen Wirtschaftsliteratur recht weit verbreitet. Die Probleme des Ver-

20 S. G. Strumilin, Na planovom fronte, S. 225.

21 W. I. Lenin, Objektive Angaben über die Stärke der verschiedenen Strömungen in der Arbeiterbewegung, in: Werke, Bd. 20, Berlin 1961, S. 384.

hältnisses zwischen der Wirtschaftspolitik und den objektiven ökonomischen Gesetzen waren Objekt methodologischer Diskussionen, aus der allmählich eine konsequente wissenschaftliche Konzeption vom Gegenstand der politischen Ökonomie des Sozialismus, vom Zusammenhang zwischen den Produktionsverhältnissen, den sie ausdrückenden Gesetzen und der Wirtschaftspolitik des sozialistischen Staates entstand. Diese Konzeption basierte darauf, daß das gesellschaftliche Eigentum an den Produktionsmitteln die Bedingungen für die bewußte Ausnutzung der objektiven ökonomischen Gesetze, für die Ausrichtung der praktischen Tätigkeit der Menschen auf die wirtschaftlichen Entwicklungsgesetze, für die Voraussicht der Ergebnisse aus dem Zusammenwirken der einzelnen Glieder der Volkswirtschaft schafft.

Die KPdSU (B) ließ sich in der Praxis der Wirtschaftsleitung von dem Hinweis Lenins leiten, daß der Sozialismus ohne planmäßige staatliche Organisation der gesellschaftlichen Produktion undenkbar ist.[22] Dabei betrachtete sie die Planmäßigkeit als die dem Sozialismus objektiv innewohnende Bewegungsform der ganzen gesellschaftlichen Erzeugung und Verteilung der Produkte. Lenin schrieb dazu, daß unsere Pläne „nicht der Phantasie entsprungen, sondern technisch untermauert und wissenschaftlich vorbereitet sind ...“[23]. In den Beschlüssen der Parteitage wurde die objektive Möglichkeit und Notwendigkeit der planmäßigen Wirtschaftsführung nachgewiesen. So wurde auf dem XII. Parteitag der KPR (B) hervorgehoben, daß „in Sowjetrußland, wo die Hauptmittel der Industrie und des Transportwesens einem Eigentümer, dem Staat, gehören, dessen aktive Einmischung in das Wirtschaftsleben notwendig planmäßigen Charakter erhalten muß, und angesichts der beherrschenden Rolle des Staates, als Eigentümer und Hausherr, das Planungsprinzip bereits ganz am Anfang außerordentliche Bedeutung gewinnt“.[24] Zugleich wurde darauf hingewiesen, daß der „Plan der sozialistischen Wirtschaft nicht a priori, auf theoretischem oder bürokratischem Weg, festgelegt werden kann“[25] und der Staat bei der planmäßigen Wirtschaftsführung den objektiven Bedingungen Rechnung tragen muß.

Die „linken“ Opportunisten konstruierten einen Gegensatz zwischen der planmäßigen Wirtschaftsführung und der Ausnutzung der Ware-Geld-Beziehungen. Auch hierin stellten die Trotzkisten eine Analogie mit der Armee her, die keinen Markt brauche. Sie behaupteten, daß Planungsorgane den Markt nicht in Betracht zu ziehen brauchten. Trockij meinte, daß mit dem Anwachsen des Marktes, der Konkurrenz und des freien Getreidehandels das Handelskapital gewachsen wäre

[22] Vgl. W. I. Lenin, Über „linke“ Kinderei und über Kleinbürgerlichkeit, in: Werke, Bd. 27, Berlin 1970, S. 332.

[23] W. I. Lenin, Bericht über die Arbeit des Gesamtrussischen Zentralexekutivkomitees und des Rats der Volkskommissare auf der ersten Tagung des Gesamtrussischen ZEK der VII. Wahlperiode. 2. Februar 1920, in: Werke, Bd. 30, Berlin 1961, S. 325.

[24] KPSS v rezoljucijach i rešenijach s-ezdov, konferencij i plenumov CK, Bd. 2, Moskva 1970, S. 413.

[25] Ebenda.

und die Verpachtung von Industriebetrieben die Entwicklung des Kapitalismus gefördert habe.

Die „Ultralinken" in Deutschland, Arkadi Maslow und Ruth Fischer, traten auf den Kongressen der Komintern mit der Behauptung auf, die Ausnutzung der Ware-Geld-Beziehungen stehe im Widerspruch zu den Grundsätzen des Kommunismus und laufe auf die Wiedergeburt des Kapitalismus hinaus. Der aus der KPD ausgeschlossene Rechtsopportunist Paul Levi schrieb, daß sich die Dialektik der Geschichte gegen die Kommunisten wende, wenn die KPdSU (B) bei der Realisierung der NÖP die Entwicklung von Ware-Geld-Beziehungen zulasse[26].

Ausgehend von der unrichtigen Vorstellung, daß die Ware-Geld-Beziehungen im Kapitalismus und im Sozialismus wesensgleich seien, zogen die Trotzkisten den Schluß, daß die Ware-Geld-Beziehungen eingeschränkt und liquidiert und der kleinbäuerliche Sektor – der Träger der Warenbeziehungen – bekämpft werden müßte.

Weder die Rechts- noch die „Links"-Revisionisten hatten den Charakter und die objektive Notwendigkeit der Ware-Geld-Beziehungen, ohne die die Volkswirtschaft in der Übergangsperiode vom Kapitalismus zum Sozialismus und im Sozialismus nicht normal fungieren kann, begriffen. Angesichts der Existenz einer Mehrsektorenwirtschaft war die Verbindung über den Markt eine notwendige Form der Beziehungen zwischen Industrie und Landwirtschaft. Aber auch im staatlichen Sektor drückten die Warenform des Produkts und der Wert die realen ökonomischen Beziehungen aus. Mit zunehmendem Wachstum, mit der Festigung der sozialistischen Wirtschaftsformen in Stadt und Land wurden die unmittelbaren Produktionsbeziehungen zwischen der sozialistischen Großindustrie und den zu Genossenschaften zusammengeschlossenen Bauernwirtschaften zur Hauptform. Die Ware-Geld-Beziehungen wurden als wichtige, zusätzliche Form der wirtschaftlichen Verbindungen planmäßig genutzt.

Die Revision der marxistisch-leninistischen Theorie über die sozialistische Arbeit und Verteilung

Da die „Links"-Opportunisten die sozialistische Natur des staatlichen Eigentums leugneten, entstellten sie auch den Charakter und die Organisation der gesellschaftlichen Arbeit in den sozialistischen Betrieben. Die Trotzkisten behaupteten, für den Sozialismus sei die militärische, kasernenmäßige Organisation und Disziplin der Arbeit, der Arbeitszwang charakteristisch. Trockij meinte, da jeder Werktätige Soldat der Werktätigenarmee sei, müßte das Verhältnis zu ihm die Form von Befehlen und Kommandos annehmen, wobei alle Regeln der militärischen Subordination zu befolgen wären. Die Betriebsleiter verglich er mit Komman-

26 Vgl. Kommunističeskij Internacional, 1/1929, S. 11.

deuren in der Armee. Trockij glaubte nicht an den Sieg des Sozialismus und behauptete, daß „Maschinengewehrmethoden“ die besten Methoden zur Bewältigung der wirtschaftlichen Aufgaben seien. Die Entwicklungsgeschichte der Gesellschaft stellte er als ständigen Zwang des Menschen zur Arbeit hin, da dieser von Natur aus faul sei und verhungern müsse, wenn man ihn nicht „antreibe“.

Trockij identifizierte die Allgemeinheit der Arbeit, die ökonomische Notwendigkeit der Arbeit für jedes Mitglied der Gesellschaft, die ein wichtiger Wesenszug des Sozialismus war, mit der zwangsweisen Arbeit. Nur mit Arbeitszwang könne sich die Produktion entwickeln und könne die Arbeitsproduktivität erhöht werden. In seinen Plänen zur Militarisierung der Volkswirtschaft stellte Trockij die Forderung, die Politik des Kriegskommunismus fortzusetzen, die „Schrauben anzuziehen“, die „Gewerkschaften zu verstaatlichen“, ihre Funktionäre „zurechtzurücken“ und in den Gewerkschaften militärische Leitungsmethoden einzuführen. Besonders heftig attackierte er den Schutz der materiellen Interessen der Werktätigen durch die Gewerkschaften. Damit bedeutete der Trotzkismus, was die Darstellung des Charakters der Arbeit und die Methoden der Arbeitsorganisation im Sozialismus anbetrifft, die völlige Revision der marxistischen Lehre.

Die von Tomskij, dem damaligen Vorsitzenden des Präsidiums des Zentralrats der Sowjetgewerkschaften, geführten Rechtsopportunisten konstruierten einen Gegensatz zwischen den Arbeiterinteressen und den Interessen des sozialistischen Staates. Für sie war der Betrieb das einzige Subjekt der unternehmerischen Tätigkeit. Sie wollten die führende Rolle der Partei in der Gewerkschaftsbewegung schwächen und werteten die Losung der Partei „Gewerkschaften, wendet euch der Produktion zu!“ als Wende zum Kriegskommunismus. Sie opponierten gegen den sozialistischen Wettbewerb und die Aktivistenbewegung. Diese Haltung gefährdete den sozialistischen Aufbau. Der XVI. Parteitag der KPdSU (B) verlangte daher, „die Elemente des Trade-Unionismus und Opportunismus in der Gewerkschaftsbewegung“ aktiv zu bekämpfen und zugleich „den anarchosyndikalistischen und halbtrotzkistischen Abweichungen eine Abfuhr zu erteilen“[27].

In der sozialistischen Gesellschaft ist der Charakter der Arbeit vom gesellschaftlichen Eigentum an den Produktionsmitteln geprägt, wodurch Unterdrükkung und Ausbeutung abgeschafft sind, die Produzenten sind vereinigt, und mit dem Wachstum des gesellschaftlichen Reichtums erhöht sich der materielle Wohlstand der Werktätigen.

Durch die grundlegende Veränderung des Charakters der Arbeit im Sozialismus entstand ein neuer, höherer Typus der Organisation der gesellschaftlichen Arbeit. Lenin schrieb dazu, daß nach der sozialistischen Revolution die Aufgabe des Staates darin bestehe, eine höhere Arbeitsorganisation zu schaffen, die sich vor allem auf der Veränderung der Stellung des Menschen im Arbeitsprozeß, statt auf

[27] KPSS v rezoljucijach i rešenijach s-ezdov, konferencij i plenumov CK, Bd. 4, Moskva 1970, S. 463.

nackter Gewalt gründe. „Wir verzichten nicht auf Zwang“[28], sagte Lenin, aber er darf nicht angewandt werden, ohne „vorher dafür eine Basis durch Überzeugung zu schaffen. ... Trotzki und Bucharin (haben) diesen höchst wichtigen Gedanken absolut nicht berücksichtigt“[29].

Mit der Befreiung der Menschen von der Ausbeutung setzt sich eine neue Arbeitsdisziplin durch, eine freie und bewußte Einstellung der Werktätigen zur Wahrung einer bestimmten Ordnung in der Produktion. Lenin lehrte, daß „eine Disziplin nach völlig neuen Grundsätzen“ geschaffen werden müsse, „eine Disziplin des Vertrauens zur Organisiertheit der Arbeiter und der armen Bauern, eine kameradschaftliche Disziplin, eine auf größter Achtung beruhende Disziplin, eine Disziplin der Selbständigkeit und Initiative im Kampfe“[30]. Hauptinstrumente für die Herstellung einer sozialistischen Arbeitsdisziplin sind die Überzeugung der Werktätigen von der Notwendigkeit einer strengen Ordnung in der Produktion und das System der Maßnahmen zur Stimulierung der Arbeitsleistung.

Ebenso wie die Trotzkisten waren auch die „Ultralinken“ in Deutschland gegen Lenins Leitsatz, daß sich der Aufbau des Sozialismus auf die materielle Interessiertheit stützen muß. Sie meinten, die „Begeisterung“ für Fragen der Wirtschaft und der materiellen Lage der Werktätigen würde den Sieg der Weltrevolution nur verzögern. Ein Vertreter der Kommunistischen Arbeiterpartei Deutschlands (KAPD)*, Hempel, erklärte auf dem III. Kongreß der Kommunistischen Internationale, er sei gegen jede mit den Tages- und Lebensinteressen des Proletariats verbundene Politik.

Die Trotzkisten behaupteten, der Aufbau des Sozialismus verlange durchaus keine materielle Stimulierung der Arbeit und erklärten sie zu einem Prinzip der kapitalistischen Produktion. Das „normale“ Verteilungssystem sei das der gleichmäßigen Verteilung, und es gelte die Losung: Vorrangigkeit in der Produktion, doch Ausgleichung auf dem Gebiet des Konsums. Lenin erklärte diese trotzkistische These für unhaltbar und schrieb: „Das ist theoretisch völlig konfus . . . Vorrangigkeit ist Bevorzugung, aber Bevorzugung ohne Konsum ist nichts . . . Bevorzugung wegen Vorrangigkeit ist Bevorzugung auch im Konsum. Sonst ist die Vorrangigkeit ein schöner Traum, ein blauer Dunst“.[31]

28 W. I. Lenin, Referat über die Rolle und die Aufgaben der Gewerkschaften auf dem II. Gesamtrussischen Verbandstag der Bergarbeiter, in: Werke, Bd. 32, Berlin 1961, S. 46.

29 W. I. Lenin, Über die Gewerkschaften, in: Werke, Bd. 32, Berlin 1961, S. 16.

30 W. I. Lenin, Bericht des Rats der Volkskommissare auf dem V. Gesamtrussischen Kongreß der Sowjets der Arbeiter-, Bauern-, Soldaten- und Rotarmistendeputierten, in: Werke Bd. 27, Berlin 1970, S. 515.

31 W. I. Lenin, Über die Gewerkschaften, in: Werke, Bd. 32, Berlin 1961, S. 11.

* Die KAPD war eine ultralinke Sektierergruppe, die zum Zeitpunkt des III. Weltkongresses der Kommunistischen Internationale (1921) neben der Vereinigten Kommunistischen Partei (VKPD) existierte, aus der später die Thälmannsche KPD hervorging. – Bem. d. Herausg. d. dt. Ausgabe.

Preobraženskij erklärte, daß der Stücklohn im Widerspruch zu den sozialistischen Produktionsverhältnissen stehe und die neue Organisation der Arbeit hemme, weil er nur die persönliche Interessiertheit des Arbeiters mobilisiere. Ebenso wie Trockij behauptete auch er, daß in der Konsumtion die gleichmäßige Verteilung anzustreben sei. M. Litvinov entgegnete darauf: Da das „Stücklohnsystem bei uns der Steigerung der Arbeitsproduktivität entgegen kommt und damit unseren Vormarsch zum Sozialismus beschleunigt, ist es ein progressives Lohnsystem“[32].

Die geistige Verwandtschaft der „Links-“ und Rechtsopportunisten zeigte sich auch in den Fragen der Verteilung. Auch die Rechtsopportunisten waren für Gleichmacherei und wollten sie in die Praxis umsetzen. Da die von Tomskij geführten Rechten der Industrialisierung und der Entwicklung der Schwerindustrie ablehnend gegenüberstanden, unternahmen sie alles, um den Lohn in den verschiedenen Industriezweigen nach gleichen Maßstäben zu bemessen, dabei aber das während der Wiederaufbauperiode zustande gekommene System, nach dem die Werktätigen in der Leichtindustrie besser entlohnt wurden als in der Schwerindustrie, beizubehalten. Gemessen am monatlichen Durchschnittslohn in der gesamten Industrie, lagen 1928 die Löhne in der Eisenhüttenindustrie bei 108 Prozent, im Steinkohlenbergbau bei 90, im Eisenerzbergbau bei 93, in der polygraphischen Industrie bei 129, in der Schuhproduktion bei 124 und in der Konfektionsindustrie bei 113 Prozent.[33] Die Rechten waren gegen Lohnerhöhungen für die mit schweren und gesundheitsschädigenden Arbeiten beschäftigten Werktätigen, sie schränkten das Stücklohnsystem willkürlich ein und lehnten Prämien in jeder Form ab.

Diese Auffassungen resultierten aus einer kleinbürgerlichen, reaktionären Vorstellung vom Sozialismus, als einer Gesellschaft, in der die Lebensbedingungen auf dem unteren Niveau einander angeglichen, Geschmack und Bedürfnisse nivelliert werden. Eine gleichmacherische Verteilung hätte den materiellen Anreiz zur Arbeit, zur Erhöhung der Qualifikation und zur Steigerung der Arbeitsproduktivität beseitigt. Die Umsetzung der kleinbürgerlichen Forderung nach Gleichmacherei hätte den Aufbau des Sozialismus und Kommunismus vereitelt.

Auch zur Frage der Gleichheit fehlte es den Trotzkisten an präzisen Vorstellungen. Sie wollten glauben machen, daß die Berücksichtigung materieller Stimuli zur Arbeit gleichzusetzen sei mit dem Verzicht auf das Gleichheitsprinzip im Sozialismus. Sinovjev wollte die Gleichheit zur Hauptlosung der Partei machen, denn Gleichheit sei der Wunschtraum der Massen, deshalb müsse man ihre Ideale vertreten und sich an die Spitze des Kampfes um die Gleichheit stellen. Dabei wurde der Gleichheitsbegriff auf kleinbürgerliche Weise als Gleichheit in der Konsumtion interpretiert. Auch hier zeigte sich die geistige Verwandtschaft des

32 Vestnik Kommunističeskoj akademii, 15/1926, S. 155.
33 Trud v SSSR, statističnij spravočnik, Moskva 1936, S. 97.

trotzkistischen und kleinbürgerlichen Kommunismus der vorbehaltlosen Gleichmacherei.

Der Kampf gegen die Ideen des „Links-" und Rechtsopportunismus brachte das kleinbürgerliche Wesen der für den Aufbau des Sozialismus und Kommunismus außerordentlich schädlichen Theorie der „gleichmäßigen Verteilung" zutage. In der Entschließung der XVII. Parteikonferenz der KPdSU (B) zum Bericht von S. Ordžonikidze „Die Ergebnisse aus der Entwicklung der Industrie im Jahre 1931 und die Aufgaben für das Jahr 1932" hieß es, daß die Partei Erscheinungen von Gleichmacherei entschieden bekämpfe und mit der Gleichmacherei endgültig Schluß gemacht werden müsse.[34] Auf der gleichen Konferenz unterzog V. V. Kujbyšev Zinov'evs Gleichheitslosungen einer scharfen Kritik und stellte fest, daß alles Gerede von „Gleichheit" zu kleinbürgerlicher Gleichmacherei, zu einem entscheidenden „Hemmnis für die Entwicklung des Sozialismus" führen müßte, solange nicht die entsprechenden ökonomischen Voraussetzungen geschaffen seien.[35]

Der Gleichheitsbegriff des Marxismus-Leninismus ignoriert weder die individuellen Besonderheiten und persönlichen Neigungen der Menschen, noch will er die persönlichen Bedürfnisse nivellieren. Für ihn besteht er vor allem in der gleichberechtigten Stellung zu den Produktionsmitteln in der gesellschaftlichen Produktion. Der Sozialismus garantiert erstmalig die ökonomische Gleichheit im Wesentlichen und Ausschlaggebenden. Er schafft das Privateigentum an den Produktionsmitteln ab, befreit alle Werktätigen von der Ausbeutung und gewährleistet gleiches Recht auf Arbeit sowie die allgemeine Arbeitspflicht.

So offenbart die Analyse der revisionistischen Anschauungen zu den wichtigsten Problemen des sozialistischen Aufbaus und der sozialistischen Wirtschaft das kleinbürgerliche Wesen dieser Auffassungen. Deutlich erkennbar wird die geistige Verwandtschaft des heutigen Revisionismus mit dem Opportunismus der zwanziger Jahre. Deshalb sind viele Schlußfolgerungen, die die marxistisch-leninistischen Parteien seinerzeit bezüglich der opportunistischen Theorien gezogen haben, auch für die Entlarvung des heutigen Revisionismus aktuell.

[34] Vgl. KPSS v rezoljucijach i rešenijach s-ezdov, konferencij i plenumov CK, Bd. 5, Moskva 1971, S. 29.

[35] XII. konferencija Vsesojusnoj Kommunističeskoj partii (bolševikov), Stenografičeskij otsčet, Moskva 1932, S. 180.

PERSONENREGISTER

FSC
www.fsc.org
MIX
Papier | Fördert gute Waldnutzung
FSC® C083411

Kolibri 360 GmbH
Ferdinand-Jühlke-Straße 7
99095 Erfurt, Deutschland
produktsicherheit@kolibri360.de